徐
复
观
全
集

徐复观全集

# 学术与政治之间

九州出版社

**图书在版编目（CIP）数据**

学术与政治之间 / 徐复观著. -- 北京 ： 九州出版社，2013.12（2017.7重印）

（徐复观全集）

ISBN 978-7-5108-2555-2

Ⅰ. ①学… Ⅱ. ①徐… Ⅲ. ①社会科学－文集 Ⅳ. ①C53

中国版本图书馆CIP数据核字(2013)第304294号

**学术与政治之间**

| | |
|---|---|
| 作　　者 | 徐复观　著 |
| 出版发行 | 九州出版社 |
| 地　　址 | 北京市西城区阜外大街甲 35 号 (100037) |
| 发行电话 | (010)68992190/3/5/6 |
| 网　　址 | www.jiuzhoupress.com |
| 电子信箱 | jiuzhou@jiuzhoupress.com |
| 印　　刷 | 三河市东方印刷有限公司 |
| 开　　本 | 650 毫米 ×950 毫米　16 开 |
| 插页印张 | 0.5 |
| 印　　张 | 36.25 |
| 字　　数 | 406 千字 |
| 版　　次 | 2014 年 3 月第 1 版 |
| 印　　次 | 2017 年 7 月第 2 次印刷 |
| 书　　号 | ISBN 978-7-5108-2555-2 |
| 定　　价 | 79.00 元 |

徐复观先生（右四）

徐复观先生著作

# 出版前言

徐复观先生的著作散见于海内外多家出版社，选录文章、编辑体例不尽相同。现将他的著作重新编辑校订整理，名为《徐复观全集》出版。

《全集》共二十六册，书目如下：

一至十二册为徐复观先生译著、专著，过去已出版单行本，《全集》基本按原定稿成书时间顺序排列如下：

一、《中国人之思维方法》与《诗的原理》

二、《学术与政治之间》

三、《中国思想史论集》

四、《中国人性论史·先秦篇》

五、《中国艺术精神》与《石涛之一研究》

六、《中国文学论集》

七、《两汉思想史》（一）

八、《两汉思想史》（二）

九、《两汉思想史》（三）

十、《中国文学论集续篇》

十一、《中国经学史的基础》与《周官成立之时代及其思想性格》

十二、《中国思想史论集续篇》。编辑《全集》时，编者补入若干文章，并将原单行本《公孙龙子讲疏》一书收入其中。

十三至二十五册，将徐复观先生散篇文章分类拟题编辑成书：

十三、《儒家思想与现代社会》

十四、《论智识分子》

十五、《论文化》（一）

十六、《论文化》（二）

十七、《青年与教育》

十八、《论文学》

十九、《论艺术》。并将原单行本《黄大痴两山水长卷的真伪问题》一书收入其中。

二十、《偶思与随笔》

二十一、《学术与政治之间续篇》（一）

二十二、《学术与政治之间续篇》（二）

二十三、《学术与政治之间续篇》（三）

（二十一至二十三册是按《学术与政治之间》的题意，将作者关于中外时政的文论汇编成册，拟名为《学术与政治之间续篇》。）

二十四、《无惭尺布裹头归·生平》。并将原单行本《无惭尺布裹头归——徐复观最后日记》收入其中。

二十五、《无惭尺布裹头归·交往集》

二十六、《追怀》。编入亲友学生及各界对徐复观先生的追思怀念以及后学私淑对他治学理念、人格精神的阐明与发挥。

徐复观先生的著作，以前有各种编辑版本，其中原编者加入的注释，在《全集》中依然保留的，以"原编者注"标明；编辑《全集》时，编者另外加入注释的，以"编者注"标明。

为更完整体现徐复观先生的思想脉络，编者将个别文章，在不同分类的卷中，酌情少量选取重复收入。

《全集》的编辑由徐复观先生哲嗣、台湾东海大学徐武军教授，台湾大学王晓波教授，武汉大学郭齐勇教授，台湾东海大学薛顺雄教授协力完成。

九州出版社

二〇一三年十二月

# 编者前言

徐复观教授，始名秉常，字佛观，于一九〇三年元月卅一日出生于湖北省浠水县徐家坳凤形塆。八岁从父执中公启蒙，续在武昌高等师范及国学馆接受中国传统经典训练。一九二八年赴日，大量接触社会主义思潮，后入日本士官学校，因九一八事件返国。授身军职，参与娘子关战役及武汉保卫战。一九四三年任军令部派驻延安联络参谋，与共产党高层多次直接接触。返重庆后，参与决策内层，同时拜入熊十力先生门下。在熊先生的开导下，重启对中国传统文化的信心，并从自身的实际经验中，体会出结合中国儒家思想及民主政治以救中国的理念。年近五十而志不遂，一九五一年转而致力于教育，择菁去芜地阐扬中国文化，并秉持理念评论时事。一九七〇年后迁居香港，诲人笔耕不辍。徐教授于一九八二年四月一日辞世。他是新儒学的大家之一，亦是台、港最具社会影响力的政论家，是二十世纪中国智识分子的典范。

我们参与《徐复观全集》的选编工作，是以诚敬的态度，完整地呈现徐复观教授对中华民族的热爱和执著，对理念的坚持，以及独特的人生轨迹。

九州出版社出版《徐复观全集》，使得徐复观教授累积的智慧，能完整地呈现给世人，我们相信徐复观教授是会感到非常欣慰的。

王晓波　郭齐勇

薛顺雄　徐武军　谨志

《学术与政治之间》最早分为《学术与政治之间》甲集、乙集，由台中中央书局一九五六年十月、一九五七年十一月初版，甲集于一九五七年八月再版。后由香港南山书屋一九七六年三月印行港版《学术与政治之间》甲集、乙集合订本，并于一九八〇年四月，易名为"新版学术与政治之间"，由台北学生书局初版。

# 目 录

甲集自序................................................................ *1*

甲集再版序............................................................ *5*

乙集自序................................................................ *7*

港版合订本自序.................................................... *11*

新版自序.............................................................. *13*

论政治的主流——从"中"的政治路线看历史的发展................. *1*

文化精神与军事精神——湘军新论.............................. *13*

我们信赖民主主义.................................................. *26*

中国政治问题的两个层次........................................ *30*

儒家政治思想的构造及其转进.................................. *45*

    一、我们对中国历史文化的态度........................... *45*

    二、儒家政治思想的构造.................................... *47*

    三、儒家政治思想与民主政治............................. *51*

    四、儒家政治思想的当前问题及其转进................ *55*

与程天放先生谈道德教育........................................ *59*

谁赋豳风七月篇 [①]

---

① 编者注：该文现已收入《全集》之《无惭尺布裹头归·生平》中。

怀古与开来——答友人书（一）.............................68

文化的中与西——答友人书（二）.........................73

政治与人生.....................................................79

中国的治道——读陆宣公传集书后.........................85

附录：治乱底关键——《中国的治道》读后..............112

   "权原"和政体...........................................113

   人君"有为"的四大原因...............................117

   独裁政权的开国功臣下场惨...........................120

   独夫不敢任人任将.......................................122

   以少数的人欲恶神化为主义...........................123

   独裁者难以纳谏.........................................125

   人君不能有自己的好恶...............................129

   治乱的安全办法.........................................131

理与势.........................................................133

学术与政治之间.............................................137

中国知识分子的历史性格及其历史的命运..............149

荀子政治思想的解析.......................................171

   一、荀子政治思想中的儒家通义.....................171

   二、荀子政治思想的特征...............................177

   三、荀子政治思想对儒家精神之曲折..............186

东方的忧郁...................................................193

儒家在修己与治人上的区别及其意义..................200

附录：评《学术与政治之间》甲集

   ——徐复观文录读后感书...............................218

是谁击溃了中产阶级的力量.............................221

从平剧与歌舞伎座看中日两国民族性……………237

从现实中守住人类平等自由的理想…………242

为生民立命……………………………………258

向日本人士的诤言……………………………262

中国自由社会的创发…………………………268

释《论语》"民无信不立"——儒家政治思想之一考察………274

释《论语》的"仁"——孔学新论…………282

政治上的识与量………………………………305

儒家对中国历史运命挣扎之一例——西汉政治与董仲舒………309

　　一、儒家、法家政治思想的对比…………309

　　二、西汉政治之剖视………………………319

　　三、汉武帝的脸谱…………………………329

　　四、董仲舒的志业…………………………336

　　五、董仲舒后儒家对历史之影响…………360

《中庸》的地位问题——谨就正于钱宾四先生………374

史达林对人类的伟大启示……………………395

三十年来中国的文化思想问题………………400

有关中国思想史中一个基题的考察

　　——释《论语》"五十而知天命"………416

　　一、二千年无确解…………………………416

　　二、哥白尼的回转…………………………421

　　三、思想史中的夹杂与"心即天"………426

为什么要反对自由主义………………………433

两篇难懂的文章………………………………444

悲愤的抗议……………………………………466

国史中人君尊严问题的商讨 ………………………………… *472*

答毛子水先生的《再论考据和义理》 ……………………… *480*

历史文化与自由民主——对于辱骂我们者的答复 ………… *501*

考据与义理之争的插曲 ……………………………………… *519*

    一、文字因缘 ……………………………………………… *519*

    二、语意、逻辑 …………………………………………… *523*

    三、胡猜乱想 ……………………………………………… *530*

我所了解的蒋总统的一面 ………………………………… *547*

# 甲集自序

三年以来，中央书局的朋友常要把我已经发表过的零篇文字汇印一部分，最近我始以感激的心情加以接受。此一规模并不鸿巨的书局，过去在日人统治之下，曾经从文化方面表示了人类的尊严、祖国的尊严。我的文字，只有有这种历史的书局，才愿自动伸出手来，才使我感到有汇印的意义。

我既不是学者，也不是作家。并且我从来也不曾觉得在这样逼窄的空间，专靠卖文便可以维持生活。我之所以拿起笔来写文章，只因身经巨变，不仅亲眼看到许多自以为是尊荣、伟大、骄傲、光辉的东西，一转眼间便都跌得云散烟销，有同鼠肝虫臂。并且还亲眼看到无数的纯朴无知的乡农村妪，无数的天真无邪的少女青年，有的根本不知今是何世，有的还未向这世界睁开眼睛，也都在一夜之间变成待罪的羔羊，被交付末日的审判。在这审判中，作为人类最低本能的哭泣、呼号，作为人类最大尊严的良心、理性，都成为罪恶与羞辱，不值分文。而我的亲友、家园、山河、大地，也都在一夜之间永成隔世。凡这种种，并非历史中的神话，而是一个人亲身的经历，则作为"盖人心之灵，莫不有知"的我，对此一巨变的前因后果，及此一巨变之前途归结，如何能不认真地去想，如何能不认真地去看。想了看了以后，在感叹激荡的情怀中，如何能不把想到看到的千百分之一，倾诉于在同一遭际下的人们之前。所以我正式拿起笔来写文章，是从一九四九年开始。因此，不仅我的学力限制了我写纯学术性的文章，而我的心境也不容许我孤踪独往，写那种不食人间烟火的文章。我之所以用一篇《学术与政治之间》的文字来作这一文录的名称，正是如实地说明我没有能力和方法去追求与此一时代不相关涉的高文典册。这是人生最大的不幸。至于我在这泛滥着百千万人的血河泪海中，大之不能逞呼风唤雨之灵，小之不能陈鸡鸣狗盗之力。几希之明，只能倾吐出这些微末不足道的慨叹，以偃塞于荒天漠地之中，内心的惶愧当然是不言可喻的。

在这里，除了已经印成单行本的不再收录外，有关纯时事性的文字也几乎不曾收录。此会使许多读者失望，但这绝非因此类文字已境过情迁，一无价值。相反的，此次重清旧稿，发现我过去写这类的文字时，常是倾注自己的心血，以直接承担着时代中的某一问题；我从未觉得我是与恶魔决斗的勇士，而只是在我的前后左右，没有安放恶魔的位置。所以每篇文字中，尽管夹杂有许多的委曲，但总流露有几句真切的话，以与时代的呼吸相通。我之所以不收录这类文字，第一，是因为这个时代对于我们特别艰难，不容多一次浪费纸墨。第二，是因为这类文字虽不是什么肘后之方，但总希望对时代的智慧能稍有所补益。此而不能，则惟有留待将来的历史家，当他们开辟榛芜时作一点索引之用，所以现在宁可束之高阁。同时，我也常常想到，一个病人正当生死存亡待决的关头，也正是医生们的诊断工作最为紧张忙碌的时候。等到病人的前途只靠自己的生理作用而不是靠药物刀圭，则医生们自然可以悠闲下来，把注意力转向另外的事物。因此，我不仅近三年来极少写这类的文章，恐怕今后对此会完全搁笔不写了。但我得再郑重申述一句，中国古圣先贤，有如孔子、孟子，他们对当时君臣们的谆谆告诫，实际就是他们的时论文章。所以我认为凡是以自己的良心、理性，通过时代的具体问题，以呼唤时代的良心、理性的时论文章，这都是圣贤志业之所存，亦即国家命运之所系。人类数千年的历史文化证明，要政治清明、国家强盛，则政治指导之权必操于社会。社会指导政治的具体途径，一为舆论，一为选举。有真正的舆论乃有真正的选举，故舆论又为选举的先决条件。而所谓舆论，乃系对政治的批评，不是对政治的歌颂，此乃无间于古今中外之常理。假定一个时代到了由钉死自己的良心、理性，进而想去钉死社会的良心、理性的阿谀家们，起来取真正的时论者而代之的时候，这正说明此一时代的终结。因此，我坚信希特勒、史达林们必永远受到人类的唾骂，这是他得到的阿谀所必须付出的代价。

收在这里的二十篇文章，其次序是按照发表时间的先后。在内容上，有的地方感到重复，因为这本不是一部组织完整的书；有的地方又感到互有出入，因为这是个人在不断的思索过程中自然发生的演变。本来是极寻常的道理，但要真能心领神会，直接加以承当，却须几经曲折，几经甘苦，得来却并不容易。我对中国的政治问题，一直到写《中国政治问题的两个层次》一文时，才算摆脱了数十年来许多似是而非的纠缠，看出一条明确简捷的道路。我对于中国文化在解决中国今后问题中所占的地位的问题，一直到最近三年，才能从历史和时代的泥淖中拔了出来，得出一个确然不可移易的分际和信心。我的观点并没有完全包括在这本文录里面，甚至有许多还没有写出来。但这本文录也多少可以表示我在思考途程中的标志。

我深深地体验到，在这样的时代，要保持一个干净的心灵，不仅须靠个人不断的反省、忏悔，并且也还需要外缘的帮助扶持。所以我对于年来在精神上、生活上给我以许多鼓励和关注的朋友，愿借此机会表示衷心的感谢。

一九五六年八月十二日徐复观志于台北旅次

# 甲集再版序

　　兹当甲集再版之际，仅述两事以资感念。第一是在周弃予先生阅过的一册文录上，注出的错字有五十七个之多，我便借回来一一改正，得以偷懒省去自己的再校工作。此外，我还发现他在八个地方记下了问号。对于这些问号，虽然除了二十一页第十行提到五四运动的几句话，实在近于粗率，深感不安外，其余的我不愿另外表示意见，但周先生肯这样认真地细阅这本文录，实使我感到荣幸。其次，文录出刊后，程沧波先生曾写了一篇介绍文章，称誉过当，某机关报的星期专论曾指射这是文人的互相标榜。但我知道沧波平生是不轻作谀词的人。他之所以称誉过当，恐怕完全是出自他对时代的感觉。读者若从沧波文章的正面来衡量我个人，我便会觉得非常惶恐。但若从他文章的反面去正视此一时代，了解此一时代，则将立刻发现由他那一副苍凉感情所浮出的文字，也实有其客观的意义。他在文章收尾处更补上顾亭林初看见《明夷待访录》的一段故实，他说他自己不敢自拟于亭林，而以黄梨洲期待我，这或许更增加标榜之嫌。但我觉得，顾亭林、黄梨洲这两个姓名，现在的人看起来很以为光荣，但在当时一般人看来恐怕是不祥之物。我国历史中，政治势力才是最动人的东西。担当一个与现实政治势力经常处于危疑状态的人类责任，独往独来，这并不是讨便宜的勾当。因此，时代假定依然需要顾亭林、黄梨洲，这将是与人无竞、与世无争的一条人生道路，而沧波正不必以此谦让未遑的。所以我依然把沧波的那篇介绍文章附录在文录的后面。

一九五七年七月徐复观于私立东海大学

# 乙集自序

　　继《学术与政治之间》的甲集后，又选印出这部乙集，完全是由于中央书局的朋友们的好意。在乙集里，学术性的讨论超过了政治性的讨论，这只说明我个人生活的环境与心情正在天天地演变。倘由此而能演变到将我的余年完全埋葬在书房里面，那将是人类对我所作的最大恩赐。我希望能得到这种恩赐。

　　在乙集里面也收有若干在情调上与全书并不十分谐和的文章，这纯是留作个人生命历程中的纪念，希望读者与以原谅。

　　对于无涯的知识，每个人都是偃鼠饮河，不过满腹；对于无穷的人生境界，每个人都可以当下自足，但同时也会感到仰之弥高。自己所没有研究到的知识，应谦虚地予以保留；自己所没有达到的人生境界，应虔诚地加以尊敬。我觉得这是作为一个学人所必须具备的良心，也是"道并行而不相悖"的思想自由的基础。自己所不知道的知识，便要独断地加以打倒；自己所未达到的人生境界，便要武断地加以踏平；每个人觉得自己就是知识世界的全体，自己就是人格世界的全体。像这种精神中的各个极权王国，若不设法把它敞开，则人类的文化、个人的生命都将感受到窒息，而失掉谈文化、讲思想的真正意义。

　　许多精神的极权王国之所以形成，我怀疑它和今日的政治问题有种共同的心理因素，即是作为一个中国人的过分的自卑感。在现实政治中本找不出圣贤，便不能希望搞现实政治的人能放弃个人的权力欲望。但有的人，在民主政治体制之下，一样可以得到光荣的权力；可是他们宁愿面对社会、面对世界，说出许多自损尊严的虚辞诳语，以求达到欲盖弥彰的反民主自由的目的。在他们的各种说法中，决找不出可以作为反民主自由的任何根据。然则原因到底何在？恐怕只是由于在各个人念虑的几微之际，有一种"满身污秽"的自卑感觉，因而只想躲在薄暗的殿堂里面，不愿照见民主自由的太阳。此种自卑心理的未能解除，结果造成了国家和政治中各个人自身的不幸，是非常显而易见的。

在今日，既有人以满身污秽的自卑心理来面对政治问题，也有人以"满面羞惭"的自卑心理来面对文化问题。在此种人的心目中，觉得只有咒骂侮辱自己的历史文化，才能减轻作为一个中国人的罪孽感。这恰和共产党里面许多人为了"丢掉历史包袱"所作的坦白心情，一般无二。政治上反自由民主者口头上的理由，是说中国不合于自由民主，亦即是承当不起自由民主；把个人承当不起的自卑心理，投射在整个的国家身上。文化上反历史文化者的口头理由，是说不打倒自己的历史文化，西方的文化便走不进来；把这一代人的阴鄙堕退，一笔写在自己的历史文化身上。其实，人类文化都是由堂堂正正的人所创造出来，都要由堂堂正正的人所传承下去。只有由平实正常的心理所形成的堂堂正正的态度，才能把古今中外的文化平铺在自己面前，一任自己理性良心的评判、选择、吸收、消化。满面羞惭的自卑心理使一个人在精神上抬不起头来，这固然不能正视自己的历史文化，同样也不能正视西方的历史文化。在此种情形下，纵然有少数人能认真做一部分西方文化的研究工作，但其内心深处好像旧社会里不敢抬头的男女恋爱，很不易为国家得到结婚生子的结果。何况抱着此种心理的人，多半是东张西望地混过一生，最后还是对文化交白卷。

因此，人格尊严的自觉是解决中国政治问题的起点，也是解决中国文化问题的起点。一个人，一旦能自觉到其本身所固有的尊严，则对于其同胞、对于其先民、对于由其先民所积累下来的文化，当然也会感到同是一种尊严的存在。站在人类共有的人格尊严的地平线上，中西文化才可以彼此互相正视、互相了解。在互相正视、互相了解中吸收西方文化，这有如一个像样的民族资本家和外国工商业者作经济来往一般，倒真能做点有规模、有计划的以有易无的两利生意。我不认为在买办式的精神状态下，甚至是在乞丐式的精神状态下，能有效地吸收世界文化以发展自己的文化。同时，西方人要靠这种买办式的东方人来了解东方文化，也同样是非常可悲的事。

年来在学术上我和时贤所发生的争论，决非出于个人僭妄之心，想用我的学问去压倒时贤的学问。我很坦白地承认自己并没有学问。只是从时贤谈学问的态度中引发我上述的感触，因而不能抑制自己，写出了这种感触。把政治上的感触写出来容易，但把文化上的感触写出来却相当地困难，因为这要冒着社会风气的大不韪。现实政治上的压力，在形式上很重，而在精神上却很轻。社会风气的压力，在形式上似乎很轻，而在精神上却很重。一个人的生命，若非不幸而完全沉浸在这种时代感触之中无法自拔，谁又肯冒双重的压力，以自甘孤立于寂天寞地之中，而可不惧、不悔、不闷？假定我所感触的毕竟无法与此一时代的心灵相感相通，则我恳切地希望我的感触只不过是个人无病呻吟的谬见，以让我们的时代能背弃我的感触而向前迈进。至于我在讨论中常常不免对人用上过当的辞气，这完全暴露我作人的修养还无法克制在执笔时的心情。我把这种辞气照原地保留下来，借此表示我内心的愧疚。

当我忙于授课的时候，省立农学院的高希均同学肯自动为我细心校正印稿，因此使我得节省不少的时间精力，这和中央书局愿出力印行此集的朋友，是同样值得感念的。

一九五七年双十节徐复观志于东海大学宿舍

# 港版合订本自序

　　我由一九四九年开始正式执笔写文章。承亡友庄垂胜（逐性）先生的厚意，一九五六年，在与他有关系的中央书局，为我汇印成《学术与政治之间》甲集，一九五七年，又汇印成乙集。"学术与政治之间"的标题，也是他为我写的。甲乙集印行后，因我发表过《从文学史观点及学诗方法试释杜甫〈戏为六绝句〉》一文，不知怎的，转一个弯，引起某一地域里的"名士"们的不满，竟把祸嫁到甲乙集上。有一次我到台北，当时某机关的政治部主任王超凡先生请我吃饭，还约了我两位好朋友作陪。吃饭中，王先生再三要我把甲乙集自动收回，被我拒绝，弄得彼此间很不愉快。幸亏美而且贤的王夫人当场责备了王先生几句，大家借此收场。后来知道，王先生之所以出此，是由他机关里的一位"诗人"促使的。另有某位先生，以断章取义的方法，报告给故总统蒋公，使我离开了国民党的组织。但蒋公并没有因此对甲乙集作过任何禁止发行的指示。只是在此种情形下，听任它自行绝版。现在想来，这里面的文章，假定是现在执笔，应当减少当时由热心太过及不算刺激的刺激而来的许多尖锐词句，以致形成"心善面恶"的情形，引起不必要的误会。而甲乙集毕竟能卖完为止，王超凡先生也只是"先礼"却并没有"后兵"，这不能不感谢自由中国的政制，及许多老朋友的爱护。某位先生虽在政治一路上飞黄腾达，而王先生则早已离开人世。偶然回想及此，徒增加生活史中的一点慨叹。

我的个性，在自己某部书印出后，认为此方面的工作已告一段落，即不愿再看第二次。对有点不祥之感的甲乙集，更是如此。去岁冯君耀明，却花费宝贵时间，把它重新校阅一过，并提出若干宝贵意见。现时他又约同友人，要把甲乙集合并为一集，发行香港版，我没有反对的理由。其中只去掉四篇文章，增加一篇文章；不妥的字句，则一仍其旧，以保持原来面目。这里面的文章，就我个人来说，只能算是对国家问题，对学术问题，摸索、思考的一个历程。十年以来，我还是继续摸索、思考，希望能向前走一步两步。对读者来说，若能从这些文章中，接触到大时代所浮出的若干片断面影，及听到身心都充满了乡土气的一个中国人在忧患中所发出的沉重的呼声，我便感到满足了。

一九七六年一月徐复观志于九龙寓庐

# 新版自序

经过二十多年，这部杂文，又由学生书局在台湾重新排版印行，主要是来自冯爱群先生和我三十五六年的深厚友谊。假定其中稍有可取之处，只在一个土生土长的茅屋书生，面对国家兴亡，世局变幻，所流露出的带有浓厚呆气憨气的诚恳待望；待望着我们的国家，能从两千多年的专制中摆脱出来，走上民主法治的大道。待望着我们的文化，能不再受国人自暴自弃的糟蹋，刮垢磨光，以其真精神帮助世人渡过目前所遭遇的空前危机。我所能做的实在太渺小了，渺小得毫不足道。但精卫决无填海之力，却不妨他抱有填海之心。读者若能于文字的呆气憨气中有以谅其区区填海之心，便是我的大幸。

里面的文章，都是住在台中时写的，也是由台中的朋友汇印成书的。在我流浪的一生中，住台中的时间，此住生我的故乡还要久。台中的人物风土，都给了我深厚的感情，自然也萦回着我永远的怀念。假使九原可作，则为我题封面的庄垂胜先生，看到由他所发心的这部书，能以面目一新的姿态，重新回到台湾，他该是多么高兴。念及此，不觉为之泫然。

一九八〇年四月十四日浠水徐复观序于九龙寓所

# 论政治的主流

## ——从"中"的政治路线看历史的发展

### 一

在人类政治生活历史中，本有一条时隐时现而决不曾断灭的主流，我勉强称之为"中"的政治路线。

自从斗争的唯物史观，发展为现实的极权政治以后，人与人间，只有隔绝、打倒，没有沟通、和谐。坐在克姆林宫的人们，认为只有把世界变成一个单纯的斗牛场，才可以满足其政治上的愿望。在此种大的逆流之下，个人失去了常性，社会失去了常轨。所以我特地把这一主流提出来，应该有相当的意义。

"中"的政治路线，是一个假定的名词，第一，"中"的政治路线，是人类和平进步时期所自然形成的坦途。此时既无所谓左右，自然也不需要"中"的概念。不过为便于明了起见，乃截取历史上大变动的阶段，对待左右两极端，而称之为"中"。但这里并没有丝毫妥协的意义。第二，此一路线，在每一历史阶段中，固然有他固定的内容，但通过全面的历史去看，则只有一个共同的倾向和态度。至其内容，则随社会的进步而进步。更正确地说，中是在社会的常轨上，推动社会前进。因社会前进，而所表现的形式，各阶段并不相同。所以中的本身，决不含有停滞凝固的意义。

## 二

中的政治路线，是随政治思想的产生而产生的。

历史家认为欧洲的政治思想，系开始于纪元前五世纪的希腊雅典。因为当时雅典，正由贵族政治转变为民主政治。而商人阶级的兴起，与自由民的没落，使社会阶级的对立特别显明。由此所反映出来的政治意识，其对立亦非常尖锐。原有的特权阶级，要继续使政治成为维护特权的工具。商人则主张以财富为支配政治的中心。而在另一面，则不仅要打倒特权，并且要均分财富。此可以柏拉图著作中的所谓煽动政治家作代表。据柏氏描写："煽动政治家主张没收财富，分配于民众之间。他们知道没有现实利益，便不能结合民众。于是没收富者之富给之于民众，以收揽人心，将民众掌握于自己的手上。他以鼓励对富者的斗争，及对外作战的方法，来收集民望，使民众误认他们为不可或缺的人物。及这种人望达到沸点时，煽动政治家便一变民众阿谀者的面目，而成为统治的暴君，等到民众知道受了欺骗，而欲加以责问，则暴君统治之网，已张遍全国，民众早陷入于奴隶的状态，而无可如何。"这可以说是今日极权政治的雏形和缩影。

在上述政治意识尖锐对立的情势之下，雅典的民主政治，非常的混乱。雅典的社会，是极度的不安。于是以"政治的正义"为主题，想求得一个满意的答复，以安定当时的社会，便成为当时思想家的重大任务。在百家争鸣、异说蜂起的"自命智者"（sophist）的一团中，格拉孔便提出"正义即法律，法律即中道"

的观念。接着诗人气质很重的柏拉图氏，早年写出了《第一善理想国》，主张彻底共产，使人的现实世界符合于理想世界的理念。但晚年的柏氏，终从天上落在人间，从第一善的理想国，降而为"第二善的法治国"。法治国的目的，在"保持社会的和平"。法律的内容，为"理性的结晶"。但这种结晶，据他说，决不是极端的，而系"中庸"的。他认为国家的罪恶，是从极端的富与极端的贫产生的。他否定一切极端的事物，因为这不是"和合统一"。不是和合统一的，不能希望和平。所以在现实世界的和合统一，仅有"在中庸的状态才可以求得。人类只有在中庸状态之下，才能服从理性"。于是就物质生活说，他提出了"中庸之富"。就政治组织说，他提出了一个"中间的制度"。可以说他是从理想国的绝对主义，回到理想与现实之间的相对主义，也就是中的政治路线了。

被称为政治科学之祖的亚里士多德，据说他曾经研究过一百五十多种宪法，以追求普遍的政治法则，而这种法则，在亚氏的《政治论》中，却是"诸要素的调节"、"诸利益的调节"，以"永久的调节"为政治的中心。他看到雅典内部贫富两阶级间的激烈斗争，可以导雅典于毁灭，于是他认为"政治技术，是社会和平的技术"，是"社会调节的技术"。他在《政治学》里说，"我在《伦理篇》曾经定义过，'幸福的生活，乃系不被阻遏的德性的生活。而所谓德性，即是中庸。'上面的定义假使不错，则不能不说中庸的生活——任何人都可以达到的中庸状态的生活——乃多数人最良而且最幸福的生活。不仅人的生活系如此，更可适用于国家及政治组织。因为政治组织不外于大家在国家内共营生活的一种配合"。所以亚氏主张现实可能的政治组织，是"中庸主义的"。其社会基础是"平等的中产阶级"。其理想是，"全部均衡富者的所有，使每人都能得到平均的财产"。亚氏认为这种中庸主义，可以实现"置基础于平等的自由"。而置基础于平等的自由，乃是民主政治的骨干。

综上所述，而见中的政治路线，是欧洲正统的政治路线，实际上正是全人类正统的政治路线。


## 三

中的政治路线，是人类生活要求均衡统一所产生的路线。它的内容，也是均衡统一的。中外正统的哲学家、宗教家、艺术家们，有一个共同追求的目标，便是心与物、人与自然、感情与理智等的均衡统一。均衡统一，在个人是一个生活圆满的境界，在社会更是一个生活圆满的境界。但因人智之不齐，再加上人类的自私，逐渐形成了少数人压迫多数人的现象，而破坏了社会的均衡统一。社会革命的来源和目的，就是在打破压迫的极端，以求恢复新的均衡统一。最理想的办法，便是径直以均衡统一，来代替已经形成的极端。但历史上，这种例子却很少，而一般的例子，却是先由右的极端激起左的极端，继之则是左的极端打倒右的极端，然后再转而走上中庸的状态。追索其原因，大约有下述几种：第一，对右的极端的否定，总是先从认识上开始的。认识顺着思辩的通路发展下去，很容易形成概念上的理想世界。但行动开始了，概念里面的东西，和现实的东西，发生了距离，于是理想与现实，自然要求均衡统一。第二，认定要革命的是理智，而使革命发生力量的则是感情。在行动的时候，常常是理智隐藏在后面，而让感情为主。因此，理智控制不了感情，常易流于冲动。在感情冲动之下，多半是由报复心理所形成的阶级观念发生作用，而不是人性发生作用。所谓阶级观念的真正意义，是把不和我站在一起的人，看做不是人，因而一定会采取极端残暴的手段。但人类感情的冲动，是不会长久的。或因挫折而停止，或因反省而停止，或因动极思静的自然律而停止。停止以后，理智与感情恢复了均衡，人性与阶级性也自然会归于统一。第三，革命总是由不平所激起。所以革命常开始于对不平的报复。在报复中，总是以自由作牺牲的。但没有平等的自由，使人不感觉得是自由。而没有自由的平等，也一样地使人不感觉得是平等。因而满足了平等的欲望以后，一定要满足自由的要求，于是平等与自由，也恢复了均衡统一。第四，大众的革命情绪，常系由经济问题所引起。于是经济的要求，常被认为唯一的要求。经济的生活，常被认为唯一的生活。这时的人类动机，几乎与一般动物没有大的分别。及至发现仅从经济上着眼，并不能解决经济问题，乃至即使解决了经济问题，而仍不能解决人生问题的时候，于是经济生活，与文化生活，也要恢复均衡统一。第五，革命的性格，和倡导人的性格，及民族的性格，也有多少关连影响。例如马克思是一个心胸偏狭，而富于仇恨性的人物。他拉着朋友下棋，棋下输了，总是非常的生气，弄得他的太太只好劝朋友们："你不要再和我的大孩子下棋了。"所以社会主义在他手里，便把其中人道主义的成分完全抽掉了。再合上俄国冷酷而极端的民族性，便塑造出苏联革命的典型。最后又经过史达林们把此一典型凝固起来，作世界革命的资本。但每一革命领导者的性格，和民族的性格，不可能都是马克思加帝俄型的。除非苏联的特务能永远看守住每一个人、每一国家，像今日在东欧之所为一样，否则他总会要向均衡统一发展。

人类均衡统一的要求是必然的要求。由均衡统一的要求而产生的中的政治路线，是人类政治生活发展中必然的路线。纵然有时被阻遏、被掩蔽，而终久必涌现出来，成为人类进步的指针和基石。

## 四

欧洲文艺复兴与商业革命，许多历史家认为这是中产阶级在政治上的抬头。换言之，也是中的政治路线的潜流在人类政治实践中，发生更大的作用。其总的成就，便是近代的民主政治。对近代政治影响最大的是洛克的思想，他的特色便是更多地强调了中庸主义。而近代民主政治开端最早的英国，可以说是中的政治的典型。所以她能得到长久时期的国内和平团结。一六二八年及一六八九年的两次宣言，象征着英国的社会政治，都是在"光荣的和平"中，慢慢地转变，坚实地进步。她的议会制度，真能做到少数服从多数、多数保障少数的原则，很少引起纷乱。她有右翼的政党，也有左翼的政党。但右也右不到完全不顾大多数人民的生活，左也左不到流血斗争。因历史的进展，自由党不足以代表左了，于是工党起而代之。而工党现在所执行的社会政策，却是保守党领袖邱吉尔在战争中所奠下的基础。按照马克思的预言，英国是应首先赤化的，但共党在英国的势力，微小得可怜。自十六世纪以来，英国很少受到大的挫折，英国渡过了多少次的难关，这决不是偶然的事。英国人的经验主义和清教徒的精神，不断地使理想与现实、个人与社会，保持着均调。所以她的左与右，都是意识地或不意识地向"中"靠拢。

但是一个社会达到非变革不可，而因为旧势力的顽固愚昧，不能接受任何变革的时候，则常须要经过一个左的极端，然后才能回复到中的政治路线。法国大革命，本来可以不要那样大的牺牲。但当时的贵族和僧侣等特权阶级，挟制孱弱无能的路易十六，守住特权，丝毫不放；于是相激相荡，使革命一步一步地走上了极端，占少数的山岳党，压倒了占多数的中央党，与巴黎公社联合，开始了残酷的屠杀和恐怖的统治。不过取得统治权的罗伯斯庇尔，他的手段是极端的，而他的政治路线，在山岳党的分裂中，却仍是站在中的路线。并且罗氏的极端手段，终于在一七九四年七月廿七日，自食其果，由温和派的炎月党，取得了政权。一直到拿破仑在一七九五年十月五日大败王党，新议会成立，法国革命随恐怖时代之终结才告一段落。后来共产党人痛惜巴黎公社之失败，痛恨法国革命的果实主要地落在中产阶级手上。其实，客观的历史家不能不承认，法国当时农民和初兴市民阶级的要求，正是当时的中的政治路线的要求。在那一段历史上，不可能超过这一路线，也不能不回归到这一路线。所以法国大革命的发展，从大体上说，是历史变动期的另一形态的正常发展。

俄国因沙皇专制的残酷，和民族的富于残暴性，所以一九一七年从二月革命，演变到十月革命的形式，也可以说是历史发展上的一条必然路径。可是共产党徒，从马克思起，一面提出唯物史观，一面却否定巴黎公社所以失败之唯物的根据；于是马克思已经开始寻求可以阻止革命不至从极端走向中和的办法。列宁便提出无产阶级专政为革命的唯一路线。即是说，扩大并深化罗伯斯庇尔的恐怖手段，以维持极端的政治路线。并且他有鉴于罗伯斯庇尔既以血腥对付敌人，结果自己也得到血腥的报复，可见血腥的手段一经采用，便不易轻轻放得来的；于是只有以继续不断的血腥手段，来维系由血腥手段所建筑的统治权。愈转愈尖，愈转愈紧。近代的极权主义的政治，便是这样形成的。在苏联红极一时的日丹诺夫，尽管受国葬的殊荣，但仍须要医生解释他何以"骤死"。既须要给他以骤死，史达林却还要亲自执拂，老泪纵横。这一个插曲中，亦不难窥见极权主义者为统治而统治的悲哀。这是违反历史发展的法则，是无法走得通的道路。又如布哈林写了那末一大本《斗争的唯物史观》以后，毕竟还不能不承认有一个"均衡"的法则。既有均衡，则社会的和平自然会代替了斗争；中的政治路线，自然会代替了极权的政治路线。如此，则苏联的极权主义，便要倒了下来。极权主义不肯倒下来，布哈林只好作它的血祭。可是布哈林虽然被杀了，但杀不掉苏联社会走向均衡的要求。苏联这多年的思想危机和社会危机，我们剥开那些左倾机会主义、右倾机会主义的名词，去看他的本质，无非只是要求均衡与防止均衡的反映而已。苏联的极权主义，为防止均衡的自然发展，一面是用血腥的手段去肃清，一面在危机严重，非仅靠肃清可以镇压时，便采取一部分中的政治路线的策略，作缓兵之计。最显明的例子，如列宁的新经济政策，及希特勒上台以后，第三国际所采的"人民阵线"。但极权主义者的本质是极权的，所以危机一见缓和，立刻便收拾起中的政治路线之烟幕，而露出其本来的面目。世界的共产党可以推翻一个政权，推翻一个社会，但决不能安定一个政权，安定一个社会；中的路线，不转化为外力去代替它，便须转化为内力去蜕变它，狄托的手段还是极权的，而他的路线，却是向"中"靠拢。只要路线是中的，则一旦极权的敌人退了阵，他的手段也不能不中和下来，这是极权主义不能不转向中的路线之最明显的一例，狄托主义之必然性与普遍性在此，狄托主义对于共产党的严重性也在此。

## 五

中国农业取得经济支配的地位，其历史最早也最长。中国自有明确的历史以来，恐怕只有畜牧时代，而没有游牧时代。所以中国的文化是一个典型的平原阔野的农业文化。其特点便是博大和平，反映在政治思想上，便是比西方更为确定深入的中的精神。大概拿一个"中"字来衡量中国几千年来的政治思想，便可以左右逢源，找出一个一贯之道。并且中国的思想家，对于中的了解，是"彻内彻外"的，是把握住中在社会进化中的本质，而不拘限于某一固定阶段的形式的。此即所谓"君子而时中"，"执中无权犹执一也"。中的政治路线，在中国文献中的实例举不胜举，最显明的是《中庸》上说："执其两端，用其中于民，其斯所以为舜也欤。"这分明是说社会本有两端，不必自己欺骗自己，说中国社会没有阶级。但政治家的任务，是在两端的调节均衡，而不在于以一端去完全消灭另一端。因为人与人间的差别，是到现在还无法解决的问题。此一问题不能解决，则社会上一部分人居于优势、一部分人居于劣势的现象，不仅不能取消，也不应取消。凡是含有可动性能的东西，只有相对的平等，没有绝对的平等。在柏拉图的理想国中，对于金、银、铜铁三种不同性质的人，也没有方法安排品第相同的职业。而苏联的无产阶级，至今还保持着差别的待遇。不过超出自然的优胜，而发展到剥削的程度，以致抑压住另一部分人的正常发展，这就是一端的统治，不是执两用中了。所以中国正统的政治思想，总不外于一个"平"字、"均"字。

"平"与"均"都是从"中"字来的。不过此种思想，只有有反省能力的少数知识分子，在封建社会之中，而又超出于封建社会之外的，才能把握得住。但他没有和某一时代的民众要求合流起来，形成一个意识的社会运动；所以他在历史上只发生了减轻毒素的作用，而没有发生大的改变历史的作用。

中山先生的三民主义，是近代中的政治路线之最具体的典型。以民族、民权、民生为一整体，而互为内容、互相融和制约的主义，自然会是"中"的主义。以民权、民生为内容的民族主义，自然不会走上军国主义、人种优越的征服主义上去。以民族、民生为内容的民权主义，和以民族、民权为内容的民生主义，自然不会走上国际主义和无产阶级专政的路上去。中山先生说"马克思是病理学家"，他是"生理学家"。所谓生理学家，即是正常的中的政治路线的领导者。

但中山先生所建立的党，是士大夫阶层的集团。他们只直觉地接受了一部分的民族主义，而并未真正了解民权、民生主义。再加上中国二千多年专制之毒既深，农业社会的散漫性、顽固性，都使中的政治路线，不易发挥强大的力量，以应付中国当前内外严重的局势。中山先生为想要在中的政治路线里面，加入一种推动力起见，所以便规定在建国程序里的军政时期；并用联俄容共政策，在士大夫集团中，打上一针强心剂。这对于此后三民主义很快地深入全国，与民国十五年北伐之很快的完成，都有极重大的作用。

不幸的是中国的共产党人只在策略上接受了三民主义，而在本质上则始终不变地拒绝三民主义，于是一步一步地拿出抄自苏联的那一套公式。更不幸的是国民党也守不住中山先生的这一条路线，却一步一步地走上与中共相反的另一个极端。于是中山先生生理学家的革命路线，一变而为两个极端的斗争。在历史上看，右的极端，常常激起左的极端，培养左的极端，而终必被左的极端打倒，所以国民党今日的失败，是命运注定的了。我曾问过一个很有地位的共产党员说："假使国民党真正名符其实地实行三民主义，那你们便怎样？"他迟回了半天才答复说："那我们毫无办法。"或许他所答的话是假的，但在事实上却不能不是真的。

纵令是如此，但中共从劣势转为优势，是由再度宣言实行三民主义开始的。他对于三民主义，只有设法加以曲解，而自一九三六年以来，便从未作正面的攻击。他在农村的军事动员方面，还是用的从苏联学来的那一套，而在他的城市政策方面，尤其是在他对外宣传上面，却是尽量地表现向中靠拢。中共自从统一战线以后，从来没有把阶级斗争这一套拿来向外面作理论的说明和宣传的工具。一九四七年双十节《土地法大纲》公布后所展开的农村斗争工作，到一九四八年的春天，便又不得不缓和下来。而向外宣传，他要"保护中农"了。他的同路人、他的代言人，总只能从他近于中和的地方去为他辩护，却没有从他本质的极端的地方去为他辩护。所以中共和俄共，有一个不同之点：帝俄有真正的工农兵群众性的暴动，而中国到现在为止，并无真正工农兵群众性的暴动。所以俄共是以彻底的阶级斗争来夺取了政权，一九三六年以后的中共，却是以阶级斗争为骨干，而以缓和阶级斗争为策略，来夺取了政权。中共现在所提出的许多口号，都是在火花时代、十月革命时代所绝对没有的。我们可以说，俄共是以实行共产主义而起家，中共则以宣称"并不实行共产主义"而起家。

由上所说，可见中国的历史文化，更只能接受一个中的政治路线的革命，而不可能接受一个极权的苏联式的革命。现阶段中的政治路线的具体内容，应该是容许有自由的社会主义，也就是三民主义，而决不是共产主义。执行中的政治路线的具体任务，是反侵略、反极权、反封建的三位一体的口号，而不可能单是反封建，或单是反侵略、反极权的口号；当中共客观地研究问题时，不是不知道这一点，但他在可以封锁得住的地方便实行斗争，在不能封锁住的地方便宣告宽大，于是宽大只变为封锁的前奏。所以新民主主义，他不说是从人类整个历史文化发展而来的，只说是从苏联十月革命而来的。中共的根本矛盾在此，毕竟要走上山岳党同样的命运也在此。

　　人类历史，正在急遽地转变；中国的历史，也正在急遽地转变。这一转变的顶点，就是第三次世界大战的正式爆发。大战的结果，不论谁胜谁负，恐怕苏联也不是今日的苏联，美国也不是今日的美国。至于中国的命运，恐怕那时既不会寄托于今日的国民党，更不会寄托于今日的共产党，乃是寄托于变了质的国民党或变了质的共产党，以至完全不是所谓国民党和共产党。那时将让人民把听了使人并不很愉快的政治名词，一齐送进博物馆里去吧。

一九四九年七月一日《民主评论》第一卷二期

　　按民主政治，自然是中的政治路线。所以对中国而言，只谈民主政治为已足，且亦少流弊。但这篇文章，是我长期思索的结果，且得到不少朋友的同情，所以留作纪念。

一九五六年七月廿八日志

# 文化精神与军事精神
## ——湘军新论

　　我在民国三十二年冬路过西安，闻某将军能治兵。但又闻彼常精选一队，专供参观表演之用。当时觉得此种作法，其动机盖出于好胜之心太过。然恐因此而养成军中虚浮不实之弊，不堪作战。故与其晤谈时，举王闿运在《湘军志》中称"曾文正以戒惧治军"之语相告。并说"戒惧"两字，可谓得湘军精神的神髓。某将军当时听了我的话，为之怃然。可是在讳疾忌医的风气下，我没有进一步地说什么。

　　胜利复员后，一般将领谈到对共军事问题，简直认为不堪一击。各种大言壮语，随处可闻。某君曾向我说："对付共产党的游击战争，好像用扫帚扫蚂蚁。决不会和你看得那样严重。"我每听到这种论调，内心万分难受。因为这不仅是不了解敌人，同时更不了解自己。及到三十六年秋季，则渐变为由骄而馁，由轻而怕。这都是必然的演变。所以我有一次得便向蒋先生说："江西剿匪时代，大家喜欢谈《曾胡治兵语录》，虽未必真了解《曾胡治兵语录》，但究有点内求诸己、自奋自强的意义，含在里面。这次则大家不谈《曾胡治兵语录》，而只谈美械装备。仿佛有了美械装备，便一切可以解决。但我认为只有以《曾胡治兵语录》的精神，才能发挥美械装备的效用。"蒋先生当时听了，也很以为然。但《曾胡治兵语录》到底是一种什么精神，我也没有谈下去。及到了三十七年初春，我看到某要人请某军事学权威主稿写了一本《对共作战的战略战术》的意见，主要内容是离开了近代以力学的原则去了解战争的观点，而还原到中世纪以几何学的原则去了解战争的观点。想以几何学的图案，去和中共斗巧，而不知共军行动的后面，还有些什么，我们为实行图案，还缺乏些什么。我当时感到这不仅是军事学的落伍，而主要的是我国学军事学的人，没有军事学后面所需要的灵魂，于是总以为在红蓝铅笔上面，便可以解决问题。某一负作战计划的将军，常向人发牢骚，认为他的红蓝铅笔画得并不错，而不了解红蓝铅笔所画的，并不是符咒。纵然是符咒，也要能切合被符咒者的对象。因此，我几次想把湘军精神，重行提出；但觉得提出也是白费，便一直不曾着手。

现在一切都感觉得太晚了。可是我们既认定中共不可能解决国家的问题，则国家的问题，总得重新收拾。难道说因为没有灵魂而丢掉了国家的一群，照原样子混下去，将来会再发生什么奇迹吗？这里是需要大家有一个精神的转向，以恢复自己的灵魂。当拿破仑的法军占领柏林以后，德国的哲学家费希德，认为德国人既因利己心的伸张而失掉了现实的世界，则只好从头开辟一个精神的世界。他的这种呼吁，打动了德国人民的心，引发了德国人民精神的转向；德国人民终能由他们所建立的精神世界，以重新掌握自己现实的世界。同时，这种精神的转向，顶好能从军人方面开始。因为在大变革期间的军事，是各种力量的综合与集中的表现。当法国大革命陷入混乱恐怖状态中的时候，罗诺发出"先恢复军人的秩序，以军人的秩序稳定社会的秩序"的呼声，法国遂因此得救。再从另一方面说，当前军事的改进，不可能仅以英美的军事眼光来完成。因为在大崩坏之余，既成的法制、人事等等，都失掉了作用。尤其是没有英美军事后面所凭借的社会背景。今后军事，又进入到一个重新创造的时代。重新创造，所凭借的是人的精神。有精神的流注，才能使死的制度、技术有生命，有效力。从湘军的制度看、技术看，在现在并无任何价值。但他们开创时候的一段精神，却可诱发现在军人精神的转向，以凝集并焕发现在军人的人格，虽站在极黑暗的环境中，也有以自立自守，而无所畏怖。至于因为手头材料的缺乏，不能很完整地把这一段精神表达出来，这是无可如何之事（手头除了一部《曾文正公文集》外一无所有）。

一

洪、杨起兵金田，是以民族大义相号召，这在历史上当然有他重大的意义。但民族有其躯壳，也有其灵魂。躯壳是血统服朔，灵魂是历史文化。孔子作《春秋》，严华夷之辨，但孔子所谓华夷，不仅是种族问题，主要的还是文化问题。所以诸夏在文化上（礼）而自退于夷狄者，则夷狄之。夷狄在文化上而进于中国者，则中国之。中华民族之所以能发展为这样大的一个集团，并不单纯是种族的蕃衍，而主要的是文化的凝铸。洪、杨的"忍令上国衣冠，沦于夷狄。相率中原豪杰，还我河山"的号召是正确而动人的，但他的文化背景则是半生不熟的天主教。而这种半生不熟的天主教，是和他的武力政权结合在一起。这便是肯定了民族的躯壳，而否定了民族的灵魂。既否定了民族的灵魂，便也掩没了民族的躯壳。于是对中国历史文化有真正责任感的人，遂起而作"卫道"之战，也就是为历史文化而战。所以洪、杨与湘军，都是拿着了民族的一面来作武器。从这一点说，洪、杨既不是"发匪"，而曾国藩也不是什么"民族罪人"。曾国藩在他的《讨贼檄文》中说："举中国数千年礼义人伦，诗书典则，一旦扫地荡尽。此岂独我大清之变，乃开辟以来，名教之奇变。我孔子、孟子之所痛哭于九原。凡读书识字者，又乌可袖手安坐，不思一为之所也？"这是他起兵动机。檄文中又说："不仅纾君父宵旰之勤劳，而且慰孔孟人伦之隐痛。"这是说他作战的目的。又接着说："倘有抱道君子，痛天主教之横行中原，赫然奋怒，以卫吾道者，本部堂礼之幕府，待以宾师。"这是说他气类结合的标准。通过曾氏一生的立身行己来看，不能说他在檄文上所说的话不是出自他的真心。假定洪、杨们不弄"天父天兄"的那一套，而军纪能稍稍好一点，则曾国藩们恐怕要重新考虑其态度。所以湘军对洪、杨之战，是文化之战。湘军的主要人物，系先对文化有真切之感，然后才能发动此一战争。此一战争的性质，既系对文化负责，则文化的精神自然会流注为军事的精神。而中国文化亦在此一方面得到一个测验。克劳塞维兹在他的名著《战争论》中提出了军事与政治的关连，为军事学上的一大贡献。湘军则直接证明了战争与文化的关连，证明了军事精神与文化精神之可以合体。这一点在军事史上应该占有不朽的地位，也值得我们特别提出的。至于湘军后半段的将领，以及受湘军影响的其他部队的将领（广义的湘军与淮军等），则渐渐蜕变而结为"功名之士"。这固然较之童嬉顽鄙者高出多多，但那已不是湘军建立的原意。曾国藩不能不用这种人，但并不重视这种人。他的日记中有一段说："天下之人，稍有才智者，必思有所表现，以自旌异于人。好胜者此也，好名者亦此也。……虽才智有大小深浅之不同，其不知足、不安分则一也。能打破此一副庸俗之见，而后可与言道。"拿这个尺度看，则自曾国荃以下皆不足以代表湘军原始的真正精神。我们一定要把他区别来看。不过这种功名之士，在湘军那种原始精神提挈之下，自然比一般的功名之士要来得深厚。

二

湘军精神既然是中国文化精神所流注，则要了解湘军精神首先须要了解中国的文化精神。我的学力不够阐发这样一个大题目，只能把初步的了解简单地说出来。孔子说："作《易》者其有忧患乎。"这是说中国的文化是对人的忧患负责而形成发展的，所以是人本主义的文化。这可以从两点来说明。第一点是对自己人格的负责。"人心惟危，道心惟微"，因而要克去人心（一般生理之心、动物之心），发扬道心（即是所谓"克己复礼"），以完成人格的尊严，使个人的起心动念都从人心的小我中净化出来，以"上不愧于屋漏"。于是戒惧敬畏之念，自然随对自己人格责任之感以俱来。所谓"戒慎乎其所不睹，恐惧乎其所不闻"、"出门如见大宾，使民如承大祭"、"居处恭，执事敬"，都是文化精神在这一方面的表现。第二点是对人类负责。所谓"道心"，是从"恻隐之心"去把握，在"仁"上面去完成的。推恻隐之心，便可知"大人者，连天地万物为一体"。因而个人人格的完成，不仅是对个人负责，同时即须对人类负责。所以"己欲立而立人，己欲达而达人"，"克己复礼"必归于"天下归仁"，"匹夫匹妇，有不得其所，若挞诸市朝"等观念，因以成立。于是戒惧敬畏之念，也自然随对人类责任之感以俱来。所谓"悲天命而悯人穷"、"大畏民志"以及"战战栗栗，日慎一日"等，都是文化精神在另一面的表现。并且戒惧敬畏不仅是基于上述责任感之流露，而且为尽责任的一种方法、一种历程。因为戒惧敬畏，才能真实无妄（诚），才能"尽性"，以完成此一责任。同时中国文化精神的戒惧，和其他民族的"虔敬"相似而实殊。其他民族虔敬的观念，是对上帝、对神而发，通过此一观念而将人的责任交给神、交给上帝。而中国文化中的戒惧观念，是对自己而发，通过此一观念而把人的责任自己担当起来。王闿运所说的"曾文正以戒惧治军"，应该从这种根源地方去把握、去了解。


三


湘军，是湘乡一县之军。此即曾氏所谓"一县之人，征伐遍于十八行省"。湘军的成立，是在当时正规的军制以外，由土生土长的几个书生直接号召土生土长的农民而来的。也可以说是中国文化中"耕读传家"的转型与扩大。湘军的领导人是曾国藩，而骨干则为罗泽南与李续宾兄弟。所谓"创之者罗忠节公泽南，大之者公也"（《曾文正文集·李忠武公神道碑铭》）。李氏兄弟既系罗氏弟子，其他干部也多出于罗氏之门。所以《罗忠节公神道碑铭》上说："湘中书生多拯大难，立勋名，大率公弟子也。"由此可知罗泽南最是关键人物，对于湘军精神之建立，与曾文正有同等的重要。曾氏所作的《罗忠节公神道碑铭》上说："朝野叹仰，以为名将。而不知平生志事，裕于学者久矣。公之学，其大者以为天地万物，本吾一体。量不周于六合，泽不被于匹夫。亏辱莫大焉。……其为说虽多，而其本躬修以保四海，未尝不同归也。"在叙述罗氏未起兵以前，生计艰难、死丧迭见以后，接着说："公益自刻励，不忧门庭多故，而忧所学不能拔俗而入圣。不耻生事之艰，而耻无术以济天下……穷年汲汲，与其徒讲论濂洛关闽之绪，瘏口焦思，大畅厥旨。"以上皆是说明罗氏是以一己而体现了中国文化的精神。《神道碑铭》中又说："公在军四载，论数省安危，皆视为一家骨肉之事，与其所注《西铭》之指相符。其临阵审固乃发，亦本主静察几之说。"这是举罗氏以文化精神化为军事精神的实例。在同一碑铭中又说："矫矫学徒，相从征讨。朝出鏖兵，暮归讲道。"这是说明罗氏即在军中，亦常是使文化与军事交流互注。这里的所谓讲道，并非如现在的军人偶因好名之念附庸风雅，而是不断地从文化中吸取人生生命之源，吸取军队生命之源，使中国的文化精神通过军事活动而彻底实现。因为他的一切都是出于中国文化精神的真实责任之感，所以不断地感到忧危，由忧危而戒惧，由戒惧而奋发。《神道碑铭》中说："公太息深忧，叹世变之未已也，益讨部众而申儆之。"罗氏的学生李续宾，据曾氏的论述是："罗公讲学，远绍洛闽。公分其细，抠衣恂恂，出而御寇，戎马艰辛。入而问道，克己求仁。"其另一弟子李续宜，据曾氏的论述是："师事罗公泽南，常以躬行不逮为耻。"又说："匪直战事，学道亦然。精思力践，诚可达天。"这都是证明罗、李三氏，在文化上是一脉相传，在军事上是互相辉映。没有罗、李三人，便没有湘军。所以我说湘军的原始精神即是中国的文化精神，就罗、李三个人看，岂不是一个具体的典型，而为古今中外任何名将所不曾到达的一面吗？

## 四

曾文正本人是湘军的领袖，他治学的规模比罗泽南大，而治学的历程不及罗氏的艰苦。但他的一生是守住中国文化的基本精神，躬行实践，始终不渝，其在军中比在北京当翰林、当礼部侍郎的时候更为迫进淬励。可以说曾氏的人格、曾氏的精神生活，因治军而深刻化、坚定化。这在他一生的文章、事业中随处可以得到证明，无暇详论，现仅克就"以戒惧治军"的这一点略加论述。

第一，戒惧既系由对自己、对人类的真实责任感而来，所以戒惧同时即系"反求诸己"，不断省察自己对此责任之实践，策励对此责任之实践。"反求诸己"之谓诚，不偷惰取巧之谓拙。诚拙是由戒惧所转出的工夫，于是"诚拙"二字遂为湘军的基本信条。曾氏在《湘乡昭忠祠记》中说："君子之道，莫大乎以忠诚为天下倡。世之乱也，上下纵于无等之欲。奸伪相吞，变诈相角。自图其安，而予人以至危。畏难避害，曾不肯捐丝粟之力，以拯天下。得忠诚者起而矫之，克己而爱人，去伪而崇拙。躬履诸艰，而不责人以同患。浩然捐生，如远游之还乡，而无所顾悸。由是众人效其所为，亦皆以苟活为羞，以避事为耻。呜呼，吾乡数君子，所以鼓舞群伦，历九州而戡大乱，非拙且诚者之效欤。"又说："能常葆此拙且诚者，出而济世，入而表里，群材之兴也不可量矣。"所以"良心"、"血性"、"朴拙"、"真心实肠"等等，都是当时衡量人物的标准，而成为一代的风气。湘军创始人物中如罗泽南之临难敢死、为天下先者固不待论，而曾氏所叙述的李续宾也是拙且诚的典型。《李忠武公神道碑铭》中说："公含宏渊默，大让无形，稠人广坐，终日不发一言。遇贼，则以人当其脆，而己当其坚。粮仗，则与人以善者，而己取其窳者。士卒归心，远兵慕悦。"又说："险趋人先，利居众后。……不忍己饱，而人独饥。……损己济物，近古无伦。……行类大愚（拙之至，故类大愚），乃动鬼神。"而李氏的慷慨成仁，也是此拙与诚的自然归结。湘军以及与湘军并肩作战的诸军，大多数是以个人为单位各自募集而来，这其间并没有统一的人事制度，乃至一切统一的近代军政设施。但在艰危之中，大家总能休戚相关，协调配合，以达到他们的目的。我们不应该仅从命令系统的浅薄观念上去了解此一事实，而应该从"诚且拙"上去了解他。

第二，戒惧，从军队的本身说，是发于忧危之念与不忍之心。曾氏引《庄子》说："两军相对，哀者胜矣。"曾氏自己又说："忧危以感士卒之情。"因为忧危是出于对自己的责任抓得紧、握得牢的感觉，因此可以把自己的责任贯注于三军，使三军为此共同责任而贡献其生命。而不忍之心，则所以把三军视为一体，于是军队才能团结巩固，以"扎硬寨打死仗"者克敌人剽悍之气。曾氏在他的日记中说："兵者阴事也。哀戚之意，如临亲丧。肃敬之心，如承大祭。庶为近之。今以牛羊犬豕而就屠烹，见其悲啼于割剥之顷，宛转于刀俎之间，仁者将有所不忍，况以人命为浪博轻掷之物？无论其败丧也，即使幸胜，而死伤相望，断头洞胸，日陈吾前，哀矜之不遑，喜于何有。故军中不宜有欢欣之象。……田单之在即墨，将军有死之心，士卒无生之气，此所以破燕也。及其攻狄也，黄金横带，而骋乎淄渑之间，有生之乐，无死之心，（鲁仲连）策其必不胜。"通过此不忍之心，平日休戚相关，战时自能生死与共。湘军常能以少击众（敌有多至数十倍者），屡仆屡起，历艰辛危险而不稍动摇，主要系由坚强团结而来。李续宾在安徽受数十倍的敌人包围，粮尽援绝，赴敌阵而死。其部下仍旧战斗三天，全部殉难。即在金陵克复之后，曾国荃尚"面颜焦瘁。诸将枯瘠，神色非人"（《金陵湘军陆师昭忠祠记》）。可见湘军的成功并不是靠营官的"薪银二百两，长伕一百八十名"的待遇来的（这是蒋百里先生研究湘军所得的结论。合理的待遇及合理的编制自属必要，但湘军并未能经常保持此一待遇，更不是靠待遇而打仗）。

第三，戒惧则气内敛，神内藏，无浮诞叫嚣之气，可以蓄精养势，主宰战机，以发挥最大威力于决定胜负的俄顷。湘军常能在艰危的环境中打猛烈的仗，其原因即在于此。所谓"先求稳妥，次求变化"，并不是先规避于万全之地，乃是不为敌所动，不为敌所乘，神完气聚，以保持决战的主动。曾氏说："推之以敬，临之以庄，无声无形之际，常有懔然难犯之象，则人知威矣。"敬与庄是戒惧的另一面。由庄与敬所涵的无形之威，便是扎硬寨的"硬"、打死仗的"死"的根源。罗泽南的"审固乃发"的"固"，以及曾氏叙述李续宾的一段话，尤能道出此中消息。"公则规划大计，而不甚较一战之利。其临阵，百审一发，发无不捷。"又引李续宾的话："凡战有机，鬼神翕辟。静如山塞，终日阒寂。动若电飞，百霆齐击。蓄势宜久，气器宜停。此公之言，吾耳所聆。"这种由坚实而猛烈的战法，乃克制剽悍流动之敌所必具的条件，绝非虚浮躁妄之徒所能做到。

第四，戒惧则常觉本身歉然有所不足。因歉然不足之念，而必不断检讨，不断努力。能"临事而惧"，乃知"好谋而成"。所以曾氏常将"忧"、"勤"并举。惟其忧，所以不能不勤；惟其惧，所以不能不谋。戒惧的反面是骄，骄者必惰。曾氏说："治军之道，以勤字为先。军勤则胜，惰则败。惰者暮气也。"又说："军中有骄气、惰气，皆败气也。"又说："凡军骄气则有浮淫之色，惰气则有淹滞之色。须时时察看而补救之。"（所谓"察看"，用现时的话说，即是"检讨"）所以曾氏自述其练兵之道是："练勇之道，必须营官昼夜从事。……如鸡伏卵，如炉炼丹。"而曾氏在金陵克复之后，觉得"湘军将士，骄盈娱乐，虑其不可复用"，便"全行遣散归农"。虽然我们叹息湘军的文化精神没有扩大为政治设施，从政治设施中得到可大可久之效，但湘军的遣散可以说明曾氏为了贯彻他在军事中的文化精神，而不让其成为无灵魂的死物，或变为相反的毒素的决心。这是曾氏个人人格完整的表现，是湘军精神全始全终的结局。湘军精神的现露，赋予了中国文化以光辉，启示了学军事者一个更高的境界。

## 五

用客观的态度说，中共的军事精神，也是根源于他所代表的文化精神。通过他所代表的文化精神，才可以了解他的军事行动。因为他所代表的文化，是毁灭人类本身的文化，所以我们要反对他。但就他军事后面，确实有一种文化精神的存在的这一点而论，则他比军事职业家的境地还是高得多。因此，我们必须以更高的文化精神，击溃他军事暴力后面的凭借，然后才可以克服他的军事暴力。

说到我们反共的军事将领，我不忍下笔去具体批评。只希望有心自拔的人，把自己的存心动念，以及实际的所作所为，花上半天时间作一番真切的对照。如由此对照而发现有愧耻之心、惭汗之色，因之一路向上，则每一个军官及每一个士兵，都是涵有生机的复兴种子，只要是种子，便一定会发芽生根、开花结果的。自满清以来，智识分子，一直走着反中国文化精神的道路。欧洲文艺复兴，是通过古典以发现希腊精神，以希腊精神作修养之用。而满清以来的考据（梁任公说这也是中国的文艺复兴）是通过古典以抹煞，甚至否定中国的精神。而中国的智识分子，并不感到精神上需要文化的润泽。五四运动之基调，还是承考据之余波，再附上科学民主的幌子。在精神上，下焉者为一无所有的游魂，上焉者为一点一滴的学匠。没有真正的学人，没有真正的思想家。在生活上，下焉者依草附木，上焉者为学阀、学霸。没有真正人格的建立，更没有真正思想的领导。他们不仅不承认中国文化，把人从一般动物中区别出来的努力价值，他们甚而不承认任何思想、理想，对于人生的价值。他们在把人还原到一般动物的这一点上，与共党并无不同。但共党承认动物的群性（所谓阶级），而一般智识分子，则只有动物的个体。个体敌不过群性，于是中共的群性的动物冲动，便占满了社会。一般军人本来根基不厚，在此一风气之下，再加上政治不良、生活堕落，于是军队的一切现象，除极少数的砥柱中流者外，只有从无灵魂、无思想上，才可以得出根本的解答。无灵魂、无思想的第一表现，是自己本身不知有所用心，不知有所用力。两只眼睛，总是看着旁人，去和人争长较短。无灵魂、无思想的第二表现，是对于自己的责任，对于时代的艰难，无真切的感觉。失败了，总是对旁人身上推。逃难中只要腰缠多金，一样是嬉顽懦劣。最近某君在他一篇大作的开端，引了晋室南渡，周颙、王导等集于新亭的一段故事。言下觉得诸人相向流涕，是没有出息，赖王导几句大言壮语，振奋起来，遂打开了江东的局面。殊不知诸人相向流涕，这是说明诸人的心没有死，所以对于当时的局势，能有痛切之感。基于内发的痛切之感，再得王导一句话的启发，才能转变为真实的努力。假定没有内发的痛切之感做基底，则大言壮语，以及漂亮话头，盖亦多矣。今日的问题，是在于大家没有心，没有真切之感，因而根本流不出涕来。所以任何语言，大家只当作是一句话去看。说得深一点他觉得费解，说得远一点，他觉得太迂，说得切近一点，他觉得太浅。于是只有说言不由衷的门面话，或谈些黄色新闻，以增加其麻木。在南京的时候，我听到许多高级军人，乃至政工人员，常常高谈阔论地说："我们为何而战？"一方面当了军官，当了政工人员，既不是共产党，则共产党来了，对国家的关系如何，对历史文化的关系如何，对现实的人民生活如何，对自己的身家性命如何，都不能弄清楚。反借口说政治经济的如何如何，所以不知为何而战，所以也就不能战。但他自己的军队如何，自己的生活如何，自己的职守如何，反觉得都无所谓。大凡自己与士兵同甘苦而争合理待遇的，这是真情。自己的军队练得很好而要求政治配合的，这是实意。这都是需要的，都是好的。否则尽管要求合理，亦无意义，无效果。湘军并不是把满清政府改造以后才站起来的。站在军人代表国家的立场上，我提出湘军这一段真精神，以供大家启发的资具。假使能有现代的装备与技术，固然可以赋与装备技术以灵魂。即使缺乏现代的装备与技术，大家的前途，也并不因为外援的缺乏而绝望。在中下级军官中有良心、有理性的人，比其他阶层的多得多；即在高级军官中，也不乏念乱忧时之士，则湘军精神的再度涌现，我想并不是难事。

一九五〇年一月一日《民主评论》第一卷十四期

# 我们信赖民主主义

当我们讨论文化问题的时候，常是采取从上头向底下去看的态度，以期能穷竟本根，尽其至善。于是对于民主主义，有时也不免认为有所不足。但落到现实问题上，则基于以下的粗浅理由，我们愿重申对于民主主义的信赖。

第一，民主主义中的民主政治，诚然是少数服从多数、决定于量而不决定于质的凡庸政治。尼采怀疑这会沦为贱民政治，并不是完全没有理由。可是少数服从多数，只是民主政治的一面。民主政治的另一面，是多数保障少数。有了这一面，则问题的解决，虽说是决定于量，而同时量也无形地保障了质。即以尼采而论，他晚年虽孤独地进入疯人院而死，但毕竟不至被抓入集中营而死。他的著作，一面虽引起若干人的厌恶，但一面仍是悬之天壤，接受许多人的欣赏赞叹。这就是民主政治的量可以保证质的实例。所以民主政治决不会影响到人类之质的向上。

第二，只要量能保证质，则政治问题，与其决定于质，倒不如决定于量。因为谈到质的问题，则各人理性思辨的发展，常会把自己专注的一点，推到至高无上，剖析毫厘，其中不容许有丝毫的伸缩。若要以此来决定政治问题，则既不易树立质的标准，而由至高无上的心理，常会视异己者为罪恶，于是剑与《可兰经》，都是真理的一面。历史上真理杀人的事实，多半是由此而来。形成近代独裁政治骨干的，正是独裁者所自信的质，而不是真正凭借在社会上所得的量。希特勒、史达林之徒，所以悍然勾狗万物而不悔，都是认定他们所信的是代表了人类最高的质的缘故。

第三，西方人常说民主主义，是一种生活的方式。我们认为这是一种亲切而确定的解释。超出了此一解释之上的，便不是民主主义。方式，或者称为形式（form）是与内容相对称的。方式不对某一特定内容负责，所以它可以装入许多内容。等于红的、白的底形式，它不是仅对某一红的或白的底物件而负责，而是所有红的、白的底物件都可以纳入于此一红的或白的底形式之中。民主主义的可贵，正在于此。假定民主主义，固定为某一种内容，则此一内容与其他的内容，势必各占住一个范畴，彻底互相排斥，而失去互相宽容调剂的作用。政治上，固然是由各种内容（即是主张）去解决实际的问题，并且常常是某一内容起着主导的作用。但任何发生主导作用的内容，他们都要受民主这一方式的限定，即是说，他的内容，要通过民主的方式去实行；他的内容的实行，不能否定此一方式的正常存在。譬如英国的保守党和工党，各有极不相同的政治内容。但这种极不相同的内容，都是属于民主方式之内，都是受着民主方式的限定，所以尽管互争互骂，但毕竟能和平相处，以待人民的自由选择。假定反过来，不是以形式来限定内容，而是以内容来限定形式，于是保守党有保守党的民主政治，工党有工党的民主政治，这便破坏了政治最后的统一，失掉了共存并进的基础，英国不是独裁，便要内战了。现在世界的分裂，并不是因为某些地方在公开地反对民主，而是有些地方，把政治的内容，不受民主方式的限定，反而要以其内容去限定民主主义的方式。例如"新民主主义"、"无产阶级的民主"等，以其所谓"新"与"无产阶级"等的特定内容加在民主的上面，以限定民主的形式，于是民主变成了只能容许一个内容。这样一来，凡是不同的内容，便不能摆在一个范畴之内，去和平解决，而非靠血的斗争不可。我们今日之反对共产党，并不是笼统地要消灭共产主义，而是要消灭共产主义中突出于民主方式以上的极权理论，和极权的暴力统治形式。假定共产主义者也能接受此一形式的限定，则我们又何乐而不与他们从容辩论，作和平的竞赛呢？由此我也不难了解在民主方式限定以内的社会主义，和在民主方式限定以外的社会主义，何以会有本质上的不同。所以凡是谈政治的人，首先应该把政治的内容，和政治的形式，划出一个清楚的分际。如以中国而论，三民主义是中国政治的主流。但三民主义和民主可以分开来，而不一定要拉在一起。因为一是内容，一是形式，可以不必拉在一起。等如美国谈新政，英国谈社会保安制度一样，这些既是在民主形式的限定之内，所以只谈内容，而不把民主拉在一起，也没有关系。若是因为中国在实际上对于民主政治的形式，还未建立起来，所以要加强地提出，而且是由信仰三民主义的人把他和三民主义连在一起来提出，这当然也很有道理，很有必要，不过提出的方式，与其说"三民主义的民主政治"，不如说为"民主的三民主义"，更合逻辑。因为在后一提出的方式之下，是说明以民主的方式去实行三民主义，在民主方式的限定之内来发展三民主义，无形地也承认了三民主义以外的主张，一样可平等地列入于此一政治形式之内，一样地在中国可作和平的竞争。若采取前一提出的方式，则在三民主义以外的，是否也可以纳入于民主政治之内呢？这些地方，都是要负责的国民党人，彻底一想的地方。"反共"是因为在最根本的上面与共产党相反。现在有一种目标与共产党相同的反共理论家，我们始终抽绎不出什么道理。

人类因为发现了民主主义的生活方式，于是个性与群性得以融和，肯定与否定得以统一，能举"万物并育而不相害"之实。此种生活方式的内在精神，即是所谓"忠恕"之道。中国文化，充满了忠恕精神，却不曾发现实现此一精神的生活方式，所以此一精神始终只停留在道德上面，而不能在政治社会上发生大的效用。西方文化的基础，并不根发于忠恕精神，但他在历史的政治对立斗争中，迫出了这一方式，便也可称为"强恕而行，为仁莫近"了。面对今日混乱的局势，我们必须珍重此一生活方式，在此一生活方式之下，来各自努力地创造内容丰富，而调和统一的人类世界。

一九五〇年九月十六日《民主评论》第二卷六期社论

# 中国政治问题的两个层次

一

对于国家各种政治问题所作的主张，我称之为政治的内容。对于实行政治主张所采取的方法，我称之为政治的形式。独裁国家，只准许有一个政治内容，所以他的政治内容与形式不分。民主国家，则政治的形式早已建立起来了，所以现在只谈政治的主张，而不必谈实行主张的方法。自由中国，正在过渡时期，就整个的政府说，主观上既未公开说要独裁，而客观上亦未认真走向民主，于是我国的政治问题，便需多一个层次的努力：首先是要努力建立民主主义的政治形式（也只有民主主义的政治，才可构成政治形式，理由见后），其次即是在此一政治形式之下，来发挥各人的政治主张。前一层次是政治的"体"，后一层次是政治的"用"。在前一层次上，必求其同；而在后一层次中，则不妨其异。赞成某一政治主张的人，其赞成的程度，不可突破此一形式以达到其赞成的目的；反对某一政治主张的人，其反对的程度，也不可突破此一形式以达到其反对的目的。然后能把各种不同的政治内容，涵盖于一个共同政治形式之内。政治的内容是变数，也必然是变数。而政治的形式是常数，也可称之为常道。变数运用于常数之内，以常御变，以变适常，使政治的运行，如昼夜之迭行，如日月之代明，而始终不失其序，这才可称为树立了建国的规模。现在可以团结一切反共的力量，将来可以保持国家的统一，措国家于长治久安，打破历史上一治一乱的循环悲剧。我年来为国家政治找前途，曾写过一篇《中的政治》（本刊第一卷第二期《论政治的主流——从"中"的政治路线看历史的发展》），以期画出一个概略的方向。现在对中的政治观念虽未尝改变，但我觉悟到这只是政治的内容，只是主观的一种说法，依然不足以明大统，定大分。只要在严格的民主政治形式之内的政治内容，其结果大概是中的政治。所以我特地把政治的两个层次指明出来，使谈政治的人，更容易有一个大的分际、大的归趋。当此危难之际，有的人只空谈民主，而没有意识到民主只是政治的形式，形式底下还要有具体的政治内容，否则不能解决当前的实际问题。而另外一部分人，则只沾沾自喜于自己的主张，只作第二层次的努力——政治内容上的努力，而抹煞第一层次的努力，即建立政治形式上的努力，甚至不承认政治应该有这两个层次：以至政治的体用常变不分，因之执着非变不可的东西以为常数、常道，使真正的政治常数、常道建立不起来。这两种人，都是各有所偏，各有所蔽。此种偏蔽之所以不能解救，不是受了大创痛而尚未能引发其悲心，即是遇了大困难而尚未激发其慧业。

我上面讲的这一段话，乃系政治的常识。不仅不致引起争辩，而且根本连这一段话也可以不说。但因为中国历史上和现实上纠结着许多问题，致使常识性的东西，也变为非常识性的东西，甚至大家不愿，或者不敢正面提出来讨论。我们今日在创巨深痛之后，感到只有先建立政治的常数、常道，然后才能够杜塞乱源，为国家开万世太平之局；因此，便不能不把许多纠结解开，供有心人士的参考。

## 二

第一个纠结是无形中受了共产党的影响，根据"没有无内容的形式，也没有无形式的内容"的简单命题，断定政治的形式与内容是不可分。本刊第二卷第六期《我们信赖民主主义》的社论发表后，即有若干青年，对这一点提出疑问。我在这里，只好先作一常识性的解释。单就某一事物的本身来说，则内容即是构成形式的条件，此时的内容与形式诚然是不可分的。但若就若干事物的互相关连的关系来说，则可以将其特殊的部分加以舍象，而将共同的部分抽象出来，以建立一个共同的形式。并且就具体的东西来说，则某一事物，可以说为另一事物的形式；而另一事物，则又是某一事物的内容。内容的意义是较为特殊，而形式的意义则较为普遍；一个形式可以涵摄几个内容，而一个内容，不能同时摄入几个形式；此时的内容与形式，都是相对而言，所以其含义也是相对性的。譬如以一只碗为例子。做成碗的条件，即是构成碗的形式与内容。此时碗的形式与内容是不可分的。但若就碗和他所装的东西的关连而论，则碗可以装许多不同的东西。于是碗对这些被装的东西而言，即成为他们的形式；被装的东西，即成为碗的内容。克就民主政治的本身而论，则思想、言论、出版、结社、选举的自由，及少数服从多数、多数尊重少数等原则的运用，这都是构成民主政治的内容，除开这些内容，即无所谓民主政治。此时的内容与形式，也必须是一致的。但应用到政治

　　　　　　　　　　　　学术与政治之间

的具体问题上去，则各种的思想言论，都可涵摄于思想言论自由的原则之下；各种的多数与少数，都可涵摄于少数服从多数、多数尊重少数的原则之下。于是被涵摄的东西，即系政治的内容；而可以涵摄的东西，即系政治的形式。只有民主主义的政治，即所谓民主政治，是以涵摄众异为其自身的内容的，所以只有民主政治，才具备了政治的普遍性，才可以构成政治的形式。共产党之所以不承认这种形式与内容的分离，是因为他不承认在一个政治形式之下，可以存在一个以上的政治内容，此其所以为极权政治，吾人岂可在观念上落入他的圈套？

可是民主政治之成为政治的形式，也是经过了人类政治自觉的一段演进历程。在十九世纪，一般是称他为民主政治的鼎盛时期；但当时因为资本主义乃政治的主要内容，于是人们无形中将民主政治和资本主义混淆在一起，因之，政治上的内容与形式的区分，也尚未能完全意识到。五十年代前后的穆勒（J. S. Mill），在他的大著 *Principles of Political Economy* 及 *Autobiography* 中，常将民主主义与社会主义对称，认为政治有由民主主义进到社会主义之可能，此即视民主主义为政治具体内容的明证。及十九世纪末期，"社会民主主义"之名词产生，随后并结成第二国际，遂将穆勒心目中两个对立的名词合在一起，认为民主主义与社会主义，可以在某种情形之下，将其统一起来；但此乃政治内容之混合，并非意识到民主主义之可以抽象而为政治的形式。不过因此一混合而可渐使人了解既有资本主义的民主主义于先，复又有社会主义的民主主义于后，则可见民主主义并非一定须粘着于某一定的政治内容之上。吾人可视此为民主主义实现其"形式"意义的过渡形态。到了二十世纪，英国的自由党、保守党及工党，在同一政治制度之下，各以其资本主义、社会主义不同的政治内容，更迭执政，并未发生扞格，更未经过流血革命，于是民主主义的民主政治，其可抽象为政治的形式，以其一般性、普遍性涵摄各种不同的政治内容，以成为人类政治中的常数、常道的意义与效用，乃大为显著。英国工党在去年年会中便明白宣称"在民主主义之下，实行社会主义"，而自称为民主的社会主义，正式以政治的形式，涵盖政治的内容，使政治的普遍性与特殊性各居于正常的地位，此与前期之"社会民主主义"，采取与内容混合之观念者，实有本末轻重之殊，而形成人类政治生活中的一大进步。政治是一种权力的运用，凡是得到政治权力的个人或团体，总常希望他的政治主张、他的政治势力，成为国家的常数、常道，由一世传至万万世。但是，不论任何好的政治主张，任何好的政治团体，不仅是相对性的存在，而且也是主观性的存在。既是相对性的存在，便不能排斥其他的政治主张。既是主观性的存在，则其本身即缺乏普遍性，即没有可能成为不变的常数与常道。民主政治之所以能抽象为政治形式而发挥其普遍性，正因其可以不粘着于某一主张、某一集团，而成为一客观的存在。并且各主观性的政治主张、政治集团，通过此一政治形式的选择而亦得到客观的价值。被选择而居于主导地位的政治主张和政治集团，此时可以说是由主观性的私，变而为客观性的公。于是因选择而失败的，除了再向选民努力，以期获得更大的客观的承认外，不能对胜利者采取其他报复行动。所以在此一形式下的各政治内容，有竞争而无仇怨。因为政治主张的决定力量，不是政治主张者的本身，而系主张者以外的客观势力，即系选民的势力。任何好的政治主张，不经过此一政治形式的客观承认，而以其他阴谋暴力取得支配的地

　　　　　　　　　　　　　学术与政治之间

位，则此主张纵然是好，也只能算是主张者主观上的好，没有权利要求其他政治集团乃至人民的拥护，因而必形成互相克制、互相打倒之局。所以有了民主，便不必言革命，革命与民主，常是两个对蹠的名词，其原因即在于此；而独裁政治、极权政治的本身，亦必是悲剧的结束，其原因亦在于此。

## 三

第二个纠结是，当前抗俄反共，首须集中力量。若过分强调民主，则民主与自由不可分，是否会因此而更事杂言庞，权分力弱？关于这一点，在世界的范畴内，决不会成为问题。世界强调为民主自由而战，为保存民主自由的生活方式而战，难说这都是敷衍门面的假话？而民主自由的国家如英、美等，在动员准备中，并也看不出力量不能集中的现象。可是这在自由中国的范畴内，则确是早应该澄清而至今尚不敢澄清，尚不愿澄清的问题。对于在大陆上失败的原因，有人说是因为民主得不够，有人则以为大家争坏了自由民主。其实，此一问题，历史会作清楚的解答，不是当事者口说笔书的宣传所能争辩。现在的问题，不应当是对民主的重新估价，而应当是各人对民主的认识及过去对民主的真实态度作重新的估价。民主与极权，是今日政治上的两条大路。没有人愿公开地说要极权，也没有人愿公开地说不要民主，则在极权与民主之外，在既不极权又不民主之间，能走得出另一条道路吗？客观的要求，是要我们老老实实地走上一条大路、这是政治大关节之所在。若对于大关节彷徨不定，则政治力量的源泉，便有枯竭之虞。我于此，愿简陈下列数义：

首先应该指出的，民主主义的发生成立，是基于人类理性的觉醒。民主主义的保障，是建立在人类有共同的理性，因而有平等的人格之上。信赖理性，尊重人格，便不能不信赖自由，尊重自由。自由是发展理性、培养人格的必需条件。因为理性为人人所固有，其自由发展的结果，在某一时间空间内，总会形成一个相对性的主流；所以民主可以信赖多数，取决于多数。因为理性是在多方面显示其内容，是在扬弃中完成其发展，既不能定于一型，更不可凭借暴力；所以民主要保障少数，不压迫少数。同时，个人人格的形成，乃基于通过自由而对理性的自觉。个人对理性有了自觉，即系对理性负了责任；所以民主主义下的自由，必然会产生法治观念、责任观念。并且有了理性自觉的个体，在理性要求之下，自然会团结起来，完成其时代的使命。一如现在不愿当奴隶的人们，自然会团结起来抗俄反共。所以自由与组织，似相反而实相成。未通过自由而自觉的个体，只能像瓦砾一样地堆积在一起，其中无真正生命力的贯注，这种组织，说不上力量，更不能持久。现时谈自由主义的，尚多停滞于现实的个人主义的阶段。现实的个人主义，是消极的、功利性的自由，这诚不足以负担当前时代的使命。但我们要了解，假定政治上没有自由，则社会上一面对政治不能有责任感，一面对自己有保卫的本能，其自由必趋向于消极的、功利的、现实的个人主义的方向。此种形态的自由，自社会观点而论，必达到拆散现实而与以重建后，才能向理想主义的自由，向人格主义的自由前进。这是负政治责任的人所应引为警惕的。共产党因为不相信人类有共同的理性，不相信人类有平等的人格，因而不相信凭借共同的理性可以解决共同的问题，由平等的人格可以负担共同的任务，于是只有独裁，

　　　　　　　　　　　　　　　学术与政治之间

只有残暴，只有以独裁、残暴来维系他固定不移的政治内容、政治形态，我们亦由此而相信其必趋于灭亡。针对共产党的情形，我们便须建立一个亿兆人可以自由讲理的政治环境，以鼓励亿兆人的热情，发挥亿兆人的力量。只有少数人可以讲理，多数人不准讲理；只有统治者可以讲理，被治者不能讲理，则所讲的根本不是理，最低限度，也不是多数人所愿负责的理。统治者所讲的理，是见于政策。被治者所讲的理，则见于批评。所以民主国家只听得到批评，而独裁国家则只听得到歌颂，不独裁亦不民主的国家，则只是得到沉默。其实，人类的理性无法泯灭，所以专制时代也有"直言极谏"，独裁国家的统治集团内也有"自我批评"，以作为灭没理性后某一限度的调剂，并以安慰他自己也同样具备的理性的潜伏要求。批评是民主的起码尺度。今日尚有少数人，自己既居于"管理众人之事"的地位，而复以众人的批评为大讳，认为批评即是叛逆，这真令人万思不得其解。

其次，共党阴谋诡计，无孔不入，在民主自由的方式下，防奸保密，是否会发生困难？当然，幼稚的防奸保密技术，会因此而发生困难的。此一事实，只能证明并未真正建立起情报工作的基础；而在民主空气之下，要求这类工作，在品格、知识和技术方面，必须作更高度的发展。负这种责任的人，应以其努力去适应政治大方向、大原则的要求；而不能歪曲政治的大方向、大原则，以适应这一部分的要求。政治是很现实的问题，我不愿和许多人一样，一概抹煞此种工作。而且站在此种工作岗位中，也确有许多牺牲奋斗、贞干贤良之士。但任何事情，都有其适当的分际。超越了他的分际，便会由正号变为负号。何况在民主自由的大的自觉之下，由社会积极情绪所发生的力量，将远超过于仅靠消极防制所发生的力量。英美的治安工作部门，何尝感到民主自由的累赘？

还有，对于为共党张目的人，是否也要与以民主自由的保障？这应该是不成问题的。共党是今日民主自由的最大敌人，真正爱好民主自由的，便一定须表现为绝对的反共，此其中绝无可以回旋的余地。而处在今日赤焰滔天，生死存亡系于倾刻之际，即其本身不是共党，但甘为共党张目的投机分子，一样地不应与以假借。但"为匪张目"的名词，并不好随意滥用。为了使反共更为有效，则对于负责的人与事，加以批评，加以鞭策，这是每一反共人士应有的责任和权利，而不能随便罗织为"为匪张目"。简言之，在自由中国的范围内，是应该没有共党及共同路人的自由，而应该有反共的自由。否则，则谁又能单独背负这种反共的大责呢？

四

第三种纠结，是三民主义乃当前建国的原理。今把建立民主主义的政治形式，视为政治的常数、常道，列为第一个层次的努力目标，则是否把实行三民主义，放在第二个层次，而视为可变的政治内容呢？我的想法确是这样的。但这并没有减轻三民主义的分量，而只是想把他安放在一个适当的位置。并且这和中山先生的原意是完全相合的。中山先生手创民国，实行共和，由此可知他是要在民主共和的政体中去实行他的三民主义，而没有想到在民主以外，有三民主义的独立政体。中山先生不断以实行三民主义勖勉自己的同志；而两次护法，都是以维护民主共和来勖勉国人。其政治的内外层次，井然可见。三民主义中的民权主义，分明就是民主主义，不过在实行上规定了若干具体步骤与方法，虽然其中掺有若干不纯的因素在里面。民元南北和议成立，孙先生毅然让出总统大位，功成不居，此其心事，实可与华盛顿之不三任总统媲美。及民主政制，一坏于袁世凯之盗窃称帝，再坏于军阀之割据攘夺，三坏于当时政客之分赃无耻，孙先生乃定下从头做起之决心，将革命进行，分为军政、训政、宪政三个时期，这似与民元的心情有所出入。但军政时期，不以全面之军事行动为准，而以一省之军事行动为准，则其时期实际甚短。而训政则以实行地方自治为其内容，此与后来之保甲、官治，实大异其趣。其归趋则仍是宪政，是世界性的民主政治。则不难想见三民主义，自始至终，皆包含于民主政治形式之内。此种政治大方向之开始模糊，乃是受了共产党及德、意法西斯的影响以后之事。今日政府早已标明为民主政治，则民主是政治的形式，而三民主义乃政治的内容，形式可以概括内容，内容不能概括形式，此乃天经地义之事。也只有如此，才符合三民主义的本质。所以我虽然是中山先生的信徒，但总觉得不应该有什么首出庶物的权利，以致使三民主义翘出于民主政治形式之上。

还有，任何学说、任何主义，都有其基本精神。此种基本精神，可以突破时空的限制，成为人类不朽的财宝。同时，基本精神，又必须落在现实的问题上面产生具体的结论，此具体的结论，系为了解决某一时空内的问题，因而也必受时空的限制，随着时空的变迁，便渐渐与其基本精神相违背。历史文化的担承者，须透过其业经僵死的过时的结论，而提撕其原有的基本精神，以再为人类创造出新的结论。孔孟由仁性所建立的文化精神，可永垂不朽，但孔孟所实践的人伦节目，则必随时代而有变更。希腊的自然学者们向自然的求知精神，下开今日欧洲的科学，而其当时所得的具体结论，则早成刍狗。于此而我们可以在历史文化中得其常，亦可于历史文化中观其变。知变知常，创新不已，这是人类进化的大轨。中山先生的三民主义，把人类历史中先后分别出现的政治上的三大问题，作为一个统一体而一次提出，且使其互相规定，互相补充，以端正人类政治的大方向，其伟大的地方在此。所以三民主义的基本精神，我们也可以说是人类政治生活的常道，悬诸天壤以不朽。但三民主义中之落在政策上的部分，当然要受时空的限制，而是可变的，也是应该变的。近年来许多人不深探三民主义的基本精神，而仅抓住其一枝一节，以作为政治上的盾牌，致使政治之生命干枯，三民主义的精神亦随之僵化，这非中山先生的智虑有所不及，而实为大家自己的不求进步。

## 五

第四个纠结，是认为中国有中国传统式的民主，不必仿效西方。勉强仿效，徒增纷扰。例如选举与政党，皆为西方民主中的骨干，而在中国皆弄得不成样子，即其明证。

关于中国传统式的民主问题，我的朋友牟宗三先生在其《国史精神发展的解析》的大著中，指出中国历史上有"治权的民主，但没有政权的民主"。其原因为黑格尔所说的中国有合理的自由，而无主体的自由（个人自觉自由）。并且指出因没有政权的民主，所以治权的民主，也得不到保障，没有主体的自由，所以合理的自由，也常为之破坏。因而认定中国须向主体的自由、政权的民主转进。牟先生的论断，实可成为此一问题的定论，解决关于此一问题的许多纠葛。我们于此，可以说中国儒家的传统文化，早为中国政治的民主化建立了基础；而中国的传统政治，也早为中国政治的民主化做了许多准备工作。其所以未能提前踏上今日民主之路，据牟先生的意见，是因为中国文化，缺少"分解的尽理的精神"，即是中国有了仁性的发展，而缺乏智性的发展。但一经反省到此，便非逼出分解的智性，以成就科学与民主不可。牟先生陈义甚详，论证精确。故吾人只须自觉地大踏步向人类共同的方向走去，以完成中国历史文化所未完成的历程。由特殊而趋向普遍，乃人类理性发展的必然。故历史必须是个性与世界性的统一。因此，我不相信中国有什么特殊的民主。

至于说年来的选举和政党都不像样子，这确是事实。有一位台湾朋友慨叹地说："选一个县市参议员，要花两三万；选一个县市长，要花掉二三十万。这些人平时为公益事，请他出一百元、两百元都不干，今花这么多的钱来得一个参议员或县市长，其用心真难令人了解。"在台湾的选举，已比大陆进步，因为究是投了票，大陆上便多数把投票的这一段都略去了。固然这位台湾朋友所说的话，实值得人深深的反省。不过若稍稍追求其原因，则因中国的智识分子，至今仍为传统的秀才钻门路的精神所束缚，其搞选举、搞政党，并不是基于主体自由的自觉，以争取民主精神、民主制度的实现，而只是考秀才钻门路的精神之扩大和变相。再加以在大陆时候，一般搞党派的人，因政协时代托共产党的牙齿余惠，沾得若干便宜，便得意忘形，至今尚以为一谈民主，便是搞党，搞到了党，便可坐地分肥，不断地发表党派代天行道的怪论，而毫不知愧耻。殊不知民主下面的党派，其政治上的地位，并非决于党派本身，而系决于选民的抉择。未经过选民的抉择所取得的政治权利，从民主的观点说，都是一种盗窃。民主需要党派，是为了便于选民的抉择，并非是以党派代替选民的抉择。今后的民主党派，是要求造成自由选举的条件，要求实行自由选举，守住民主的原则，枉尺直寻，都不妥协的党派。这里所谓造成自由选举的条件，更非常重要。有的人误会以为只要有选举即是行民主。殊不知共产党一样地有选举，过去德、意的法西斯，也一样地有选举。选举一定要经过思想、言论、出版、结社自由的滤过，一定要在思想、言论、出版、结社自由的空气之中，才算是民主的选举，选举也才能走上轨道。归结一句，过去的选举和政党，从好的一方面说，是历史转变时期的过渡现象；从坏的方面说，只是玩的假把戏。过渡现象，一定要过渡到一个终点；假把戏所丢的丑，不能要真的来代负责任。中国能像现在这样地停止下来吗？能再回头转去走治权民主而政权不民主的老路吗？所以我说大家只有老老实实地走民主之路，才能立国家之大本，才能开太平统一之基。其关键只在"老老实实"四个字。此中占不得便宜，出不得新花样。

## 六

近来，许多人说因为我们没有实行民生主义，所以失败在共产党手里。这针对年来豪阀贪劣、摧剥民命的实际情形而说，及面向着政治的主要内容而说，自系千真万确的事实。但若从如何来解开政治的症结，使豪阀贪劣，不为政治所容，使社会活动、政治活动，皆能纳入正轨，因而得到和平安定，人民能自己遂生养性，以走上民生主义的大道，则确立民主的政治形式，奠定立国的规模，实更急于民生主义。《约翰福音》第十章说："我实实在在地告诉你们，人进羊圈，不从门进去，倒从别处爬进去，那人就是贼，就是强盗；从门进去的，才是羊的牧人。"民主主义的政治形式，是走入民生主义的门；真正有志民生主义的人，必须从此门走进去，以避免盗贼之嫌，遗国家永远无穷之祸。共产党主要是标榜"人民面包"的口号，因为它不从民主主义的门进去，所以今日确实成为天字第一号的强盗。吾人正可引此为殷鉴。

在抗俄反共的紧要关头，我提出这一番话说，也或许有人发生误解。但只要我们能平心静气地想想过去和现在的灾难，更平心静气地想想将来的困难，即使能迅速反攻，即使能反攻顺利，像现在的政治情势，如何能团结全国力量，保障政治统一，以迅速收拾残局，减少混乱？反攻以后，不可能只有一个政治势力。假定用打天下的方法，以某一政治势力去打平其他的政治势力，试问谁人有此把握？即有此把握，国家又如何消受？在这里，必须建立一个客观的标准，使各势力受客观标准的制约，以期能竞而复能安，争而不至于乱。这即是民主政治形式的有力运用。一切主观的东西，不论系个人或团体，若非通过政治形式的客观化，即不能毫无间言地取得客观的承认，更不能构成国家政治的常数与常道，因而也不能作为保障国家政治统一的标准。这不仅理是如此，而且势也是如此。于此而不能大彻大悟，则一切努力，将皆成白费，对个人、团体、国家，都是莫大的损失。历史上有两个例子，一个是华盛顿，一个是英国的王室，都值得我们钦佩。华盛顿拒绝连任总统，当时美国未尝不真正需要他；但因华盛顿所看到的不是一时的利害，更不是个人的利害，而是要以身作则，奠定美国民主政治之基，美国果因此而享无穷之福。英国王室鉴于大势所趋，遂把自己超越于政治是非得失之上，而成为联合王国团结的象征，以与民主政治形式相适应，因而共成为英国政治的不动的常数。英国的政党选举，得失互见，皆与王室无与。王室中，岂没有出一个才智超群的人物？但他始终保持以无用为用的态度，遂得以成其国家的大用。这真是人类历史上化腐朽为神奇的伟迹。日本的天皇，因帏幄上奏的关系，便只学得一半，所以还是在是非圈中，这次几被打倒。今后他只有向英国王室进一步地看齐，才能继续保持其万世一系于不坠。至于负实际政治责任的人，则英国的邱吉尔，也算得一个好榜样。他挽救英国于存亡绝续之交，既不凭借战时权力，抑压舆论；一旦选举失败，则参加的国际会议未终，而国内的煊赫政权已易，并不以英国选民忘记其丰功伟迹而稍有尤怨，这真是民主的平庸中所显露出的伟大场面。假使没有民主政治形式的制约，仅就邱吉尔个人的性格而论，他能否成为这样的伟大，恐怕还有问题。所以民主对个人、对团体的限制，也实是对个人、对团体的成就。

我们的悲剧是，直到现在，揭开各形各色的政治人物的内幕一看，原来都是些迈古超今的大英雄、大人物，每个人都自成一套，自树一格，于是客观的、普遍的政治常数，便无从建立起来。天佑中国，能把这些精神突出的英雄，转变为资质朴厚、常识丰富的政治家，则国家算真有了转机，我们的苦难也不算白受了。

一九五一年三月十六日《民主评论》第二卷十八期

# 儒家政治思想的构造及其转进

## 一、我们对中国历史文化的态度

任何思想的形成，总要受某一思想形成时所凭借的历史条件之影响。历史的特殊性，即成为某一思想的特殊性。没有这种特殊性，也或许便没有诱发某一思想的动因，而某一思想也将失掉其担当某一时代任务的意义。历史上所形成的思想，到现在还有没有生命，全看某一思想通过其特殊性所显现的普遍性之程度如何以为断。换言之，即是看其背后所倚靠以成其为特殊性的普遍性的真理，使后世的人能感受到怎样的程度。特殊性是变的，特殊性后面所倚靠的普遍性的真理，则是常而不变。历史学之所以能成立，以及历史之所以可贵，正因它是显现变与常的不二关系。变以体常，常以御变，使人类能各在其历史之具体的特殊条件下，不断地向人类之所以成其为人类的常道实践前进。有的人不承认在历史转变之流的后面有不变的常道，便蔑视历史，厌恶传统，觉得他自己是完全站在历史范畴之外，纯靠自力以创造其人生；而不知这种横断面的想法，正自侪于无历史意识的一般动物，以为今日唯物的共产党开路。在另外一方面，则有的人死守时过境迁的历史陈迹，死守着非变不可的具体的特殊的东西，而想强纳于新的具体的特殊条件之下，这是把历史现象混同为自然现象，不仅泥古不可以通今，而且因其常被历史某一特殊现象所拘囿，反把构成特殊现象后面的普遍性的常道也抹煞了。这名为尊重历史，结果还是糟蹋历史。最坏的是这种错误的努力，很易被野心家所利用。有的野心家喜欢利用革命的名词，也有的野心家喜欢利用复古守旧的心理。有的野心家更喜欢把两者结合起来，作左右逢源的利用。所以我们对中国文化的态度，不应该再是五四时代的武断的打倒，或是颟顸的拥护，而是要从具体的历史条件后面，以发现贯穿于历史之流的普遍而永恒的常道，并看出这种常道在过去历史的具体条件中所受到的限制。因其受有限制，于是或者显现的程度不够，或者显现的形式有偏差。今后在新的具体的条件之下应该作何种新的实践，使其能有更完全、更正确的显现，以汇合于人类文化之大流，且使野心家不能假借中国文化以济其大恶，这才是我们当前的任务。

儒家思想，是凝成中国民族精神的主流。儒家思想，是以人类自身之力来解决人类自身问题为其起点的。所以儒家所提出的问题，总是"修己"、"治人"的问题。而修己治人，在儒家是看作一件事情的两面，即是所谓一件事情的"终始"、"本末"。因之儒家治人必本之修己，而修己亦必归结于治人。内圣与外王，是一事的表里。所以儒家思想，从某一角度看，主要的是伦理思想；而从另一角度看，则亦是政治思想。伦理与政治不分，正是儒家思想的特色。当然，在这一点上，也表现出这是一种思想在草创时的规模，在以后没有得到充分的分科发展。现在仅从政治思想这一面来看儒家思想到底有些什么成就，有些什么限制，需要作如何的转进，而后始能把它所体现的常道，重新由我们的实践显现出来，以继续造福于人类。

## 二、儒家政治思想的构造

儒家的政治思想，从其最高原则来说，我们不妨方便称之为德治主义；从其基本努力的对象来说，我们不妨方便称之为民本主义。把原则落到对象上面，则以"礼"经纬于其间。

德治的出发点是对人的尊重，是对人性的信赖。首先认定"民之秉彝，好是懿德"，所以治者必先尽其在己之德，因而使人人各尽其秉彝之德。治者与被治者间，乃是以德相与的关系，而非以权力相加相迫的关系。德乃人之所以为人的共同根据。人人能各尽其德，即系人人相与相忘于人类的共同根据之中，以各养生而遂性，这正是政治的目的，亦正是政治的极致。而其关键端在于治者的能先尽其德。《论语》所谓"政者正也，子率以正，孰敢不正"及"为政以德，譬如北辰，居其所，而众星拱之"、"君子笃恭而天下平"，皆系此意。《大学》上所谓三纲领、八条目，尤其是这种德治主义有系统的说明。其实，此种思想导源甚早。《尚书·尧典》上说："克明峻德，以亲九族。九族既睦，平章百姓。百姓昭明，协和万邦。黎民于变时雍。"此与《大学》之修齐治平，仅有立说上的疏密之殊，在基本概念上并无二致。中国最早而可信的有关政治思想的书，当首推《尚书》。其第一篇的德治主张，已如上述。第二篇之《皋陶谟》，首先说"慎厥身，修思永"，又曰"亦行有九德"，又曰"日宣三德"、"日严祗敬六德"。这是所谓二帝三王的一贯思想，而集其大成于《洪范》。《洪范》的主眼在于"彝伦攸叙"。"彝伦攸叙",即是大家率性以成治的德治。此种政治思想,为内发的政治思想,治者内发的工夫,常重于外在的限制与建立。治者不是站在权力的上面运用权力去限制些什么,而主要的是站在自己的性分上作内圣的工夫。由内圣以至外王,只是一种"推己及人"的"推"的作用,亦即是扩而充之的作用。其所以能推,能扩充,是信任"人皆可以为尧舜"的性善。只要治者能自己尽性以建中立极,则风行草偃,大家都会在自己的性分上营合理的生活。政治主要是解决人与人之关系的一种最集中的形式。德治的基本用心是要从每一人的内在之德去融合彼此间之关系,而不要用权力,甚至不要用人为的法规把人压缚在一起,或者是维系在一起。权力的压缚固然要不得,即法律的维系,纵然维系得好,也只是一种外在的关系。外在的关系,要以内在的关系为根据,否则终究维系不牢,而且人性终不能得到自由的发展。德治是通过各人固有之德来建立人与人之内在的关系。在儒家看来,内在的关系才是自然而合理的关系。中国一谈到"治术",便要谈到"正人心",人心乱,即是无德,即是内在的合理的关系之失坠。人心本来是正的,其所以不正,多半是由于有权有势的人玩弄其权势,以丧其德、丧其心。于是不仅社会没有一个建中立极的标准,而且他一定乱用其权势,举措乖方,赏罚颠倒,以破坏人的正常合理的生活。而社会之奸狡者也便随波逐流,以作恶来保障其生存,这还不天下大乱吗?自由中国大陆失坠的前夜,凡是正当的工商业者,奉公守法的军公人员,立志自励的智识分子,都不能生活。换言之,社会要以不德相竞,而后始能生活。结果,这种亘古的不德,便演成亘古未有的沦胥之痛。这样看来,中国儒家之主张德治,是对政治上的一种穷源竟委的最落实的主张，并不玄虚，并不迂阔。也或许有人问，为什么古今许多人尽管口头上仁义道德，但结果常恰与其所说者相反呢？这道理很简单，德不德是实行的问题，而不是说不说的问题。站在统治者的地位以言德，首先是看其公不公，首先看其对于权力所抱的基本态度。固然不公的也常常要装作公，但这其间便要弄诈术，行诡道，越走越不能走上正路。所谓"生于其心，害于其政"，毕竟是隐瞒不住的。所以古今遇着这种伪德的统治者的时候，首先以不德暴露于天下，甚至以不德来拆他自己的台的人，都是他所亲信之左右。这种不德与不德之间的感应，及由此种感应所招致的祸乱，也是德治可以成其为治的一种反证明。以道德为玩弄权力的一种工具者，乃实所以彰其最大的不德。假定我们便因此而不主张德，不主张以德去烛照一切，则只有增加社会的混乱，而深中这种人的诡计。于是人与人的正常关系恢复不起来，失掉了拨乱反正的凭借。

《尚书》"民为邦本"的观念，正与德治的观念互相表里。中国政治思想，很少着重于国家观念的建立，而特着重于确定以民为政治的惟一对象。不仅认为"天生民而立之君，以为民也"，并且把原始宗教的天的观念具体落实于民的身上，因而把民升到神的地位。《尚书·皋陶谟》上面说："天聪明，自我民聪明。天明畏，自我民明畏。"《泰誓》说："天视自我民视，天听自我民听。"《左传》宋司马子鱼和随季梁二人皆说："民，神之主也。"《国语·周语》说："民和，而后神降之福。"又谓："民之所欲，天必从之。"所以民不仅是以"治于人"的资格站在统治者之下，而且是以天与神之代表者的资格站在统治者之上。由此可知孟子"民为贵"的说法，只是中国政治思想之一贯的观点。在人君上面的神、人君所凭借的国以及人君的本身，在中国思想正统的儒家看来，都是为民而存在，都是以对于民的价值的表现为各自价值的表现。可以说神、国、君都是政治中的虚位，而民才是实体。所以不仅残民以逞的暴君污吏在儒家思想中不承认其政治上的地位，即不能"以一人养天下"而要"以天下养一人"的为统治而统治的统治者，中国正统的思想亦皆不承认其政治上的地位。此一民本思想之彻上彻下，形成儒家政治思想上的一大特色。

由德治思想而否定了政治是一种权力的观点，更否定了国家纯是压迫工具的谰言。由民本思想而否定了统治者自身有何特殊权益的观点，更否定了统治与被统治乃严格的阶级对立的谰言。因为德治是一种内发的政治，于是人与人之间不重在从外面的相互关系上去加以制限，而重在因人自性之所固有而加以诱导熏陶，使其能自反自觉，以尽人的义务。法重在外制，而礼则来自内发；因此德治所凭借以为治的工具，当然重礼而不重法。朱子谓："礼者天理之节文，人事之仪则。"黄冈熊先生《读经示要》释之曰："然此仪则，却非纯依外面建立，乃吾心之天理，于其所交涉处，自然泛应曲当。曲当者，犹云凡事各因其相关之分际，而赋予一个当然之序也。即此曲当，在心名天理节文。而发于外，名人事仪则。"简言之，天理流行而具体化于外者即为礼。礼之所从出者为天理，亦即所谓德，而德之彰著于外者即系礼。德与礼，本系一而非二。所以《论语》说："道之以政，齐之以刑，民免而无耻。道之以德，齐之以礼，有耻且格。"政系由外所安排，刑系由外所强制，德系人性所固有，礼系德之所流行。故政与刑系在一起，而德与礼系在一起。因政治的发动处系基于人性之德，而德为人所共有，则凡"人迹所至，舟车所通"，即为治者德量之所至所通。

于是不仅无治者与被治者的对立，亦且无人我的对立。所以"天下有溺者，如己溺之。天下有饥者，如己饥之"、"文王视民如伤"、"如保赤子"。德治的统治者是把自己融解于被治者之中，浑为一体，此其间并无做作。而其所借以融贯内外、表达上下的，自然以礼为主。礼的基本精神，对己而言则主敬，敬是克制小我，故《曲礼》曰"勿不敬"；对人而言则主让，让是伸张大我，故《论语》曰："能以礼让为国乎何有。不以礼让为国，如礼何？"德治思想、民本思想、礼治思想，在儒家完全是一贯的。儒家的政治境界，即是人生的最高境界。所以《大学》上一开头便说："大学之道，在明明德，在新民，在止于至善。"至善正是儒家人生的归结，也是儒家政治的归结。

## 三、儒家政治思想与民主政治

西方近代的民主政治是以"我的自觉"为其开端。我的自觉，克就政治上面来说，即是每一个人对他人而言，尤其是对统治者而言，主张自己独立自主的生存权利，争取自己独立自主的生存权利。民主政治第一个阶段的根据是"人生而自由平等"的自然法。第二个阶段的根据是互相同意的契约论。自然法与契约论，都是争取个人权利的一种前提、一种手段。所以争取个人权利，划定个人权利，限制统治者权力的行使，是近代民主政治的第一义。在划定的权利之后，对个人以外者尽相对的义务，是近代民主政治的第二义。因为民主政治的根源是争个人权利，而权利与权利的相互之间必须有明确的界限，有一定的范围，乃能维持生存的秩序，于是法治便成为与民主政治不可分的东西。把民主政治的思想背景来和中国儒家的政治思想作一对比，即不难发现其精粗纯驳之别。所以我认为民主政治，今后只有进一步接受儒家的思想，民主政治才能生稳根，才能发挥其最高的价值。因为民主之可贵，在于以争而成其不争，以个体之私而成其共体的公。但这里所成就的不争、所成就的公，以现实情形而论，是由互相限制之势所逼成的，并非来自道德的自觉，所以时时感到安放不牢。儒家德与礼的思想，正可把由势逼成的公与不争推上到道德的自觉。民主主义至此才真正有其根基。此点另待专文研究，这里不多所申论。惟我们于此有不能不特须注意者，即是儒家尽管有这样精纯的政治思想，尽管其可以为真正的民主主义奠定思想的根基，然中国的本身毕竟不曾出现民主政治，而民主政治却才是人类政治发展的正轨和坦途。因此，儒家的政治思想在历史上只有减轻暴君污吏的毒素的作用，只能为人类的和平幸福描画出一个真切的远景，但并不曾真正解决暴君污吏的问题，更不能逃出一治一乱的历史上的循环悲剧。并且德治系基于人性的尊重，民本与民主，相去只隔一间，而礼治的礼乃"制定法"的根据、制定法的规范，此三者皆已深入到民主主义的堂奥。且德治、礼治中的均衡与中庸的观念，亦为民主主义的重大精神因素。而中国本身却终不曾转出民主政治来，民国以来的大小野心家且常背着中国文化的招牌，走向反民主的方向，此其原因何在？这是我们目前所不能不加以急切解答的问题。

儒家集大成的孔子自称"述而不作"，而孟子称之为"祖述尧舜，宪章文武"，此确系一历史的事实。孔子祖述之大源，当不外于六经。儒家的政治思想，亦皆汇集于六经。六经者，多古帝王立身垂教的经验教训。其可宝贵处，乃在居于统治者之地位，而能突破统治者本身权力之利害范围，以服从人类最高之理性，对被统治者真实负责。此求之于西方，实所罕见。梁漱溟先生说中国文化为理性的早熟，从这种地方也可以看得出来。儒家总结中国古代的传统思想，加以发扬光大，以陶铸我民族的精神，其贡献昭如日星，不待赘述。但儒家所祖述的思想，站在政治这一方面来看，总是居于统治者的地位来为被统治者想办法，总是居于统治者的地位以求解决政治问题，而很少以被统治者的地位去规定统治者的政治行动，很少站在被统治者的地位来谋解决政治问题，这便与近代民主政治由下向上去争的发生发展的情形，成一极显明的对照。正因为这样，所以虽然是尊重人性，以民为本、以民为贵的政治思想，并且由仁心而仁政，也曾不断考虑到若干法良意美的措施，以及含有若干民主性的政治制度，但这一切都是一种"发"与"施"的性质（文王发政施仁），是"施"与"济"的性质（博施济众），其德是一种被覆之德，是一种风行草上之德。而人民始终处于一种消极被动的地位。尽管以民为本，而终不能跳出一步，达到以民为主。于是政治问题总是在君相手中打转，以致真正政治的主体没有建立起来。一直到明末，黄梨洲氏已指明君主是客，天下是主，但跳出君主圈子之外，在人民身上来想政治的办法，这只隔住薄薄的一层纸，而这层薄纸终不曾被中国文化的负担者所拆穿。则当思想结集之初，所受的历史条件的限制，即是只站在统治者的立场来考虑政治问题的特殊条件的限制，是值得我们深思长叹的。所以在我们的传统政治思想中，不能不发生下面几个问题：

第一，因为总是站在统治者的立场来考虑政治问题，所以千言万语总不出于君道、臣道、士大夫出处之道。虽有精纯的政治思想，而拘束在这种狭窄的主题上，不曾将其客观化出来，以成就真正的政治学。因之，此种思想的本身，只算是发芽抽枝而尚未开花结果（此系亲闻之于黄冈熊先生者）。

第二，德治的由修身以至治国平天下，由尽己之性以至尽人之性，都是一身德量之推，因之，"君子笃恭而天下平"、"恭己正南面而已"的想法在理论上固为可通，但在事势上容有未许。将一人之道德客观化于社会，使其成为政治设施，其间尚有一大的曲折，而中国的德治思想却把这不可少的曲折略去。其实，假使政治的主体真正建立起来了，政治的内容主要为各种自治团体的综合，则政治领导人物亦未始不可做到"笃恭而天下平"的境地。政治的主体不立，即生民的人性不显，于是德治的推扩感应便不能不有一定的限度。

第三，因政治上的主体未立，于是一方面仅靠统治者道德的自觉，反感到天道的难知，而对历史上的暴君污吏多束手无策；在另一方面，则纵有道德自觉的圣君贤相，而社会上缺乏迎接呼应承当的力量，圣君贤相也会感到孤单悬隔，负担太重，因之常常是力不从心。由此可以了解历史上的朝廷，何以君子之道易消，而小人之道易长！

第四，因政治的主体未立，于是政治的发动力完全在朝廷而不在社会，知识分子欲学以致用，除进到朝廷外别无致力之方。若对现实政治有所不满，亦只有当隐士之一法。在这种情势之下，知识分子除少数隐士外，惟有一生奔竞于仕宦之途。其有奔竞未得者，则自以为"不遇"，社会亦以不遇目之。不遇的知识分子，除了发发牢骚以外，简直失掉其积极生存的意义。这样一来，知识分子的精力都拘限于向朝廷求官做的一条单线上，而放弃了对社会各方面应有的责任与努力。于是社会既失掉了知识分子的推动力，而知识分子本身因活动的范围狭隘，亦日趋于孤陋。此到科举八股而结成了活动的定型，也达到了孤陋的极点。同时，知识分子取舍之权操于上而不操于下，而在上者之喜怒好恶重于士人的学术道德，士人与其守住自己的学术道德，不如首先窥伺上面的喜怒好恶，于是奔竞之风成，廉耻之道丧。结果，担负道统以立人极的儒家的子孙，多成为世界知识分子中最寡廉鲜耻的一部分。此种现象，自古已然，于今尤烈。而知识分子反变成为历史的一大负担。所以袁子才有"士少则天下治"的说法。

## 四、儒家政治思想的当前问题及其转进

以上四种弊端多半系属于历史性的，站在现在来说，其害或者尚小。今日最阻碍政治前进的则为德治另一方面的影响，即是统治意识的无限扩大，常常突破一切应有的限制，以致民主政治的基础永远建立不起来的影响。德治本身固不任其咎，而事实上则成为我国今日政治上的一大纠结。

站在德治观点，天下事皆性分内事，所以圣君贤相对于天下事皆有无限的责任感。《汤诰》上说："万方有罪，罪在朕躬。"《泰誓》上说："百姓有过，在予一人。"即系此意。"伊尹圣之任者也。"其实，"任"是中国圣贤一片不得已的共同精神，并不止于伊尹。因此，儒家的伦理思想、政治思想是从规定自己对于对方所应尽的义务着眼，而非如西方是从规定自己所应得的权利着眼，这自然比西方的文化精神要高出一等。例如"父慈"是规定父对子的义务，"子孝"是规定子对父的义务，"兄友"是规定兄对弟

的义务，"弟恭"是规定弟对兄的义务，"君义"是规定君对臣的义务，"臣忠"是规定臣对君的义务。其余皆可例推。所以中国是超出自己个体之上，超出个体权利观念之上，将个体没入于对方之中，为其对方尽义务的人生与政治。中国文化之所以能济西方文化之穷，为人类开辟文化之新生命者，其原因正在于此。但就文化全体而论，究竟缺少了个体自觉的一阶段。而就政治思想而论，则缺少了治于人者的自觉的一阶段。理论上缺少此一阶段，应无大问题。然现实上则人有其理性的自克自制的一面，也有其动物性的"欲动"的一面。尤其是政治的本身离不了权力。一个人，基于道德的自觉以否定其个体，这是把个体融入于群体之中；若非基于道德的自觉而未意识其个体，则其个体全为一被动的消极的存在，失掉了人性主动自由发展的作用。社会上有道德自觉者究系少数，若大多数人缺乏个体权利的政治自觉，以形成政治的主体性，则统治者因不感到客观上有政治主体的存在与限制，将于不识不知之中幻想自己即是政治的主体（如"朕即国家"之类），于是由道德上的无限的责任之感，很容易一变而引起权力上的无限的支配的要求，而不接受民主政治上所应有的限定。一个政府知道自己权力的限定，这是民主政治起码的要求。近代西方民主的统治意识，好像是有限公司的性质，而中国的倒像是无限公司。所以民国以来之出现袁世凯，与今日之就成毛泽东，我想，我们文化历史上缺少个体自觉的这一阶段，缺少客观的限定的力量，应负其咎。但这并不能说是德治本身的流毒。因为凡是基于道德自觉的政治，其内心必有不容自已的歉然不足之情。"万方有罪，罪在朕躬"，这并不是谦辞、饰辞，而系与基督代人类负十字架，同为由最高道德自觉而来的罪恶感。正因为如此，即绝不会以政治领袖自居，更绝不会玩弄手段去争取政治领袖；而对于人民自然有一番敬畏之心，即所谓"大畏民志"，以贯彻民本的观念。这是以道德的责任感来消融政治的权力，而不是以政治的权力来代替道德的责任感。于是对于政治的权力的限制上，也会发生与民主政治相同的结果，民主政治是从限制政府的干涉开始；德治因其尊重人性，而亦重"简"，重"无为"。民主政治没有固定的极权的领袖观念；德治则"舜禹之有天下也，而不与焉"。"天下为公"的说法，流传于二千年专制政治之中，无人敢加以否定，因之，"禅让"一词成为中国政治上最大的美谈，连奸雄篡位都要来一套南向而揖让者三的假把戏。推其所由来，和华盛顿之不肯接受终身总统，以树立美国的民主风范者，无大差异。又如民主国家的言论自由，是来自基本人权的观念，即系认定人民有此基本权利，政治乃以保障这些基本权利为职志，当然不会有问题。而儒家的政治思想，亦无不以钳制舆论为大戒，这是出于统治者道德的自制，出于道德对人性的尊重。此固与西方言论自由的来路不同，而结果亦无二致。

只有采用中国传统的无限责任的政治观点，而后面缺乏道德的自觉；采用西方近代权力竞争的政治观点，而前面不承认各个体的基本权利的限制，这种把中西坏的方面揉合在一起的政治，有如中国现代的政治，才是世界上最不可救药的政治。譬如近代法的基本观念，本是规定相互关系以限制统治、保障人民的，而在这种政治下，则变为抑压人民、放肆统治的工具。所以结果等于无法，更何有于礼让。今日我们如何会遭遇这样空前的大劫？这样的大劫，在政治上以何方法得以挽回？真正有心世道的人，要在这些地方用心地想一想。

由以上简单的论述，我们可以将事实作一对照。可知民国以来的政治，既不是西方的民主政治在替我们负责，也不是儒家的政治思想在替我们负责，而是亦中亦西、不中不西的政治路线在作祟。我们今日只有放胆地走上民主政治的坦途，而把儒家的政治思想重新倒转过来，站在被治者的立场来再作一番体认。首先把政治的主体从统治者的错觉中移归人民，人民能有力量防止统治者的不德，人民由统治者口中的"民本"一转而为自己站起来的民主。知识分子一变向朝廷钻出路、向君王上奏疏的可怜心理，转而向社会大众找出路、向社会大众明是非的气概。对于现实政治人物的衡断，再不应当着眼于个人的才能，而应首先着眼于他对建立真正的政治主体，即对民主所发生的作用。所以今后的政治先要有合理的争，才归于合理的不争。先要有个体的独立，再归于超个体的共立。先要有基于权利观念的法的限定，再归于超权利的礼的陶冶。总之，要将儒家的政治思想，由以统治者为起点的迎接到下面来，变为以被治者为起点，并补进我国历史中所略去的个体之自觉的阶段，则民主政治可因儒家精神的复活而得其更高的依据，而儒家思想亦可因民主政治的建立得完成其真正客观的构造。这不仅可以斩断现实政治上许多不必要的葛藤，且可在反极权主义的斗争上为中国、为人类的政治前途开一新的运会。

一九五一年十二月十六日《民主评论》第三卷一期

# 与程天放先生谈道德教育

一

《中央日报》六月二十九日和三十两天，连载有教育部长程天放先生《我们今日所需要的教育》的大文，其中"谈到道德教育"有"附带声明两点"，我觉得应提出来商讨一下，虽然并未牵涉到道德教育的根本问题。

程先生附带声明的第一点是"我们所提倡的道德，是合乎时代要求的道德，而不是复古的道德，道德的本体可以万世不易，道德的条件却是随时而转移的"。程先生所说的"道德的本体"，大概指的是目的或动机；所说的道德的条件，大概是指的达到目的、完成动机的手段。一般衡断道德的标准，总是从目的或动机上讲，而不从手段上讲。因为只要是真正的道德目的或动机，断无不选择最有效的手段之理。若目的、动机无问题，而使用的手段有缺憾，这或系限于个人或时代的知识，或系限于个人或时代的环境，它不关涉到道德的本身，而系另有来源，须拿另一尺度，从另一个方面去衡量、去补救。譬如说，穷人对父母的菽水承欢，就手段讲，当然不及富人对父母的山珍海味，但不能因此而断定穷人在孝上的道德价值低于富人。甘地使用手摇纺纱机，其手段当然不及纺织机器；朱子立社仓，其规模条理当然不及过去农民银行的农业贷款。但能因此说甘地和朱子通过这些事情所表现的道德价值，低于纱厂及农民银行的经理吗？同时，我们在这种事情上肯定朱子和甘地的价值，也绝非主张严守朱子社仓的成规，或觉得手摇纺纱机比纺织机器更好，因为这完全是要从两个角度来论定的事情。

程先生既承认"道德的本体是万世而不易"，即系承认道德本身的超时间性，即不能不承认道德的本身不发生"趋时"或"复古"等问题。若从达到道德的手段上去讨论"趋时"或"复古"等问题，这将是另一问题，将系属于教育的另一部门，与道德的本身无涉。好像一个有孝心的人，他若知道谁是好医生，哪是特效药，而其财力又能请能买，则当他父母害病时，自然会请会买。他孝的道德动机驱使他不能不如此，否则是他的孝的道德有问题。但若他根本不知道谁是好医生，哪是特效药；或即使他知道，而他请不起，买不起，这诚系一大缺憾。但这时所牵涉的是他的知识问题、环境问题，而不是他的道德问题。所以真正了解道德的人，不从时间性上去立论，并不是不承认时间性的重要，而是从另一观点、另一方面去承认。相反的，不论中外，一谈到道德，也和谈到宗教一样，总会尊重传统；并不是讲道德、宗教的都是老腐败，而是根于道德宗教的本性。关于这些根本问题我仅略略一提，因为我想和程先生商讨的主要是他"附带的第二点"。

二

程先生"附带的第二点"指出，"中国两千年来对于道德有两种错误的传统观念"。"一种是由黄老之学演变出来的'好人'思想。"这是"自己不做坏事",而"一味地同流合污",对做坏事的旁人不敢"批评"和"制裁",正是"孔子所攻击的乡愿,是道德之贼"。"另一种是宋儒的理学,讲心性,讲静坐,而不研究实际的学问,不做实际的工作。这般人自命为道学家,而实际上变成了迂儒,不能练兵,不能理财,不能开发国家富源,更不能抵抗外来侵略,结果宋朝终亡于异族之手。所以这两种似是而非的道德,都不是我们今天所要的。"我在这里先总提醒程先生一句,若以程先生的道德标准而论,则世界上除了穆罕默德以外,苏格拉底、耶稣、释迦牟尼,都是似是而非的道德,因为他们都不会,或不曾练兵理财,岂特宋儒?以此来论道德,未免太超常识了。

　　程先生所说的"由黄老之学演变……"的这一段话,几乎令人无从索解。"自己不做坏事"的"好人",应该是道德的起点。文官不要钱,武官不怕死,都是自己不做坏事。自己不做坏事而不敢批评、制裁旁人做坏事,这只是不能塞流去污,如何可以说是"一味地同流合污"呢?既"同"了、"合"了,便是已随着他人做了坏事,如何又是"好人"呢?孔子骂乡愿,是因为他"居之似忠信,行之似廉洁",毛病全在两个"似"字上,是假不做坏事,是假好人,这与程先生所说的不做坏事的好人全系两事,如何可扯在一起?对旁人做坏事不批评、不制裁,一方面是与所做的坏事的程度、性质有关,一方面尤其是与政治社会的情势及个人的环境地位有关,岂可一概而论。若不分皂白,即断之为乡愿,为道德之贼,则孔子所说的"穷则独善其身",是不是乡愿?是不是道德之贼呢?中国文化,一向不菲薄由黄老所转出的隐士,因为隐士是代表着不说话的自由,是代表着沉默的自由;在这种消极的自由中，还可保持一点人类的尊严，使政治的恶毒尚有泛滥不到之处。只有共产党，才不准许有这种消极的自由，才不准好人活命，此正说明极权主义之所以为"极"。我希望程先生在这种地方有所别择。

三

程先生责备宋儒的一段话，我不想站在道德的本质上来与程先生商讨宋儒在道德上的地位。因为关涉到根本问题，既非三言两语可完，也无法立时能使程先生相喻。我现在只站在程先生的观点（或许可说是政治的观点）来证明程先生指责宋儒"不做实际学问，不做实际工作"，是完全不合事实。

宋儒讲心讲性，总要落实到人伦日用上面，这是宋儒与佛家的大分水岭，无烦多所举例。即就政治的观点而论，胡、周、程、张、朱五大儒都是主张由性理以通经世，主张明体而又达用的。胡安定分"经义"、"治事"二斋教学，推为宋学的开山，绝非无故。周茂叔为分宁县主簿，"县有狱久不决，先生至，一讯立辨"。在合州，"事不经先生手，吏不敢决"（《行状》）。他的官小得可怜，但并看不出他不做实际工作。程明道曾论十事，即是政治的十大主张："一曰师傅，二曰六官，三曰经界，四曰乡党，五曰贡士，六曰兵役，七曰民食，八曰四民，九曰山泽，十曰分数。"其言曰："无古今，无治乱，如生民之理有穷，则圣王之法可改。……苟或徒知泥古而不能施之于今，姑欲徇名而遂废其实，此则陋儒之见，何足以论治道哉。"所以他为晋城令，"民以事至邑者，必告之以孝弟忠信。……度乡村远近为伍保，使之力役相助，患难相恤，而奸伪无所容。凡孤茕残废者，责之亲戚乡党，使无失所。行旅出于其途者，疾病皆有所养。诸乡皆有校。……乡民为社会，为立科条"（《行状》）。邢和叔说他读书的情形是："尧舜三代帝王之治，所以博大悠远，上下与天地同流者，先生固已默而识之。至于兴造礼乐，制度文为，下至行师用兵之法，无所不讲，皆造乎其极。外之夷狄情状，山川道路之险易，边鄙防戍，城寨斥候控带之要，靡不究知。其吏事操决，文法簿书，又皆精密详练。"这是不做实际学问、不做实际工作的情形吗？程伊川当"说书"，在皇帝面前立师道的尊严，丝毫无所假借，应算尽了教书的责任。他鼓励人留心经世之务，曾说："学者不可不通世务。天下事譬如一家，非我为，则彼为；非甲为，则乙为。"又谓："世事虽多，尽是人事。人事不叫人做，更责谁做？"他于兵事，也似乎很留意。曾说："韩信多多益办，只是分数明。"又说："管辖人亦须有法，徒严不济事。今帅千人，能使千人依时及节得饭吃，只如此者亦有几人？尝谓军中夜惊，亚夫坚卧不起，不起善矣，然犹夜惊何也，亦是未尽善也。"（以上皆见《语录》）可见伊川也不是空谈心性。张横渠少喜言兵，以后转而致力于性命之学，但对武事亦"素求预备，而不敢忘忽"。他曾当云岩令，敦本善俗，治绩大著。"居恒以天下为念。道见饿莩，辄咨嗟对案，不食者终日。虽贫不能自给，而门人无资者，辄粗粝与共。慨然有志于三代之法，以为仁政必自经界始，经界不正，贫富不均，教养无法，虽欲言治，牵架而已。与学者将买田一方，划为数井，上不失公家之赋役，退以其私正经界……此皆有志未就。"（参吕与叔所作《行状》）我对于这种人，不忍说他不肯研究实际学问，更不忍说他是似是而非的道德。朱晦庵为同安主簿，"莅职勤敏，纤悉必亲"。县有盗警，他防守城西北，"吏士皆感奋为用"，并"相城之隅得隙地，以为射圃，属其徒日射其间"（《文集》）。他曾奉府檄视察水灾，在《答林择之书》上叙述此事说："熹以崇安水灾，被诸司檄来，与县官议赈恤事。因为之遍走山谷间，十日而后返。大率今时食肉者，漠然无意于民，直是难与图事。不知此个端绪，何故汩没得如此。因知若此学不明，天下事绝无可为之理。"（《文集》）他在政治上的大主张是"制治之原，莫大于讲学。经世之务，莫大于复仇"（《文集》）。他历次不肯应召，第一是反对和议；第二是魏掞之因事被逐，觉得"朝有阙政，宰执侍从台谏，熟视却立，不能一言，使小臣出位犯分，颠沛至此，已非圣朝之盛事。又不能优容奖励，顾使之逡巡而去，以重失士心。……则熹亦何恃而敢来哉"（《文集》）。最后是反对韩侂胄，扼于韩侂胄。他未曾正式练兵理财，但也很留心这些问题。他《上孝宗封事》中曾说："自虞允文之为相也，尽取版曹岁入羡余之数，而输之内帑，以备他日用兵进取不时之需。二十余年，内帑岁入，不知几何，而认为私贮，典以私人，日销月耗，以奉燕私之费。曷尝闻其能易敌人之首，如太祖之言哉。……诸将之求进也，必先掊克士卒，以殖私财；然后以此自结于陛下之私人，而祈以姓名达于陛下之贵将。贵将以传军中，使自什伍以上，保称材武。陛下以为公荐可以得人，而岂知其论价输钱，已若晚唐之债帅哉。彼智勇材略之人，孰肯抑心下首于宦官宫妾之门，而陛下所得者皆庸夫走卒，而犹望其修明军政，激励士卒，以强国势，岂不误哉。"（《文集》）程先生对于这些议论，不知有否觉得系发于"似是而非的道德"？

陆象山弟兄，比程朱这一路来得更简易，但他们都富有民治思想，留心地方自治。象山知荆门军，不摆官僚架子，"宾至即见，持牒即入，无早暮"，治绩很好。"荆门素无城壁，先生以为四战之地，遂议筑之，二旬而毕。"(《象山学案》)承象山这一脉下去的王阳明，其平宸藩、定猺乱，彰彰在人耳目。清代曾国藩率领一批讲宋学的朋友，如罗罗山辈，平定大乱，这都不消要我词费的。

## 四

我上面所说，只在证明程先生对宋儒的评断全是捕风捉影之谈，连这些摆在面前的事实都不会留心过。我并不是以这些材料来争宋儒在道德上的地位，因为程先生所提出的不是衡断道德问题的标准。通观程先生这一段文章，充满矛盾与混乱。其原因是，既不好从正面勾销中国文化，也不甘心承认中国文化的价值。这正反映中国文化界今日的混乱状态。今日对文化问题数典忘祖、信口开河的，指不胜屈，不必置辩。但以教育部长的地位讲话，我觉得应稍稍慎重一点。我不想为死人打官司，道理在天壤间，悟者自悟，迷者自迷。宋学在宋朝已一遭党禁之祸，再遭伪学之诬，但又何伤于日月呢？

我也可略迹原心，认为程先生说的话，只是要加强烘托出"教育儿童青年以'天下为公'和'人生以服务为目的'的道德"，则程先生的动机并不坏。假定是如此，则我将补充指出宋儒之"民胞物与"的德量也将和程先生所说的不致妨碍现代化。不过宋儒所要追问的是，为什么许多人好话说尽，坏事做尽呢？据宋儒一般的看法，只因为人失掉了所以为人的本心，仅剩下与一般动物相同的本能冲动，以致无人禽之辨，无义利之辨，大家变成了衣冠禽兽，所以不得不言心言性，重践履，重工夫，先使人成为一个人，然后一切作为才有安放处。朱子去见孝宗，有人拦在路上劝他这一次不要谈正心诚意了，免得皇帝讨厌。朱子说我一生学的是这四个字，如何可以不提。试想，一个国家的政治中心点，假定是邪心假意的人，则一切从何谈起。就是要学生的功课好，也会要求学生专心致志。这与国父"心理建设"的主张，并没两样。他们的官和程先生比起来尽管小得可怜，而他们讲学著书，赤手空拳发动一种社会文化运动、思想运动，影响数百年之久。这一段真精神，岂可责之为似是而非的道德，更何忍把亡国的责任轻轻推在他们身上。若程先生责备他们为什么不搞革命，这好像责戚继光练兵，为什么不用美械装备。又如中共在其历史篇简中，责秦汉之际，没有共产党出来领导农民革命，以致未走上共产主义之一样可笑。至于今日所谓革命的实际内容，大概彼此是可相视而笑的。本来，我曾经说过，纯以道德为基底的文化有其不可避免的拘限性，所以有待于知性的发展，以收相辅相维之效。我们可以从这种地方说宋儒乃至整个中国文化之有所不足，有急待填补的缺憾。但这种不足和缺憾，绝不是韩侂胄之流所说的伪学，或程先生所说的似是而非的道德。

从十九世纪末以来，唯物主义与社会关系说盛极一时，人们总是在物的上面、在社会的环境中去求问题的解决。所以伦理学、道德学在二十世纪是一个冷门，是一个不景气的学问。薛维彻（Schweitzer）在其大著《文化之没落与再建》中，认为文化的本质是伦理的、道德的东西，认为文化的兴衰存于各个人、各国民的心的状态。他自己知道这种看法是冒着使他陷于孤立的危险，这正说明现代的风气。而在中国，近三百年来，先以考据而打宋学，后因反道德、反礼教而打宋学。而宋学的本身，正和其他的伟大宗教、伟大道德学派一样，是要通过人的实践才能理解接近的。中国人现在没有这种实践精神，并且也没有这种气氛，所以更厌恶宋学，更不能接近宋学。然就程先生肯提出"道德教育"四个字来说，也许可以看出世运的一转机了。

最后，我引当代的大科学家而又是民主的热烈拥护者爱因斯坦的两段话，来作此一商讨的结束：

　　因为宗教和道德与传统有密切的关系，而过去百年之间，其思维的样式，显然把道德的思想与感情弱化了。我的看法，这是现代政治方法野蛮化的主要原因。（一九三八年在 Swarthmore College 毕业典礼的讲辞）

　　我们的抱负与判断的最高原理是从犹太教——基督教的传统之中所给与的。因为这是极高度的目标，所以我们微弱的力只能到达其微小的一部分。然而，他对于我们的抱负或价值判断，是与以确实的基础。（一九三九年五月十九日对美国神学联合会东北部分会的讲辞）

七月二日于台中

一九五二年七月十六日《民主评论》第三卷十五期

# 怀古与开来
## ——答友人书（一）

我蛰居台中，常蒙亲朋来信勖勉规劝。其中有的是反映社会上许多人的看法，而出之于爱我者之口，便特别使我感动而益觉其有加以商讨的责任。这种与亲朋的商讨，亲切自然，较之以论文来讨论问题时或更为贴切，所以我愿把它公开出来，供社会有心人的参考，借答亲朋的厚意。来信者非一人，所谈者非一事，其对我的关切，对文化的关切，则没有两样。

友人来书：

前与××先生谈，他说兄过分天真，时势日非，最好在学术方面多用工夫。弟亦同意此一看法。惟以为研究范畴，不能离开现实，吾人应对下一代负责。"怀古"是诗人们的事，时不我与，与其替历史开"追悼会"，不如为未来的历史举行"奠基典礼"。兄以为如何？

×兄：

我感谢你和某先生的关切。对我个人来说，做事也是自尽其心，读书也是自尽其心，很难以将来的效果来鼓励当前的勇气。

但你所提出的"怀古"与"替历史开追悼会"等问题，大概是看到我最近有几篇讨论中国文化的文章，以为我是在做抱残守缺的复古运动。真的，我每天只花十分之一二的时间看报看杂志，其余的都花在古典上面。虽然我目前主要是读的西方的东西，但对现在而言，其为古则一。你要了解我这种心情，我愿先说一段自身经历的小故事。

民国二十三年，新疆在盛（世才）、马（仲英）争雄不决之下，还是一片混乱。中央准备派一支军队到新疆去平乱，我便从归绥带了四辆汽车纵贯内蒙古，以侦查到新疆的路线。"老朱"，是我们请的临时向导。他在沙漠里牵了三十几年的骆驼，权把"骆驼道"当作汽车行走的大方向。有一天，刚绕过居延海的北边，预定要到"五个井子"。可是走到下午三时左右，一望都是浩无边际的戈壁，根本不知五个井子在什么地方；而车上携带的水，因为头天晚上没有添补得上，只剩下一小洋铁桶。人也要水，车也要水，大家立刻感到会渴死在这块地方了，于是不约而同地都指着老朱大骂。我说："骂也无益，让老朱喝口水静下心来想想吧。"老朱不喝水，静悄悄地走到稍为高点的地方，回头向我们走来的方向凝望，再转向左右看看，然后以有希望的表情向大家说："我记起来了。车子倒回头一下，再转向右前方走，大概就是五个井子。不太远。"大家听他的话，走了一个多钟头，真的找到了五个井子。朋友，我现在的心情，正是老朱站在小高地上向来路凝望时的心情。老朱向来路凝望，不是想把车开回去，这是不可能的。而是想凭借已走的路来恢复他的记忆，发现车子到底是从什么地点开始错误，发现如何才能达到我们所要到达的目标。人类的能力，只能顺着已走的路去联结未来的路，等于数学是要靠着若干已知数去求未知数一样。人类不会有穷途末路，但迷了路的人是会感着穷途末路的。这正是我们的现实。对正这现实的情形，我的血未凉，我的心未死，以我们的交谊，你以为我住在家里能以怀古之幽情忘空前的劫运吗？

你劝我不要怀古，而勉励我开来，这完全是出于友谊的过望。你也和一般人一样，把怀古与开来之间，划一道不可逾越的鸿沟。其实，那是不必的。许多人认为欧洲中世的人多看着过去，而文艺复兴以后则多想着未来，以为这是落后、向前的大分水岭。其实，中世纪所看的过去，还是他现世生活的反映；而文艺复兴以后的追想未来，也并不是抹煞历史的线索。意大利的现代哲学家克罗齐认为真正的历史都是现代史。只有现在人的生活所需要的，才会复活于现代人的头脑之中；此外的资料则保持在睡眠状态中，以待另些人生活需要上的发掘。并且也只有通过现代生活的实践，才能真正了解某一代的历史。等于我们经常有来往的朋友，一定是在我们生活的某一点上有关连的朋友。生活上毫不相关的，自然会淡忘而疏阔了。同时，只有通过自己生活的实践才能了解别人，否则终于有室迩人遐之感。诗人的怀古，你以为他真正所怀的是古吗？"山围故国周遭在，潮打空城寂寞回。淮水东边旧时月，夜深还过女墙来。"诗人此时真正所怀的，只是自己一颗寂寞孤独之心。金陵的往事把他触发了起来，于是这颗寂寞孤独之心，直通千载的兴亡哀乐，而将其显发出来，与诗人此时精神生活上以满足。假定你对于女人是毫无兴趣的人，则过昭君的青冢、浴贵妃的华清，你也不会有幽情一往的。伸向自然与伸向历史，都是人类生活伸长的一种尺度。纵然是开追悼会，它追悼的总是现在而不是历史。

亲爱的朋友，过去、现在、将来都是时间的观念，但人类生活的时间乃心理的时间、精神的时间，它与物理的时间并不一样。物理的时间，是随时钟摆针的摆动而消失到虚无里面去了。但精神的时间，则凭我们特有的记忆作用，常将过去与现在连为一个整体。我们当下的起心动念，实挟过去的某一部分以同时涌现。一个失掉了记忆力的人，他会变成白痴；失掉了记忆力的民族，一定堕退为原始状态而不能继续生存下去的民族。历史意识的强弱正说明某一民族生命力的强弱，则今日中国由记忆力的减退而表现为历史意识的薄弱，绝非偶然之事。

你说，要"为未来的历史举行奠基典礼"，这是无可置议的。但任何的创造，都要扶着历史的线索去走。历史的线索是对的，便扶着向前发展。历史的线索是错的，错的另一意义，是暗示我们要走另一条路。牛顿看见苹果堕地而发现万有引力，这是一大创造，但他能不凭借人智积累下来的数字而加以推演吗？自相对论、量子论出世后，固然可以说牛顿所建立的物理世界发生了动摇。但爱因斯坦论到这一点时，却说："若没有牛顿明确的力学，则我们今日的成就，乃不可能之事。"面对自然的发明尚且是如此，何况面对人类社会的创造。共产党，它自以为是与上帝同位地创造了人类的一切。但毛泽东是在学史达林，史达林则根源于马列及俄罗斯的传统（近来从共产党出身的人，硬说苏联与马克思主义无关，这完全是由"子为父隐，父为子隐"的心理所发出来的神话）。而马克思的哲学系来自黑格尔、费尔巴哈，经济学系启示于李嘉图及穆勒。现在自由中国的许多反共专家，则又多从毛泽东那里学来一枝一节，美其名曰"向敌人学习"。人类知识的来源，总不外来自历史，来自社会，来自自然。而社会现象的根源还是历史，自然分解的工具还是由历史所储积。历史是给我们走向未来的立脚石。现在香港有一批自命为"第二代"的精锐之士，连当前的第一代也要一扫光，而要形成一个真正的"未来派"。这种创造的勇气，是非常的可佩。但是，从第一代完全斩断的第二代的创造者，假定他们真有能力这样做的话，则他们只是回到人猿时代，未必能创造得出新旧石器，更创造不出"第二代"三个字。历史是人类理性共同活动所逐渐蓄积的财产，我们能真正继承多少，也就暗示我们能真正为未来构想多少、创造多少。政治家在历史中的地位并不十分高贵，但即使要做一个政治家，没有一点真正历史的了解，仅东去捡一句口号，西去学一联标语，来创造一番，而不知道口号标语后面依然有其历史的背景与规定，这完全是学人言语的鹦鹉和权力欲冲动的一般动物的结合。我想，这种人在政治上顶多能像孙猴子在天宫里多打几个筋斗，多撒几次猴尿而已。俾士麦是一个流氓气很重的人，他一生只认真地读过一两本英国史。假定他连这一点也没有，便连铁血宰相也当不成了。

也许你和现在的许多人一样，只反对中国的历史，并不反对西方的历史。正和只反对中国的孔子，并不反对西方的耶稣一样。因之，怕我当了国粹派，当了冬烘。这将牵涉到另一问题，需要另作商讨。但我首先申明一句，请你放心，我无意于当国粹派。即使是如此，在我心目中，国粹派比文化上的西崽洋奴买办总要好。你知道经济上的西崽洋奴买办之不会促进中国工业化，便也可以知道文化上的西崽洋奴买办之不会促进中国现代化，这是完全一样的。不要给这般人口里念念有辞的名词吓唬住了吧。

八月十一日于台中

一九五二年九月一日《民主评论》第三卷十八期

# 文化的中与西
## ——答友人书（二）

来书：

　　近来文化上的争论，也牵涉到文化有无中西之别的问题上。吾兄好像是主张有的。但主张没有的人并非没有道理，兄不可固执成见，应该从长商讨一下。……

××先生：

　　承你的指教，我非常感谢。中西文化异同之争，大概将有百年的历史。此一问题，在过去主要是为了撑门面，而今日则注重在文化本身之是否有个性。撑门面，只是出于民族的感情，不能真正解答问题。文化有无个性，则系当前摆在文化人面前的一重大课题，其讨论的意义已超出于民族感情之外。固然，民族感情依然是此一问题中的要素之一。

　　作为一个人，总有其共性。有了共性，然后天下的人都可在某一基点之上（如人性）作互相关连底考察，因而浮出世界史的观念。但人的生活环境既不能完全相同，而人的本身更有其主动性和创发性。各个人的想法、做法并非完全由环境所塑造，在同一环境之下也可以有不同的想法、做法，这是人与其他动物之最大分别。也便是说明人除了有共性之外，还有其个性。并且愈是发育完全的人，其个性愈为明显。个性与个性之间互相影响，影响的结果一方面是共性的增大，同时也是个性的完成。一不碍多，多不碍一，一与多是互生互成的，这在人性的关连上可以得到显明的例证。纯自然不能产生文化，文化是由人所创造的。人的共性与个性、一与多当然会反映在其所创造的文化上，而成为文化底一与多、文化的共性与个性。在文化的共性上，我们应该承认有一个世界文化；在文化的个性上，我们应该承认各民族国家各有其民族国家的文化，并且各民族国家所反映出的文化底个性，是不断地向世界文化底共性而上升。而共性与个性之间，个性与个性之间，由不断底接触、吸收，将使某些个性的若干原有部分发生一种解体现象。但这种解体并非个性之消灭，而是个性新的凝集。个性之不断上升与凝集，正是人类创造文化的过程。这种过程，从观照的态度说，是文化共性之不断扩大；而从实践的态度说，又是文化个性之不断完成。无个性以外的共性，也无隔离孤独的个性。个性中有共性，而仍不失其为个性；共性中有个性，亦仍不失其为共性。说某一文化无个性，这是等于说根本无此一文化，或者说此系一不具体底文化，好像说某人为一不具体之人一样。我们主张文化有中西之别，是肯定我们这一民族的长久存在绝非偶然，而系创造了自己所需要的文化。既有文化，自然会有个性。从个性方面去看，自然主张有中西之别，这岂非是极容易懂的道理吗？

朋友，你也或许觉得我的话说得太抽象了，使人不易把握理解，我们现在不妨举若干譬喻或例证。

文化的个性是文化创造的结果，也是文化创造的过程。在此创造过程中，它可以资借许多既成的"文化财"，模仿许多既成的"文化财"。但只要创造成功，则他一定会表现个性。譬如人学文章，学字画，尽管他读了许多文章，临摹许多字画，假定他成了功，便不管他是学的哪一派别。则派别对他而言，自有其共性；而在他对派别而言，则必有其个性。八大家的散文有其共性，但每个人，甚至连父子兄弟的三苏也各有其个性。中国的字画有其总底共性，但过去常有南北之不同。而不论在北碑南帖、北画南画中，每一个人都各有其个性。否则就是说此人的诗文字画没有成家（成家即是表现个性）。没有成家的东西，在文化上无大价值。若人家的诗文字画成了家，已有了个性，但在外行人看来，则恰是"黑夜里所看的牛总是黑的"一样，以"将无同"的心情去漠然说其好或坏。其实，这种好坏之见在行家看来，都是不相干的。一个民族的文化，对其内而言，则成为此一民族文化的共性；对其他民族的文化而言，则成为此一民族的个性。这和某派的作品，一方面是代表此派的共性，一方面是代表此派中某人的个性一样。所以我们可以对西方文化而说中国的文化。

有人以为一个民族会不断吸收许多其他民族的文化，如中国之音乐、工艺品有许多是受了中东诸"民族"的影响，尤其是思想上是受了印度佛教的影响。真正是纯中国土产的东西早不存在，还谈什么中国文化的个性？这种说法是把个性只看作一种自然底死物，而不是看作一个创造的核心。由我上面所说应知此种看法完全是错误的。即以现在的国乐而论，我们尽管有的来自波斯，有的来自印度，但到了我们手上以后，便绝非波斯的音乐，绝非印度的音乐，而依然是我们自己的音乐，所以依然不妨说是"国乐"。除非我们的音乐还完全是在模仿底阶段。佛教自东汉末入中国，开始依附道家，晋魏乃能自立，隋唐始臻圆熟。但圆熟底佛教便是天台、华严、禅宗等富有中国个性底佛教，我们不妨称之为中国底佛教。日本的佛教传自中国，但是日本佛教的性格便与日本民族性格融合在一起而成为日本的佛教。中国当然要努力吸收西方文化，但假使中国民族的生命力未竭，这种吸收能够成功，则将也如过去吸收佛教一样，中国文化会以更高底个性出现，我们依然要对其他民族的文化而提出我们中国的文化。绝不能说德国、英国、美国哪一国的文化即等于中国文化。西方同是一个文化根源，但海洋大陆既风会各殊，德法仅一莱茵河之隔，在文化的气质上仍各有其特性。中国文化之有个性，中国吸收西方文化后依然还有个性，这是由文化的本质所决定的。

由中西文化之分推进一步，即是东西文化之别。这种分别，西方人在以前是不承认的。其原因：第一，随近代西方文化的觉醒，便开始了大规模底世界征服运动，贩卖奴隶正是其中节目之一。他们对于被征服、要征服的对象，都认为是野蛮人，只好做他们的奴隶，哪里会承认有文化呢？所以他们底文化，便是世界上惟一的文化。等于我们以天下之中（中国）的华夏自居的时候，四围都是夷狄，我们的文化自然也是世界惟一底文化，还有什么中外东西之可言？第二，由西方哲学的一元论而形成一元底历史观，拿一个东西作历史文化惟一的测量尺度，在其惟一底尺度下，世界的文化都是同质的，只有时间上的前进或落后，而无异质底个性文化之并存。如基督教以信神不信神为尺度，黑格尔以绝对精神之辩证法底自我实现为尺度，马克思之徒以生产力之发展阶段为尺度，另外则有更多的人以自然科学为尺度。采取这种尺度的人，不承认有在他的尺度以外之文化，纵然有也是处于一种奴仆的地位。尺度只有一个，自可不辨东西。第三，由于空间底认识不够，西方人最初所指的东方不过是近东、中东，其次则有印度，及发现了中国，只好称之为"极东"或"远东"。由地理上之生疏，当然影响到对文化上的了解。东方文化之在他们多数人心目中，好像只是天方夜谭的故事。聪明的马克思，用"亚细亚底生产方法"来打混，害得他的徒子徒孙们乱猜。则西方人之不承认东方文化，无怪其名。第四，由于其对文化本身的认识不够，欧洲十七、十八世纪，多半是以自然观点看问题。在自然底观点中，只能看到文化共性的一面，不易看到个性的一面。一直到十九世纪六十年代以后真正底历史学才建立起来，于是文化的个性乃随历史学之进展而渐为人所注意。现在，不仅欧洲的大史学家、大思想家不能不承认东方文化的体系，乃至许多思想家憧憬于东方文化，想以东方文化来济西方文化之穷。不过，他们对中国的注意远赶不上对印度、对日本的注意。原因很简单，我们的洋博士们，以数十年之力，都尽量宣传自己底祖国没有文化，或者只有一钱不值的落后文化。

至于许多中国的文人学士主张文化无中西之分，这原因要追溯到鸦片战争以来，我们在事实与心理上都长期处于半殖民地的地位。由半殖民地之自卑感，站在西方人面前自惭形秽，怎么敢自承有中国文化呢？而"向高帽子作揖"尤其是聪明人的处世哲学。主张中国文化一钱不值的人，很快会主张欧洲文化也一钱不值，而世界上只有美国文化了。至于有的朋友说，主张中国文化有个性的人所举的论证不够，这倒是对的。但这只能鞭策我们作更深的文化反省，并不能因此而取消中国文化有个性的前提。

朋友！也或许你以为主张中国文化的个性便妨碍了西化，而你是主张西化的。但你也知道，我除了对"西化"一词有点怀疑以外，也一向是主张应吸收西方文化的。但问题的本质是这样：假定我们完全没有文化，则我们是未开化的人，未开化的人很难一步登天地吸收西方文化；假定我们有文化而这文化对于我们的前进只发生反作用，则是说我们连未开化的人都不如，当然更无资格吸收人家的文化；假定我们漠然说我们是有文化，而对我们文化底特性，即是对于哪是有的，哪是无的，哪是好的，哪是坏的，茫然无知，则我们等于对家内的柴米油盐酱醋茶一概不知而跑到街上去买东西的阔姨太太，这样买来的东西也只够阔姨太太撒娇之用，与家计并无关涉。

只有知道家庭甘苦的人，才能丝丝入扣底为家庭添置东西；只有知道自己国家的甘苦，知道自己文化的甘苦的人，才能丝丝入扣底弥补国家的需要、文化的需要。我们谈中西文化，一方面是认定我们有文化，同时也是反省我们文化的甘苦，使我们有资格、有能力在世界文化的共性中，在世界文化的其他个性中，挺身站起来，作正常底接触，作正常底吸收。你为什么以为一谈中西文化便是老顽固呢？

一九五二年九月十六日《民主评论》第三卷十九期

# 政治与人生

　　人一生下来，就糊里糊涂地被投入在政治关系之中。写《鲁滨孙飘流记》的人，其动机或者原在想逃出政治，然而他为了说明孤岛上的生存，便不能不假设一位"礼拜五"的伙伴。他和"礼拜五"的关系，依然可称之为政治关系。因此，"人是社会动物"，便也不能不是"政治动物"。

　　不过上面所说的是极广义的政治。极广义的政治对于人生的影响多半是间接的，因而人们也常常不自觉其为政治。个人对政治所引起的自觉，以及由自觉所发生的观点，并不相同；而政治对个人所发生的作用和结果，也常是千差万别。于是政治在人生中的位置，人生在政治中的位置，到底要怎样才算适合，倒有提出来一谈的价值。一般地说，若某个时代许多人都意识地想离开政治，这必定是一个不幸的时代；若某一个人是意识地想离开政治，这必定是一个不幸的人生。"时日曷丧，余及汝偕亡"，简直要把自己的生命和政治拼掉，这固然表示一个政治时代的悲剧；而"寻得桃源好避秦"的心情，也正反映着秦之不可不避又终于无从避起的心情。至就个人而论，从传说中的巢父、许由到长沮、桀溺、於陵仲子，即所谓高人逸士的这一流，好像抗志烟霞、栖神泉石，很能优游自得。但其中真正为了追求政治以外的人生价值而愿自外于政治，如伟大的宗教家、艺术家之所为，其精神固然另有寄托，可以独往独来，可是，这种人不仅是占极少数，并且这种人也并不十分矜心着意于政治之应否须要逃避。而一般的所谓高人逸士，多半是出于对政治的一种厌恶避忌之心，在厌恶避忌之心的后面，总藏着有一副苍凉悲怆的情绪。庄子要算是最旷达的人了，但他说"逃空虚者，闻人足音，跫然而喜"。这里的喜，无疑是由逃空虚者的一片悲怀所烘托出来的。

相反的，若是大多数人都直接卷入于政治之中，这也多半是一种不幸的时代；若是一个人，把他的全生命都投入于政治之中，也是一种不幸的人生。

历史上，当战争和所谓革命的时代，一定会驱遣多数人去直接参加政治，不论战争与革命的性质如何，身当其冲的总是牺牲第一。牺牲，有时固可代表人生伟大的价值，但很难说它可以代表人生最大的幸福。何况历史上的战争与革命，冤枉流血的占绝对多数。至于把全生命都投入于政治之中的，我们首先想到的是皇帝。"垂衣裳而天下治"，这是最幸福的皇帝。但在现实上恐怕就是今天英国和日本的皇室。我幸而不是这种皇室中人，所以我可以更多表达自己的意志。说到秦皇汉武这一类型的，他们成就了若干事业，但很难说他们成就了人生，享受了人生。意识地要争取点人生享受的，或许要算隋炀帝、陈后主，但风流可以润泽平民而毕竟不能不遗祸于天子。其他蠢如鹿豕之晋惠，暴如豺狼的石虎，这一类型的人，你还能说他有人生的意义乃至幸福吗？何况"汝何不幸生于帝王家"，总是皇室共同的结局。皇帝而外，我们便可想到历史上的宦竖、权奸，以及今日的政客、军阀，和以官为生活之资的穷公务员。这其中有各种的成色，有各种的心情，很难一概而论。但粗略地说，大抵为了其他的人生目的而政治的，其毒素较轻，完全为政治而政治的毒素必重。其层次最高的要算诸葛的"鞠躬尽瘁，死而后已"。但这绝比不上"发愤忘食，乐以忘忧，不知老之将至"的心情，所以也绝非诸葛的素志，尤其不是他的人生幸福。再下一个层次的则名公巨卿，他们真正对人生的领略多半要靠晚年告老还乡、优游林下的时候，这时才是他们从政治中的一种解脱，他们将从政治之外去重新发现人生。他们能这样做的也是由于自己在政治之外还另有其人生的存在。华盛顿爱好故里的田园，不愿长住在政治中心的首都里面，可见中外对人生稍有点境界的人心情毫无二致。至于因"大丈夫不可一日无权"而终生玩弄政治，甚至要把这一套私之子孙的人，不论他以何借口，只要我们肯留心观察，这种人的本质都是十足的恶棍歹徒，他的生命最干枯，心情最空虚寂寞。这一点当局者自己有时也会感觉到，何待于李斯黄犬东门之叹、陆机华亭鹤唳之悲而始可看出呢？政治圈中占最多数的是公务员。黄山谷有句云"食贫自以官为业"，这是揭穿了公务员的底子来说的话。以官为业，以宦为家，在人生中都是最无根底的行业。万一不幸他所"等因奉此"的头儿完全是一些贪权窃势之徒，而自己为了要吃饭，不能不当这些贪权窃势者之工具，这和以夜度资来维持生活的实质上并无上下床之别。人在这种生活中假定稍有自觉，其羞愧与悲哀是不难想象的。

人之所以不能离开政治，是因为人的生活在物质与精神两方面皆不能离开社会，不能离开人与人的关系。"吾非斯人之徒与而谁与"这句话，一面是出自圣人的悲怀，同时也系出自任何人所同有的人情的深处。意识地逃避政治也等于意识地逃避人间。人间是无法逃避的，着意地去逃避，结果只是在一种畸形的人间中来安顿自己的人生，人生总会受到贬损。但更重要的是，政治只是人生的一部分，不应以一部分而掩盖了整个人生，并且政治在人生中是紧连着权力欲、支配欲的，这是人生中最坏的一部分，是与禽兽一鼻孔出气的一部分。我们之不能不要这一部分，可以说是出于人生之不得已。我们要使人生的这一部分作人生其他部分的工具，为人生其他的部分开路，因而也就把这一部分转化为其他的部分。万不可把人生其他的部分作为这一部分的工具，为了这一部分而堵塞整个的人生，把人生其他的部分都转化为这一部分，这样，人便完全兽化了。所以我们可以为艺术而艺术，为哲学而哲学，为宗教而宗教，为科学而科学，甚至可以为财富而财富，但千万不可为政治而政治，不可使政治在人生中僭居于主要的地位，以至湮没了整个人生。

不过，上面是理论上的说法。在现实上，要把人生不可少的这一部分安放于一个工具性的位置，却是一件非常困难的事。"日出而作，日入而息，帝力何有于我哉"，这是在政治之中而忘其在政治之中的一种境界，这确是人生最理想的政治境界。可是，这种境界在历史上恐怕还不曾真正出现过。退而求其次，则最好是每个人都可以过问政治，也可以不过问政治。要过问政治时，没有人来说不准你过问；想不过问政治时，也没有人来说你非过问不可。要过问政治，则从心到口直道而行，没有人来监视你的言论或投票；不要过问政治，则从工厂到教堂自由选择，没有人来加以干涉统制。于是政治在人生之中可以提起，可以放下。而所以提起或放下者，则系根据我们整个人生的需要。这样的政治才是作为人生工具的政治，人在这种政治中才可以发展整个的人生，建立真正的人文世界。我从此一角度，便特别欣赏近代委托性的民主政治，追求近代委托性的民主政治。没有这种民主政治的空间，人生一定受到抑压，人文一定受到阻滞。民主政治的本质是在敞开人生的大门，铺平人生的道路。在已经得到民主政治的地方，我们可以任意地不谈政治而去追求各种各样的人生。在未得到民主政治的地方，我们为了要使每人都能去追求各种各样的人生，便必须首先共同争取这种敞开人生之门的政治。在英国光荣革命的前夕，在大陆启蒙运动的过程，有哪一个有成就的知识分子不参加到这一政治形式之建立的活动呢？它不仅是为人生开路，同时，一个人之所以能成一个真正的民主主义者，正表现出他是在政治以外还有其他伟大的人生部分在发生主导的作用。投一生的精力于民主主义运动的人，并不是我前面所说的为政治而政治的人。因为民主政治的本身即含有政治的自我否定、权力的自我否定的高贵品质。世界伟大的民主主义者一定含有这种高贵的品质。中国一直到现在还没有接上民主政治的头，这固然是由于反民主势力的阻碍；但在主张民主者的中间多缺乏这种高贵的品质，也是一个重大原因。缺乏这种高贵的品质，则搞民主政治的人只能看到民主政治主张权力的一面，而不能看到民主政治否定权力的一面。这便依然成了为政治而政治的活动，成了淹没整个人生的政治活动，也便不算是民主政治的活动。

中国文化本是人文主义的文化，本是显发人生的文化。但中国的知识分子，主要精力下焉者科举八行，上焉者圣君贤相，把整个人生都束缚于政治的一条窄路之中；而政治的努力又仅在缓和专制之毒，未能发现近代的民主政治，以致人生不能从政治中解放出来，以从事于多方面的发展。这是中国文化的一大漏洞，也是中国文化的一大悲哀。我们在这种地方应有痛切的反省。我们要发展完整的人生，便要可以安顿完整人生的政治形态。为了争取此一政治形态所作的真实努力，既不高于其他人生的活动、其他人文的活动，也不会低于其他人生的活动、其他人文的活动。贤首大师在其《华严经探玄记》中说了"十地满后，方至佛地。从微至著，阶位渐次"之后，接着便说"一位中即摄一切前后诸位。是故一一位满，皆至佛地"。只要对问题把握得真切，则人生的任何一部门皆具大乘胜义，所以人生也并不因不谈政治而会高出一层的。只是为了建立民主政治而花费一生气力的，在人生的价值上固无所亏损，而在个人人生的幸福上总是牺牲的。因而这种人之于政治，多是出于不容已之心。亦惟有此不容已之心，乃可站在整个的人生来谈政治，乃能真正了解民主政治。

一九五三年元月二日于台中

《人生》四卷六期

# 中国的治道

## ——读陆宣公传集书后

我初认识王岚僧先生的时候,他把张闵生先生写给他的一封信转给我看,信中说我是当今的陆敬舆、朱元晦。彼时愧汗之情,非言可喻,故写此文献给闵生先生,以表示我的惶悚感激。过了不久,我也认识了闵生先生。年来使此位悬笃乐易的朋友失望的情形,当不难想见。

一九五六年六月二十日补志

### 一

陆贽,字敬舆,卒后谥曰宣。苏州嘉兴人。生于天宝十三年,即西历七五四年;卒于永贞廿一年,即西历八〇五年。《旧唐书》的《陆贽传》,是以权德舆的《陆宣公翰苑集》叙为蓝本,而插入一些言论奏议的。《新唐书》的传,则又系将旧传略加损益。"文损于前,事增于旧",《新唐书》的这种自负,在此一传中,亦可概见。但我并不以为新传胜于旧传。旧传称陆"颇勤儒学",这只有读完其《翰苑集》后,才知此四字之真正着落,为了解陆氏思想之一大关键,决非闲笔墨可比,而新传竟将其删去。又新传引用陆氏文章，字句间颇有改易。其"赞劝帝群臣参日，使极言得失，若以军务对者，见不以时"云云，此盖节录《奉天论奏当今所切务状》中"各使极言得失，仍令一一面陈。军务之余，到即引对"一段，而将"军务之余"误为"若以军务对者"。此虽细节，究嫌疏略。又新、旧传皆本权叙言陆在忠州"为《今古集验方》五十篇"，然权叙中又明言陆除有《别集》十五卷外，有《制诰集》十卷、《奏草》七卷、《奏议》七卷，合之即称为《翰苑集》，而新、旧传皆不及，可谓录小而遗大（《新唐书》各别传中，多将《旧唐书》各列传中所记录之诗文集等略去，实一憾事）。总之，欲真正了解陆氏。固不能仅靠《新唐书》、《旧唐书》之《陆贽传》，即欲真正了解德宗一代的朝政，尤其是关于收京后的许多措施，与夫有唐一代许多经制之眼目，亦非读《翰苑集》不可。读廿四史已属不易，能读廿四史而不辅之以各代的私人重要文集，恐亦不易打开各历史阶段的关键，此读书之所以不可苟简欲速。

对于陆氏的评价，当无过于苏轼、吕希哲等七人所上的《乞校正陆贽奏议上进劄子》。苏氏的这篇文章，也是模仿陆文的体裁来做的，他说："智如子房而文则过，辩如贾谊而术不疏。上以格君心之非，下以通天下之志。"又说："六经三史，诸子百家，非无可观，皆足为治。但圣言幽远，末学支离，譬如山海之崇深，难以一二而推择。如贽之论，开卷了然。聚古今之精英，实治乱之龟鉴。"读了《翰苑集》以后的人，再读苏轼这篇文章，真觉得字字恰当。

专制时代的"权原"在皇帝，政治意见，应该向皇帝开陈；民主时代的"权原"在人民，政治意见则应该向社会申诉。所以专制时代的诤臣，即民主时代的政论家。但我们遭遇到伟大的时代，却未尝出一个真正的政论家。而陆氏面对一个聪明强干的皇帝，却能深入到皇帝的内心，将其内心的渣滓一一加以清洗。道理说得这样的深切，文章表达得这样的著明，使千多年后的我们读了，会感到陆氏的脉搏，依然在向我们作有力的跳动，这真是历史中的一大奇迹。固然后人遭遇的客观条件，赶不上陆氏初年，但后人在政治的主观觉悟中，更无法依稀陆氏于万一。当时陆氏的亲友，为怕陆氏闯祸，也劝他不要把话说得太直，他的答复是"吾上不负天子，下不负吾所学，不恤其他"，"不恤其他"，乃是一种殉道精神。殉道精神，乃陆氏所以能写文章的真正根底。他在奏议中说："感激所至，亦能忘身。""诚有所切，辞不觉烦。"又说："谠又上探微旨，虑匪悦闻，傍惧贵臣，将为沮议，首尾忧畏，前后顾瞻。是乃偷合苟容之徒，非有扶危救乱之意。……心蕴忠愤，固愿披诚。"（《论两河及淮西利害状》）更谓："畏覆车而骇惧，虑毁室而悲鸣。盖情激于衷，虽欲罢而不能自默也。……忧深故语烦，恳迫故词切。"（《论裴延龄奸蠹书一首》）这都是"不恤其他"的注脚。后人以苟容自喜，无所谓忧深；以偷合为能，无所谓恳迫，更无所谓忠愤。忧不深，自己早已麻木，便不知世间更有痛痒的语言；情不迫，自己安于伶俐便巧，更何能感触到何者值得悲鸣骇惧。在特殊情势之下的真正政论家，他的文章都是自其"上下与天地同流"的殉道精神中流出来的。此种精神显现不出来，则只有让陆氏独步千古。

但我写此文的动机，是感到中国的治道，即是政治思想，一直是在矛盾曲折中表现，使人不易作切当明白的把握。读完了《翰苑集》，意外地发现陆氏对于此点，比许多古人发掘得深，也比许多古人表达得清楚。此乃了解中国政治思想中核的一大关键，这是我在重读《翰苑集》之前所没有预计到的收获。

## 二

中国的政治思想，除法家外，都可说是民本主义，即认定民是政治的主体。但中国几千年的实际政治，却是专制政治。政治权力的根源，系来自君而非来自人民，于是在事实上，君才是真正的政治主体。因此，中国圣贤，一追溯到政治的根本问题，便首先不能不把作为"权原"的人君加以合理的安顿，而中国过去所谈的治道，归根到底便是君道。这等于今日的民主政治，"权原"在民，所以今日一谈到治道，归根到底，即是民意。可是，在中国过去，政治中存有一个基本的矛盾问题。政治的理念，民才是主体；而政治的现实，则君又是主体。这种二重的主体性，便是无可调和的对立。对立程度表现的大小，即形成历史上的治乱兴衰。于是中国的政治思想，总是想解消人君在政治中的主体性，以凸显出天下的主体性，因而解消上述的对立。人君显示其主体性的工具是其个人的好恶与才智。好恶乃人所同有，才智也是人生中可宝贵的东西。但因为人君是政治最高权力之所在，于是他的好恶与才智，常挟其政治的最高权力表达出来，以构成其政治的主体性，这便会压抑了天下的好恶与才智，即压抑了天下的政治主体性。虽然在中国历史中的天下（亦即人民）的政治主体性的自觉并不够，可是天下乃是一种客观的伟大存在，人君对于它的压抑，只有增加上述的基本对立，其极，便是横决变乱。所以儒家、道家认为人君之成其为人君，不在其才智之增加，而在将其才智转化为一种德量，才智在德量中作自我的否定，好恶也在德量中作自我的否定，使其才智与好恶不致与政治权力相结合，以构成强大的支配欲。并因此而凸显出天下的才智与好恶，以天下的才智来满足天下的好恶，这即是"以天下治天下"，而人君自己，乃客观化于天下的才智与天下的好恶之中，更无自己本身的才智与好恶，人君自身，遂处于一种"无为"的状态，亦即是非主体性的状态。人君无为，人臣乃能有为，亦即天下乃能有为。这才是真正的治道。老子主张"无为而无不为"，班固称其为"君人南面之术"。《庄子》说："闻在宥（在而有之，即与以当下承认，而不另加造作之意）天下，未闻治天下也。"《在宥》篇虽未必出于庄子之手，但此语之可以代表庄子的政治思想，当无疑问。《易传》谓："简易而天下之理得。"孔子因为"雍（孔子的学生）也简"而觉其可以"南面"（做皇帝）。"简"是近于无为的。孔子并且进一步说："大哉尧之为君也，巍巍乎唯天为大，唯尧则之，荡荡乎民无能名焉（看不出他的才智，所以也数不出他的功德）。""巍巍乎舜、禹之有天下也，而不与焉。""无为而治者，其舜也与。夫何为哉，恭己正南面而已。"又说："为政以德，譬如北辰，居其所而众星拱之。"这里的所谓"德"，用现代的语言说，是一副无限良好的动机。良好的动机，即道德的动机，总是会舍己从人，而不会强人就己的。《大学》在政治上只是行"絜矩之道"，《中庸》在政治上只是"以人治人"（系不以己去治人之意）。王船山在《读通鉴论》中，要把人君"置于可有可无"之地，使君以不直接发生政治作用为其所尽的政治作用。黄梨洲更清楚说出天下是主，君是客，使君从属于天下。这都是以各种语言表现出只有把人君在政治中的主体性打掉，才可保障民在政治上的主体性。这才是中国政治思想的第一义。由此而下的种种规定，都是第二义、第三义的。人君要以"无为"而否定自己，以"无为"而解消自己在政治中的主体性，把自己客观化出来，消解于"天下"的这一政治主体性之中，以天下的才智为才智，以天下的好恶为好恶，这才解除了政治上的理念与现实的矛盾，才能出现一种"万物并育而不相害"的太平之治。儒家"无为"的基底，是作为人文世界根本的仁，而道家则系自然世界的自然。两家只在这种地方分枝，但在要求人君"无为"的这一点上却是一致。法家则是以臣民为人君的工具，这是法西斯思想。但人君运用其工具的"术"，依然是要"虚静以待令"，要"明君无为于上"，要"虚静无事"，要"去其智，绝其能"（以上均见《韩非子·主道》第五）。可见人君以其智能好恶表现自己的存在，即系以一人与天下相对立的存在。以一人与天下相对立，不仅破坏了儒家的仁、道家的自然，也破坏了法家的术。这只要看历史上凡是沾沾以术自喜的人君，结果总是归于无术，便可明白这种道理。没有理解到这一层，便不算真正理解了中国政治思想的根底，以及数千年来治乱兴衰、循环不已的原因。此一思想的线索，和它给与历史政治上的影响，散见古人的各种议论与各个事象之中，虽未构成一个完整系统，但实等于一股强力的伏流，不断随地涌现。而以在陆宣公的议论中，涌现得更明白具体。

## 三

陆氏所以能把中国治道的根荄发掘出来，具有三个条件：一是他个人的学识人格，二是德宗对他非常的亲信，三是德宗自己很能干，但逃到奉天后，又流露出一种痛悔的深切感情，此三条件缺一不可。"能干"是臣道。人君的能干，系通过其政治最高权力以表达出来的，自然变成由权威所支持的夸诞品。此时其臣下如也有能干，立刻会与这种夸诞品相抵触而进得头破血流。所以从中外的历史上看，凡是自己逞能干的人君，其臣下必定是一群"聪明的奴才"。不聪明，人君看不上眼；不奴才，它即无法立足。人君造成此批聪明的奴才站在他脚底下之后，其内心遂常以天下的人才皆在于此，而实际都赶不上他，乃益以增加对自己才智之自信。这都是以臣道而处君位之过。陆氏面对着这样的人君，所以第一须教德宗以人君之道，这便触到中国治道的根本了。德宗是一个很有才智（能干）而且又是很想把天下治好的人。他当雍王时，曾破史朝义于洛阳，与郭子仪等八人图形凌烟阁。《旧唐书》说他"初总万机，励精治道，思治若渴，视民如伤。凝旒延纳于谠言，侧席思求于多士。……加以天才秀茂，文思雕华"，《新唐书》则说他"猜忌刻薄，以强明自任，耻见屈于正论，而忘受欺于奸谀"。两书所说的都是一个人的两面，而且《旧唐书》所说的长处，正是《新唐书》所说的短处的根源。奉天之祸（朱泚叛变，德宗逃到甘陕交界处的奉天），固然一面是因为战略的错误（陆氏先指陈过，不应虚关中以从事于山东），但根本的原因，却是由于德宗自信其才智，自用其才智，随其才智而俱来的上下隔阂，人心疑阻。亦即人君与天下的对立之尖锐化。陆氏曾对此加以检讨地说："神断失于太速，睿察伤于太精。""神武果断，有轻天下之心。"（以上皆见《论叙迁幸之由状》）又说："智出庶物，有轻待人臣之心。思周万机，有独驭区宇之意。谋吞众略，有过慎之防。明照群情，有先事之察。"（《兴元论续从贼中赴行在官等状》）"所以孕祸胎而索义气者，在乎独断宸虑，专任睿明。"又说："违道以私心，弃人而任己。谓欲可逞，谓众可诬。谓专断无伤，谓询谋无益。谓谀说为忠顺，谓献替为妄愚。谓多疑为御下之术，谓深察为照物之明。"(《奉天请数对群臣兼许令谒事状》)这都是说德宗自任才智、自逞好恶的情形。自任才智的人必然会自逞好恶。人君以一己才智之小，面对天下之大，好像一个单人拿着火把进入于一大原始森林之中，必因内心的疑惧而流于猜忌。猜忌者不敢任人，尤不敢任将。陆氏检讨德宗任将取败的情形说："今陛下命帅，先求易制者。多其部，使力分，轻其任，使力弱。由是分阃责成之义废，死绥任咎之志衰。一则听命，二亦听命。爽于军情亦听命，乖于事宜亦听命。将帅既幸于总制在朝，不忧于罪累。陛下又以为大权由己，不究事情。"(《论缘边守备事宜状》)。又说："疑于委任，以制断由己为大权；昧于责成，以指麾顺旨为良将。锋镝交于原野，而决策于九重之中；机会变于斯须，而定计于千里之外。……上有掣肘之讥，下无死绥之志。"(《兴元奏请许浑瑊李晟等诸军兵马自取机便状》)又说："戍卒不隶于守臣，守臣不总于元帅。至有一城之将、一旅之兵，各降中使监临（派宦官之类去监视，有如苏联的政工），皆承别旨委任（别旨是不经过正式手续的命令，如手令之类）。……每至犬羊犯境，方驰书奏取裁。……比蒙征发救援，寇已获胜罢归。"(《请减京东水运收脚价于缘边州镇储蓄军粮事宜状》)德宗不仅猜忌武臣，并且也猜忌一切官吏。朝廷要用一人，都须经过他亲自考核，弄得以后朝列空虚，无人可用。陆氏批评他"升降任情，首末异趣。使人不量其器，与人不由其诚，以一言称惬（合意）为能而不核虚实，以一事违忤为咎而不考忠邪。其称惬则付任逾涯，不思其所不及；其违忤则责望过当，不恕其所不能。是以职司之内无成功，君臣之际无定分"(《论朝官阙员及刺史等改转伦叙状》)，由自任才智而猜忌，由猜忌而陷于孤立，乃一条线的发展。所以陆氏说，德宗

"英资逸辩，迈绝人伦。武略雄图，牢笼物表。愤习俗以妨理，任削平而在躬，以明威照临，以严法制断。流弊日久，浚恒太深。远者惊疑而阻命，逃死之乱作；近者畏慑而偷容，避罪之态生。君臣意乖，上下情隔。……轩墀之间，且未相谕，宇宙之广，何由自通。……人人隐情，以言为讳。至于变乱将起，亿兆同忧，独陛下恬然不知"（《奉天论前所答奏未施行状》）。自任才智之另一面，则必流为自欺好谀。陆氏形容当时的情形说"议曹以颂美为奉职，法吏以识旨为当官"（同上），"贵近之臣、往来之使，希望风旨，诡辞取容，惟揣乐闻，不忧失实。咸言圣谋深远，策略如神，小寇孤危，灭亡无日。陛下急于诛恶，皆谓其信然，穷兵竭财，坐待乎一人。人心转溃，寇乱愈滋"（《兴元论续从贼中赴行在官等状》）。陆氏称这为"媚道大行"的世界。总之，德宗的失败，不失败于昏庸懦劣，而失败于才智强明。照陆氏的看法，德宗的作风，只能算是臣道，只可受人领导而不能算是君道，不是去领导人的。陆氏对于君道与臣道，常加以清楚的区别。其所苦苦争执的就是要德宗能把握这种君道，亦即是归根到底的治道。

四

陆氏要挽救当时政治的危机，首先须解救德宗的孤立、朝廷的孤立。孤立是由人君与天下对立而来，对立又是由人君的好恶与才智在作祟，于是陆氏要德宗丢掉自己的好恶与才智，将自己的好恶与才智，解消于天下的好恶与才智之中，以凸显出天下的好恶与才智，因而解消了人君与天下的对立，这即是所谓"无为"之治。由无为转进一层，即是罪己、悔过。罪己、悔过的真正表现，则在于以推诚代猜嫌，以纳谏代好谀，以宽恕代忌刻。无为、罪己、改过，是解消自己的政治主体性；而推诚、纳谏、宽恕，则是为了显现"天下"的政治主体性。政治中只有一个主体性，即对立消失而天下太平。一部《翰苑集》，陆氏代德宗所说的话，及他向德宗所说的话，大约可以这样地加以概括。兹将陆氏所说的，择要摘录在下面，以资参验。

> 夫君天下者，必以天下之心为心，而不私其心（把自己的心，解消于天下之心之中），以天下之耳目为耳目，而不私其耳目（耳目即才智，把自己的耳目，解消于天下之耳目之中），故能通天下之志，尽天下之情（与天下合而为一）。夫以天下之心为心，则我之好恶，乃天下之好恶也……安在私托腹心，以售其侧媚也；以天下之耳目为耳目，则天下之聪明，皆我之聪明也……安在偏寄耳目，以招其蔽惑也。……（将舜与纣的情形加以比较后，可见）舜之意，务求己之过，以与天下同欲而无所偏私。……纣之意，务求人之过，以与天下违欲而溺于偏私（同欲即与天下合而为一，违欲乃与天下对立为二）。……与天下同欲者谓之圣帝，与天下违欲者谓之独夫。（《论裴延龄奸蠹书一首》）

> 圣王知宇宙之大，不可以耳目周，故清其无为之心而观物之自为也；知亿兆之多，不可以智力胜，故一其至诚之意，而感人之不诚也。异于是者，乃以一人之听览，而欲穷宇宙之变态；以一人之防虑，而欲胜亿兆之奸欺，役智弥精，失道弥远……（举了许多历史证据后，可知）以虚怀待人，人亦思附，任数御物，物终不亲。情思附则感而

悦之，虽寇仇化为心膂；意不亲则惧而阻之，虽骨肉结为仇慝。（《兴元论续从贼中赴行在官等状》）

　　臣谓当今急务，在乎审察群情（群情，即今之所谓民意或舆论）。……欲恶与天下同，天下不归者，自古及今，未之有也。……（证验以古今得失之后，则）陛下安可不审察群情，同其欲恶。此诚当今之急也。……（能审察群情）是乃总天下之智以助聪明，顺天下之心以施教令。（《奉天论奏当今所切务状》）

　　按治天下要有一个客观的标准，人君应服从此一客观标准。此即陆氏在另一处所说的"违欲以从道"的"道"。但这里应特为注意者，不仅人君个人的"欲恶"，不能作为政治客观的标准，即任何好的抽象的名词乃至主义，如非代表天下的好恶，则在中国的政治思想中，都不是政治上所应服从的客观标准。中国所说的政治的客观标准，即是天下人之心，即是天下人之"欲恶"，即是天下的"人情"或"群情"。孟子以好色、好货，"与民同之"，即可以王天下，陆氏反复强调"欲恶与天下同"，即是"违欲以从道"的"道"。用现在的话说，多数人的同意，即是政治的客观标准。倘把抽象的名词或主义，硬性规定为政治上最高无上的原则，以压倒人民现实的"欲恶"，美其名曰为了达到理想的将来，故不得不强人民以牺牲现在的"欲恶"。结果，抽象名词或主义的自身不能向人民显现，更不能向人民作强力的要求，而显现此名词、此主义，以强力要求实现此名词、此主义者，实为站在统治地位的少数人，于是少数人便将个人的"欲恶"，神化为抽象的名词或主义，以压倒天下的欲恶，鞭策天下以实现其个人的欲恶，但彼犹可坦然无愧曰："我是为了实现……理想。"极权政治便是这样形成的。中国的政治思想，一贯是以"与天下同欲"为最高原则，仁义之施，亦必推原于人人不学而知的良知良能，亦即"人心之所同然"，而从不在多数人的现实欲恶外，另安架一套原则。中国的政治思想，是要人君作圣人，此好像与柏拉图氏"哲人为王"的说法相同。然柏拉图的哲人，是一手拿着彼之所谓"理型"（idea）以区别众生的金、银、铜铁等阶级，而要大施改造的斤斧。中国政治上的圣人，则只是把自己消解在人民之中，使人民能实现其自己之欲恶，亦即人人能"养生"、"遂性"的"无为之治"，而不要假借口号，凭自己的聪明才智，去造作一番。换言之，中国政治上的圣人，只是要把自己转化为一张白纸，以方便人民在上面画图案，而不是自己硬性地去规定一种图案，强制人民照着来画。这种意思的后面是蕴藏着对人性之无限的尊重，对人性之无限的信赖，而此种尊重与信赖，即所以显露圣人的无限的仁心。所以我始终认为哲学是各个人之事，是要通过"教"（无权威强制在内）以广被于人生之事，不可把哲学上的概念，去硬性规定为政治上的最高原则。政治上的最高原则，只是天下人的"欲恶"，政府只是服从其多数，保障其少数，亦即"欲恶与天下同"，而将哲学上的议论，制限在"教"的范畴内，将政与教严格地分开，这才能避免少数狡黠者假理性口号以杀人民的流弊。中国的文化，最低限度在政治思想方面，只教政治负责者以"民之所好好之，民之所恶恶之"。"恶人之所好，好人之所恶，此谓拂人之性，如此者，灾必逮夫身"。至于实现人民好恶的政治制度，一向是主张"因革"、"损益"，并没有贻后人以所谓"封建社会"、"宗法社会"这类牢不可破的壳子，强迫今日的人钻进去上当。对于今日的局势，中国文化在此种地方并无罪过。中国文化的罪过，只表现在何以会产生一批子孙，把自己的过错，只向其祖宗身上一推，而毫不以自己的无知无良为可耻。

> 臣闻立国之本，在乎得众；得众之要，在乎见情。……万化所系，必因人情。……古先圣王之居人上也，必以其心从天下之心，而不敢以天下之人从其欲（是说要天下照我所想的去想、去做的意思）。……与众同欲靡不兴，违众自用靡不废。（《奉天论前所答奉未施行状》）
>
> 夫君人者以众智为智，以众心为心，恒恐一夫不尽其情，一事不得其理。（《兴元论解姜公辅状》）
>
> 领览万机必先虚其心，镜鉴群情，必先诚其意，盖以心不虚，则物或见阻，意不诚，则人皆可疑。阻于物者，物亦阻焉；疑于人者，人亦疑焉。（《又答论姜公辅状》）

按虚之工夫为"损"，故又说："诚不至者物不感，损不极者益不臻。"（《奉天论赦书事条状》）又说"损之又损"（《谏寻访宫人状》），以归结在"敦付物以能之义，阐恭己无为之风"（《论朝官阙员及刺史等改转伦序状》）。《洪范》上说"惟辟（君）作福作威"，即是人君执赏罚之大权的意思。此一意思，至儒家、道家皆加以彻底的修正（惟法家继承此一观点）。所以陆氏说："夫与夺者人主之利权，名位者天下之公器。不以公器徇喜心，不以利权肆忿志。……凡制爵禄，与众共之。"（同上）一个以天下自私的人，首先要把爵禄当作是他自己的，用爵禄以驱遣天下奔走衣食之徒，以满足其个人的支配欲。这就是他们之所谓治天下。陆氏指明爵禄是天下的公器，不是人君一个人发泄其"喜心"、"忿志"的工具，使人君的好恶不能通过赏罚表达出来，这是"恭己无为"的第一步，也是最切实而不容易做到的一步。以上都可说是陆氏对治道的最基本的见解，亦即我所说的中国治道的第一义。

## 五

"无为"所以防止人君与天下相对立。但奉天之乱，是德宗已经与天下尖锐对立的结果。以无为去消解早经形成的尖锐对立，实有缓不济急之感。所以陆氏进一步劝德宗罪己、悔过。无为好像是数学中的"零"，而罪己与悔过则好像是数学中的"负号"。所以我前面说罪己、悔过是无为的转进一步。人君向天下认罪悔过了，其本身对于天下，不仅是零的存在，而且是负号的存在，则天下如何会再与之相对，天下也实无处与之相对，"故奉天所下制书，虽武人悍卒，无不感动流涕"（《新唐书·陆贽传》），正是说明这种道理。一个真正肯以一身担当罪过的人，早已化除人己的界限，其对人必能推诚、纳谏，且能转出一种宽恕的精神。陆氏于此，反复考之于《易》、《诗》、《书》及孔子、老子之所言，证之于尧、舜、禹、汤、文、武、桀、纣及唐太宗、玄宗先后之所行，推验出罪己、悔过、推诚、纳谏、宽恕等，为实现以天下治天下所必须走的一条大路。

德宗在奉天要陆贽检讨过去失败的原因及当前的急务，陆氏认为最紧要的是推诚、纳谏，德宗却来一套理论说："朕本性甚好推诚，亦能纳谏，然顾上封者惟识斥人短长，类非忠直，往谓君臣一体，故推信不疑，至金人卖为威福。今兹之祸，推诚之过也。

又谏者不密，要须归曲于朕，以自取名，朕嗣位见言者多矣，大抵雷同道听，加质则穷，故顷不诏次对。"陆氏针对这种文过饰非的心理说：

> 人之所助在乎信，信不所立由乎诚。……一不诚，则心莫之保；一不信，则言莫之行。……王者赖人之诚以自固，而可不诚于人乎？……（为甚么要推诚呢？因为）所谓众庶者，至愚而神。夫蚩蚩之徒，或昏或鄙，此其似于愚也。然上之得失靡不辨，好恶靡不知，所秘靡不传，所为靡不效，此其类于神也。驭之以智则诈，示以疑则偷。接不以礼，则其循义轻，抚不以情，则其效忠薄。……故曰，惟天下之至诚，为能尽其性。不尽于己，而责尽于人，不诚于前，而望诚于后，必疑而不信矣。（《奉天请数对群臣兼许令论事状》）

> 动人以言，所感已浅。言又不切，人谁肯怀。故诚不至者物不感，损不极者益不臻。夫悔过之意不得不深，引咎之辞不得不尽。招延不可以不广，润泽不可以不弘。宣畅郁堙，不可不洞开襟抱，洗刷疵垢，不可不荡去瘢痕。……《易》曰，圣人感人心而天下和平。夫感者诚发于心而形于事，事或未谕，故宣之于言。言必顾心，心必副事。三者符合，本于至诚，乃可求感。惟陛下先断厥志乃施其辞，度可行者而宣之，其不可者措之。无苟于言，以重取悔。（《奉天论赦书事条状》）

按诚与信的反面是说谎，政治上的说谎，大抵有三种因素：

一是为了掩盖自己的坏处，夸张或捏造自己的好处。二是为了对人不相信，认为真话只可对一二亲信的人说，不可向大家说。三是为了自己所想的一套和"天下"所想的不同，于是口头不得不说天下所想的话，而实际则做自己所想的事。即欲恶本不与天下同，不得已而伪装与天下同。三个因素互相关连，以第三者为最根本。"宣传"便成为极权主义世界说谎的代名词。读了陆氏"至愚而神"及"言又不切，人谁肯怀"的话，政治上说谎之徒，当可爽然自失。据现代心理学的研究，普通人一个谎话说出之后，平均要继续不断地说二十个谎话来掩盖马脚，于是谎话的本身不能不构成一个体系。在政治上更是如此。美国华盛顿一七九七年离开总统职位时的临别赠言中说："我认为诚实永远是最好的政策的格言。不但适用于私事，而且同样也适用于公事。"此一伟大的启示，实与中国传统的精神相合，大概不应把他当作是"宗法社会"的道德而一脚踢去吧。所困难的是，谎话说久了的人，因心理上的积累，遂以谎话为真，以真话为假，于是大家不说假话不行。中国之所谓"打官话"，即是挟带威势的一种假话。从把假话称为"官话"的这一事来推断，则中国的"谎言系统"，其来已非一日，特有积极与消极之不同耳。

> 仲虺歌成汤之德曰，改过不吝。吉甫美宣王之功曰，衮职有阙，仲山甫补之。夫成汤，圣君也；仲虺，圣辅也。以圣辅赞圣君，不称其无过，而称其改过。周宣，中兴贤主也；吉甫，文武贤臣也，以贤臣而歌颂贤主，不美其无阙，而美其补阙。《礼》、《易》、《春秋》，百代不刊之典也，皆不以无过为美，而谓大善盛德，在于改过日新。……是知

谏而能从，过而能改，帝王之大烈也。……下之情，莫不愿达于上，上之情，莫不顾求知于下。然而下常苦上之难达，上常苦下之难知，若是者何，九弊不去故也。所谓九弊者，上有六，下有三。好胜人，耻闻过，聘辩给，炫聪明，厉威严，恣强愎，上之弊也。谄谀，顾望，畏懦，下之弊也。……古之王者，明四目，达四聪，盖欲幽抑之必通，且求闻己之过也。垂旒于前，黈纩于侧，盖恶视听之太察，唯恐彰人之非也。降及末代，聪明不务通物情，视听只以伺罪衅，与众违欲，与道乖方，于是相尚以言，相示以智，相冒以诈，而君臣之义薄矣。……（为什么要推诚，要让人尽量发表意见呢？因为）人之有口，不能无言；人之有心，不能无欲。言不宣于上则怨讟于下，欲不归于善则凑集于邪。圣人知众之不可以力制也，故植谤木，陈谏鼓，列诤臣之位，置采诗之官，以宣其言；尊礼义，安诚信，厚贤能之赏，广功利之途，以归其欲。使上不至于亢，下不至于穷。……古之无为而理者，其率用此欤。……（所以希望德宗）广接下之道，开奖善之门。弘纳谏之怀，励推诚之美。……其纳谏也，以补过为心，以求过为急，以能改其过为善，以得闻其过为明。……其推诚也，在彰信，在任人。彰信不务于尽言，所贵乎出言则可复；任人不可以无择。所贵乎已择则不疑。言而必诚，然后以求人之听命；任而勿贰，然后以责人之成功。诚信一亏，则百事无不纰谬；疑贰一起，则群下莫不忧虞。(《奉天请数对群臣兼许令论事状》)

按推诚、改过、纳谏，为最大的君德。为实现无为而治的具体内容，亦即中国治道的中心问题之所在。陆氏另在《奉天论前所答奏未施行状》中，援古证今，反复推论，而归结为"济美因乎纳谏，亏德由乎自贤"，所以纳谏又是推诚改过的具体表现。纳谏即所谓接受反对意见。人君是政治最高领袖，人君之接受反对意见，对人君自身而言，含有三种意义：第一，系承认自己所干的政治是"公"的。许多人不愿人发表反对意见，因为他认为自己所干的政治是"私"的，私人的东西，当然不愿旁人干涉。第二，系能把自己的精神，客观化到政治问题中去。政治的讨论，只是关涉于客观政治问题的是非，而不关涉个人的好恶与得失。客观的政治问题，因正反两方面的讨论而是非愈明，即是政治领导者，在其精神客观化的过程，愈能得到圆满的发展。精神停滞在自己血肉之躯以内的人，总在有意无意之间，把客观的政治问题，要生吞活剥地扯进自己的血肉之躯以内，于是天下人本来谈的是公事，而他总觉得谈的是他的私事，天下人本来批评的是客观问题，而他总觉得批评的是他自己。这如何能接受反对意见呢？第三，真正有智慧的人，以一个人而面对着情伪万端的天下，他一定会感到个人才智的渺小。真正有仁心的人，以一个人而面对着忧乐万端的人民，他一定会感到个人责任的无穷。以渺小的才智，背负着无穷的责任，自然会经常有一种歉然不足之情，而只见自己之有过，不见自己之有功。由其歉然不足之情所看到的反对意见，乃是对自己精神缺陷的一种填补，有如饥渴之得饮食，岂会不加接受？像史达林、希特勒之徒，天下之对于他，只幻成为专演颂扬赞美节目的剧场，怎么可以许旁人说扫兴的话？再站在客观的政治立场来看，天下人都对政治发表包含反对在内的意见（站在社会的立场，对政治发表意见，其本质即是批评的。因为不是批评的，便让政府去做好了，何必发表意见？此种常识之在中国，似乎很难得人理解），这是天下自己在显现其自己。人君鼓励天下人发表包括反对在内的意见，并接受天下人包括反对在内的意见，而人君自己所表现出来的，不是自己的意见，只是"如权衡之悬，不作其轻重，故轻重自辨，无从而诈也。如水镜之设，无意于妍蚩，而妍蚩自彰，莫得而怨也"（《奉天请数对群臣兼许令论事状》），这即是所谓以天下治天下。权衡、水镜，都是人君的无为之为。所以中国的治道，亦即中国的君道，常以人君能听话（纳谏）为开端，为归结。一个人能听自己所不愿听的话，这是表现其生命力的强韧，其生命力也因此而能更得到营养。假定人君只要求人家听他的话，而讨厌人向他讲话，这对他个人而论，好像失掉了阳光、水土的植物，杜绝了一切生机；对天下而论，好像抽尽了氧气的空间，窒息了一切呼吸。孔子以"予言而莫莫之违"是"一言丧邦"，其意义何等深切。人君能听天下的话，天下人乃会服从朝廷的政令，因为这种政令是代表天下人的。人君听话，人民从令，这正是上下交流的政治，即是不对立的政治。

## 六

当天下大乱的时候，政治没有纪纲，社会没有秩序，各个人也很容易失掉常态。这种罪过，可以说是由"集体灾祸"而来的"集体罪过"。集体的领导者是人君，造成集体灾祸的根源的也是人君，所以陆氏认为人君对于集体的灾祸应该"罪己"，而对于集体的罪过应该"含垢"。"丕大君含垢之德"（《收河中后请罢兵状》），这是作为人君的分内之事，当然之事。再从现实上说，集体的罪过，站在政府的立场，只有把它集体地忘掉，始能转变社会旧的风气，鼓舞社会新的生机。假定要一一计较追究，则应当从造成集体灾祸的领导者层追究起，即是首先要追问原来朝廷的负责层。所以原来朝廷的负责层，于情于理，没有追究社会集体罪过的资格。若是原来朝廷的负责人，觉得自己还可以从头干起，则社会更有何人不可以从头干起，而要追算循环纠结，根本无法算清的旧账？况且朝廷追算旧账，只能追算到朝廷力量可以控制得到的人与地方，亦即是与朝廷较为接近的人与地方。与朝廷较为接近的人与地方尚且要去追算，则尚在敌人手下的，岂不是要斩尽杀绝？这是平定大乱的想法作法吗？所以陆氏要劝德宗由"罪己"、"含垢"中，转出对这种集体罪过的一种深厚的宽恕精神。陆氏为德宗所起草的制、诏，不仅都是此一精神之贯注，而且都根据此一精神作了许多收京后的善后设施。陆氏对德宗叙述这一经过说："所以德音叙哀痛之情，悔征伐之事，引众愿以咎己，布明信以示人。既往之失毕惩（按指德宗自己），莫大之辜咸宥。"（同上）这完全是实话。例如在《平朱泚后车驾还京大赦制》中说："君苟失位，人将安仰。朕既不德，致寇兴祸，使生灵无告，受制凶威，苟全性命，急何能择。……究其所由，自我而致。不能抚人以道，乃欲绳以刑，岂所谓恤人罪己之诚，含垢布和之义。……可大赦天下。"这一类话，在德宗或者以为不过是"打应急符"的宣传文章，而在陆氏"言必顾心"的立场，觉得道理事实确是如此。在此一宽恕精神之下，不特原谅了整个社会，而且也原谅了落伍或失脚了的旧日官员。例如在上引《大赦制》中说："亡官失爵，放归不齿者，量加收叙。""中外寮吏，恪居官次，国有大庆，所宜同之。"这才是以忘掉问题来解决问题的大手笔。在此种措施下，社会的生机，才能如春风之涵育万物样地涵育出来，以拨乱而反治。但自恃聪明才智的人，如前所述，结果必流于猜忌。而猜忌的人，必最缺乏宽恕精神，不仅睚眦必报，并且对人每想抓住一点借口，罗织重狱，以立自己的威严。于是陆氏便不断地针对德宗这种倾向来讲话。例如德宗使中官告诉陆氏说："近日往往有卑官从山北来，皆称自京城偷路奔赴行在。大都此辈多非良善……察其实情，颇是窥觇。今且令留在一处安置。如此之类，更有数人，若不根寻，恐有奸计。卿宜商量如何稳便者。"陆氏对此类猜忌之事，总是首先认为有失人君的体统，觉得以人君而亲自去搞防奸工作，是"以尊而降代卑职，则德丧于上"。"德丧而人不归"，"所关兴亡"甚大的。接着便劝德宗当人心转向之时，应"虚襟坦怀，海纳风行，不凝不滞，功者报之，义者旌之，直者奖之，才者任之。……恕其妄作，录其善心。率皆优容，以礼进退"，万不可"降附者意其窥觇，输诚者谓其游说。论官军挠败者猜其挟奸毁沮，陈凶党强狡者疑其为贼张皇"。陆氏认为对于想来的不准他来，来了以后又随意加以监禁，则"徇义之心既阻，胁从之党弥坚"，"今贼泚未平，怀光继叛。都邑城阙，猃狁迭居。关辅郊畿，豺狼杂处。朝廷僻介于远郡，道路缘历于连山。杖策从君，其能有几？推心降接，犹恐未多，稍不礼焉，固不来矣。若又就加猜刻，且复囚拘，使反者得辞，来者怀惧，则天下有心之士，安敢复言忠义哉"（《兴元论续从贼中赴行在官等状》）。又如对于德宗之不召见李楚琳之使，是因为李楚琳原来"乘时艰危，倏扰岐下"、"贼杀戎帅，款结凶渠"，不是没有理由的。但陆氏以为他现既派人来了，"今能两端顾望，乃是天诱其衷"，"厚加抚循，得其持疑，便足集事，倪能迁善，亦可济师。今若徇褊狭之谈，露猜阻之迹，惧者甚众，岂惟一夫"。陆氏并且以为齐桓、晋文、汉高都能用仇用怨，所以能成霸功，定帝业。尤其是在非常的时候，"虽罪恶不得不容，虽仇雠不得不用。陛下必欲精求素行，追抉宿疵，则是改过不足以补愆，自新不足以赎罪。凡今将吏，岂得尽无疵瑕。人皆省思，孰免疑畏。又况阻命之辈、胁从之流，自知负恩，安敢归化"（《兴元请抚循李楚琳状》）。又如赵贵先为朱泚劫持，德宗原拟赦免，后来因诸将反对，德宗便又不主张释放，但陆氏以为"据法而除君之恶者人臣之常志，原情而安众之危者人主之大权。臣主之道既殊，通执之方亦异"。陆氏总要德宗先有个人君的体统，站在自己的体统上来考虑问题。再叙述赵贵先被朱泚劫持的经过，认为"其于情状，实有足矜"，"况复怀光未歼，希烈犹炽，遭罹诱陷，其类实繁。……宥之以恩，则自新者咸思归命；断之以法，则怀惧者各务偷生"（《请释赵贵先罪状》）。又如德宗以窦参"交接中外，意在不测"，要陆氏加重他的罪刑，但陆氏认为窦参"贪饕货财，引纵亲党，此则朝廷同议，天下共传"，只能按照这种事实去定罪。"至于潜怀异图，将起大恶，迹既未露，人皆莫知"，若"忽行峻罚，必谓冤诬，群情震惊，事亦非细"，所以他不赞成。"良以事关国体，义绝私嫌。所冀典刑不滥于清时，君道免亏于圣德"（《商量处置窦参事体状》）。总之，宽恕精神，是作人的德量，也是平乱的一种大策略。

或者有人觉得像陆氏这样，未免把现实的政治问题，看得太天真了。但只要留心读《翰苑集》中《论关中事宜状》、《论两河及淮西利害状》、《奉天论李晟所管兵马状》、《奉天奏李建徽阳惠元两节度兵马状》、《请不与李万荣汴州节度使状》、《论边城贮备米粟等状》、《论缘边守备事宜状》等，使人不能不惊叹他是一个伟大的智略家，又是一个练达的行政家，既不空疏，又不迂腐。苏子瞻以为他是"智如子房而文则过"，真不是随便说的话。因为真正的智略，只有在坦易廓大的胸怀中才可以浮得起来，也只有在坦易廓大的气氛中才可以运用得出去。逼窄的精神，生长不出深谋大略，正如逼窄的空间，使用不出长剑大戟一样。说也奇怪，中国历史上开国的人物，都带几分"豁如"、"大度"（这是《史记》形容刘邦的）的气象，而末世的政治人物，其共同的特征便是宽恕的反面——狭促。陆氏形容这种人说"所谓小人者，不必悉怀险波，故覆邦家。盖以其意性险邪，趣尚狭促。以沮议为出众，以自异为不群。趋近利而昧远图，效小信而伤大道。故《论语》曰：'言必信，行必果，硁硁然，小人也。'夫以能信于言，能果于行，惟以硁硁浅近，不克弘通，宣尼犹谓其小人，管仲尚忧其害霸。况又有言行难保而恣其非心者乎。"（《请许台省长官举荐属吏状》）写《水浒传》的人，必去掉一个狠狠自好的王伦，而安排一个智不如吴用、力不如武松的"忠义"宋江，忠是不自私，义是能替他人负责，即所谓"义气"，亦即所谓"宽恕"。不如此，则三十六天罡、七十二地煞，集不到一块儿来。中国这种对人宽恕的精神，一直贯彻于江湖好汉之中，这不能不说是伟大。而生机竭蹶的末世，此一精神在政治圈中常转变而为一种直感的自利精神，以对人之控制与斗争为天下大计了。

## 七

陆氏的政治思想，也就是中国整个的政治思想，归纳起来，即是要人君"舍己以从众，违欲以遵道。远恬妄而亲忠直，推至诚而去逆诈。杜谗沮之路，广谏诤之门。……录片善片能以尽群材，忘小瑕小怨，俾无弃物"（《论叙迁幸之由状》）。换言之，即是要人君从道德上转化自己，将自己的才智与好恶舍掉，以服从人民的才智好恶。在专制政治下言治道，不追根到这一层，即不能解消前面所说的在政治上二重主体性的基本矛盾，一切的教化便都落了空。所以中国过去一谈到治道，便不能不落在君道上面，而一谈到君道，便不能不以"尧、舜事其君"，即是落在要其君作无为的圣人的上面。史论家常将陆贽与贾谊并称，再试以贾谊的言论作一例证。班固谓汉文帝"躬修玄默"，玄默是很合于做人君的条件，所以贾谊的《治安策》，很少对文帝谈君德，而只鼓励文帝在大一统的精神下有所设施。这是因政治对象之不同，而所提到的政治内容亦因之不同的地方。但贾谊再进一步谈到政治根本问题时，则谓"天下之命，悬于太子"，"太子正而天下定矣"。因为太子是下一代的人君。汉文这一代，在君德上无问题，贾谊便不能不考虑到下一代。于是他提出一套教养太子的意见，即是教养下一代的人君的意见说：

> 古之王者，太子乃（始）生，固举以礼，使士负之……故自为赤子，而教固已行矣。昔者周成王幼在襁抱之中，召公为太保，周公为太傅，太公为太师。保，保其身体；傅，傅之德义；师，道之教训。……逐去邪人，不使见恶行。于是皆选天下之端士，孝悌博闻有道术者以卫翼之，使与太子居处出入。故太子乃（始）生而见正事，闻正言，行正道。……及太子少长，知妃色，则入于学。学者，所

学之官也（住在校内之意）。……太傅罚其不则而匡其不及。……及太子既冠成人，免于保傅之严，则有记过之史，彻膳之宰，进善之旌，诽谤之木，敢谏之鼓，瞽史诵诗，工诵箴谏。……夫三代之所以长久者，以其辅翼太子有此具也。

贾谊所以没有提出"无为"二字，是因为当时的政治，正在道家的无为的空气中，而贾氏是要以儒家人文性的无为（儒家的人文主义是道德性的，此与近代西方不同），转化道家自然性的无为的。其所举出的教养方法，主要是要太子能够受教训，实际也是达到"无为"的一种工夫，所以贾谊说"臣闻圣主，言问其臣，而不自造事"。可见贾、陆两氏的基本精神是一致的。我可以这样总结地说，极权政治，是要以其领袖的意志改造天下，而中国的政治思想，则是要以天下之"欲恶"改造其人君，使人君自己无欲恶，以同于天下的欲恶。"格君心之非"，是政治中的第一大节目。但实行"格"的是人臣，以人臣去格人君存在心里的非，而所谓非者，也不过是普通人所固有的个人的好恶和才智，对普通人而言，这并不一定算作"非"的。于是此一改造工作，不仅难乎其为臣，而且被改造的人君，其个人的自由，比任何人都要被剥夺得多，对它的要求，比对任何人的要求都要来得严格。人不一定都要做圣人，但硬要把人君绑架上圣人的神龛上去，作一个无欲无为的圣人，这对人君而言，也的确是一种虐待。所以纳谏是中国政治思想上妇孺皆知的大经，而杀谏臣、杀忠臣，也是中国政治现实中的家常便饭。以唐德宗对陆贽知遇之深，中途也几乎借口把他杀掉，致使陆贽以盛年而贬居忠州以死。未死前，常闭户不敢和外人见面。这不仅是德宗和陆贽君臣间的悲剧，也实在是整个中国政治史中的悲剧。我不仅同情陆贽，也未尝不同情德宗。但政治上二重主体性的矛盾不解除，此悲剧即永远无法解脱。

中国历史上的圣贤，是要从"君心"方面去解除此一矛盾，从道德上去解除此一矛盾，而近代的民主政治，则是从制度上、从法制上解除了此一矛盾。首先把权力的根源，从君的手上移到民的手上，以"民意"代替了"君心"。政治人物，在制度上是人民的雇员，它即是居于中国历史中臣道的地位，人民则是处于君道的地位。人民行使其君道的方法，只对于政策表示其同意或不同意，将任务的实行委托之于政府，所以人民还是一种无为，而政府则是在无为下的有为，于是在真正民主制底下的政治领导者，比专制时代的皇帝便轻松得多了。作皇帝最难的莫过于不能有其自己的好恶。其所不能有其自己的好恶，因为人君是"权原"，人君的好恶一与其"权原"相结合，便冲垮了天下人的好恶而成为大恶。但一个人要"格"去其好恶，真是一件难事。在民主政治之下，政治领导者的好恶，与"权原"是分开的，其好恶自然有一客观的限制而不敢闯下乱子，于是其心之"非"不格而自格了。其次，则把虚己、改过、纳谏等等的君德，客观化为议会政治、结社言论自由等的客观制度。一个政治领袖人物，尽可以不是圣人，但不能不做圣人之事，他不能不服从选举的结果，他不能不听议会的论难，凡客观上不能不做之事，也就是主观上极容易去做的事。美国一个新闻业者可以反骂杜鲁门是"罪大恶极的谎言者"。这在专制时代，假使人君对此而能宽容下去，他便是圣君；宽容不下去，他便要做出一桩大罪恶而成为暴君。但在今日，不管杜鲁门心里怎样，对此只有无可如何，付之不问。这种付之不问，既不表现他是圣人，同时也表现他不能不接受这种圣人的客观格式。于是中国圣贤千辛万苦所要求的圣君，千辛万苦所要求的治道，在今日民主政治之下，一切都经常化、平凡化了。假定德宗做的是民主政治下的总统或首相，我相信他会强过杜鲁门和丘吉尔，因杜鲁门没有他的才智，而丘吉尔恐怕没有他那一副真性情。于是像陆氏这样的政论家，大概也是车载斗量，值不得我们今日这样的追慕。所以中国历史中的政治矛盾，及由此矛盾所形成的历史悲剧，只有落在民主政治上才能得到自然而然的解决。由中国的政治思想以接上民主政治，只是把对于政治之"德"客观化出来，以凝结为人人可行的制度。这是顺理成章，既自然，复容易，而毫不牵强附会的一条路。所以我常说凡是真正了解中国文化、尊重中国文化的人，必可相信今日为民主政治所努力，正是把中国"圣人有时而穷"的一条路将其接通，这是中国文化自身所必需的发展。若于此而仍有所质疑，恐非所以"通古今之变"了。

一九五三年五月一日《民主评论》第四卷九期

# 附录：治乱底关键*
## ——《中国的治道》读后
殷海光

　　《民主评论》第四卷第九期载有徐佛观先生所写《中国的治道》一文。我（以下通称"读者"）读了这篇文章以后，立刻觉得它是不平凡的人之不平凡的作品。时人为文，根据口号与幻觉者多，根据学理与经验者少。虽然，作者底主要构思方式大非读者所敢苟同，可是作者对于自己所提出的问题确曾依照自己底构思方式苦思了一番，而且立言着意深远。此时此地而能看到这种文章，真是空谷足音。无论作者在该文中所提论据是否确切不移，他在结论中所指出的中国政治问题底根本解决原则，至少在读者看来，是铁定如山的原则。从这一方面着眼，这篇文章已经够说是有价值的文章之一。一篇有价值的文章之有价值处，常在它能引起人底思绪。这篇文章引起了读者许多思绪。读者现在将这些思绪写出若干，以作这篇文章底补苴。

　　作者在这篇文章里所说的是"中国的治道"，但读者因这篇文章而想起的，却不限于中国及其往昔，亦不限于某一特殊的空间

---

* 原编者注：原载《自由中国》八卷十二期（一九五三年六月十六日），页十一至十六，小题系编者所加。

或某段时间里的这种问题，而是想将作者所指出的道理加以普遍化。因为这样，更可以显现作者所言之重要。

## "权原"和政体

作者开宗明义地说：

> 专制时代的"权原"在皇帝，政治意见，应该向皇帝开陈。民主时代的"权原"在人民，政治意见则应该向社会申诉。所以专制时代的诤臣，即民主时代的政论家。……

这几句话把专制与民主底区别划分出来：划分得多么一刀两断（clear-cut）。"权原"一词，新创得十分达意。作者说"专制时代的'权原'在皇帝"，读者简直可以将这个语句作个位换（conversion）："'权原'在皇帝即专制时代"。在这里，"时代"之时间因素是不相干的因素；"皇帝"底不同称谓及其形成的背景，也是不相干的因素。这里所指的"时代"，不必须是上古、中古和近代这些断代划分，而是指着专制时代中所有的那些特色或性质。依此，古代所有的专制特色，如果遗留到近代，那末我们同样地可以说近代是处于专制时代。所以，在此"时代"一词之所指乃一实际的内容，这一内容，与物理的时间当然毫不相干。复次，我们在此所指政治首领之是否为一"皇帝"，也是一种实际的性质，与此"皇帝"之如何产生也毫不相干，与在名义上是否叫做"皇帝"也毫不相干。在古代，由武力征伐或世袭得来政权者，君临万方，政出一人，这固然是"皇帝"；在近代，除此原因以外，借门"革命"而攫取政权者，也可以形成事实上的"皇帝"。依此标准，远之拿破仑是借法国大革命之形势而起家的"皇帝"，近者如史达林之流也是借十月革命等等"革命"而起家的"新沙皇"。所以，读者将"专制时代的'权原'在'皇帝'"这个语句简简单单地位换为"'权原'在皇帝即专制时代"。我们必须这样了解作者这话底意义，作者这话才具有真实存在的普遍性（existential universality）。作者这话具有真实存在的普遍性，才可以普遍地应用。既然如此，于是在任何空间与任何时间，你对于有关大家的事觉得有"上条陈"或"上万言书"之必要，你就是在事实上处于专制统治之下；反之，你对于有关大家的事，可以公开发表，公开讨论，那末你就是在事实上处于民主政治之下。在民主政治之下，即使你要"上条陈"，"上万言书"，还找不到对象哩！

在第二节里，作者说：

> 中国的政治思想，除法家外，都可说是民本主义：即认定民是政治的主体。但中国几千年来的实际政治，却是专制政治。政治权力的根源，系来自君而非来自民；于是在事实上，君才是真正的政治主体。因此，中国圣贤，一追溯到政治的根本问题，便首先不能不把作为"权原"的人君加以合理的安顿；而中国过去所谈的治道，归根到底便是君道。这等于今日的民主政治，"权原"在民，所以今日一谈到治道，归根到底，即是民意。可是，在中国过去，政治中存有一个基本的矛盾问题。政治的理念，民才是主体；而政治的现实，则君又是主体。这种二重的主体性，便是无可调和的对立。对立程度表现的大小，即形成历史上的

治乱兴衰。于是中国的政治思想，总是想解消人君在政治中的主体性，以凸显出天下的主体性，因而消解上述的对立。人君显示其主体性的工具是其个人的好恶与才智。好恶乃人所共有，才智也是人生中可宝贵的东西。但因为人君是政治最高权力之所在，于是它的好恶与才智常挟其政治的最高权力以表达出来，以构成其政治的主体性。这便会抑压了天下的好恶与才智，即抑压了天下的政治主体性。虽然在中国历史中，天下（亦即人民）的政治主体性的自觉并不够，可是天下乃是一种客观的伟大存在，人君对于它的抑压，只有增加上述的基本对立。其极，便是横决变乱。……

中国底政治思想，是否除了法家以外，都可说是民本主义，读者现在不能断定。而作者对于"君权"与"民权"对立之所见，则确乎道了要害。不过，我们对于这个问题，还可作进一步的观察。在古代，"君权"与"民权"底这种对立，已够惨厉，已够中国人民长期陷于君权底威胁之中。而时至今日，以苏俄为例，君权与民权底这种对立，较之过去尖锐化不止千百倍。这是什么原因呢？基本的原因，就是现代的君权握有现代统治技术。吾人置身现代而谈政治问题，对于现代统治技术这一重要因素千万不可忽而不论。时至今日，政治、经济、教育、交通，在极权国家都被编组为统治权器。比起现代统治技术来，古代统治技术，不过草绳一根而已；而现代统治技术，则为一把万人锁。一旦套入这把锁中，谁都休想动一动。持木棍行劫者与持手枪行劫者，其行劫之"心"虽无二致，但效率则大不相同，因而所造成的结果也大不相同。从前的国君，哪怕再暴戾，他最多不过"焚书坑儒"，和"收天下兵器"，他还不知道控制言论，控制肠胃，控制行路，控制居住。漏洞既然如此之多，所以"话说天下大势，合久必分"。暴政弄到大家忍无可忍，机会来临，尚可揭竿而起，闹他个天翻地覆，出一口恶气，换出一个局面，再回家种田。今日的暴君则不然。如史达林之流所例示者，今日的暴君手握现代的统治技术，其所实行的统治是密而不漏，面面俱到的全面统治。现代的暴君，不独手握政治与军事大权，而且在思想信仰上是大教主，在工业上是总工程师，他又是粮食仓库底总库长（借此控制着千万人底肠胃），他是陆海空交通底总指挥，钞票印刷所底所长——制钞大王。总而言之，现代统治技术所造成的极权统治，不独统治着你底政治活动，而且深入你底食道；不独统治着你底身体活动，而且统治着你底神经活动；不独到达你底商店工厂，而且随时惠临你底寝室。这种统治演变所极，可能钻入你生活底每一层面，干涉到私人生活底每一节目，如何得了！由史达林死后的种种情形看来，现代统治技术可能发展到一个地步，只要是一只猴子有机会控制着统治底总枢纽，再有多大有才智的人也只好俯首听命，而莫可如何。现代的暴君既然居于现代统治技术底总枢纽，如果借此发挥其恶，其效能岂不千百万倍于往昔？人民所受之害，岂不千百万倍于往昔？这种现代统治技术，对于任何个体，永远维持着绝对优势的地位。在这种技术所形成的网罗之下生息的人，迟钝者根本感觉不到危机日渐加深；少数思力锐敏者即有所觉，亦莫可奈何。所以，这种统治技术，作了权力意欲之发挥工具以后，可以将"天下"这"一种客观伟大的存在"根本翻造。这个问题，是现代研究政治者所必须正视的。

关于"政论家"底问题，作者底希望至少在目前是会落空的。残存的余烬可以不论了。一个政论家之培养，该需要多少方面的客观基础。而且，即使有了政论家，在一切发表意见的工具被直接或间接或全面或部分控制住了的环境之内，政论何能自由表达？权力意欲一与现代统治技术结合，便成了对个性、智慧和天才的毁灭之炉。在所有的人众被迫纳入一个型模而塑造的环境之内，怎会出现政论家？苏俄有政论家吗？他们不过是政府统治之下的政治写字机而已。今日，只有民主自由的环境才会产生真正的政论家。

## 人君"有为"的四大原因

在这一节里，作者又再着重一点，即人君治天下的基本原则，是"简易"，是"无为"。这样，才可以"使君以不直接发生政治作用为其所尽的政治作用"。在君主时代，若无敌国外患，出现一个不好有为的人君，让天下有为，各自发展，各遂其生，这即是"太平之治"。可是，这种强调"无为精神"的话，向许多人来说，刚好是"南辕而北辙"。为甚么呢？这有四大原因：一、实现"理想"；二、旧观念的影响；三、甜蜜的麻醉；四、紧急事态。

一、实现"理想"。在咱们中国，近半个世纪以来，"搞政治"之事，有一个主流，就是搞政治者常挟着一大包袱的"理想"或主义。我来搞政治，就是为了实现"我底理想"。既然如此，一旦政权到手，岂有不作为而且大作为之理？对于这类底人谈"无为"，岂不等于叫商人莫赚钱？不独此也，现代搞政治的，总是裹着一大堆人。这一大堆人，叫做什么名称，实在无关紧要。反正，至少其中一部分天真而老诚的分子，确乎是听信号召为实行"理想"而相从的。为头的人一旦政权到手，岂能叫这一大堆人终日静坐"无为"？当然，他势必叫他们实行"理想"。一实行"理想"，就大有为而特有为起来。既是"实行理想"而大有为，于是观念化而名之曰"实现历史使命"。既是为"实现历史使命"而"有为"，于是理直气壮，于是"责无旁贷"，于是振振有词。在这样的心理状态之中的人们，你还能叫他们"无为"吗？你叫他们"无为"，就是阻挠他们"实现历史使命"。阻挠他们"实现历史使命"，罪莫大焉！不独此也，既然一大堆人在一人号令之下为"实现历史使命"而"有为"，而且这堆人又是掌握着政权的人，于是他们自然会透过政治机构来"实现历史使命"。一透过政治机构来"实现历史使命"，于是"实现历史使命"便制度化或组织化。一旦"实现历史使命"制度化或组织化，就形成一个"面的有为"。一形成了"面的有为"，就不是一个人之"点的有为"了。一到了"面的有为"，问题就不像一人之"点的有为"那样简单了。因而，也就更难转变了。所以，在从前，设法使一个人君"无为"，或者比较容易着手。在今日，要请与一大堆"有为"的人牵连黏合在一起的首脑，"休息五分钟"，其事之难，有如清理葛藤。

二、旧观念的影响。旧观念常易在新外形之内复活。过去被称为"圣明天子"者，常"日理万机"，常"事必躬亲"。这些观念，最易与'肯负责任'和"不信任人"等观念化合，并且进而认为不"事必躬亲"乃致败之由。所以，演变所及，认为愈是责任重大者愈必须"有为"。流行的心理状态如此，"无为"之说怎听得进耳？

三、甜蜜的麻醉。权力是一种甜蜜的麻醉剂，愈吃愈上瘾，愈上瘾愈爱吃，因果相寻，了无已时。君不见，白面客，几人不身死，几人不家亡！几人能中途自动戒除？权力之爱好，在人性中深植其根。权力之行使，可以使人得到一种特别满足。而权力之行使，必须借着"有为"来实现。"有为"愈多则满足愈多，这正犹之乎白面吸的愈多则愈好过。说句笑话，这是一"运作的真理（operational truth）"。如果你请现代掌握权力者"无为"，这好像要有吸白面瘾者少吸，甚至停吸。他底瘾怎熬得过？何况大大小小的瘾君子一连串的如此之多？更何况现代有了权力便有了经济，而经济利益是一大的诱惑？

四、紧急事态。"紧急事态"又使有为者找到一个似乎强有力的"有为"借口。无论何处的大有为者都会说，"事态"这么"紧急"，当然应该由最有能力的人起来"领导"，应付危难。在这种关头，你还劝人"清静无为"，岂不等于劝人消极？岂不等于劝人推卸责任？其何以可？

这一类底话，乍听起来，似乎有理；可惜经不起分析。在危难临头的时候，如果有现成的具有精神团聚力的人物起而领导，当然比没有精神团聚力的人好。不过，这还要看领导底方式怎样。就事论事，在危难时候所需要的领导方式，更须是"无为"的领导方式。所谓无为的领导方式，是原则性的领导，不是技术性的领导；是目标性的领导，不是利害结合的领导；是着眼于让社会得以自发其生机的领导，不是摧毁社会生机以实现主观喜欲的表面整齐划一之领导。在危难之时，领导者如太有为，便妨害了大家有为。领导者无为，让大家有机会有为，贤明的人君，都应该领悟此理。便是最大最高而且最真实的"有为"。大家都可有为，才能合力应付危难。这好比救火一样。如果消防队长自逞能干，拿着一条水龙堵在一条路口，队员便都不敢上前了。结果，恐怕只有他一人救火。聪明的队长应该让出一条路来，自己站在适当的地点，鼓舞大家协力救火。如果不是如此，那末便不是为公。希特勒、史达林之流无一不是借口"紧急事态"来大有为而特有为的。结果，紧急事态是否应付过去在尚不可知之时，倒是先建立了个人的极权独裁地位。而且，这样的"有为"，固然可以满足一种现实感，但结果常不见佳。希特勒非常喜欢"有为"，连德国军队都要亲自指挥。结果如何？

基于上列四条理由，作者所提对于古代人君尚且十有九行不通的"无为"要求，拿到现代对于许多人来说，一定是十有十行不通的。时移世变，奈何！

## 独裁政权的开国功臣下场惨

第三节中作者说：

陆氏所以能把中国治道的根荄发掘出来，具有三个条件：一是他个人的学识人格。二是德宗对他非常底亲信。三是德宗自己很能干，但逃到奉天后，又流露出一种痛悔的深切情感。此三条件缺一不可。"能干"是臣道。人君的能干，系通过其政治最高权力以表达出来的，自然变成由权威所支持的夸诞品。此时其臣下如也有能干，立刻会与这种夸诞品相抵触而迸得头破血流。所以从中外的历史上看，凡是自己逞能干的人君，其臣下必定是一群"聪明底奴才"。不聪明，人君看不上眼；不奴才，它即无法立足。人君造成此批聪明底奴才站在它脚底下之后，其内心遂常以天下的人才皆在于此，而实际都赶不上他，乃益以增加对自己才智之自信。

作者之所言，可谓鞭辟入里。这可以说明一种现象，即是：古往今来，独裁政权之形成与巩固过程中，开国人才为何被清算、消灭，或至少任其凋谢，以及为何要培养一批新的奴才。开国人才大都是有胆有识，放荡不羁，打破现状，不拘格律，富于理想，和朝气蓬勃的人物。打天下，是要靠这个类型人物的。但是，这个类型底人物，既能构成前一个政权的威胁，何尝不能构成后一个政权底威胁。所以，汉高祖得到天下以后，第一件大事就是收拾功臣。韩信就是这一意念之下的牺牲品。苏俄自一九三五年至一九三八年之间一连串的肃清行动，固然系以清党底形式进行，然而就骨子里说，还是史达林为了巩固一己权力而清除一般老布尔希维克。这与汉高祖之大杀功臣，在作用上，并无二致。老一辈的"从龙之众"杀光了，自然需要一批人来填补"行政的空虚"。隐然的政敌既去，于是可以为所欲为，放开手来"训练"一批了。既谈训练，当然照着自己底意思来训练。特别是近代的独裁者，无不相信训练万能。于是，他们以为要训出怎样的鹰犬就可训出怎样的鹰犬。苏俄独裁者痛恶各人有其独立的见解，独立的目标。他们对人众只估量其"工具价值"。他喜欢你少出意见，多出办法。你向这个方向发展，不难衣锦食肉。"领导方式"如此，于是一个社会里的人，都变成有手有脚而无头的人。所以，这类底人，以苏俄外交官为例，看起来未尝不聪明能干，可是你与他谈起来，他总是"差点窍"：对于较根本、较深远的问题，总是抓不着要领。

这都是"聪明底奴才"之特色，假若我们有机会进入铁幕，谅必遍地都是这种人物。这种办法，在无敌国外患时，还现不出太大的毛病。一有敌国外患，而要真人才拿出真本领来应付时，便破绽百出，败像毕露了。

## 独夫不敢任人任将

作者又回溯历史的往事，说：

> 自任才智的人必然会自逞好恶。人君以一己才智之小，面对天下之大，好像一个单人拿着火把进入于一大原始森林之中，必因内心的疑惧而流于猜忌。猜忌者不敢任人，尤不敢任将。

这话真是对于独夫如德宗之流者心情绝妙的描写。读史达林所著《新苏维埃帝国》一书，得知史达林底心情原来也是如此。既然如此，自然得到下列结果：

> 陆氏检讨德宗任将取败的情形说："今陛下命帅，先求易制者。多其部，使力分。轻其任，使力弱。由是分阃责成之义废，死绥任咎之志衰。一则听命，二亦听命。爽于军情亦听命。乖于事宜亦听命。将帅既幸于总制在朝，不忧于罪累。陛下又以为大权由己，不究事情。"……德宗不仅猜忌武臣，并且也猜忌一切官吏。朝廷要用一人，都须经过他亲自考核，弄得以后朝列空虚，无人可用。陆氏批评

他"升降任情，首末异趣。使人不量其器，与人不由其诚。以一言称惬（合意）为能，而不核虚实。以一事违忤为咎，而不考忠邪。其称惬则付任逾涯，不思其所不及。其违忤，则责望过当，不恕其所不能。是以职司之内无成功，君臣之际无定分。……"由自任才智而猜忌，由猜忌而陷于孤立，乃一条线的发展。所以陆氏说，德宗"……惯习俗以妨理，任削平而在躬。以明威照临，以严法制断。流弊日久，浚恒太深。远者惊疑而阻命，近者畏慑而偷容。君臣意乖，上下情隔。……人人隐情，以言为讳。……"于是媚道大行。

这真是"事有必至。理有固然"啰！自然律之齐一性早为人所共见。人为律（artificial laws）之齐一性则一直远不若是之显著。但是，到了现代，现代统治技术大显威灵，个体之差异日渐消亡，在政治方面的人为律之齐一性不难办到。这种现象，在极权地区莫不皆然，而苏俄则最彰明较著。"物竞天择，适者生存"底公例，如加推广，也可应用于政治现象。如果大家在理想面前碰壁，发现"媚道"乃适于生存之道，当然"媚道大行"。不过，一个国家或社会，到了这个地步，已经没有它自己生存与发展之原理与价值可言：它只不过成为此一极权独裁者使行权力意志之对象，全国家或社会乃为此一人之存在罢了。伤哉！极权幕中之民也。

## 以少数的人欲恶神化为主义

第四节作者说，要解救德宗底孤立，必须"欲恶与天下同"。

用现在的话说，多数人的同意，即是政治的客观标准。倘把抽象底名词或主义，硬性规定为政治上最高无上的原则，以压倒人民现实的"欲恶"，美其名曰为了达到理想的将来，故不得不强人民以牺牲现在的"欲恶"。结果，抽象名词或主义的自身不能向人民显现，更不能向人民强力的要求；而显现此名词此主义，以强力要求实现此名词此主义者，实为站在统治地位的少数人；于是少数人便将个人的"欲恶"，神化为抽象的名词或主义，以压倒天上的欲恶；鞭策天下以现实其个人的欲恶，但彼犹可坦然无愧曰："我是为了实现……理想"。……

这一番话，简直说得中肯极了！作者在此显露出一个道理；政治是服务众人之事，而不是由少数人强迫众人来实现其"理想"之工具的事。既然如此，当然必须"欲恶与天下同"。如果不此之图，强迫天下信奉什么"理想"，便是强"天下与我之欲恶同"。这就是太阳从西方出了。如果我们是湖南人，我们雇一名厨子，希望他烧辣子给我们吃，那末这位厨子先生就得照着我们底嗜好去做。他无权说："辣子咔多打胃痛，要不得啰！"因为，"辣子咔多打"是否"胃痛"根本就大成问题，而是否好吃辣子，这是一好恶，这是一价值选择。好恶之决定，价值之选择，完全是我们主人底权利，你厨子根本管不着。我们请你来做辣子，你就做辣子好了，别的事请你不要管。如果这位厨子，还要大谈其"主义"，说吃辣子如何有害，吃甜东西怎样好，我主人不高兴，他就举起现成的菜刀，威胁我们；如果我们不"实行"其"吃甜东西主义"，便是不识好歹。不识好歹者，便不配生存，应割其头。我们想想，这是什么光景啊！可是现在，强人实行其"主义"者，如共党类型者，都是这位厨子先生底好朋友。吾人须知，是否强人"实行主义"，乃极权与民主底界线。在民主国家，人民是主体，大家有其自己底意向、是非标准和价值判断。政府是客体，数年一换。它是为人民底意向、是非与价值判断而服务的一工具。哪里有政府首脑规定一个什么"理想"强制大家奉行之事呢？极权地区，如苏俄等，则是人民大家绝对不能有其自身之"欲恶"、意向、是非与价值判断；而由政府头目代为规定一个啥子"主义"，强制大家"学习"、阅读。这是民主与极权底界线之一。民主与极权底这一界线，真是再清楚没有了，决不容混淆的。其实，认真说来，极权地区底头目之于"主义"，不过是强迫群众"学习"与"奉行"而已。彼辈之所以如此，乃为麻醉并欺骗群众，以建立、巩固，并行使其政权而已。在苏俄等地，你如果"学习"并"奉行"了其"主义"，就表示了你对其权威屈伏，他还让你苟延残生。而他们自己呢？他们自己信那些"主义"才怪哩！如果他们真心奉其"主义"，何以一再因应实际政治利益而修改呢？或者，何以行起事便把"主义"抛到九霄云外呢！

## 独裁者难以纳谏

在第五节里，作者说：

> 按推诚、改过、纳谏，为最大的君德。……纳谏即所谓接受反对的意见。人君是政治最高领袖，人君之接受反对意见，对人君自身而言，含有三种意义。第一，其承认

自己所干的政治是"公"的。许多人不愿人发表反对意见，因为它认为自己所干的政治是"私"的；私人的东西，当然不愿旁人干涉……像史达林、希特勒之徒，天下之对于他，只幻成为专演颂扬赞美节目的剧场，怎么可以许旁人说扫兴的话。……

作者此言，就德宗所处的时代情形而言是对的。因为，那时"天子"一人赤裸裸在高出众黎之上，君权绝对，他一人对天下负责，是非功过比较分明，没有什么东西可资掩蔽。今日的极权独裁者则不然，今日史达林这类人物，他们底实际地位至少相当于"天子"，但又有一个"党"（如共产党、纳粹党，等等）来掩蔽其"私"。这类底"党"自己没有意志，本是史达林等私人权力底工具。然而，有了这样的"党"之掩蔽，他们底"私"图可以"党化"，借党底形式表现出来。对于一般人众而言，有此类之"党"存在，便可造成"党务"乃"公事"之错觉，而不复易察其为"私"。这样一来，对于他们自己，可以为其"私"找到辩护或借口。彼等高踞于其党之上，有功属己；有过属党，于是乎躲在这一掩蔽之后坦然无惧地以遂其"私"。所以，当今史达林这类底人，一方面有从前天子底绝对权力，另一方面有从前天子所没有的掩蔽便利。这样一来，如要他们不"私"天下，比从前的天子更困难万倍了。既然如此，何能望其纳天下之言？

最后一节说：

当天下大乱的时候，政治没有纪纲，社会没有秩序，各个人也很容易失掉常态。这种罪过，可以是由"集体灾祸"

而来的"集体罪过"。集体的领导者是人君，造成集体灾祸的根源，是人君，所以陆氏认为人君对于集体的灾祸应该"罪己"，而对于集体的罪过应该"含垢"。"丕大君含垢之德"（《收河中后请罢石状》），这是作为人君的分内之事、当然之事。再从现实上说，集体底罪过，站在政府的立场，只有把它集体的忘掉，始能转变社会旧底风气，鼓舞社会新底生机。假定要一一计较追究，则应当从造成集体灾祸的领导者层追究起；即是首先要追问原来朝廷的负责层。所以原来朝廷的负责层，于情于理，没有追究社会集体罪过的资格。若是原来朝廷的负责人，觉得自己还可以从头干起，则社会更有何人不可以从头干起，而要追算循环纠结，根本无法算清的旧账？况且朝廷追算旧账，只能追算到朝廷力量可以控制得到的人与地方，亦即是与朝廷较为接近的人与地方。与朝廷较为接近的人与地方尚且要去追算，则尚在敌人手下的，岂不是要斩尽杀尽？这是平定大乱的想法作法吗？……

这一段话，说得可谓合情合理之至；只可惜也许对于古代的君王有点益处。这话底效准，是有其时间与空间里的客观特殊条件限制的。所以，作者底这番话，视为历史的回顾则可，如视为通则便不可。既然如此，这番话底效准，如相对于不同的时空里的不同的特殊条件，可能等于零。显然得很，这番话对于近代的极权独裁者是一点用处也没有。

就拿第二次世界大战时的德国为例吧！德国之所以遭到毁灭，谁都明白希特勒要负最大的责任。我们关心现代史便可明白，或者，我们看一部电影《隆美尔传》，也可以想象得到。但是，假如希特勒还活着的话，他肯承认错误吗？最可印证的假定，是他不肯承认错误。为什么呢？第一，凡成功的极权独裁者，一定是长年生活呼吸于歌功颂德的空气之中。无论怎样英明盖世的人，他底知识多少不能不建立于知识素材之上。他长年无时无日不听到谀颂之词。由于潜移默化，这类言词构成他底知识底一部分；所见者都说他是天生异人，所听者都称他是神圣明武。久而久之，他就会自以为我果真是不错。这类底近代奇人，不能与我们凡人等量齐观。从知识论的观点来观察，他们是生活在一个知识上的"封闭世界（closed world）"里。我们怎么能拿人间的正常道理和他们打交道？希特勒大作《我底奋斗》开头便说"天生予于莱茵河之畔，予良以为幸"哩！第二，极权独裁者往往以为过去的成功乃将来成功之保证。虽然这话毫无严格科学的根据，尤其在人事方面是如此。但这类天生异人却常对此深信不疑。希特勒进兵莱茵大为成功，你能说他不行吗？他怎么听得进别人反面的话？更怎么会知过愧悔？第三，现代统治技术固然害死了广大人众，但同时也未尝不麻痹了极权独裁者底心灵。吾人观察近几个实例，可知近代的极权独裁者底心理皆有变态。近代的宣传技术乃现代统治技术之重要的一面。在极权地区底宣传技术中，"领袖无失论"，正如"领袖万能论"（史达林无所不知，无所不能，所以任何事项都需他来指导），同为宣传底重要节目。既然如此，自然不能承认领袖有错误。有错误根本不承认，怎么"罪己"呢？第四，正如作者已在别处指出的，极权统治乃一全面统治。在此全面统治之下，不可有一面漏网。因如有一面漏网，很可能招致面面俱漏之后果。"首领之威望"，乃极权统治最重要的资本。所以，在极权统治地区如苏俄者，许许多多措施（包括教育）皆以巩固并提高其首领一人之威望为基本着眼点。既然如此，他们自然绝对不能承认有错，以保持其"完全合理"之存在。于是，彼辈纵有滔天大罪，不是归咎于托洛斯基，就是诳称"帝国主义者包围"；不是往"犹太人"身上一推，就是向"叛国者"头上一赖。抵赖，也是这些人底特长之一。

## 人君不能有自己的好恶

在结尾的地方，作者说：

> ……作皇帝最难的莫过于不能有其自己的好恶。其所以不能有其自己的好恶，因为人君是"权原"。人君的好恶一与其"权原"相结合，便冲垮了天下人的好恶而成为大恶。但一个人要"格"去其好恶，真是一件难事。在民主政治之下，政治领导者的好恶，与"权原"是分开的，其好恶自然有一客观的限制而不敢闯下乱子，于是其心之"非"不格而自格了。其次，则虚己、改过、纳谏等等的君德，客观化为议会政治，结社言论自由等的客观制度。一个政治领袖人物，尽可以不是圣人，但不能不做圣人之事，它不能不服从选举的结果，他不能不听议会的论难。……美国一个新闻者可以反骂杜鲁门是"罪大恶极的谎言者"。这在专制时代，假使人君对此而能宽容下去，它便是圣君；宽容不下去，它便要做出一桩大罪恶而成为暴君。但在今日，不管杜鲁门心里怎样，此只有无可如何，付之不问。这种

付之不问，既不表现他是圣人，同时也表现他不能不接受这种圣人的客观格式。于是中国圣贤千辛万苦所要求的圣君，千辛万苦所要求的治道，在今日民主政治之下，一切都经常化、平凡化了……所以中国历史中的政治矛盾，及由此矛盾所形成的历史悲剧，只有落在民主政治上才能得到自然而然的解决。……

这一段话，对于全文而言，可谓画龙点睛。作者也承认制度化（institutionalization）底重要。民主之从制度上解除中国政治上君民对立的"二重主体性的矛盾"，较之"从"君心"方面去解除"，要具体而着实得多了。

老实说，读者对于"圣人"一词底内涵不大清楚。所谓"圣人"一词究竟有否一定的意谓，读者非常怀疑。至于自古至今，无论中外，究竟有多少"圣王"，尤其令人怀疑。老实说来，人之未太作恶，除了文化教育以外，还是由于受到许许多多客观的限制而然。如果一个人可以不受到任何限制而行动，那末总是一件危险的事。实在来说，咱们中国历史上的皇帝，恐怕除了极少数以外，有许许多多是极难"侍候"的龙爷。代代相传，"侍候"龙爷一事，似乎成了一种专门的学问和技术。为了"侍候"一个龙爷，举国上下，常常弄得惶惶恐恐，疲困欲绝；而且常常一搞就是几十年一小乱，几百年一大乱。几乎每次改朝换姓，总是弄得杀人盈野，血流漂杵。这实在太浪费了，也太痛苦了。说到这里，使我想到五十年前提倡共和的人。他们认为中国要结束这种治乱循环的局面，要打开历史的死结，只有一劳永逸，让四万万人都做主人，政府做公仆。这个想法是根本正确的。本文作者则从"中国的治道"，体悟出中国必须走上民主之路，才能结束传统的"君民对立"之"矛盾"，而使政治上"二重主体性"所演出的悲剧结束，并"把作为'权原'的人君以合理的安顿"。这可说是作者最重要的贡献。

## 治乱的安全办法

读者再重述一遍：在现代而思究政治问题，无论如何不能忽略现代统治技术。我们知道，在战争中，一件新武器底发明往往结束一个旧时代而开创一个新时代。火器之发明结束了戈矛时代，原子弹之发明开创了兵器上的新纪元。同样，现代统治技术之应用，使政治上引出许多前所未有的新因素。现代统治技术具有高度的效能。这把利器如果握在柏拉图所谓的"哲人王"手里固然可以做点福国利民的事；但是，如果一旦握在尼罗王手里，便可使整个国家化为灰烬。有了现代统治技术，现代暴君发挥其恶，十百倍于往昔暴君。但在专制或极权政体之下，有什么方法能够保险个个国君都"哲人王"啊！这太危险了！因此，面对现代统治技术所造成的新形势，我们更紧急地需要一个政治上的安全办法。这种安全办法是什么呢？现代人类底智慧和经验所能提出的，有而且只有民主政治。有了民主政治，我们就不必耽心出现尼罗王这类底人物了。复次，有了民主政治，则对政治首领"无为"的要求问题，自然随之解决。因为，在民主政治之下，政治首领所能做的事项是哪些，在宪法上可以明文规定得清清楚楚，并且有合法的反对党在野监视着。这样，宪法规定他只做那几项事，他想多做一项，便是违宪便是越权；他一违宪越权，天天纷纷，十目所视，十手所指，他立刻陷于孤立，还能容身于天地之间吗？

所以，作者在这篇文章里所提出的结论，对于希望步入民主政治的苦难人民，尤其显得重要。

# 理与势

兹当百慕达会议前夕，远东正漂着新慕尼黑的疑惧之际，吾人愿借此一申自由中国的信念。

天下的事，有理有势。理是事之所当然，势是影响于事的各种外在因素。理有是非，势有顺逆。拿着历史的某一横断面看，吾人常见理与势的不相应，理有时而为势所掩。但把历史贯穿地看，则理必浸透于势之中，与势以最后的决定。使历史上作为决定力量之势，必系与理相应之势。中华民族数千年的历史，实为据理以造势的历史。在数千年历史过程中，不论遇着如何的风险黑暗，但我们民族所创发、所遵循的当然之理，总会以某种形式显现出来，开始好似微弱的朝暾，但终必战胜一切阴霾之气。当蒙古入主中国，腥膻遍地，生人道绝的时候，曾有这样的一个小故事：一介书生的许衡，在大暑天行路，同许多人坐在一株梨子树下休息。天热口渴，同行的争摘树上的梨子吃，并劝许衡说："乱世梨子无主，你何妨也吃一个呢？"许衡答道："梨无主，吾心独无主乎？"我们每想起这一小小故事，常不知不觉地激起无限感激之情。有主的心，岂特目无道旁的梨，实已目无蒙古的纵横铁骑。此一有主的心，将浸透于一切人的心中，而使一切的人，奋身起来为自己做主，以抵抗任何非理的迫害。蒙古在世界的统治，先崩溃于中华，此岂偶然之事。武王讨伐有亿万人之纣，所凭者是理而不是势。鲁仲连义不帝秦，所凭者是理而不是势。中山先生排满革命，所凭者是理而不是势。七七事变后的对日抗战，所凭者也是理而不是势。中华民族的信念，是理而不是势，这是几千年的历史经验所培育、所证明的。

大陆沦陷，我们的反共抗俄，本已居于劣势。但我们的民族终不会灭亡，文化终不会断绝，人性终不会泯灭，此乃理之昭如日月，确凿不移的。自由中国纵使只有一人，此一人犹将揭日月而挟江河，以为此理在天地间作证。岂因势之偶有曲折而会影响我们的信念？

且从整个的世界看，共党乃人类的公敌，人类必向共党求生存，此早为举世所公认。第二次世界大战后。西方正式揭反共之幕的，乃开始于邱吉尔一九四六年三月在美国的"铁幕"演说。一九三九年全英人民，以远超过今日欢迎邱吉尔五月十一日的外交演说的心情，欢迎过自慕尼黑向希特勒妥协归来的张伯伦。但张伯伦的绥靖政策，只提前了第二次世界大战。一九四一年以后，罗斯福总统以远超过今日若干人期待马伦可夫或毛泽东会对世界和平有所贡献的心情，期待了史达林。但物质的大量接济，条约的尽量迁就，只促成了史达林对东欧与中国的吞并。自由世界与极权世界的并存，乃必无之理。凡理之所必无，亦即势之所毕竟不许。自一九四七年"杜鲁门主义"宣布后，世界反极权主义的基础已经奠定。在一九五一年由麦帅解职所引起的美国议会的辩论中，东西反极权主义的不可分割的事势早经明了。艾森豪的当选总统，杜勒斯的仆仆风尘，解放政策与欧亚并重的标揭，台湾中立化的解除，这都说明全球性的反共战略，正在加紧地跃进。

这是今日世界的大势。此一大势，乃与理相应之势，亦即为不可动摇之势。我们不赞成"美国在亚洲没有打开新局面"的说法。美国由华盛顿、哲斐逊所奠定的外交政策的演进，是以孤立主义对欧洲，以门罗主义守美洲，以门户开放政策向远东、向中国进取，这才是美国基本的国策。因为这才与美国自己"开明"的利益相符，"重欧轻亚"，是纯粹战略的观点。欧洲系早经"成熟"了的地区，美国在这方面只有义务而无权利。共和党所刚刚扭转的"欧亚并重"，这才使美国的政略与战略取得平衡。我们不必以悲观的心理，为美国作开倒车的构想。至于邱吉尔怀着一颗苍凉悲壮之心，回想大英帝国过去的光荣，面对大英帝国艰难的现在，于是虽身历慕尼黑的教训，仍于不知不觉中浮起慕尼黑的幽灵；其事至愚，其情可悯。但这只不过是大势中的小曲折。事实将证明，马伦可夫们的凶残面目，将经过此种小曲折而更得到鼓励，因此而愈会显露于世人之前。于是反共的大势，在此小曲折中将益得到理的证明，将益坚确而不可拔。自由中国在此种小曲折中，只有在道义上向世人提醒其警觉，指点其迷津，决不应因此而有所恐惧，有所畏怖。

可是，我们所用心的，不怕自由中国反共抗俄的势与理之不相应；却不能不戒惧恐惧于自由中国反共抗俄的心，是否能与理相应。理无不公，故亦称之曰"公理"。因此，吾人之心，不可不与全自由中国人人之心互相感通，团结全自由中国的人们，以真能"吉凶与民同患"。理无不实，故亦称之曰"真理"、"实理"。因此，吾人之心，不可不沉浸于反共抗俄的事事物物之中，顺事物本身的法则以发挥其最高效率。以吾心之公对人，以吾心之实对物，然后心与理相应，而理可为吾人做主，吾人即可据理以造势。假使我们以私忌的心对人，认为只有我才可以抗俄反共；以虚浮的心对物，认为标语口号即可以代替法则，取得效率，则私与公相克，虚与实相反；口头上虽说反共抗俄，事实上并未尽反共抗俄之理，于是吾人所凭者仍为势而非理。理只有是非而无大小，势则不仅有顺逆而且有大小。吾人若仅凭势以自固，则遇势之小于吾人者，吾人固可肆其志，而觉人之莫可奈我何；但一旦遇势之较吾人为大，且对吾人为逆者，将立见神消气沮，张皇失措。此无他，不与理相应的心，便是中无所主、随风飘荡的心，真正的信念不会树立起来的。所以当兹国际形势，或小有曲折之际，吾人既不惮据理以申自由中国的信念；尤不惮提醒自由中国负责的人们，在此小曲折中，不应仅两眼向外，而各须反观内照，以检验吾人之心，是否真正与"公理"、"实理"相应，因而无惭于吾人口头上所说的反共抗俄之理。能于理无所惭，即能于势无所畏。

一九五三年六月十六日《民主评论》第四卷十二期社论

# 学术与政治之间

　　唐君毅先生曾经以一长信答复我有关"思想自由与政治民主"的问题，在本刊四卷十八期发表。唐先生对"民主自由之概念何以应为第二义的"这一点曾力加说明，这是唐先生一贯的观点，其本意并无毛病。但就社会上看，此一说法若不稍加分疏，可能发生误解，发生流弊。爰将我对此问题的看法稍加申述。

一

　　首先，唐先生说我"年来论民主政治的文章，颇着重把政治与学术思想划开"，的确是如此。但我之所以觉得要划开，不是说政治与学术思想没有关连，或不应当有关连。政治与学术的关连可谓自明之理。我所要说的是任何学术思想，若要变成政治的设施，用中国旧的术语说，必须通过人民的"好恶"；用新的术语说，必须通过民意的选择。任何好的学术思想，根据任何好的学术思想所产生的政策，若是为人民所不好，为人民选择所不及，则只好停止在学术思想的范围，万不可以绝对是真、是善等为理由，要径直强制在政治上实现。所以一切学术思想一落在政治的领域中，便都在"民意"之前是第二义的，"民意"才是第一义。民意才直接决定政治，而学术思想只有通过民意的这一"转折"才能成为政治的。这不是贬损学术，而是说政治与学术各有其领域。学术的真价是要在学术的领域中去决定，而不是在政治的领域中决定。假定某一学术思想是要通过政治以发挥其效用，则必接受政治领域中的法式，而须要经过此一转折以成全政治中的民主。否则极权主义者可以假借任何学术思想为名以实行残暴的极权统治，亦即是任何学术思想在此种情况之下皆可能变为杀人的工具。举例来说，英国工党根据社会主义而相信自己的经济政策是顶好的，保守党根据自由主义也相信自己的经济政策是顶好的，但谁在选举中失败，谁便只好在民意面前低头，站在政府旁边以等待再一次的民意选择，此之谓民主政治。极而言之，假定共产主义，在人民选择了它的时候，便在政治上做主；在人民厌弃它的时候，便退处在学术思想的范围，换言之，假定共产主义者承认在政治的范畴中，是民意决定它的主义，而不是它的主义决定民意，并且民意的选择，是可以绝对自由变动的，则共产主义者也可以不是极权主义者，共产主义也可以不是杀人的主义。民意的自由选择，与暴力斗争，是绝对的反对物。我们应知道德国由考茨基们，所建立的社会民主党，也是马克思主义一枝，而这一枝假定在它取得政权以后，依然能"多数保障少数"，不妨碍人民再一次的自由选择，一如英国工党的情形，则我们便不能说这一枝也是极权主义。今日有许多人以为一说社会主义便是极权，只有资本主义才是民主，此一说法，依然是拿主义来直接决定政治，把主义放在民意的上面；此种说法的本身，即是一极权思想。假定民意在自由之下选择了社会主义，你说不是民主，则此时之所谓民主，显然不是以民意为标准，而是以主义为标准。难说在此种情形之下，信仰资本主义者可采用政变的方式来拒绝人民的这种选择，而可称为民主吗？我在这里不是在为社会主义做主张，而是在说明民主政治的本身，不粘贴着某一特定的主义或思想的内容，而是在建立一个人民可以自由选择主义或思想的政治形式。在政治领域中，此一自由选择的形式是第一义的，任何思想主义都是第二义的。不是由某一思想主义来决定政治上的极权或民主，而是思想主义的本身，或者相信某种思想主义的人，在政治方面是否愿意站在此一自由选择的形式之下，受此一形式之约束，以决定它在政治上是极权或是民主。我之所以主张学术思想与政治应该划开，我之所以主张不要把任何学术思想在政治的范畴内压在民主政治的头上，即是说不要压在"民意"自由选择之上，是从此一角度来说的。学术对社会国家直接负责，是通过教而不是通过政，教是在自由中进行，而政治则总带有强制性。

## 二

学术与政治之应该划开的另一理由，是二者对真理的立场不一致。古往今来谁人所得的是绝对真理，此处我不加断定。但站在学术的立场，总是以探求普遍而妥当的绝对真理为目标，并且各人对自己所认定的真理总是要负绝对的责任。不如此便没有所谓学术。思想自由是敞开人类追求真理之门，要人认真地去思想。思想越认真，其所把握者将愈深，其所以自信者将愈力，于是学术史上便出现了唯心、唯物乃至唯什么的许多思想。在学术上只有"唯"的人才有成就，真有成就的人必是某种形式的"唯"。中国目前有许多人主张思想自由，但实际他不想在自由中去思想，而是在自由中不思想。因此他自己便没有思想，便不了解思想的归结总是有所肯定（或者有抱疑问以没世的人，但他之认为必须毕生疑下去，认为这是疑而不可解的东西，也是一种肯定），于是以为在思想上有绝对的肯定，而成为什么"唯"的，便是极权主义，这样一来只有取消学术思想。在这一点上，我完全赞成唐先生的意见。但站在政治的立场来说，任何学术上的真理，只能作为是一个可以变动的相对真理；政治对学术真理，实际也只能负相对的责任。政治中的个人当然可以其个人身份而绝对相信某一宗教或某一思想，但它要自觉这是自己个人之事，与政治要隔一关。只有最糊涂的人才弄不清楚这一点，以为个人的一切都是政治的，政治的一切都是个人的。只有把学术对真理的立场与政治对真理的立场分开，才是保证学术的纯粹性与政治的民主性的两不相妨、两相成就的大道。假定不是这样，则第一，自从有真理观念以来总是两相对立。许多个人认为解决了这种对立，而从历史上看却又产生新的对立；这在学术上说，对立者不妥协的争论，毋宁是学术的一种推动力量。但若政治上也绝对站在某一真理的立场，而向之绝对负责，则为了解决此种对立，只有以强力推销自己的真理，并以强力消灭与之相对的真理，这便非成为共产党以血来作"思想改造"的工作不可。有的则以为不先解决哲学问题，便不能解决政治问题；于是，几天几夜之间赶出一套打倒了其他一切的大哲学系统，这都是上了柏拉图"哲人为王"的大当。第二，任何学理上的东西，在政治上形成政策付之实施的时候，必须或多或少地打点折扣。即使是在学术上无净的真理，例如逻辑真理，假定有一位逻辑实证论的先生把他演公式上的态度应用到政治圈去，将发现人民大众的语言没有一句话不成问题，这还能构成什么政治上的真正"指谓"吗？所以逻辑语言在这种地方只有大大地打一个折扣。因此，我们了解任何政治的设施和对政策所作的理论说明，绝不可认为是学术思想的标准，这是政治负责人事实上所必不可少的对学术的谦虚；也是从事学术工作的人事实上所必不可少的对政治的界域，和站在学术上的独立自尊的信念。但这是由各个领域的特性而来的，并不包含等级高下之意。

　　由上所说，政治与学术的最大区别是质与量的区别。一万个普通人对于哲学的意见，很难赶上一个哲学家的意见。一万个普通人对于科学的知识，没有方法可以赶上一个科学家的知识。这里是质决定量，这是学术思想的本性。但在政治上，任何伟大的哲学家或科学家，他所投的票依然和普通人一样，只能当作一张票看待。假定他要发挥更大的政治作用，惟有把他的意见诉之大众的同情，即是质要通过量而始能有政治上的作用。因此，政治是以量决定质的。移学术上重质的观点到政治上来，那即是尼采。尼采的"超人"政治，无疑地是独裁政治。但是，这并不是说民主政治是与人类向质的升进会发生冲突，而是为人类向质的升进铺下一条大路。第一，我已经在《政治与人生》一文中说过，民主政治是自己限定自己的政治，是在人生中把政治限定于一可有可无的地位，以解放人生在政治以外的生活，也是解放人生向质追求的生活。第二，民主政治中的自由，表现在多数保障少数的时候，便是给予多数与少数之间有一确实可变的机会，以让任何"质"可以反复地争取"量"的机会；这样，政治上的量的后面，依然是由学术上的质在发生作用。反之，一个独裁者，以为自己的意见在"质"上是最好的，所以硬要把一个人的意见，以强制手段勒派为万人的意见，使万人成为无选择自由的机器人；于是独裁的世界，一定是物化的世界。在这种世界中不可能有心灵的自由活动，不可能有学术思想，这便真正成为纯物的一二三四的量的世界。

　　应该以量为主的政治，更深一层地去理解，它是立足于人文精神的大原则之上的。人文精神，首先承认"生"即是价值，"生"是第一价值。其次，再要求"生"得如何有意义，这可以说是第二价值。第二价值必须安顿于第一价值之上，而不可绕过第一价值以谈第二价值，尤其是以社会为对象的时候。以"生"为第一价值，是对于"生"的当下承认，亦即是对量的当下承认。欧洲的人文主义发展到重超人的质，以质为第一价值时，这是人文主义的末流变种。正统的人文主义都是以"生"为第一价值的。至于中国的儒家在此一方向表现得更明显。"天地之大德曰生"，王船山以"尊生"为儒家精神的第一特点，以与道家之自然主义、佛家之寂灭思想相对比。因此，"养生送死无憾"是"王道之本"，即是先要从"量"上予以安顿。"老者安之"，"少者怀之"，此时不问哪一个老者或少者的自身是否值得去"安"去"怀"，即是此时只着眼于第一价值。孔子到卫国去，首先赞叹的是"庶矣哉"，再接着是"富之"、"教之"，这是在第一价值之上去安顿第二价值。若是在史达林便要在"庶"之中先查明阶级；若是在希特勒，便要在"庶"之中先查明"血统"或"遗传"。即是独裁者不能当下对"生"加以承认，亦即是不能当下对"量"加以承认。孔子见了背人口名册的（那时称为"版"）便从车上站起来；遇到乡里人玩"傩"的把戏时，他穿着朝服"立于阼阶"，以表示他最大的敬意，这都是表示对于"生"、对于"人"的价值予以当下承认的伟大人文精神。到了宋明儒者，多注重在个人道德上用心，于是从"生"的观点去看人生的儒家人文精神，常为由个人转上一层的道德观点所掩。从这一点说，儒家的人文精神至宋明儒而加深，但也至宋明儒而变狭。不过只要真正是儒家，也必定从个人道德的孤峻处翻出来，而成就其"民胞物与"之怀，流露为"满街都是圣人"之量。所以个人对个人说，有贤不肖之分；个人对社会说，任何人不能以其学问而偃蹇于社会之上。

三

从另一观点说，对于民主政治所作的理论的说明，其本身即为一种思想、一种学术。因此，它也和其他部门的学术思想一样，会有它的渊源，会有与其他学术思想的关连性。但就其渊源来说，我不相信是如黑格尔所说的是一个绝对理性在必然性的发展中之一阶段。而就其关连性来说，也不是完全同质的依存关系。民主自由，在其自己的范围内有其自足的价值。我也是主张儒家精神、人文精神应该是民主自由真正的依据。但这一方面是来自个人在文化上的观点，一方面是文化上一种疏导融通的说法，由此而可使两方互相充实。就民主政治方面说，使它在人性上有本源的自觉；就儒家精神、人文精神来说，使它落实在政治上而切实有所成就。不能因此而说儒家精神、人文精神即可概括民主政治，亦不可说没有儒家精神、人文精神或理想主义等的个人自觉而即不配谈民主政治。二千年以前中国已有儒家，但时至今日不仅未能建立起民主政治，连对民主政治的观念尚在摸索之中。而欧洲人文主义首先所转出的却是意大利半岛上各小国的专制君主，开欧洲史上一段专制王国的先声。并且事实上，欧洲商人的活跃却为促成民主政治的一大动力。由此可知民主政治之诞生可由各种因缘凑合，而不是谁的独生子。所以理想主义或经验主义对民主政治的影响都是可能性，而不是必然性。柏拉图（据近人考证，柏拉图初到雅典，也想加入民主政治活动，因激于其师苏格拉底之死，遂反对民主政治。且当时的民主政治，也不同于近代的民主政治）、尼采反对民主政治，马基维理、霍布士也反对民主政治。而经验主义与唯物主义之间，更有其近亲近邻的关系。一般人不承认政治与学术之间须有一转折，又不承认学术与学术之间一面有其关连性，一面又各有其自足性，于是主张民主相同。而经验主义者认为要政治民主，必须打倒理想主义；理想主义者也常常鄙薄经验主义，这都是由于把两者间对政治的可能性看作必然性，因必然性而不能不一转为排他性。假定认为必须从学术上先打倒哪一派而后能在政治上得到民主，则除了用共产党的方法以外，学术上恐怕谁也打不倒谁。并且若把二者在学术范围内之争移到政治领域之内，即根本违反了学术自由的原则，此种政治排斥性之本身即是不民主。除非那一方面落在政治问题上是反对民主，如马列主义之反对民主一样。就学术的关连性与自足性来说，譬如在长江三峡的大电力发动工程如果成功，这当然是渊源于三峡以上的大小河流；但这些河流的水并非必然可以成为可利用的动力，这其间另外需要许多科学上的条件和努力。加上这些条件和努力而完成此一动力工程之本身，即有一自足的价值，而不容加以贬损。自从柏拉图金字塔式的理型说出世以后，发展到黑格尔绝对理性的辩证发展，于是学术思想上把各部门、各方面的问题总看作是一个同质的统一的问题。在理想主义者方面，把它看作是上层下层的关系，而自己是居于上层。在经验主义者方面，把它看作真假问题，不合于自己经验方法的都是假的，而自己才是真的。康德的"三批判书",主要用意恐怕是想把文化上的三大问题各安顿于一个领域之内,不使其互相搅扰。康德谈到政治问题时,即就政治而论政治。如他的"永久和平论",主张世界联邦须由具备一部民主宪法的共和国家组成,亦即是以民主政治为和平的基础,而不涉及到他自己的哲学,这是最平允的态度。近三十年来,好像有许多学人开始承认不能以一种方法用作概括各种学术部门的标准,这实在是"向康德精神的回归",或许今后可以解决学术上许多不必要的纠结,而有一个新的开展。但这已轶出我所能说的范围太远了。

## 四

以上,我是从政治的客体上把它和一般的学术思想加以界划。在此一界划上,站在学术的立场上看政治,政治是第二义的;站在民主政治的立场看学术,则学术又是第二义的。这里不存在有固定的金字塔式的关系。但一落到对政治负责的各个人的主体来看,则我完全同意唐先生的说法。人自身是一个"全",政治是此一"全"中可有可无而且是恶性绝对多于善性的一部分。我在《政治与人生》一文中曾经大概分析过,完全政治化了的人生是最坏的、最干枯僵化的,也是最不幸的人生。同时,在这种人生的基础上去弄政治,也绝不会真正了解民主政治,更不会真正对民主政治有所努力。这种人,只有在他政治上失意时才谈民主政治,他心目中的民主政治,只是争权夺利的最廉价的招牌。因为民主政治对整个国家社会而言,是要把政治局限于一小部面,以解放社会其他部面的生活,不会使整个社会只有政治活动而无其他社会活动，致使社会成为一个只有支配者与被支配者的纯奴隶社会。所以民主政治的真正意义，只有在自己的人生中有丰富的文化生活，使其人生之"全"成为内容丰富之"全"，因而自觉到政治在自己生活之"全"中乃可有可无、害多于利的一小部分的人，才能真正了解民主政治，才能真正发大愿心，要使政治局限为社会生活的一小部面，和政治局限于自己生活之"全"的一部分一样，为实现海阔天空的人类此一生活形式而努力。此种人假使在一个未得到民主的国度中，因每一个体都未能完成其正常的发展，亦即是未能"遂性"，遂终生为民主政治而奋斗，这和释迦为了要度众生尽入无余涅槃的悲愿，正复相同。这是纯化了的人生的发用，这是在丰富而纯化了的人生之"全"的提挈下所作的政治活动，所以这是人生化的政治，而不是政治化的人生。这是自己舍身投入于权利的政治浊流中，使政治由自己的局限而也得到超升净化，这是地藏菩萨投身地狱的宏愿。当欧洲启蒙时代的学人，几乎是全部把民主自由视为最高的理想，以他们所学的一切来支持民主自由的斗争，实际他们是以其所学来提挈人生中的这一政治部面，所以才有历史上这一段的辉煌表现。现在我国一般比较聪明之士，他不能从学术上充实自己的人生，而只能从权利上去扩充人生，权利欲是他人生之"全"，而政治正是权利之所在。于是他整个的人生都政治化了。他除了以政治来满足其权利欲之外，在其人生中更不觉得有其他的需要，更发现不了比政治更好的东西。一般人，总容易把自己作尺度去看客观的世界。这种人的人生既完全政治化了，自然认为社会上也只有政治活动，也只有政治活动才可宝贵；因之，也只有把一切社会活动化为政治活动，一切化为政治活动的工具，才合他的理想。在这种人支配之下，自然

　　　　　　　　　　　　　　　　　　　学术与政治之间

是政治压盖一切，自然会成为民主政治的敌人。这种人乘机得势，自觉气象万千；一旦运倒时衰，便不知不觉地显得半文不值。此无他，他的人生中除"官"以外是一无所有。所以对这种人而言，是不做官，毋宁死。而追源溯本，正是因为在他的人生中，没有得到学术文化的涵育提撕，以致没有把人生之"全"充实起来，便成为只有政治，没有人生，把大本大源拔塞了的缘故。人生要用学术来充实，政治是从人生中转出来。中国过去谈政治，常常是以学术人心为第一，这站在担负政治的各个人而论，是千真万确的。我想，这是唐先生真意之所在。

学术，很粗略地说，可分为两大部类：一是成就知识，一是成就人格。知识以概念来表示，人格以性情来表示。任何概念，不能表示实体之全；对人生而论，更不能表示人生之全。所以概念性的学问，不一定便是成就人格的学问。假定能够，也一定要在人生的内部有意无意地转一趟火，通过性情以融合于其人生之全。儒家精神、人文精神不是以概念为主的学问，它需要知识，至少是不反对知识，但主要的是成就人格而不是成就知识。人格表现为动机、气象、局量、风采，这四者是表现一种人生价值之全的，所以不仅可以提挈政治，而且也是提挈人生一切的活动，包括学术的活动，而予一切活动以活力，并端正一切活动的方向的。民主自由是一种态度，而儒家精神、人文精神，从某角度说，主要便是成就人生从性情中流露出一副良好态度。这是对整个人生负责的，因之，也是民主自由的根源。而民主自由，也正是儒家精神、人文精神在政治方面的客观化，必如此而始成其全体大用。中国儒家精神之未能转出民主政治，从历史文化的意义上说，是其发展在政治这一面之未完成。我认为今日真正把握住儒家精神的人，应以实现民主政治为己任。这是儒家基本精神面对政治所不容自已的要求。民主政治在此种精神跃动之下而益发源泉滚滚，不舍昼夜。这与孟子谈尽心尽性，而又栖栖皇皇，求"王道"的实现，其"合内外之道"，完全是一致的。政治为了管理众人之事，须要知识，所以政治和成就知识的学问的关系显而易知，我这里不多讲。政治后面更须要人格，但政治和成就人格的学问的关系，在现代却隐而难见（中国过去以此为自明之理）。所以唐、牟各先生年来通过《民主评论》在这一方面所作的努力，是一种伟大的努力。此种努力，若专就民主自由来说，正如唐先生所说，是间接地去谈，是从根源上谈。我不以为二者之间可以引起争论。假定有的话，那即是疏导的工作不够，而须要作更进一步的努力的。当然，村学究所谈的中国文化，和马路政客所谈的民主自由，其两相扞格而难通，是意料中事，这里可不多论。

一九五三年十月十六日《民主评论》第四卷二十期

# 中国知识分子的历史性格及其历史的命运

　　我这里所指的知识分子，是就过去所说的"士"、"士人"、"士大夫"及普通所称为"读书人"的此一集团中的最大多数而言。由今人所看到的此一集团中的特出之士，除非他偶然取得政治上的机遇，否则在当时所占的分量实际是微乎其微。因之中国的历史是由此在历史中只有集体纪录而无各个纪录的绝大多数的士人所塑造的。此绝大多数人的性格并不能完全代表中国历史的性格，因为除了他们外还有更多数的由中国文化所陶冶的善良农民。但他们的性格一直到现在为止，依然可以决定中国历史的命运，因为决定命运的政治与文化还是在这般人手里。于是他们的命运也几乎就是中国历史的命运。这里，我试对此一集团的历史性格作粗略的分析，以追溯其命运之所由来。望能借此作个人的反省、时代的反省之一助。

## 一

　　知识分子的性格，首先是关系于他所持载的文化的性格。中国文化精神的指向主要是在成就道德而不在成就知识。因此，中国知识分子的成就也是在行为而不在知识。换言之，中国人读书不是为了知识，知识也不是衡量中国知识分子的尺度。这在二千年的历史中是表现得很明白的。所以，中国知识分子缺乏"为知识而知识"的传统，也缺乏对客观知识负责的习性。西方人为求得知识，要从具体的事物上求出抽象的概念。概念不能代表具体事物之全体，但能抽出具体事物之各部分作成一种确切不移的定义。中国人则是就具体事物之本身来看事物，缺乏概念性的思维习性。每一个具体的东西，其内容都是无限的，一草一木都是一个无限。人们对于无限的东西常是想象重于定义，并且也无从下定义，于是中国知识分子缺少对事物确切不移的概念，可以多方立说，并且可以随便做翻案文章。我小的时候父亲告诉我舌头是扁的，可以说得过来，也可以说得过去。这是过去开启青年人思路的一般说法。固然，我们早就承认"是非之心，人皆有之"，但这只能从各人的动机去向内认取，并不能在客观中如二加二等于四样地共同肯定。所以"是非"在中国文化中缺少客观的保证。中国知识分子甚至于因读书而来的才智，只是作为变乱是非的工具。因此，把这一群人称为"知识分子"实在有一点勉强，我觉得最妥当的称呼是"读书人"。因为在教育未普及的情况下，这一群人都或多或少地是读过书，则为不可争的事实。

中国文化所建立的道德性格是"内发"的、"自本自根"而无待于外的道德。由孔子所说的"为仁由己"、"我欲仁，斯仁至矣"的这一精神，发展至宋明儒的言心言性，都是在每一人的自身发掘道德的根源，发掘每一人自身的神性，使人知道都可以外无所待、顶天立地底站起来。这完全是人格主义底人文宗教。所以人类的道德只有在中国文化中才能生稳根，只有在中国文化中才能极其量。在我国的道德文化中，人是真底参天伍地而成为万物之灵。因此，"自天子以至于庶人，壹皆以修身为本"，人各以其一身挑尽古往今来的担子，以养成涵盖万汇的伟大人格。但是，"利根"的人、禀赋特别好的人固然可以凭内在的"自力"站起，而"钝根"的人、普通一般的人多半是要靠外在的"他力"才站得起来。宗教是一种他力，法的观念、国家的观念也是一种他力。站在中国文化的立场，所注重的自然是"尽心知性"，其次是"礼防于未然之先"，而归结到茫无畔涘的"平天下"，或者是"与天地参"，于是在中国文化中可以不要宗教，可以不重视法和国家等从外面来规限人生的观念。希腊人的行为规范系要在国家中完成，国家与法是两个不可分的观念。苏格拉底之不肯逃走乃为了尊重"法"，这便形成西方文化除求知以外的另一传统。而这一类的东西最低限度在中国知识分子中不易生稳根。佛教传入中国，中国士大夫之所以能消化它，是从"阐提皆有佛性"开始，而风靡唐宋两代上层社会的则为"见性成佛"的禅宗。我们由此可以了解，自本自根的中国文化是如何的根深蒂固，但在道德上却只能成就少数人，而不易成就多数人。中国文化之深入社会，有待于政治上（他力）的"化民成俗"，这是两汉所完成的任务。而知识分子则常翘出于"民"与"俗"之上，所以所"化"所"成"的，在知识分子身上最缺乏安定性。"礼失而求之野"，因为"野"才有较大的安定性。

知识的对象是物，知识的尺度也是物，物在外面是可视的、可量的，其证验是人可共见，其方法是人可共用，而且可在时间空间中予以保存的，所以知识能作有形的积累。自本自根的道德的对象是各人自己的心，其尺度也是各人自己的心。心在内面，可内视而不可外见，可省察而不可计量，其证验只是个人的体验，其方法只是个人的操存，一切都是主观上的。既不可能在客观上摆出来如轻重长短之不可争，也不能如产业传承之不可易。于是作为中国文化基石的"心"，没有方法作客观的规定，而只靠自验于心之安不安。孔子的学生宰予和孔子争辩三年之丧，孔子问他对自己的主张是否心安，宰予自己承认心安时，孔子便毫无办法，只好说"如汝安，则为之"。这种只能信自己而无法求信于他人，只好看自己而不能看他人的格局，若不向上升起而系向下坠落，便可一转而成为只知有己不知有人的格局，恰合乎作为自然人的自私自利的自然愿望。因之，中国知识分子常是由文化上以道德之心为一切的出发点，一转而为以自利之心为一切的出发点；由以一切为充实个人道德之心之资具，一转而为以一切为满足个人私利之心之工具。于是中国文化在成就人的人格上，常表现为两极的世界。一是唐君毅先生《论中国的人格世界》一文中所叙述的世界，这是文化向上性的少数知识分子的世界；一是我在这篇文字中所要叙述的一般知识分子的纯自私自利的个人主义的世界，这是文化堕性的多数人的世界。西方的自私自利的个人主义，可由"他力"的宗教、法、国家社会等加以限制，而中国的知识分子的自私自利的个人主义，则没有也不接受这些"他力"的限制，只有听其"人欲横流"地"横"下去。

二

以上仅就文化本身之所长所短、所有所无的可能影响来说。但文化落在历史的实践中，必定和历史条件互相影响。这里，应该看看我们历史条件所给予文化的影响，因而所给予知识分子的影响。

希腊的知识分子是由商业蓄积的富裕生活而来的精神闲暇所形成的。他们解决了自己的生活，乃以其闲暇来从事于知性的思索活动。这里包含了两种意义：第一，他们不是为了求生活而去找知识，这便保障了知识的纯粹性，养成西方为知识而知识的优良学统。第二，希腊的哲人大体都热心政治，但政治对于他们只是一种社会活动，乃至是他们思考之一种对象，他们并非把政治作为个人惟一的出路，因而保证了个人对政治之独立性，养成西方以独立底个人立场、以社会立场而不是以统治者的立场去谈政治的优良治统。中世纪是宗教世纪，知识分子皆吸收在宗教团体之中。宗教团体对于当时的政治及社会，保持了自己独立存在的地位。到了近代，知识分子是和工商业之发展而同时兴起的，其形态是以知识支持了工商业，也以工商业而支持了知识。这样，知识分子有其社会的立足点，也保持了对政治的独立性，并开拓了希腊时代一般哲人所想象不到的广大底活动范围。近代西方文化的多彩性固然有的是来自各种不同文化的接触，而主要的则系来自社会生活的丰富性，因而使文化活动的范围扩大。

中国由贵族没落而开始形成的士大夫阶层，亦即是此处之所谓知识分子，第一，在社会上无物质生活的根基，除政治外亦无自由活动的天地。在战国时代所出现的"游士"、"养士"两个名词，正说明了中国知识分子的特性。"游"是证明他在社会上没有根，"养"是证明他只有当食客才是生存之道。而游的圈子也只限于政治，养的圈子也只限于政治。于是中国的知识分子一开始便是政治的寄生虫，便是统治集团的乞丐。所以历史条件中的政治条件对于中国知识分子性格的形成，有决定性的作用。

不过，我们若以为中国历史中的知识分子的性格，就是和现在的一模一样，那便是很大的错误。现代知识分子的性格可以在唐宋以来的科举制度中去寻找其历史根源。唐宋以前和唐宋以后，知识分子与政治的关系有一个很大的区别，因而知识分子的性格，大概地说，也可分为两个不同的历史阶段。这一点多为现时论史家所忽，所以我特别提了出来。

战国时代的游士，经过秦始皇焚书坑儒的大"整肃"运动而告一结束。西汉开国之始，士人数目似乎不多。在文帝以前，政府与士人尚无正式底制度化底关系。文帝二年十一月诏举贤良方正、能直言极谏的人，这是士人进入政府开辟正常门径之始。汉武帝虽然听董仲舒的话立了太学，但汉代的人才很少是出于太学（王荆公变法，立三舍之法，兴学储才，在理论上是对的，但结果三舍中也不出人才。历代国学中亦皆不出人才。盖人才必出自社会，而绝不会出自天子门生的官学，官学只有败坏人才。这一点，黄梨洲在其《原学》中已看得很清楚），而皆出于由文帝所开始建立的"乡举里选"。选举的科目即是求才的标准，亦即是要求于读书人的标准，大别为贤良方正与孝廉，再加上直言极谏和茂材异能等。贤良重才学，孝廉重"行义"。到了后汉，除贤良、孝廉两科外又增设有敦朴、有道、贤能、直言、独行、高节、质直、清白等等，但主要的还是贤良、孝廉两科。对于这些标准的评定，决于社会的舆论，即所谓"科别行能，必由乡曲"（永元五年三月诏书），亦即当时之所谓"清议"。州郡根据舆论保荐，并在州郡中历练吏事，由掾吏而可上至九卿。通两汉来看，从孝廉方面得的人才多于从贤良方面得的人才。把两汉分别地看，则前汉从贤良方面得的人才比较多，后汉从孝廉方面得的人才比较多。这里我们可以看出几种历史的意义。第一，士人仕途是由于政府的选举征辟，而不是出于士人直接对政治的趋附奔竞，可以养士人的廉耻，并使士人不能不以社会为本位，哪怕是出于勉强。第二，士人的科别行能不是出于以皇帝为中心的灵感，而是出于乡曲的"清议"，是社会与政府共人事进退之权，而且社会是一种原动力，无异于政府把人事权公之于社会。因此，士人要进入政府，首须进入社会；要取得社会的同情，势必须先对社会负责。于是不仅使士人不能脱离社会，而且实在含有真实的民主意义，调剂了大一统的专制气氛。第三，中国文化是道德性的文化，是要成就人的道德行为的，而两汉对士人的要求，主要便在这一方面，这便与中国文化基本精神相一致。"西都只从郡国奏举，未有试文之事"，此一特色更为凸显。士人要取得乡曲的称誉，必须砥砺品节，士人砥砺品节又可以激励乡曲。元凤元年赐郡所选有行义者五人帛，人五十匹，遣归，诏曰："朕闵劳以职官之事，其务修孝弟以教乡里。"此种在教化上的上下相与之温情厚意，至今犹令人感动。《南史》说："汉世士务修身，故忠孝成俗。至于乘轩服冕，非此莫由。"所以中国文化的精神不仅通过辟举的标准而使其在士人身上生根，并且可由此而下被于社会，深入于社会。我说中国文化的化民成俗是在两汉完成的，我们的民族性是在两汉才凝结起来的，所以一个朝代的名称即成为一个民族的名称，原因正于此。还有，刘邦开始以布衣为天子，终汉之世朝廷和社会的距离并不太大，西都举人贡士多起自畎亩，东都亦屡以"昭岩穴，显幽隐"为言。而乡下儒生一旦举荐登朝，即可慷慨与朝贵辩论国家大政（如《盐铁论》）。因为汉代大一统的皇帝有一个平民风格的传统，不肯把皇帝悬隔起来、神化起来，所以，"直言极谏"便始终成为两汉取士的另一重要科目，有的并明白指出"能直言朕过失者"（章帝建初五年一月诏）。这不仅在政治上可以通天下之情，而且也可以把皇帝的地位向社会抑平，以伸张士人的气概。因此，汉代的选举制度虽有流弊，但其所表现的基本精神则确是趋向真正民主的这一条路上。大体说，这是中国知识分子和政治关系最为合理的时代，也是中国文化成就最大的时代。

到魏文帝时，尚书陈群立九品官人之法，选择州郡的"贤有识鉴者"立为大小中正，区别所管人物，就其言行定为九等，以作政府用人的标准，此即所谓"九品中正"。南北朝间虽小有损益，但大体沿袭到隋开皇中才予以罢废。此一变革的流弊大约有两点：一是从东汉渐渐兴起的门阀到魏晋而成熟，于是影响到司衡鉴之责的"中正"们，以致如晋刘毅所说的"上品无寒门，下品无世族"。二则一人的品鉴难期周允，正如马端临所说："盖乡举里选者（指汉代），采誉于众多之论；而九品中正者，寄雌黄于一人之口。……又必限于九品，专以一人，其法太拘，其意太狭，其迹太露。固不若采之于无心之乡评，以询其履行；试之以可见之职业，而验其才能，一如两汉之法也。"所以自晋刘毅以来加以攻击而想废弃的人很多。但大体地说，中正的品鉴依然是以士人的行谊为标准，此一标准，中正仍须采之于社会，并在理论上可以不为政治权力所左右。不仅当时有的官大而品第甚低，有的并无官位而品第甚高，并且皇帝对于中正的品第亦无从加以干涉。如宋文帝很宠爱舍人王宏，王宏想当士人，列入九品之内，文帝要他去找王球商量，王球不准他"就席"（并坐之意），文帝叹息地说"我便无如此何"。齐世祖很爱幸纪僧真，纪僧真也在帝前"乞为士大夫"，世祖叫他去找江敩，结果未达目的，"丧气而退"。世祖说："士大夫故非天子所命。"由此可以窥见士大夫的尊严非政治权力之所能与夺。而士大夫因内行不谨被清议废黜的，晋宋诸史所载比比皆是。所以顾亭林说："九品中正之设，虽多失实，遗意（按指三代两汉存清议于州里的遗意）未亡。凡被纠弹，付清议者，即废弃终身，同之禁锢。至宋武帝篡位，乃诏有犯乡论清议，赃污淫盗，一皆荡涤洗除，与之更始。自后凡遇非常之恩，赦文有此语。然乡论之污，至烦诏书为之洗刷，岂非三代之直道，尚见于斯民；而畏人之多言，犹见于变风之日乎。"秦蕙田也说："夫流品之清浊，天子不得做主，而取于一二人之口，则当时九等之高下，原有公论。……非尽失实也。"由此可知，九品中正的用意依然是使皇帝不敢私人才予夺之权，士大夫不敢放佚恣肆于社会之上。知识分子依然是站在皇帝与老百姓的中间，发生一种贯串平衡的作用。其自身即在此贯串平衡的作用中，对政治保持了相当的尊严，维持住若干的人格。

这里，我应稍稍提到南北朝的世族问题，亦即所谓门第、阀阅问题。沈约于梁天监中上疏说："顷自汉代，本无士庶之别。……虽名公子孙，还齐布衣之士。……有晋以来，其流稍改；草泽高士，犹厕清涂。降及季年，专称阀阅。"自此士庶分途，南北朝三百年间用人多取之世族。士大夫至此形成社会上的特殊阶级，形成知识分子底贵族。这是社会的一大变局，流弊当然很多，但从知识分子对政治的关系而论，也有许多好的影响。第一，此种门第仍受社会清议约束，如谢惠连因居父丧而做了十余首诗送给他所爱幸的会稽郡吏杜德灵，致干清议，因此"坐废不预荣伍"。所以六朝士大夫号称旷达，而夷考其实，往往笃孝义之行，严家讳之禁（用陈寅恪语，陈似援引顾亭林语，待查），绝不同于欧洲的贵族。第二，知识分子的门第保证了知识分子对政治的独立性，他们并不随朝局为浮沉。所以马端临说："虽朝代推移，鼎迁物改，

（世族们）犹昂然以门第自负。"这对社会而言，在变乱频仍之际，依然是社会文化的一种支撑基点；而他们凭借自己的门第睥睨朝廷，并不变为某一朝廷的寄生物。所以六朝士大夫多带名贵气，与后世龌龊不堪的情形两样。这站在知识分子的本身来说，也算是难能可贵的幸运。

## 三

科举制度，即今日之所谓考试制度，严格一点地说是始于隋大业中之始建进士科，自此历唐宋元明清而不废。这是知识分子本身命运的一大变局，也是中国历史命运的一大变局。考试制度对南北朝的门第而言自然算是一种开放，但若因此而遂以此为政权的开放，则恐系一大错误。现代的公司行号亦有招考职员，这岂系公司行号股权的开放？自此制实行以来，历代有心之士莫不以它为人才之大敌。这并不关系于考试科目的内容，如诗赋、经义、八股之类。从科目上去求补救，今人想到的古人都曾想到了。问题乃在考试制度的本身，恰恰发展了中国文化的弱点的一面，所以其破坏作用远大于建设作用，流毒至今而不可收拾。

州举里选之法，人才的标准是行义名节，选择的根据是社会舆论，入仕的途辙是公府辟召、郡国推荐，已如前述。科举在事势上只能着眼于文字，文字与一个人的行义名节无关，这便使士大夫和中国文化的基本精神脱节，使知识分子对文化无真正底责任感，使主要以成就人之道德行为的文化精神沉没浮荡而无所附丽。文字的好坏要揣摩朝廷的好恶，与社会清议无关，这便使士大夫一面在精神上乃至在形式上可完全弃置其乡里于不顾，完全与现实的社会脱节，更使其浮游无根；一面使朝廷再无须、亦无法与社会共人才进退之大权，州举里选的一点民主精神因此一变革而扫荡以尽。科举考试都是"投牒自进"，破坏士大夫的廉耻，使士大夫日趋于卑贱，日安于卑贱，把士人与政治的关系简化为一单纯的利禄之门，把读书的事情简化为一单纯的利禄的工具。州举里选的士大夫与政治的关系是由下向上生长，而科举考试下的士大夫与政治的关系则全靠天朝的黄榜向下吊了下来。做皇帝的由此而更存轻视天下之心，更奖借其专横自恣的妄念。但州举里选在过去要有一个安定的社会，要有一种良好的风气，要有健全的地方行政制度，更要做皇帝的人常有一种谦卑自牧、尊重社会、尊重文化因而尊重士大夫的真正良心。而科举考试简便易行，且合于专制者偷惰简慢自私的心理，所以隋祚虽短，后世攻击此一制度的虽多，卒不能改弦易辙。唐代是我们民族生命力很强的一代，其取士之科虽仍隋旧，但其经常的科目有六，而由皇帝"自诏"的"制举"，《登科记》列有五十余种，《困学纪闻》则谓有八十六种，可说把天下各形各色的人才都包罗尽了，所以取士的途径依然是很宽。不过，自然的趋势重点是落在进士一科之上。其弊病当时的人已看得很清楚。薛谦光曾上疏说："古之取士，实异于今。先观名行之源，考其乡邑之誉……人崇劝让之风，士去轻浮之行。……众议已定其高下，郡将难诬其曲直。……今之举人，有乖事实。乡议缺小人之笔，行修无长者之论。策第喧竞于州府，祈恩不胜于拜伏。……上启陈诗，唯希咳唾之泽；摩顶至足，冀荷提携之恩。……夫徇己之心切，则至公之理乖；贪仕之性彰，则廉洁之风薄。"宝应二年礼部侍郎杨绾请停明经进士、道举（专试老庄等学说的）。肃宗命由李栖筠等四人研究的结果已指出，"今取士试之小道而不以远大，是犹以蜗蚓之饵垂海，而望吞舟之鱼"，认为"食垂饵者皆小鱼，就科目者皆小道"，一致主张加以改变。事虽不行，而"垂饵"两字再加上世传太宗所说的"天下英雄尽入吾彀中"的"入彀"两字，实已刻画出此种制度的精神与面貌。士大夫与政治的关系成为"垂饵"与"入彀"的关系，这已不是人与人的关系，而是渔猎者与动物的关系。此种关系卡住了政治的大门，士大夫要进此一大门，自己的精神便不能不先磨折得使其下趋于动物之只知衣食、不知是非廉耻之境域，对政治当然成为纯被动的奴妾。此门一经挤入，便志得意满，尽量在彀中享受其"饵"。所以唐代"进士浮薄"、"世所共患"（《新唐书·选举志》语），清流遂随唐社而俱尽。

宋太祖承五代盗贼夷狄交相凌虐之后，本其真正悔祸之诚，与夫歉然有所不足之念，承认"道理最大"，故发为宽容之政，并遗诫子孙不杀士大夫，这是宋代儒学能够复兴的重要条件。但取士之制一依唐旧，而局格更为完备。加以门第之势已尽，印刷之术渐昌，士人的数目便大大地增长。淳化三年，诸道贡举的凡万七千余人。加以平民虽可以读书，但读书后即不复如汉代士人之"耕且读"，而成为社会上游手好闲之徒，生计上毫无自立之道。士庶分途之外，再加上儒吏分途，至宋而更为确定，不仅士大夫少实事磨炼的机会，并少一谋出身衣食的途径。杨龟山答练子安书谓"古之为贫者，岂特耕稼陶渔而已。今使吾徒耕稼，能之乎，不能也。使之陶渔，能之乎，不能也。今是数者不能，将坐待为沟中瘠，而可乎。不然，则未免有求于人，如墦间之为也。与其屈己以求人，孰若以义受禄于吾君为安乎"。这是多么寒酸的语调。汉时士人之所能的，自宋以后皆不能，于是只有找"受禄于吾君"的一条路，而其取径惟有去考科举。宋代科举的科目虽比明以后的八股为宽，但任何文化内容一成为射禄之工具，其原有之精神即扫地以尽，其作用必与原意相反。所以朱子说"程文是人生一厄"，希望人经此一厄后能做学问。他编《近思录》时本想加一门"说科举坏人心术处"，因吕伯恭反对作罢。由此可知科举本身之成为学问的障碍，固不待八股形成之后。加以大量增加的科举"预备军"拼命向一条窄路中挤去，自媒自货，本无廉耻可言。幸得幸进，奸伪自必随之以起。柯氏《宋史新编》称科目之弊，计有传义、换卷、易号、卷子出外、誊录灭裂等。于是主持衡鉴的"不在于求才，专心于防弊"。唐舒元舆已经说"国朝校试，穷微索隐，无所不至。士至露顶跣足以赴试场，先辈有投策而出者"。此种防奸的措置愈来愈凶，"至于解发祖衣，索及耳鼻"（《日知录》"搜索"条引《金史》）。所以朱子说："今日上之人分明以盗贼遇士，士亦分明以盗贼自处。"这是最坦率的揭发。这种上下以盗贼相遇之局，到明清而更酷。此一盗贼性格的集团，在社会必奸盗社会，在朝廷必奸盗朝廷。古人说"君子居乡善俗"，至此则"今士人所聚多处，风俗便不好"（《吕氏家塾记》）。古人说"上致君，下泽民"，至此则为了士人的患失之念，虽"杀百万生灵，亡数百年社稷，只为士大夫患失之一念"（亦吕伯恭语）。所以黄东发指出宋末危亡之机有四，而主要在于士大夫不负责任、不讲是非之"无耻"（见《戊辰轮对》第一札子）。宋代便在这"无耻"的一群中被扼杀掉。元代的"十儒九丐"，宋代的知识分子也扼杀了自己。

有明一代的结论，可以顾亭林的《生员论》作说明。《生员论》中说："废天下之生员而官府之政清。废天下之生员而百姓之困苏。

废天下之生员而门户之习除。废天下之生员而用世之材出。"他更从正面指出在科举下的生员弄成"士不成士，官不成官，兵不成兵，将不成将"。由此可知明代之亡于盗贼夷狄，可说是必然之势。满族以异族凭陵中夏，威逼利诱并进，八股之外，更创造出读上谕、读圣训等的奴化方法。于是士大夫在"盗贼"的气氛外，再加强"奴才"的气氛，求其如唐宋明三代尚有站在科举中而为真正的人生、社会、民族奋起呼吁之人，亦不可多得。考据学的兴起，开始不过出于聪明才智之士避开正面问题而逃空虚的心情，以后则在既成风气之下互为名高，因而辟出一条门径。而梁任公竟说这是中国的文艺复兴，未免对中西文化的大本大源太皮相耳食了。说到此处，我们应该想到在这种历史条件之下，有程朱陆王这一辈人出来，指出程文之外另有学问，科名之外另有人生，朝廷之外另有立脚地。何者是士人的真事业，何者是士人的真责任，如何才能真正算得一个人，这才是在强盗、奴才的气氛中真正的人底觉醒、知识分子的觉醒，这才是中国的真正文艺复兴。赖有这一辈人，使漫漫长夜中犹见一炬之明，以维系人道于不绝，这是何等的艰难，何等的气魄，何等的伟大。这种人只是多数中的极少数，他们的存在永远是岁寒中的松柏，使人知道春天的颜色，使人相信可以有一个春天的。但亭亭之柏、郁郁之松，其本身并不就是春天。这毕竟是中国文化的制限、中国文化的悲剧。

四

在上述盗贼与奴才的气氛中，中国知识分子的命运只有不自觉的被动的殉葬，而很少能作为一个集团底自觉以挽救历史的命运、自己的命运。南明未尝不可以多支持一两百年，但马士英、阮大铖之流依然是代表当时多数士人的风气而掌握了大势。因之，在那样的惨痛教训中，凡是可以在政治上通声气的士人，连一点真正叹息之声也发不出来，天下焉有心死而身不死之理。而士人中真正的反省，乃常出自立足于社会、未被现实政治折磨蹂躏糟蹋奸污的少数人身上。这是中国历史中为什么每当兴亡之际，总还出得来几个像样的人才；而历代下诏求贤，从不愚蠢到只从自己的侍从之臣中转圈子，而必要注意到岩穴之士。因为这是远离现实政治的社会人士。明末所以能产生顾亭林、黄梨洲、王船山、颜习斋这一批人物，以及这些人物的学问何以或及身而绝，或一传之后精神全变，都可在士人与科举制度下的政治关系上得到真正的解说。顾、黄们在文化的观点上不尽相同，但对政治却有一个共同之点，即是伸张地方、社会以培养民力，制衡朝廷；恢复读书人的人格与自尊心以培养人才，制衡专制。于是他们谈封建之意，谈井田制度，谈选举，谈学校（他们心目中的学校，是主导政治而不受政治控制的学校），谈君道（天下为主，君为客），谈臣道（臣乃为天下，非为君），谈士大夫知耻崇实之道。他们要打掉皇帝是乃圣乃神的观念，他们要打掉只有朝廷而无地方的集权观念，他们要打掉人臣是奔走服役、为君设臣、以臣殉君的奴妾观念，他们要打掉以天子之是非为是非、皇帝包办天下之是非的专断观念。他们要对皇帝而凸显出天下，对朝廷而凸显出社会、地方，对科举功名而凸显出人格、学问。他们的精神是伟大的，他们所祈响的方向是正确的。但仅靠中国文化的力量并不能转换中国的历史条件，于是黄梨洲只有希望"持此（《明夷待访录》）以遇明主"，而顾亭林亦惟有"待一治于后王"。以朱子那样的反对科举，依然只能望其二孙"做得依本分举业秀才"；以顾亭林的民族性之强，也只好让自己的外甥去考进士臣事异族，这是说明中国文化在这种既成的历史条件面前的无权。所以单靠中国文化，只能希望一治一乱的循环，并不能解开中国历史的死结。

由孤立而进入东西正式交通以后的中国历史，这确是历史上的一大转机。中国文化应由与西方文化的接触而开一新局面，中国的历史应由与西方文化的接触而得一新生命。代表西方文化的科学与民主一方面可以把中国文化精神从主观状态中迎接出来，使道德客观化而为法治，使动机具体化而为能力，并以可视的可量的知识补不可视不可量的道德文化所缺少的一面。另一方面则由科学民主而提供了我们以新的生活条件与方法，使我们可以解决二千年久悬不决的问题。顾、黄们常常想把当时返之三代两汉。三代的情形多含有想象的成分，暂置不论。即以两汉来说，千余年以后的社会究与千余年以前的社会不同，后人可以吸取其精神，万难取返其事实。汉代人士耕读合一还是消极的，而近代则主宰了科学，即主宰了生活，这里不再有所谓"闲散为乐"、脱离现实生活的问题。由科学所扩大的社会生活，与知识分子以向社会发展的广大可能性，这里不再有非当举业秀才即无立足之地的问题。民主倒转了政府与人民的形势，把州举里选扩大到政治最高权力之所在，清议扩大为推动一国政治的原动力，不再像东汉士人，一旦把清议推及于朝廷时，即有杀身之祸。此种应当发生的改变，就我们固有的人文精神、人格主义而论，可说是一种飞跃的伸长；就科举制度下所养成的士大夫的性格而论，可说是涤旧染之污、昭再生之望。我在这里不能详举此一中西文化接触后所发生的波折乃至阻滞的事实、原因、责任等问题，这都在意料之中，而且也关系到许多方面。我只指出，一旦既与此一伟大文化相接触，便于理于势，不论我们愿意不愿意，始终非由接触而接受不可。由戊戌变法发展为辛亥革命，中国第一次才出现了以孙中山先生为首的知识分子集团的革命，真正出现了秀才造反，不但推翻满清，而且推翻了二千年来的专制。此一惊天动地的事件，若不想到与西方文化接触后所发生的伟大影响，便无法加以解释。这说明了科举下的知识分子的性格已开始了巨大的改变，历史的条件已开始了巨大的改变，我们正面向着新底命运前进。

但我们应得承认：第一，欧洲由中世走向近世的改变，冒险的商人是走在知识分子的先头，而由商人为主干的新兴市民阶级的力量，也远大于作为市民阶级组成分子之一的知识分子的力量。中国则只是由知识分子带头，社会变化的程度远落在后面。这便一面说明知识分子向前冲的力量的有限，一面说明知识分子没有新兴的客观底社会要求以作其向前冲的根源及由此根源而来的规约性。于是既易使之夭折，又可能使之成为泛驾之马，横冲直撞底脱离轨道。第二，由旧社会走到新社会，一定要使政治力量退处于消极地位，以让社会和各个人可以在自由气氛之下根据自己的志愿与力量站了起来，使社会成为有力的社会，个人成为有力的个人。有力的社会与个人逐渐代替了无力的社会与个人，国家的内容也为之改变，于是消极底民主政治实际是培孕着一个强大的国家。西汉初年黄老之治具备此一雏形，而近代民主政治与强大民族国家之互为表里的过程正是确切不移的例证。民主政治是政府少管事的无为政治。政府少管事，社会和个人便可以不受干涉地多管事。中国过去的专制政治，其由中枢的权力点去控制社会的力量颇弱，且因德治、仁政等观念，亦反对对于社会的控制，这确与欧洲历史的王权专制有其不同。但千余年中的科举制度，在形式上与精神上的控制士人、折磨士人、糟蹋士人，则可谓无微不至。科举下一般士人的品质实在比农民差得多，《儒林外史》、《官场现形记》乃是此一集团所留下来的不很完备的实录。海通以后，因内忧外患暂时软化了中枢政治的压力，因科学民主而启发了士人的胸襟，乃有以辛亥革命为标志的历史大转变。但当时的士人文化意识上的自觉非常浅薄，对于自己这一代所作的前因后果缺乏深切的了解，这也是势所必然。要使辛亥革命的方向站稳脚跟，首先要使士人从政治上得到解放，以完成士人性格上的彻底转变。这并不是说要知识分子脱离政治，而是说知识分子应立足于社会之上，立足于自己的知识之上、人格之上，以左右政治，而再不由政治权力来左右知识分子的人格和知识。换言之，知识分子一鼓作气底敲开了民主政治之门，而知识分子的本身却也要得到民主政治的培养。这便需要国家出现一种较长的和平局面。中山先生为了争取此一条件，便宁愿让出临时大总统；黄克强先生为了争取此一条件，便宁愿取消南京留守。从长远的历史意义看，中山先生民国元年之让出临时大总统，及十三年之联俄容共，都是他天下为公的伟大人格的表现。但民元之退让总统，其意义实远超过民国十三年之改组国民党。不幸，袁世凯帝制的贼心不仅破坏了辛亥新开而尚未站牢之局，并以收买、暗杀、劫持等卑鄙手段，将暂时潜伏而并未根本死去的根深蒂固底由科举所养成的士大夫性格，在过渡社会的解组状态下复活起来。连所谓汉学大师的刘申叔、洋学大师的严几道都加入筹安会而称为六君子，于此可见洗涤由历史所积累的习性之难，而中国的知识分子又开始在新环境中走上千年来的老路。

袁世凯帝制失败后，中国一直在军阀扰乱及帝国主义侵略的紧张状态中。接着便是北伐、剿匪、抗战的二十年的长期军事行动。军事要求集中权力，要求纪律与服从，这是势所必然，但与民主气息的培养则恰恰相反。加以因联俄容共，使知识分子最大集团的国民党，受共产党及德、意法西斯运动的影响而将组织走向由一个权力中心点去控制一切的组织方向，以配合军事集中的要求及个人权力意志的满足。在此一组织方向之下，人不是站在人格、知识、社会上直接对政治、对国家负责；而是人人由一个权力中心点投射出去，再由此权力中心点将每人系缚着以对此一权力中心点负责。于是人格、知识、社会不复是人的出发点与归结点，只有此一权力中心才是人的出发点与归结点。权力中心对政治、国家才是直接的，其余的都是间接的。这里，大家忽视了中国的文化是重常识的人文主义，所以，中国的知识分子根本缺乏狂热的气质，也不真正相信偶像。于是由此种控制方式所得到的集中效果，不仅未能达到预期的强度，并且在时间上也只是昙花一现，立刻分裂为一个人一个人的权势之争，即所谓派系之争。原则性的控制关系立转而为纯现实利害性的控制关系。这种控制关系，一面是找"群众"，一面是找"奶娘"。谁人侥幸有点政治权力，谁人都可找到一批群众；谁能揩得出一些油水，谁人都可被认作奶娘。由人格来的廉耻，由客观问题上来的是非，由国家民族社会上来的责任感，及由人对事的关涉上来的能力高下等，皆与此种关系所含蕴的内容势不两立，非一步一步地清洗得干干净净不可。于是所谓组织活动简化为"垂饵"与"入彀"的活动。活动的自然结果只实现了人事上恶币驱良币的法则，使千年来的科举精神在政党的组织上借尸还魂，在组织的新瓶中装上过去士大夫的旧酒。但科举只能扼住政治入门的门口，一个人搞开门口以后，便可在精神上得一解放，只要有志气，依然可以做学问、立事功。而玩此种组织则有似玩"江湖"，愈玩愈深，愈玩愈窄，愈离开真正人与人的关系，一往而不可复返。它对人的控制是要求由生到死，由私到公，由肉体到灵魂。概观近二十多年来知识分子的性格，其形态可略举以三：一是以个人小利小害为中心的便宜主义。在便宜主义之下，绝不担当一点天下的公是公非。昨日之所非，不妨为今日之所是。私下里的痛恨，立刻变而为公开时的揄扬。口头上的批评，立刻变而为文字上的歌颂。一是貌为恭顺，刻意揣摩，百说百从，百呼百诺；但实则一事不办，一事无成，当面的色笑承欢，绝不代表背后的尽心竭力。一是捕捉机会，肆行敲诈，获取报酬。此时的群众可奋起以敲诈其平日所奉事的领袖，在野党可奋起以敲诈其平日受御用的在朝党。力之所及，真是"杀百万生灵，亡数百年社稷"亦所不惜，更何有于礼义廉耻。为了表现恭顺，则集权的口号当行；为了实行敲诈，则民主的理论应手。恭顺与敲诈，互为因果循环，逼得政治上既不能集权，更不能民主，真是走投无路。民国三十六年到三十七年大陆上的民主表演，是知识分子发挥由千年来科举制度养成的性格所达到的最高峰。以客观的历史眼光去看，接着此一最高峰的后面，其势不能不是共产党的清算斗争的大流血。共产党推尊张献忠、李自成，而张献忠、李自成在历史上的某一客观意义，乃是向当时的"乡绅"、"生员"的大报复，这是中国历史发展中所无法避免的报复。而共产党则是变本加厉地与中国历史的命运、知识分子的命运，乃至文化的命运以一总的结束。在共产党掌下的千千万万的知识分子的坦白书，我不相信其中便无几分真正痛悔之情含在里面。当然，此一时代中包含有许多其他的重大因素，又非多数人所能负责，等于在科举制度下的士人不能对科举制度的本身负责一样。但我在这里是站在知识分子反省的立场上来看问题，问题便应首先落在知识分子的自身。因为我也正是其中的一分子。

时代毕竟是进步。过去的举子、生员是占全知识分子中的绝对多数，而现在新形态的举子、生员在全知识分子的比率中是渐占少数。但这渐占少数的总是和现实政治胶住在一起，政治制约着他们，他们也制约着政治。而我们是正处在由政治来决定生死命运的大悲剧的时代，这才是真正时代的死结。这一死结在当前是否已经解开，我希望每一个人以平旦之气面对现实问题，一样一样地切实去想。吴稚晖先生是这一代的大聪明人。他的遗嘱要把自己的骨灰抛入海底，我觉得这是象征着他对人类前途无限的悲哀，但我不愿说这就是象征着我们知识分子最后的命运，顺着科举精神的下趋，到今日已经坠落到底了。我这只要把两汉六朝唐宋元明清以及今日对人在政治上所要求的标准作一对比，则其一代不如一代的下趋之势，可说是十分清楚。再由此向下，我认为早已日暮途穷，实再无尺寸之路可走。所以我要乞灵于中国的文化，乞灵于西方的文化，乞灵于每一个人的良知，乞灵于每一个人求生的欲望，让大家来共同打开这一死结。朱子在指出宋代上下是以盗贼相与之后，接着说"只上之人，主张分别善恶，擢用正人，使士子少知趋向，人心自变"。这可说是最低调的说法。我试仿此意以作此文的结论说："只今培养大家的人格，尊重中西的文化，使每一人只对自己的良心负责，对自己的知识负责，对客观问题的是非得失负责，使人人两脚站稳地下，从下向上伸长，而不要两脚倒悬，从空吊下，则人心自转，局势自变。"

三月廿四日于台中

一九五四年四月十六日《民主评论》第五卷八期

# 荀子政治思想的解析

## 一、荀子政治思想中的儒家通义

有人认为荀卿约死于秦始皇统一宇内之前十二年，有人认为他死于秦始皇完成统一大业以后，尚及见李斯之入相，两说尚不能完全论定。但其活动与著书的时期，适当七雄鼎立之势已竭，嬴秦统一之势已成；诸子百家亦由茁壮而衰老，惟法家一枝独秀，以适应此大一统的趋向，这是大家可以公认的。从学术方面说，他承孟子之后，为儒家开创期之殿军；儒家的人文精神，由他而更得到一明确的形态，形成人文精神骨干的礼、乐及由礼而来的"正名"，孔子只提出一个端绪，在他都有详细的发挥。在这一点上，他似乎可以说是儒学的完成者。西汉所结集的儒家典籍，几无一不受其影响（详见汪中《荀卿子通论》）。但从政治方面说，他面对兴（秦）亡（六国）转变的激流，并已感到暴秦气氛的重压，现实的政治问题，较其他任何问题，对于他更为迫切，于是儒家的人文精神，因他的太偏重在政治方面，不仅缩小了人文活动的范围，并且他所强调的人文的礼治，反而成为人文精神的桎梏。后世许多人以韩非、李斯，系荀卿思想之转手，此固昧于当时情实，然儒家精神，因荀子而受了一大曲折，则亦不容讳言。

我在这里，想先把荀子的政治思想与孔、孟相同的地方概略地举出来，不仅由此可以见荀子之所以为"大儒"，并且由此可以看出儒家在政治思想方面的通义，不容后人轻相假借。

　　第一，儒家继承"民本"的思想，以"天下"在政治中为一主体性之存在，天子或人君对此主体性而言，乃系一从属性的客体，因此，儒家认为天下不是天子或人君私人之可以"取"或"与"。孟子很清楚地说"子哙不得与人燕，子之不得受燕于子哙"（《公孙丑下》），又说"天子不能以天下与人"（《万章上》）。荀子继承此一思想，对于汤武、桀纣间政权的移转，认汤武为"非取天下也"，"桀纣非去天下也"（《正论》），并且否认尧、舜的擅（禅）让，因为"天子者势位至尊，无敌于天下，夫有谁与让矣"，"有擅国，无擅天下，古今一也"（同上）。这分明说天子之对于天下，不是私人"所有权"的关系，所以天下不是个人之所得而取或所得而与。决定天下的是人民的公意，人民才是天下的主人。所以孟子说："得天下有道，得其民，斯得天下矣。得其民有道，得其心，斯得民矣。"（《离娄上》）又说："得乎丘民而为天子。"（《尽心下》）荀子则说："天下归之之谓王，天下去之之谓亡。"（《正论》）又说："天之生民，非为君也。天之立君，以为民也。"（《大略》）天下不是私人可得而取或与，乃系决定于民心、民意，则人君的地位与人民对人君的服从，无形中是取得人民同意的一种契约的关系。契约说虽非历史上的事实，然实由神权、君权过渡到民权的重大枢纽。

　　第二，因为天子或人君不是天下的主体，天子或人君的存在，乃基于人民的同意，等于是一种契约行为，则对于违反契约者自可加以取消，故儒家在比西方早二千年即正式承认"叛乱权"，亦即承认人民的革命权。孔子以"汤武革命，顺乎天而应乎人"。董仲舒说孔子作《春秋》是"退天子、贬诸侯、讨大夫"。孟子说："闻诛一夫纣矣，未闻弑其君也。"（《梁惠王下》）又谓："君有大过则谏。反覆之而不听则易位。"（《万章下》）荀子也认为："臣或弑其君，下或杀其上……无它故焉，人主自取之也。"（《富国》）更进一步认为"夺然后义，杀然后仁，上下易位然后贞"（《臣道》）。

第三，因为天子或人君是应人民的需要而存在，人民最基本的需要是生存，所以人君最大的任务，便是保障人民的生存，于是爱民养民便是儒家规定给人君的最大任务。近人萧公权氏在其《中国政治思想史》中谓"孔子教民重于养民，孟子养民重于教民"。孟子的所谓"王道"，就是"制民之产"，"正经界"，"七十者可以衣帛食肉，黎民不饥不寒"，固然都是养民，但孔子"道千乘之国，敬事而信，节用而爱人，使民以时"，"子适卫，冉有仆。子曰，庶矣哉。冉有曰，既庶矣，又何加焉。子曰，富之"，然后再说"教之"，养先教后，孔、孟同揆。萧氏的误解，大概是来自"自古皆有死，民无信不立"的一段话。其实，这一段的"足食，足兵，民信之矣"的三件事，都是就在上位者的政治措施来说的。"民信之矣"是使民相信政府；"去食"而不去信，是要政府不可因财政困难，而轻作失信于民的措施。孔子断无民可以饥死而民之信不可放松的意思。"老者安之，少者怀之"，岂有丝毫轻养之意？《荀子》一书，教与学的意味特重。然荀子以礼为政治的骨干，再三谓"礼者养也"。可见养民以保障人民的生存权，在荀子的政治思想中，一样是人君所负的最大最基本的责任。

第四，因为要保障人民的生存，所以儒家特严"义利之辨"。

"子罕言利"；欲弟子鸣鼓而攻为季氏聚敛的冉有。《孟子》首章便说："王何必曰利，亦有仁义而已矣。"（《梁惠王上》）儒家的所谓利，指的是统治者的利益；所谓义，在政治上说，指的是人民的权利。《孟子》上说得最清楚，好色好货，只要"与民同之"（《梁惠王下》），和人民的权利合在一起，则色与货都是义而不是利。所以"义利之辨"，在政治上是抑制统治者的特别利益，以保障人民的一般权利的。这一点在《荀子》也说得非常清楚，如：

> 挈国以呼功利，不务张其义，齐其信，唯利之求，内则不惮诈其民而求小利焉，外则不惮诈其与（与国）而求大利焉，内不修正其所以有，然常欲人之有。……如是，则敌国轻之，与国疑之，权谋日行而国不免危削，綦（至）之而亡。（《王霸》）
>
> 上重义，则义克利；上重利，则利克义。故天子不言（自己的）多少，诸侯不言利害，大夫不言得丧，士不通货财，有国之君，不息牛羊，错质之臣，不息鸡豚，冢宰不修币，大夫不为场圃。从士以上，皆羞利而不与民争业，乐分施而耻积臧（藏）。然，故民不困财，贫窭者有所窜（容）其手。（《大略》）

统治者自身言利，用现代的语言来说，必产生官僚资本，使政府成为分赃的工具。美国现时艾森豪的商人政府，商人从政，必出卖彼所参加经营的股票，防微杜渐，吾先儒早提出于二千年之前。

第五，人君是由人民的需要而存在，则一切政治的活动，是为人民而非为人君，于是人臣之事君，并非为了人君个人之应当供奉，而实为了一种共同的任务，所以君臣、父子，同为人之大伦。但儒家却作不同的看法，父子是绝对的关系，君臣是相对的关系。自汉儒"三纲"之说出，于是君臣之伦也，视为与父子同科。然"三纲"之说乃出自法家（《韩非子》有臣顺君、子顺父、妇顺夫之说），为先秦儒家所未有。"父子主恩，君臣主敬"或"主义"，乃儒家的通说。孔子的"拜乎下"好像特别尊君，但这不过是尊重这种秩序。孔子对于当时人君的态度，都是采取教导而非顺从的态度。孟子特创为"不召之臣"，以提高人臣的地位。在"君之视臣如手足"一段，特强调人臣与人君是处于相对的关系。荀子思想中，臣的地位远不如孟子，但于臣之外特提出"傅"与"师"的观念以与君并立；且以谏、争、辅、拂为社稷之臣，而深以阿谀取容的"态臣"为可耻；并再度提出"从道不从君"之义（以上均见《臣道》篇）。则儒家于君臣之际，不容苟合，固彰彰甚明。

第六，儒家主张德治。德治的最基本意思是人君以身作则的"身教"，亦即是孔子的所谓"其身正，不令而行；其身不正，虽令不从"。因此，"正身"、"修身"是德治的真正内容（孔、孟似乎都言"正身"，至荀子而始言"修身"）。孟子说："其身正而天下归之。"（《离娄上》）又谓："天下之本在国，国之本在家，家之本在身。"（同上）人君先修其身，一切道理先在自己的行为上实现，再推以及人，自然会成为"絜矩之道"。这才是德治的真正意义。所以荀子也特别提出"闻修身，未尝闻为国也"（《君道》）的话。

第七，儒家既不承认天下是人君的私产，更规定天子的任务是爱民、养民，所以爱民、养民是目的，而"得天下"只是一种手段。其次，儒家认为"自天子以至于庶人，壹是皆以修身为本"，以求具备人之所以为人的德性，而德性乃"虽大行不加焉，虽穷居不损焉"（《尽心上》）的，有天下或没有天下，无关乎德性的增损，"有天下"不过是得到推广自己德性的一种工具，并非修身的目的。儒家的人格主义，决不肯把工具和手段混同于目的，更不肯为了工具、手段而牺牲目的。所以孔子说："舜、禹之有天下也，而不与焉。"（《泰伯》）孟子说："非其义也，非其道也，禄之以天下，弗顾也。"（《万章上》）因此，他认为"舜视天下若敝屣"。他以伯夷为圣之清，伊尹为圣之任，孔子为圣之时，三个人在人格表现方面并不相同，但"行一不义，杀一不辜，而得天下，皆不为也，是则同"（《公孙丑上》）。荀子因政治的气味太重，几乎把人生一切，都淹没于政治之中，于是人格自我完成的成分，似乎没有孔、孟来得深刻而显著。但他两次说"行一不义，杀一无罪，而得天下，不为也"。荀子是非难孟子的，由此一语言之相同，可知这是从孔子以来儒家相传的最根本的大义；这系说明儒家是把政权（天下）隶属于个人人格之下，使政权处于一极不重要的地位，不能因为追求政权而作稍有亏损人格及政权所要达到的目的的行为。必如此，一个人的人格才可以完成，政治才不致成为少数恣睢自喜者的窟宅。人格因此而可得到纯化，政治也可因此而得到纯化。这是儒家政治思想中的究竟义，也是儒家人格主义的最高峰。

以上是指出荀子之所以为儒家，是因为他在政治思想上继承了儒家的这些通义。但这并不是荀子之所以为荀子的特征。以下试就荀子不同于孔、孟的特征，略加申述。

## 二、荀子政治思想的特征

一般人提到孟、荀在政治上的异同，便容易想到一个是"法先王"，一个是"法后王"的问题。其实，荀子的所谓"后王"，不仅不是杨倞所说的"近时之王也"，不只于他在《非相》篇所说的"周道"。他在《正名》篇分明说"刑名从商，爵名从周"，在《儒效》篇分明以"法先王，统礼义"为大儒。此外称"先王"或"尧舜"的地方也很多，而在《大略》一篇中，亦分明谓时君不如五伯，五伯不如三王，三王不如五帝。他所向往的何只周道。他之所以特别提出后王、周道，是基于其思想上的经验的性格及其重"统类"的思想。荀子思想的经验性格，随处可见，最显著的为"不求知天"，不求知"物之所以生"（《天论》）。他认为要了解过去的东西，应该从现在可以把握得到的地方下手，此即所谓"欲观圣王之迹，则于其粲然者矣"（《非相》），而周道正是粲然可以把握得到的。其次，荀子的"统类"思想，是认为天下许多事物，假定以统相属，以类相推，便可"以一知万"、"以近知远"。后王与先生是同统同类的，由后王——周道的粲然者的统类推了上去，即可以知道周以前的先王。所以他说，"千万人之情，一人之情是也；天地始者，今日是也；百王之道，后王是也。君子审后王之道，而论于百王之前，若端拜而议"（《不苟》）。又说："欲观千岁，则数今日，欲知亿万，则审一二，欲知上世，则审周道，欲知周道，则审其人，所贵君子。故曰，以近知远，以一知万，以微知明，此之谓也。"（《非相》）固然，孟子特重政治的动机，所以特别重视尧、舜，因为尧、舜是"性之也"。荀子特重政治的敷设，所以特别重视周道，因为周是"郁郁乎文哉"。但这只是在历史中的着眼点的重点不同，并非孟子尚古而荀子从今的区别。荀子在政治思想上之异乎孔、孟，主要是在其礼治思想。

近人萧公权在其《中国政治思想史》中谓"孔子从周，而孟子泛言先王"。又谓"孔、荀说礼，皆从周道"，是其意，无宁谓荀较孟更近于孔，此实系一大误解。"郁郁乎文"是在文物制度上说，所以孔子说"吾从周"。但《论语》中对尧、舜、禹之赞叹，其用心实远在从周之上。而"行夏之时，乘殷之辂，服周之冕，乐则韶舞"，是孔子在文物制度上亦非完全从周。孟子的所谓"先王"，主要是指的"师文王"、"法尧舜"，亦决非泛指。荀子之"后王"，亦决不止于周道，已如前述。至于礼的问题，《论语》中提及礼者最多，并且有"道之以德，齐之以礼"的话（《为政》），是礼在孔子的政治思想中，所占的分量相当重。而孟子则甚少言礼，其列为四德（仁义礼智）之礼，乃是不涉及形式的一种"心之德"。因此遂易引起萧氏上述的误解。其实，《论语》中言礼，有三种态度，一是随顺已有的礼俗；一是扩大本系宗教性的仪节于日常生活起居之间（详见《乡党》）；一是由"礼之本"而赋与礼以新的意义，使礼"内在化"而成为一种心之德，或用以涵养心之德，这是孔子最基本的用意所在。孔子针对着当时政治上的你争我夺而特别提倡"让"，他称泰伯"三以天下让"为"至德"，乃将让与礼连结在一起，而说："能以礼让为国乎，何有。不能以礼让为国，如礼何？"所以孔子在政治方面所说的礼，主要是内在化而为让德的礼。孟子继承此一内在化的倾向，更进一步直接将礼说为"恭敬之心"、"辞让之心"，将礼与义连在一起，视礼与义为互辞，不再注重形式（节文）的一面，这是真正孔子思想的发展。到了荀子则一反孔、孟内在化的倾向，而完全把礼推到外面去，使其成为一种外在的东西，一种政治组织的原则与工具，这不仅是孟子所没有的思想，也是孔子所没有的思想。

荀子以"学至乎礼而止"（《劝学》），又谓"礼者，人道之极"（《礼论》），因此他便认为"国之命在礼"（《天论》、《强国》）。然则礼为什么对于荀子有这样的重要性呢？这要先把荀子的基本意思条贯清楚，现分四点来说明。

首先，孔、孟以敬与让言礼，荀子则主要以"分"言礼，所谓"制礼义以分之"（《王制》、《礼论》）。"分"是按着一种标准将各种人与事加以分类，于是因"分"而有"类"，"类"是"分"的结果，故荀子常称"知类"、"度类"、"通类"。分类之后，各以类相"统"，故又称"统类"。"分"、"类"、"统类"，这是荀子思想中最基本的三个概念。三个概念贴到人身上来说，总谓之"伦"，所谓"礼以定伦"（《致士》），"圣人也者，尽伦者也"（《解蔽》）。其实"伦"也是"类"，故有时又称"伦类"。就见之于设施上来说，称为"制"，所谓"王也者，尽制者也"（同上）。分类时，必合于各人的情实，所谓"类以务象效其人"（同上）。这种"务象效其人"，泛名之曰"正名"（正名更兼物之名而言），专称之为"报"（报亦称"应"），或为"称"。"爵列官职，赏庆刑罚，皆报也，以类相从者也。一物失称，乱之端也。"（《正论》）

按照人与事的情实，加以分类，而使其相应（报）相称；并按照类的等级加以标志，使其易于分别，并含有鼓励的作用，谓之"饰"，亦称"文饰"、"藩饰"。

> 若夫重色而成文章，重味而成珍备，是所衍也。圣王财衍以明辨异，上以饰贤良而明贵贱，下以饰长幼而明亲疏。

上在王公之朝，下在百姓之家，天下晓然皆知其非以为异
也，将以明分达治而保万世也。（《君道》）

饰系各就其分位以为等差，不相凌越，这种情形谓之"节"，
所谓"礼，节也"（《大略》）。荀子认为"由士以上，则必以礼乐
节之；众庶百姓，则必以法数制之"（《富国》）。所谓"法数"，
亦称"械数"，亦简称"法"，是比礼低一级的东西。但所谓低一
级，因为一是朝廷的，以安排爵、官、赏、罚等为主；一是社会
的，以安排一般职业及人民之相互交往为主，因之，礼有"饰"
而法无"饰"，礼较有融通性而法更多强制性。但法数也是以
"分"、"类"、"称"为骨干，所以实际也包括在礼之内，众庶百
姓也实际是包括在礼的分、类、称之内。他说："礼者，贵贱有
等，长幼有差，贫富轻重，皆有称者也。"（同上）这当然把百姓
也包括在内。

作为分与类的标准而使之相称的，首先是人伦的义务。人
伦是天然的分类，所以重点不在分与类上，而是要各尽其本身的
义务。

请问为人君，曰，以礼分施，均遍而不偏。请问为人
臣，曰，以礼待君，忠顺而不懈。请问为人父，曰，宽恩
而有礼。请问为人子，曰，敬爱而致文。请问为人兄，曰，
慈爱而见友。请问为人弟，曰，敬诎而不苟。请问为人夫
……此道也，偏立而乱，俱立而治。（《君道》）

所谓"偏立"，是片面义务；所谓"俱立"，是平等义务。

　　　　　　　　　　　　　　　　　　　学术与政治之间

荀子的礼，更重要的是把人与事结合起来，作相称的分类。这种分类的标准是德、能、技、职等。

> 谪（商）德而定次，量能而授官，使贤不肖皆得其位，能不能皆得其官。万物得其宜，事变得其应……言必当理，事必当务。(《儒效》)

> 无德不贵，无能不官，无功不赏，无罪不罚。朝无幸位，民无幸生。尚贤使能，而等位不遗。(《王制》)

> 量地而立国，计利而畜民，度人力而授事，使民必胜事，事必出利，利足以生民……故自天子通于庶人，事无大小多少，由是推之。故曰，朝无幸位，民无幸生。(《富国》)

> 论德而定次，量能而授官，皆使其人载其事，而各得其宜。(《君道》)

> 明分职，序事业，材技官能，莫不治理……人习其事而固。人之百事，如耳目鼻口之不可相借官也。故职分而民不探（王念孙以"不探"为"不慢"之误），次定而序不乱。……如是，则臣下百吏至于庶人，莫不修己而后敢安正，诚能而后敢受职。百姓易俗，小人变心，奸怪之属，莫不反悫。夫是之谓政教之极。(同上)

《荀子》一书，这类的话最多。同时，他用作定位授官的标准的是德与能，而非由历史所形成的固定性的阶级，德能是每个人由自己的能力可以得到的，即是一个人能各以自己的力量，变更自己在礼的"分"中的地位，于是礼的"分"虽然定得很整齐，但社会各成员，依然有自由上进的机会。所以他说："虽王公士大夫之子孙，不能属于礼义（即德与能），则归之庶人。虽庶人之子孙也，积文学，正身行，能属于礼义，则归之卿相士大夫。"（《王制》）因此，在他心目中的社会，是"朝无幸位，民无幸生"的理想社会，用现代的话说，是"各尽所能，各取所值（称）"的理想社会。而礼是通往此一社会的桥梁，并且即是此种社会的本身。此其一。

其次，他面对着快要统一的这样大的天下，便不能不构想到负政治总责的人君，必须无所不能，亦即是他所说的"兼能"，才可以统治得了。但人君如何可以兼能呢？在《君道》篇他从正面提出此一问题："请问兼能之奈何？曰，审之礼也，古者先王审礼以方皇周浃于天下，动无不当也。"审礼何以能兼能？因为礼是由"分"而"类"，因"类"而"统"，由"统"而"一"。凡是事物的组织化，亦即事物的单纯化、统一化。所以礼之"分"，亦即是礼之"一"。因此，他除说"明礼义以分之"之外，更说"明礼义以一之"（《富国》）。他相信"类不悖，虽久同理"（《非相》），故可"以情度情，以类度类"（同上）。"类"与"一"在性质上是相同的，既可"以类度类"，则由类一直推下去，即可"以一知万"（同上）。礼是"类"，是"一"，人君审礼，即是"以类行杂，以一行万"（《王制》），这种"枢要"在人君手上，便很简易地把天下治理了。

> 推礼义之统，明是非之分，总天下之要，治海内之众，若使一人，故操弥约而事弥大。五寸之矩，尽天下之方也。故君子不下室堂，而海内之情举积此者，则操术然也。（《不苟》）

> 法先王，统礼义，一制度，以浅持薄，以古持今，以一持万。苟仁义之类也，虽在鸟兽之中，若别黑白，倚（奇）物怪变，所未尝闻也，卒然起一方，则举统类而应，无所疑怎，张法而度之，则晻（顺）然若合符节。（《儒效》）

> 以类行杂，以一行万……故丧祭、朝聘、师旅，一也。贵贱杀生与夺，一也。君君、臣臣、父父、子子、兄兄、弟弟，一也。农农工工商商，一也。（《王制》）

这里的"一也"，大约是指属于一类，由一个原则贯通支配的意思。

> 主道治近不治远，治明不治幽，治一不治二……故明主好要，而暗主好详。主好要，则百事详，主好详，则百事荒。君者论一相，陈一法，明一指，以兼覆之，兼炤之，以观其盛者也。（《王霸》）

上面是人君能审礼便可以"兼能"的说明。人君兼能之后，"故天子不视而见，不听而聪，不虑而知，不动而功，块然独坐，而天下从之如一体，如四职（肢）之从心，夫是之谓大形"（《君道》）。

由此可知，礼治在荀子是走向"无为而治"的统治术，此其二。这里要顺便一提的，"无为而治"，是在君主专制下的各家共同的要求。孔子认为"其身正，不令而行"，所以归结到"无为而治"。老、庄尚自然，自然是有为的反面，亦即是无为。法家要使人君居于不可测之地，且怕人君随便动手动脚破坏了法，所以也要人君无为。荀子则由"礼义之统"而认为可以达到"块然独坐"。无为的形式一样，而无为的内容与达到无为的经路各不相同，胡适之先生硬要指《论语》上的"无为而治"是受了老子的影响，以证明《老子》一书，乃孔子曾经问过礼的老聃的著作，并把《论语》曾子所说的"昔者吾友，尝从事于斯矣"的"吾友"，硬说指的即是老聃，把曾子说成一个认"太老师"作朋友的人，未免用心太苦了。

再其次，荀子从人类社会的起源上，证明礼的必要。

> 力不若牛，走不若马，而牛马为用，何也。曰，人能群，彼不能群也。人何以能群，曰分。分何以能行，曰义。故义以分则和，和则一，一则多力，多力则强。(《王制》)

按此处之所谓"义"即是礼。"礼义"自孟子而始连用，荀子亦多连用。连用者每可互用。群即是一种广义的社会组织。人之所以能战胜毒蛇猛兽，一是人善用工具，一是人能构成社会的群。而在荀子则认为群是人类战胜自然环境的唯一因素，礼是群的原理与方法，当然是支持人类社会生存的骨干，此其三。

最后，前面说的"兼能"，是从"治"方面说的。人君"治"的主要内容是"养"，即"兼能"是要能"兼足天下"。荀子认为"兼足天下之道在明分"(《富国》)。明分何以能兼足天下？荀子认为人的欲望是相同，而人的贤能不相同，"天地之生万物也固有余，足以食人矣"(同上)，但不平均地满足人的欲望，所以只好按着"礼义之分"，由贤能技职所形成的分位之不同，而各与以和各人分位相称的待遇。这样一来，分配不决定于各人主观的欲望，而决定于客观的分位，大家便可以不争。其次，随分位之不同而分配数量亦因之不同，分位高者享受高而人数少，分位低者享受少而人数多，生产增加，则分配量亦比例地增加，人既可以自力改变自己在礼中的分位，亦即可以自力改变自己物质的享受，而可鼓励社会的进步。这恰与近代"各取所值"的理想相符合。他说：

> 分均则不偏（遍），势齐则不一，众齐则不使。……势位齐而欲恶同，物不能澹则必争，争则必乱，乱则穷矣。先王恶其乱也，故制礼义以分之，使有贫富贵贱之等，足以相兼临者，是养天下之本也。《书》曰，维齐非齐，此之谓也。(《王制》)

> 使有贵贱之等，长幼之差，知贤愚、能不能之分，皆使人载其事而各得其宜，然后使谷禄多少厚薄之称，是夫群居和一之道也。(《荣辱》)

> 礼起于何也，曰人生而有欲，欲而不得，则不能无求，求而无度量分界，则不能不争。争则乱，乱则穷。先王恶其乱也，故制礼义以分之，以养人之欲，给人之求。使欲必不穷乎物，物必不屈于欲，两者相持而长，是礼之所起也。故礼者，养也。……君子既得其养，又好其别。曷谓别，曰贵贱有等，长幼有差，贫富、轻重皆有称者也。(《礼论》)

这里，荀子以调节欲望与生产的关系来说明礼的起源，亦即是以经济来说明礼的起源，已经深入到荀子政治思想的核心，最足以看出其思想上的经验的功利的性格。儒家在财富分配上，多主张"均"，而荀子的礼义之分，则是一种差别待遇。然这种差别待遇，是要称于"德"、"能"、"技"等的标准的，并且在差别待遇之下，还有一个共同的基数以作一般人民生活的保障。如"由天子至于庶人也，莫不骋其能，得其志，安乐其事，是所同也。衣暖而食充，居安而游乐，事时、制明，而用足，是又所同也"（《君道》），这种差别待遇，是各取所值的差别待遇。在理论上并不违反"均"的原则，此其四。还有，荀子以前，儒家无"抑末"的思想，至荀子而始有"工商众则国贫"（《富国》）及"省工贾，众农夫"（《君道》）的说法，此或系受有法家影响，或系至荀子时而"土著商业资本"之害始著。要之，"重本抑末"非儒家原有思想，特附带提出。

由上述四点说明荀子的礼治，虽角度不同，但都是互相贯通，互相关连。总括地说一句，即是以合理的组织原则与方法，把社会构成一套整齐的有机体，以达到"各尽所能，各取所值"的理想人群生活。于此，我们不能不惊叹其理论上构造之完整与严密，及其思想在古代的突出与奇特。

## 三、荀子政治思想对儒家精神之曲折

凡是抹煞道德的人格尊严，而想完全从具体的物质方面来解决人的问题的，必走向极端的个人主义和社会主义。极端的个人主义，在自由的口号之下，"争必乱，乱必穷"，而在"争"的过程中，则如荀子所说强凌弱、众暴寡，出现许多以自由为借口的低级的小极权主义者。到了"穷"的阶段，常激出一个大的独裁。社会主义，在正义的口号之下，势必一切政治化，一切组织化，在政治化组织化的尖端，也必定是一个大独裁者。社会主义者常常认为只有正义之下才自由，结果必否定自由，因而也否定了正义。荀子的政治思想，无形地也含有此一可能性。

这里应该先申述一下荀子与法家在思想上的关涉。首先应指出他与法家最不相同的地方。第一，法家反对历史文化，"明主之国，无书简之文，以法为教，无先王之语，以吏为师"（《韩非子·五蠹》篇）。因为人类是非曲直的价值观念，是由历史文化累积而来，反历史文化，即可不受这些价值观念的约束，而一切归之于现实政治权力的支配。荀子的礼，乃是生根于历史文化之上。他说："故国者重任也，不以积持之则不立。……故一朝之日也，一日之人也，然而厌焉有千岁之固，何也，曰，援夫千岁之信法以持之也……以夫千岁之法自持者，是乃千岁之信士矣。故与积礼义之君子为之则王。"（《王霸》）可知荀子以礼乃千岁之积，故他以"法后王"为雅儒，以"法先王"为大儒（见《儒效》）。儒家本身即是代表中国的历史文化（孔子述而不作，信而好古），荀子是儒家，在这一基点上决不能同于法家。

第二，儒家是人本主义，以法的"械数"从属于人的本质，因而尚德、尚贤。法家是法本主义，不重视人的本质，使人从属于法，使法为主而人为客。中国过去之所谓法，根本没有由法以限制人君、限制政府的意思，所以荀子认为"有治人，无治法"，理由是"合符节、别契券者，所以为信也；上好权谋，则臣下百吏、诞诈之人，乘是而后欺。探筹投钩者，所以为公也；上好曲私，则臣下百吏，乘是而后偏。衡石称县（悬），所以为平也，上好倾覆，则臣下百吏，乘是而后险。……故械数者治之流也，非治之原也"（《君道》）。法家则认为"君人者能去贤巧之所不能，守中拙之所万不失，则人力尽而功名立"（《韩非子·用人》篇）。儒家的人治乃与德治是相关连的，这点是和法家截然不同。

第三，因为法家对人君的要求是"术"是"势"而不是德，所以人君的举动特别需要诡秘，这与近代的独裁者完全符合。"故明主之行制也天，其用人也鬼。天则不非，鬼则不困"（《韩非子·八经》篇）。荀子则恰与此相反。"故君人者周（密），则谗言至矣，直言反矣，小人迩而君子远矣……君人者宣，则直言至矣，而谗言反矣，君子迩而小人远矣"（《解蔽》）。又说，"上周密，则下疑玄矣；上幽险，则下渐诈矣；上偏曲，则下比周矣（犹今之所谓派系）……故主道利明不利幽，利宣不利周。故主道明则下安；主道幽则下危……故上易知，则下亲上矣；上难知，则下畏上矣……主道莫恶乎难知，莫危乎使下畏己"（《正论》）。荀子这一段话，好像是指着现代的各种独裁者来说的，当然与法家相反。

但是，在荀子的思想中，毕竟含着走向独裁政治的因素。这便牵涉到他的性恶问题。荀子与孟子的区别，有点像程、朱与陆象山的区别。孟子与陆象山是把心与性看作是一层的东西，而荀子与程、朱则分心与性为二，看作是两层的东西。不过程、朱把性看作是在心的上一层之理，而荀子则把性看作是比心下一层的本能的欲。荀子认为"生之所以然者谓之性"，"性之好恶喜怒哀乐谓之情"（《正名》），情是性的表现，情不是恶，然而恶由情出，所以他便说性恶。但他认为使情不至于恶的是心，所以他说"情然而心为之择，谓之虑"，"欲（欲由情出）过之而动不及，心止之也。心之所可中理，则欲虽多，奚伤于治。欲不及而动过之，心使之也。心之所使失理，则欲虽寡，奚止于乱。故治乱在于心之所可，亡于情之所欲"。因此，他也认为"心也者道之工宰也"（以上皆见《正名》）。这与孟子"耳目之官不思而蔽于物，物交物，则引之而已矣。心之官则思，思则得之，不思则不得也"的

　　　　　　　　　　　　学术与政治之间

意思正同。不过孟子对于心是从两方面去肯定，一是从认识方面（思），一是从道德方面（如恻隐之心）。而荀子则缺少道德这一方面的肯定，又把心与性分开，说性是恶，于是道德不能在人的本身生根，礼也不认其系出于人的内心的要求，而只是由于圣王、先王根据利害的比较。《正论》篇已经说明先王为了防止"争则乱，乱则穷"，因而为之起礼义。《性恶》篇又说："古者圣王以人之性恶，以为偏险而不正，悖乱而不治，是以为之起礼义，制法度，以矫饰人之性情而正之，以扰化人之情性而道之也。"礼义既由先王、圣王防人之性恶而起，则礼义在各个人的本身没有实现的确实保障，只有求其保障于先王、圣王。先王、圣王如何能对万人予以此种保障，势必完全归之于带有强制性的政治。这样一来，在孔子主要是寻常生活中的礼，到荀子便完全成为政治化的礼，礼完全政治化以后，人对于礼，既失掉其自发性，复失掉其自主性，礼只成为一种外铄的、带有强制性的一套组织的机栝。在此机栝中，虽然有尚德、尚贤以为其标准，亦只操之于政治上的人君，结果也只会变成人君御用的一种口实。于是荀子的"朝无幸位，民无幸生"的理想社会，事实上只是政治干涉到人的一切，在政治强制之下，整齐划一，没有自由，没有人情温暖的社会。这与孔子的"老者安之，朋友信之，少者怀之"，孟子的"老吾老，以及人之老，幼吾幼，以及人之幼"，"出入相友，守望相助，疾病相扶持"的社会，完全是两种性质的社会。

孟子因为相信人的性是善，所以信任人民的"好恶"，于是人君政治的设施，遂一要以人民的好恶为标准，这才能贯彻民本主义。他说："得天下有道，得其民，斯得天下矣。得其民有道，得其心，斯得民矣。得其心有道，所欲与之聚之，所恶勿施尔也。"

（《离娄上》）在这种情形之下，统治者的眼睛要向下看。荀子认为性恶，于是人民的好恶不可靠，要靠人君拿礼来"扰化"，因为"人君者，所以管分之枢要"，于是人民一切不能自己作主，经常要把自己的眼睛向上看，弄得人民赖人君而存在。他说，"百姓之力，待之（人君）而后功；百姓之群，待之而后和；百姓之财，待之而后聚；百姓之势，待之而后安"（《富国》）。百姓不能生于政治组织机栝之外，这与今日极权主义国家的情形，真有相似之处。

在荀子的礼治之下，人君是"管分（礼）之枢要"，百姓赖人君以生存，加以礼的"藩饰"是一级推上一级，推到人君那里，在荀子的描述中，真够堂皇伟大，于是人君的地位，至隆至高得神化起来了。他形容天子是"居如大神，动如天帝"（《正论》），活像希特勒、史达林的神气。

孔子"道之以德，齐之以礼"的礼，是与"道之以政，齐之以刑"的刑是相对的。所以在孔、孟的思想中，对于刑是采取一种谨慎的、无可奈何的态度，因为人性之善，能用德相感，可以不用刑，势至于非用刑不可，亦自觉这是治者的德化不够，自然会流露"哀矜而无喜"及"安有仁人在位，罔民而可为也"（《梁惠王上》）的心情。但因荀子认为性恶，所以礼是成立于利害争夺比较之上，没有得到人道良心上的保障，于是为了推行礼治，礼与刑的关连，便较孔、孟大为密切，罚在荀子的政治中，较孔、孟远为重要。而人君之"势"，也几乎重于人君之德。他在《正论》篇反对传说中的"象刑"（以象征性的方法来代替实际的刑谓之象刑），而认为"治则刑重，乱则刑轻"（《正论》）。又说：

夫民易一以道，而不可与共故，故明君临之以势，道之以道，申之以命，章之以论，禁之以刑。（《正名》）

故古者圣人以人之性恶，以为偏险而不正，悖乱而不治，故为之立君上之势以临之，明礼义以化之，起法正以治之，重刑罚以禁之……今当试去君之势，无礼义之化，去法正之治，无刑罚之禁，倚（立）而观天下民人之相与也，若是，则夫强者害弱而夺之，众者暴寡而哗之，天下之悖乱而相亡，不待顷矣。（《性恶》）

荀子把礼外在化了，政治化了，而礼又是"人道之极"，其归结必至人只有政治生活，而无私人生活、社会生活，且必至以不合于现实政治者为罪大恶极。所以他说"才行反时者，死无赦"（《王制》），而孔子诛少正卯的故事，亦堂皇出现于其《宥坐》篇，此点与《管子·法法》篇主张诛戮"不牧之民"，及韩非子以隐者为"不令之民"（《说疑》），同出一辙。天下至于诛戮隐士，诛戮言行不合于现实政治之人，则真可谓生人之道绝。孔子对隐士的态度，由"虞仲、夷逸，隐居放言，身中清，废中权"（《微子》）的话表白得最清楚。由孔子称"隐居放言"为"中清"、"中权"推之，可断其决无诛少正卯之事。此一故事之流传，形成了二千年正反两面对儒家的误解，实含有无穷的毒素。孔、孟不承认政治可以支配人的一切，所以孔子是"无道则隐"，处乱世是"危行言逊"；孟子是"穷则独善其身"。而荀子的处乱世则惟有"崇其（暴国）美，扬其善，违其恶，隐其败，言其所长，不称其所短，以为成俗"（《臣道》）。此种卑微屈辱的生活，真是知识分子的悲剧。这固然是他已嗅到暴秦气息的反映，实逼而处此，亦由其太重视政治，认为人无所逃于政治之间的思想有以致之。

　　荀子自认为继承仲尼、子弓，在政治思想上，也有许多地方还是继承儒家的圭臬，已如第一节所述，所以他的理论构造虽甚为严密，然内容实含有不少的矛盾，彼亦赖此矛盾以在其思想上有一制衡作用，不致一往不返，大体上尚能与法家划一界线，以保持其儒家的规格。然因其对人性的根源自信不及，即是对人格尊严的根源自信不及，遂偏于在功利上、在利害上去求解决人的问题，差之毫厘，遂在其政治构想之归结点流于与孔子相反的方向而不自觉。今日浅薄偏激之徒，以道德为玄谈，辄欲驱逐道德于政治生活之外，此乃低级极权思想之变相，以此求自由民主，真可谓南辕北辙了。

一九五四年九月二十五日于台中市

《中国政治思想与政治制度论集》

# 东方的忧郁

一

人类以群体而生存。群体不能缺少政治,但政治总是毒害群体。此一基本矛盾,只有当群体的各组成分子,能自己掌握其政治运命时,才能逐渐与以解消。所以我不是说有了民主政治便解决了人类的一切问题;但因民主政治之出现,而解消了、最低限度减轻了政治底毒害性,排除了人类解决其他问题时所遇各种障碍中最大底障碍,则是铁底事实。东方民族,今后要自己掌握自己的命运,首先便须各民族的人民能自己掌握自己政治底命运。所以政治的民主化,是东方民族求继续生存发展上所不能不闯过的第一道大关。而二十世纪初头以来,东方民族也正或疾或徐底开始有了扣关的行动。

但是,从近代底历史教训看,民主政治,只能实现于一个对外有国家主权底疆土之上。十六世纪后欧洲各民族国家的逐渐成立,可以说是准备了实现民主政治的前提。最不幸的是,西方国家开始是向教皇、向皇帝,争取此一前提,而东方则正是向民主先进的西方国家争取此一前提。于是在东方民族眼中的西方强国,不仅不是代表政治理想底天使,而只是榨压东方民族的恶魔。这不仅对东方民族争取政治民主的前提条件而阻碍了它的进程，且容易迷误东方民族对民主主义底理解，增加反对民主主义者许多底口实。民族主义和民主主义，实际只是在一条通路上面。但时至今日，还有许多西方人士，口里不反对东方的民主，而心里则害怕乃至憎恶东方的民族主义。于是苏联便接着说：我可以帮助你们赶走西方的帝国主义，且提供你们以另一方式的民主。苏联的帮助，虽不一定表现为金钱物质，却表现为一种新底斗争精神，及发挥此种精神的新底斗争技术。由新底斗争精神和新底斗争技术之结合，东方便产生了在物质科学以外而为西方人所不曾经验过的力量。在此一形势之下，许多东方人的徘徊不走，不是没有理由。固然，苏联所说的民族主义，只是更残酷底帝国主义；但东方人现前所经验的并不是苏联的残酷，而只是来自西方的虐待。因此，对苏联在此一方面的虚伪宣传，只有具备抽象思考能力的少数人才能了解。多数人，则只能从直接底感觉上去了解问题。而东方力量的源泉，正是来自这种多数人身上。

此一矛盾，因美国近年来政策的比较合理，也许是在渐渐转变。并且印度、印尼、缅甸等国家底地位，已经慢慢底在树立起来。不过，美国不能离开英法而自陷于孤立。美国要英法完全放弃其东方的殖民主义，则英法便要向美国反问：那末，我们为什么还要在远东陪着你抵抗共产主义？同时，印度诸国之获得今日的国家地位，虽然不是来自苏联的直接援手；但毫无疑义底，是由苏联威吓底阴影在无形中所促成。苏联虽然尚不至成为这些新兴国家的新欢，但除了美国以外的西方国家，则确是他们的旧恨。由此，可以了解"亚非中立集团"的构想，不应当简单用"投机"两字加以抹煞。至于越南、马来亚等地，依然在夹缝中挣扎；挣扎的结果如何，谁能作出一个乐观底推论？

## 二

东方的矛盾问题，决不止此。在不算有民族问题的地区，其夹杂底情形也并无两样。

我们说民主政治是人类政治生活中的常轨，这固然是由人类历史经验的比较所得出的结论；但这对东方的一般人而言，依然只能算是理论上的预见。民主政治，欧洲到了十八世纪才开始得到理论底反省。欧洲的新兴市民阶级，一开始只是为了自己生活的直接利益而一步一步底摸索上这条道路。他们不仅是基于一种观念，而是基于自身切己的利害以争取民主，这才会拿出真正底力量，这才是民主政治获得成功的最大原因。经过理论底反省，我们不能不承认民主政治是一切人类生活向上的共同需要；但从生活上能直接感到其为需要的人，常常是超过了"起码生活"的人，而且这种人的数量并须达到相当的多数，使其利益的范围，感到有采取新底途径的必要与可能时，他们的生活才真正接触到了民主政治。在东方，日本的资产阶级，过去也不曾一贯底真正为民主而效力。其他各国的工商业者，更不曾为了自身的利益而对民主政治感到有迫切底要求。他们对于民主与反民主的斗争，常是采取隔岸观火底态度。至于最大多数在"起码生活"下挣扎的农民，他们之无法感到民主政治的需要，正和他们之听不懂这一类的名词，完全是一样。所以，东方的民主运动，固然是创造自己命运的运动，但在现实上不过只是知识分子的运动。东方因经济的落后，社会机能的不发达，一般底知识分子，尚不能成为社会底寄生虫，而只能成为政治底寄生虫。在民主底气氛掌握了大势时，一般知识分子都可以谈谈民主；遇着反民主底势力掌握了实权时，一般知识分子立刻便会向其"领主"出卖民主。剩下来真正为民主而奋斗的，只是知识分子中少数的少数。奋斗的工具，主要靠言论。这些少数者纵可忍受一切的威吓以坚持其言论，但其力量常常薄弱到不能保持一份独立自主底言论机构。

东方目前的民主运动，若仅作为一个思想运动来看，则思想总是由少数影响多数，从时间上去取得空间；所以目前争取民主势力的微弱，从整个历史的发展看，乃是大潮水前面的浪头，决不令人气馁。但是这只是就朝着一条单线前进，只是向一种旧式反民主的势力前进，所得出的乐观底看法。可是，事实上，东方的民主运动，在另一面还要抵挡住一股新底反民主底洪流的冲激——共产主义的冲激。共产主义作为一种理论来说，实际上早经破产。苏联本身一直到现在还要靠欺诈、恐怖、肃清等手段来维持这种主义，即是最大最清楚底证明。但它在东方，却是拿着为大众解决"起码生活"的号召而出现，这是东方大众可以直接感受到的问题。在此种号召的后面，紧接着有一套史无前例底组织枷锁。当大众对其号召半信半疑之际，它即将大众诱骗驱迫于此一枷锁之中，形成一种滚石于千仞悬崖之上，非一滚到底不可之势。当大众以满身血污从共党欺骗的号召中清醒过来时，大众过去在精神物质上的一切凭借，都已经由共党所煽起的盲动冲毁了，自己的手脚也经由共产党的组织枷锁穿得牢牢的了。东方的民主运动，若不能挡住这一股洪流，则不论民主主义者的愿意与否，也一定与旧式底反民主主义者会同归于尽。在旧式底反民主主义者之下，还有呻吟的空隙；在新式反民主主义之下，连这种空隙都会没有了。

于是东方旧式底反民主的统治者便常常这样底说："正唯如此，你们（民主主义者）便应服服贴贴底皈依到我的怀抱，收拾起民主底高调不弹。"平心静气底想，这种说法也不能不算是一份道理。"白刃在前，不顾流矢"，大家为什么不可以延长民主底节目，合在一起，先把白刃挡过去再讲呢？可是问题并非如此简单。东方没有民主的传统，但东方很早就有一种合理底精神和"大公"底观念；这种精神与观念是支持东方生存的基石，也是东方通到民主在精神上的桥梁与根据。所以东方过去之"没有民主"，并非即等于东方文化是在"反民主"。今日意识底反民主的人们，实际上也是在反上述的合理精神与大公底观念。这是东方人自身所忍受不了的。况且要抵挡共产党，必须有真实底力量，而反民主的人们，也常常拿"事实"、"力量"等为阻碍民主设施的借口；但这种因反民主而必至反合理精神、反大公观念的人们，尽管口里说须要力量，说是为了力量，而实际则必在毁灭一切力量。于是问题又掉回了头，即是，单为了能得到反共的力量，事实上也不能不须要民主。在这里，以抵抗共产党的力量问题为中心，对于民主正反两面的争论，正使东方人在一条惊涛骇浪底船上，互相扭着彼此的衣领不放。

三

再换一个方式来谈此一问题吧。许多人说，民主自由，是向统治者争出来的。东方的民主自由，当然也只有向统治者手中去争的一条路。我承认这要算是历史底真理。不过，由此我们也可明了一个事实，即是，民主化的过程，是统治者与被统治者相持相拒的过程，也是旧有力量消解的过程，所以民主化常常要求对外有一个相对底和平环境。近代民主国家的力量，是来自消解后的再结合，在再结合中创造出新底更大底力量。东方目前的情势是，若走向与统治者相争的路，则大敌当前，有什么方法可以抑制由争而来的力量的消解作用。若走向与统治不争之路，又有什么方法可以抑制统治者在政治上的愚昧自私。最便宜底想法是劝统治者一本合理与大公底精神，来一个大团结运动，共同渡过此一难关再讲。就常情说，这应该是统治者可以接受的一条路，也只有统治者愿意接受才可以走得通的路。但这种想法，实际上是太天真底想法。若没有合理与大公底精神以作团结的基础，则统治者多加几个帮闲汉，只有更增加其慢心，加剧其腐蚀。若站在合理底立场上，则任何人可以有意见，任何人可以作批评，这便会伤了东方统治者底尊严；这种尊严，对于东方的统治者是非常神圣的。若站在大公的立场上，则应该贤者在位，能者在职；这便会妨碍了统治者的亲幸的地位，因而有伤统治者的感情。这种感情，对于东方的统治者而言，是宇宙万物的尺度。再戳穿了说一句吧，假使真正这样做，事实上即是统治者主动底走向了民主。民主在东方统治者的心目中是对他们自己权力的削弱，他们的内心便可以说：我之所以反共，就是为了自己的权力；先削弱了我的权力，我又何必反共？这又是无法解开的一个连环套。

## 四

还有，在促成西方民主政治中最有力底因素，是"权利"观念；没有此一观念，民主政治便不能生根落脚。权利观念之产生，只是来自各个人生活上直接的利害。如上所述，西方新兴市民阶级各个人的直接利害，同时，即具有其社会底连带性，由此种连带性所支持的权利要求与活动，亦常常是人类理性底要求与活动。东方知识分子个人的利害，要使其具有社会底连带性以构成正确底权利观念，则只有通过知识分子各个人的道德觉悟而始有其可能。这种道德性，对于某一个人说，常须否定其自己的权利以成就多数人的权利。这本是东方文化传统精神之所在。但东方文化，已被东方的知识分子所唾弃了，于是东方民主自由者口里的权利，实际常只是意指着一个人的利害感情之直接刺激反应。因此，西方因近代的个人主义而始形成社会意识，而东方则常常出现反社会底个人主义，实质上只是虚无主义。虚无主义在历史上只是为极权开路而并不为民主开路。就我看，东方的民主运动所要求于知识分子应负的责任及其人生境界，实在要远超过于西方对知识分子的要求。东方知识分子如何能了解此一要求而挺身加以承当，这对东方知识分子自身而言，恐怕须要自己对自己的革命。这是人类各型革命中，最艰难底一种革命。

东方，现在也正向民主的途中蜕变，为了不使在蜕变中因消解作用而为另外一股逆流所淹没，便须要东方的统治者与知识分子同时有一种高度底道德自觉，将道德观念与权利观念结合起来，使东方的民主政治，可以不通过对立对争而实现。这在现实上未免有点近于神话。但摆在面前的，除了这一条神话的路以外，还有可以走通之路吗？

一九五四年十二月十五日夜于台中市

一九五五年一月一日《民主评论》第六卷一期

# 儒家在修己与治人上的区别及其意义 *

一

我在《释〈论语〉"民无信不立"》(《祖国周刊》一一五号)一文中指出："孔、孟乃至先秦儒家，在修己方面所提出的标准，亦即在学术上所立的标准，和在治人方面所提出的标准，亦即在政治上所立的标准，显然不同。修己的、学术上的标准，总是将自然生命不断地向德性上提，决不在自然生命上立足，决不在自然生命的要求上安设人生的价值。治人的、政治上的标准，当然还是承认德性的标准，但这只是居于第二的地位，而必以人民的自然生命的要求居于第一的地位。治人的、政治上的价值，首先是安设在人民的自然生命的要求之上，其他价值，必附丽于此一价值而始有其价值。"我的这种观点，近四年来曾经不断地提出，但这篇文章提得更为具体，更证明我在《荀子政治思想的解析》一文中，指出近人萧公权氏在其所著《中国政治思想史》中说孔子是"教重于养"的说法，是一很严重的错误，完全是正确的。

---

* 此文钱宾四先生曾以《心与性情与好恶》一文作答,同见《民主评论》六卷十二期，读者可以参阅。

但我在这篇文章中，依然是采取会通《论语》、《孟子》全书的意义，以得出结论的方法。最近又偶然发现可作直接证明的材料。《礼记·表记》上说：

> 子曰，无欲而好仁者，无畏而恶不仁者，天下一人而已矣。是故君子议道自己，而置法以民。(《表记》)
>
> 子曰，仁之难成久矣，唯君子能之。故君子不以其所能者病人，不以其所能者愧人。是故圣人之制行也，不制以己，使民有所劝勉愧耻，以行其言。(同上)

《表记》一篇多论仁，仁为儒家思想之中心，亦即人生的最高标准。但这只能作个人修己的标准，不可因此而便作政治上治人的要求于人民的标准。"议道自己"的"道"，指的是根据仁以树立的做人标准，这种标准，只能要求从自己下手去作。"置法以民"的"法"，是社会一般人的生活规约。制定这种规约，则不是用修己的"道"做标准，而是以人民所能达到的为依归。对修己的标准而言，这是一种最低的标准。上引《表记》的第二段话的意思，与所引第一段话的意思，完全相同，并且说得更为明白。

此外，董仲舒的《春秋繁露·仁义法》第二十九，主要是推明这种意思。如说：

> 是故内治反理以正身，据礼以劝福。外治推恩以广施，宽制以容众。孔子谓冉子曰，治民者先富之而后加教。语樊迟曰，治身者先难而后获。以此之谓治身之与治民，所先后者不同焉矣。《诗》曰，饮之食之，教之诲之。先饮食

而后教诲，谓治人也。又曰，坎坎伐辐，彼君子兮，不素餐兮。先其事，后其食，谓治身也。《春秋》刺上之过，而矜下之苦。……求诸己谓之厚，求诸人谓之薄；自责以备谓之明，责人以备谓之惑。是故以自治之节治人，是居上不宽也；以治人之度自治，是为礼不敬也。

当我写《荀子政治思想之解析》及《释〈论语〉"民无信不立"》的两篇文章时，心里并不记得上引的材料。但我先由儒家"尊生"的基本精神，尊重人性、人格的基本精神，加以推论；再将《论语》《孟子》的全书意义加以会通，所得出的结论，与上引材料，若合符节，由此可见一种思想文化的基本构造，有其必然的内在关连，不是可以随意从其枝节地方去加以附会或抹煞的。

二

这种分别之所以重要，一方面是像我所已指出的，若以修己的标准去治人，如朱元晦们认为民宁可饿死而不可失信，其势将演变成为思想杀人的悲剧。另一方面，若以治人的标准来律己，于是将误认儒家精神，乃停顿于自然生命之上，而将儒家修己以"立人极"的工夫完全抹煞。清儒戴东原挟反宋明理学的成见，其言性、言理义，主要乃在形气（自然生命）上落脚。形气活动，表现于人的好恶，于是无形中即在好恶上落脚。他说："孟子曰，其日夜之所息，平旦之气，其好恶与人相近也者几希。以好恶见于气之少息犹然，是以君子不罪其形气也。"（《读孟子论性》，《戴东原集》卷八）当然儒家不是宗教，所以"不罪其形气"，但儒家还要追问出一个为形气作主宰的东西。为形气作主宰的东西，本具于各人的心性之中，这是道德主体的、内在性的一面。但内在于各人心性之中的道德主体，必发而为人心之所同然，这即同时超出于各人主观之外，而赋有客观的意义，从主观状态中脱出，以成为客观的真理。儒家的伦理道德，是不断地向客观真理这一方向去努力、去形成的，这才能为人类"立人极"。程、朱特拈出一"理"字，并认为"性即理"，其根本用心即在于此。戴氏不了解此意，所以批评程、朱说："程、朱以理为如有物焉，得于天而具于心，启天下后世人人凭在己之意见而执之曰理，以祸斯民。更渖以无欲之说，于得理益远，于执其意见益坚，而祸斯民益烈。……离人情而求诸心之所具，安得不以心之意见当之。"（《答彭进士允初书》，同上）戴氏认为人与物不同的地方，是物的"自然"不合于天地之正，而人的"自然"能践乎中正。他所说的"自然"，即是指人情之所欲，他所说的"意见"，是与人情自然之所欲相对，对人情自然之所欲发生别择控制的作用。程、朱以此为理，他以此为意见。于是戴氏认为儒家精神，乃在"情"上、"欲"上立足，即在自然生命上立足。他一方面引《孟子》"广土众民，君子欲之"、"鱼我所欲也"、"生我所欲也"这一类的话，以为其立足于"欲"的根据（见《答彭进士允初书》），但把孟子接下去说的话，如"舍生而取义也"这一类的话，则略而不顾。一方面引孟子"形色天性也，惟圣人可以践形"的话，以为他整个的自然主义思想作根据，而故意把"惟圣人可以践形"一句中"惟圣人"三个字的重大意义，略而不顾。在他心目中的圣人与众人，在德性的成就上并无多大区别，所以他接着便说："人之于圣人也，其材（形气）非如物之与人异。"（皆见《读孟子论性》）由人性、人格之平等，而渭为学养、修持上之平等，这是自然主义者的自然结论。戴氏的观点，本可自为一说，有如西方以欲望为基底之功利主义，而不必依托于孔、孟。自立一说而又必以孔、孟为依托，则其自身的思想既受制约，儒家的精神亦因之而受损害，这真可谓合之两伤。

当代大儒钱宾四先生在其《四书释义》的《论语要略》第五章"孔子之学说"中，完全以"好恶"来解释《论语》的仁，即将儒家精神完全安放于"好恶"之上，我想，这是继承戴东原的思想，而更将其向前推进一步的。钱先生的基本论点是"仁者直心由中，以真情示人，故能自有好恶。不仁者以有自私自利之心，故求悦人，则同流俗，合污世，而不能自有好恶"（《四书释义》上册，页五六）。但是说到仁，总不能不缠带着对他人的态度，于是钱先生认为仁与不仁之分是"徒知己之好恶，不知人之同亦有好恶者，是自私自利之徒，不仁之人也。以我之有好恶而推知他人之亦同我有好恶者，是仁人也"。又说"故仁者，人我之见，不敌其好恶之情者也。不仁者，好恶之情，不敌其人我之见者也。后世之言仁者，不敢言好恶，不知无好恶，则其心麻痹而不仁矣。仁道之不明于世，亦宜也"（同上，页六六）。按中国过去所说的好恶，指的是由"欲望"发展而为"意志"的表现。合于欲望者即好，反于欲望者即恶。有好恶即有追求其所好，避免其所恶的行动，即根据意志的行动。动物有欲望，动物即有好恶。而且许多动物能以各种姿态表示其好恶，表示其追求或逃避的意志，这是近年来动物心理学所证明的。因此，好恶并非人所独有。而且最能以好恶之真情示人者亦莫过于一般动物。其次，一种好的行为，要通过好恶而实现，一种坏的行为，也是通过好恶而实现，禅宗对于人生道德是从消极方面去表现，所以不言好恶，儒家对于人生道德，是从积极方面去表现，所以要言好恶，王阳明之强调好恶，这尤其是他个人的儒释分途的地方。但儒家不抹煞好恶，决不是即在好恶上树立道德人生的标准。因为好恶之本身不可以言善恶，善恶乃在其好恶之动机及其所要达到的目的之上。换句话说，好恶之本身无价值，必依其所以好恶者以决定其价值。《论语》子曰"吾未见好德如好色者也"，孔子这句话，很清楚地说明好德的价值在好色的价值之上，而这种价值的上下，乃决定于"德"与"色"，而不决定于两方是否将其所好的真情表露出来。好色者未尝不可以形之歌咏，而好德者也可以"默而志之"。《论语》又载"子贡问曰，君子亦有恶乎？子曰，有恶。恶称人之恶者……"。子贡之问，来自对于"恶"的怀疑。孔子之答，乃指明君子恶其所当恶。"恶其所当恶"，即是对于"恶"的一种限定。又答子贡之问谓"不如乡人之善者好之，其不善者恶之"，这也分明是说好恶应得其当，亦即说明好恶之价值不在其本身而在其是否得当。"当"即是客观的标准。钱先生认为"不仁者以有自私自利之心，故求悦人……而不能自有其好恶"，其实，巧言令色的人，表面上掩蔽其好恶，实际常常是为了贯彻其好恶，实行其好恶。巧言令色去钻官做的人，因为官才是他真正所好的。谈好恶，一定应连接着行为，以行为贯彻其好恶的人，不能说是"不能自有其好恶"。"其父攘羊，而子证之"，这是以真情示人；"父为子隐，子为父隐"，这是不以真情示人。这种不以真情示人，可以说是"不能自有其好恶"，其所以不能自有好恶，是另有一较高的道德意识在后面对好恶发生控制或平衡的作用。况且暴戾恣睢之人，放浪不羁之士，常可以其好恶的真情示人，魏晋时的名士，如《世说新语》所记，尤多坦易任情，不事矫饰，其风格亦可令人向往，但这未必能符合于孔子所说的仁。至于在政治上，最能有其好恶的莫过于秦始皇、史达林、希特勒，最不能有其好恶的乃是那些受善纳谏，以及被议会所制衡的政治家。不错，钱先生也考虑到这一点，所以提出"仁者推己之好恶，而知他人之好恶。以不背于他人之好恶者，而尽力以求满足其一己之好恶焉"（同上），这似乎可以从好恶上把人己统统顾到。但是一个人尽力求满足一己之好恶而能不背于他人之好恶，这一定是好恶有节或好恶能得其正的人。尽力满足一己的好恶，这是人与一般动物所同，在这种地方说不上是道德或不道德，即在这种地方不能安设道德价值。若逞一己之好恶而妨碍他人之好恶，便谓之不道德，若节制自己的好恶而不妨碍他人之好恶，便可谓之起码的道德（政治上通常只要求到此一程度）。若牺牲自己的好恶以成就他人的好恶，通常称之为大德。一个人之所以能节制其好恶，乃至牺牲其好恶，或者因为是受了外在条件的制约，如中国过去之所谓"礼"，近代之所谓"法"，此时对其行为发生良好作用者乃是礼或法而非好恶之自身。或者是因为内在的道德之心，即仁义礼智信的五常之性，内发而对其好恶发生自律或超越转化的作用，此时对其行为发生良好作用者乃道德之心、五常之性，而非好恶之自身。钱先生说"孟子称公刘好货，太王好色，与百姓同之，使有积仓而无怨旷，孟子之学，全得诸孔子"（上书页六九）。孟子这段对齐宣王因势利导的话，其重点不在"好货"、"好色"而在"与民同之"，彰彰明甚。假定公刘、太王顺着其好货、好色之情，以"自有其好恶"为目的，则他们意欲所指向的只是货与色，如何能顾到人民？他之所以能"与民同之"，能在自己好恶之外，还要顾到百姓的好恶，

　　　　　　　　　　　　　　　　学术与政治之间

这不是他好色、好货的本身在发生作用，而是在好色、好货的后面或上面另有一种道德之心在提撕其好恶。我们没有方法从好色、好货的本身推出"与百姓同之"的结论。否则齐宣王为什么需要孟子这样费力去诱导，而依然不能做到"与民同之"？古今的暴君污吏，无非是好色、好货，所以政治"民之所好好之，民之所恶恶之"的极则，只能实现于不自有其好恶之人。先秦诸子百家，几乎都要求人君无为而治。"无为"即是不自有其好恶，这是统治者的修己。以无为去成就人民的好恶，使人民能遂其好恶以保障其基本权利，这是统治者的治人。惟修己以超越于自己的自然生命的好恶之上，才能达到成就人民好恶的治人的目的，在这种地方，修己与治人有其必然的关连。这种修己与治人的关连及其区分，几乎可以说是儒家精神的全部构造。

在所有儒家的文献中，提到好恶时，大体上都是注意如何能以性率情，而不至以情蔽性，以使好恶能得其正。从修己上说，很少直接从好恶本身上去建立人生价值的理论。甚至除庄子以外，在道、墨、名、法中，也似乎没有这一种理论。王弼以《老》、《庄》注《易》，他释乾《文言》"利贞者性情也"说"不性其情，何能久行其正"。这种文化的大防，是不可轻易突破的。因为在好恶上立足，便只有主观上个人的冲动，而根本否定了向客观真理的努力。而此一努力，乃是人类文化中所必须表现出来的。庄子的《齐物论》，不是要在客观的标准上去齐，而是在否定客观标准，否定"物之所同是"，以还原于各是其是的好恶上去齐，即是以当下承认好恶之本来不齐为齐。他说：

民湿寝，则腰疾偏死，鰌然乎哉？木处，则惴栗恂惧，猨猴然乎哉？三者孰知正处？民食刍豢，麋鹿食荐，螂蛆甘带，鸱鸦耆鼠，四者孰知正味？猨，猵狙以为雌，麋与鹿交，鳅与鱼游。毛嫱、丽姬，人之所美也，鱼见之深入，鸟见之高飞，麋鹿见之决骤，四者孰知天下之正色哉？自我观之，仁义之端，是非之涂，樊然淆乱，吾恶能知其辩。（《庄子·齐物论》）

在人生行为中，只承认好恶，则一切只停留在各个生命的主观状态中，自然不能承认共同的客观标准。不承认客观的标准，归结也只有在各自主观的好恶上落脚。不过作为庄子自序的《天下》篇，承认圣王"皆原于一"，且对于道德仁义名法，皆出以肯定之态度，并叹息于"天下之人，各为其所欲（好恶）焉以自为方。悲夫，百家往而不反，必不合矣"（以上皆见《天下》篇）。则其《齐物论》，殆亦故为荒唐谬悠之言，非其本意，所以他依然不肯以好恶混同于仁义。

王阳明有"良知只是个是非之心，是非只是个好恶。只好恶就尽了是非，只是非就尽了万事万变"的一段话，好像阳明把好恶直凑拍上良知，于是阳明在良知上立足，也似乎即是在好恶上立足。其实，阳明的这一段话是他和禅宗的分水岭。良知不承接下是非、好恶，则良知只是返观内照之知，不能成就人生积极的行为。此段话的关键还是在良知上，只有直承良知而来的好恶，才可以尽了是非。阳明"良知之说，是从百死千难中得来"，所以并不能说好恶就是良知。阳明在"存天理，去人欲"的工夫上，与程、朱并无二致。天理可表现而为好恶，人欲也可表现而为好恶。好恶只是一般，而所以好恶者则是两样，所以工夫不在好恶

　　　　　　　　　　　　　学术与政治之间

上而在好恶后面的根据是天理或是人欲。若只就好恶立论，则根本用不上"存天理，去人欲"的工夫。取消了这一段工夫，则孔孟、程朱、陆王的精神便会一齐垮掉。佛家说"直心是道场"，其工夫乃在如何能"直心"，亦即如何能"复其本心"，使"本心作主"，所以人心、道心之分，天理、人欲之分，乃在工夫过程中所必须安设的，否则常易认贼作父。我认为阳明之言好恶，不同于钱先生之言好恶，这在两人对于"克己复礼"的"克己"的解释上截然不同，更可得到证明。钱先生以"任"释"克"，克己即是任己、由己，而不采取"克去私欲"的通释，因为只站在好恶的立场，不能谈天理、人欲，所以也不能谈克去私欲。但阳明却说：

> 人若真实切己用功不已，则于此心天理之精微，日见一日。私欲之细微，亦日见一日。若不用克己工夫，终日只是说话而已。……且待克得自己无私可克，方愁不能尽知，亦未迟。

由此可知阳明之以克去私欲来解释"克己"，及不在好恶上立足，彰彰甚明。所以钱先生以好恶释仁之说，我怀疑是受庄子《齐物论》的影响，而将戴东原的思想，更大胆向前发展了一步。此一思想本身的意义，可以从各个角度去衡量，欧洲文艺复兴期从宗教气氛中回到俗世的人文主义，与钱先生的基本精神似乎更相接近。也可以说在钱先生的思想中注入了时代精神而或为钱先生所不自觉。但其与孔孟、程朱、陆王的修己以立人极的思想，我总觉得有很大的距离，所以钱先生的文章都是条理密察，但关于论仁及与此有关的地方，终不免抵牾而未能条畅。我想，其最初的分歧点，恐怕是来自把儒家治人的标准，当作修己的标准来看了的缘故。这是我想向钱先生恳切请教的。

三

儒家不仅在要求统治者以人民之好恶为好恶的政治思想上，是涵育着深深的民主政治的精神，并且修己与治人的标准的划分，实可为今日民主政治尚无基础的地方解决一种理论上的纠结，使极权与民主不致两相混淆，这也不能不说是一个奇迹。

因为我国缺少民主政治的实际体认，并且受了共产党一切归结于政治的说法影响太大，所以常常把学术上的争论，直接和政治勾连在一起，于是主张自由的人，一不小心，便滑落到极权主义的圈套之中而不自觉，所以我曾经写过《学术与政治之间》一文（《民主评论》四卷二十期），将政治与学术的妥当领域，加以界划。一面保障民主政治自由选择的运用形式，不致因学术上的所谓真理而动摇；一面从政治的多数决定中，保障学术的纯洁性、独立性。当我写那篇文章的时候，还没有想到儒家将修己与治人分开，即含有这种意义，而只是将既成的民主生活的事实，作一理论上的反省。最近读到台湾大学陈康教授《论思想统一问题》的大文（见《自由中国》十二卷第九期），更觉得儒家的用心，到现在还有一种重大的启蒙作用。

陈教授的文章是从"在一个国家里规定行为的思想必须是统一的"这一大前提之下开始，而举出了四种统一方式。一是像秦始皇那样统一于他自己一人（其实从思想上说，秦是统一于法家一家）；一是像汉武帝那样，统一于儒家一家（其实，从政治的事实上说，汉武以后也是统一于皇帝一人）；一是像共产党那样统一于一党；一是像民主政治那样，统一于人民的多数。陈教授站在"错误可以百出，真理只有一条"的立场，认为"统一于多数的思想，比较最接近绝对是非和绝对利害，它的错误可能性比较统一于一党、统一于一家、统一于一人所有的错误可能性减少至于极微"。所以不待说，陈教授是赞成统一于多数的。但是陈教授认为前三种统一方式是少数人压迫多数人，固然不好，后一种则是多数人压迫少数人，虽较前三者为优，"然而这些少数人何辜，独不能伸张人权和多数人一样"，陈教授认这"脱离不了五十步笑百步的类型"，而是"民主主义须要解释的一个问题"。据陈教授自己的解释是"少数服从多数……并非受屈于多数"，而是因为多数人的意见"更接近绝对是非和绝对利害的意见。这一意见虽非少数人现实所主持，然而却是他们遵着同一道路可能达到的比较良好的意见。因此，多数统治少数，事实上……是少数人（将来）可能有的意见，统治他们自己现实所有的意见"。即是少数人以其将来之我，统制现在之我，是自己统制自己，所以并不违反人权。陈教授因为假定民主政治的基础，乃在于其多数所代表的真理性，求真理有其必须的条件，所以他最后为了民主主义的思想统一方式，提出两个条件，"其一是国民的观点要多，另一是国民要具有科学的批评精神和逻辑的论证能力"。

陈教授肯以认真的态度来谈有关现实的问题，这一点使我觉得非常难得。但陈教授对于民主政治，似乎还有若干隔膜。所以他所提出的问题，似乎不曾得到解决，反而有走向相反的方向——极权主义方向的危险。

首先，在民主政治下的少数服从多数，何以从来未感到这其中含有少数者的人权问题？因为民主政治的实际运行，和陈教授的想法有些两样。所以在民主政治之下，根本不会发生政治上的思想统一乃至须要思想统一的问题。不错，陈教授一开始已经限定"本篇所谓思想，指规定人的行为的思想"，以与纯知识活动的思想相区别。但民主政治由多数所决定而须要统一的行为，乃是一种极被限定的行为，每个人大部分的行为，尽管有其若干共同趋向，并承认若干共同标准规约，可是这是由传统、习惯、教育、文化等而来，并不是由政治的多数决定而来。民主政治的起点，便是要使政治愈少干预人类的生活行为便愈好。假定人类的生活行为——由政治去决定，则不论通过任何方式来决定，都是极权的压迫。其次，在行为的后面，固然有其思想根据，但政治上，行为与思想的关系，并没有逻辑上必然的关系；相同的思想，在政治上可以趋向不同的行为；相同的行为，在政治上可以来自不同的思想。例如反共抗俄，是一个大的共同行为，讲自由主义的可以赞成，不讲自由主义的，甚至是托派的人也可以赞成。讲全盘西化的人可以赞成，讲中国本位文化的人也可以赞成。信仰三民主义的人可以赞成，不相信三民主义的人也可以赞成。尼赫鲁在国内反共，在国际亲共，狄托在国内实行共产主义，在国际上反对共产主义的祖国。所以民主政治，只问现实的政策，不问政策后面的思想。这不是完全否认政策与思想的关连，而是把政策后面的理论根据，亦即是一个人在行为后面的动机，保留给各个人自己，在政治上可以付之不问。所以政策的统一、行动的统一，并不就是等于思想的统一。世界上只有最愚蠢的政治家才要求大家以和他相同的同一思想动机来赞成他的现实政策。共产党根据其阶级性的理论，便特别重视思想动机对于行为的关系，认为只有先把每个人的行为动机弄清楚后，以达到理论与实践的一致，才算是可靠。换句话说，它们认为只有先解决了思想问题，才能真正解决政治问题，所以要大力作洗脑等血腥的工作。但苏俄到现在为止，还是以政治暴力来不断地解决思想问题，并不是以思想来解决政治问题。如果认为一个国家某阶段的政策统一，即是思想统一，则政治即可干涉到每个人的内心生活而成为极权政治。站在儒家立场来说，由纯正的思想动机以贯彻到日用行为，使思想与行为之间，没有一点矛盾，即是王阳明所说的"知行合一"，这是修己之事。以修己之事来作治人的要求，儒家从道德的立场要予以限制，近代民主政治从人权的立场也决不许可。

更重要的是，民主政治最高的立足点，不是认为政治上的多数，能"达到比较更接近绝对是非和绝对利害的意见"。绝对是非和绝对利害，是不可变动的，因之是属于学术上的问题，这不是多数能够作决定的。我在《学术与政治之间》的那篇文章里说得很清楚："一万个普通人对于哲学的意见，很难赶上一个哲学家的意见。一万个普通人对于科学的知识，没有方法可以赶上一个科学家的知识。"我们不能把哲学与科学完全划出于人类行为范围之外。德国哲学家 E. Spranger 在一九五〇年写给日本《中央公论》编辑部的一封信曾说过这样的一句话："大众如（对文化问题）获得了胜利，则我们全世界的文化，恐怕就要趋于溃灭。"（见《民主评论》二卷四期）这是一位哲人，身居两个世界的连结点，深切体认出以政治多数决定文化、思想所孕育的危机的痛苦呼吁。同时，陈教授说共产党是把思想统一于党，其实，最低限度，共产党在理论上它是主张统一于多数；因此，"大众"与"特殊阶级"（亦即少数人）的对称，成为它的政治斗争——思想斗争所经常使用的工具。它的思想斗争的方法，主要是通过"群众路线"，以多数来克服少数。它为什么对反对者要作无情的摧毁，因为它相信"人民大众"的多数是在它那一方面，即是绝对的是在它那一面；其反对者只是因为其阶级性或一时的缺少自觉，而站在绝对的非那一边。陈教授认为多数的决定是"比较更接近绝对是、非和绝对利、害的意见"，因此，这是真理的一条直线发展，而为少数者将来所不能不接受的立场，少数者之受压迫，只是将来可以觉悟之我，来压迫现在还未觉悟之我，因此陈教授认这依然是"少数和多数在理性之前，彼此平等"。在统治这种少数者的手段上，陈教授当然不会主张与共产党相同；但对于政治上多数与少数在真理面前的估价，则完全是一致。因为这种一致，于是共产党对反对者的肃清，只是这些观点向前进一步的发展；用共产党的口气说，只是它以革命的手段来彻底实现真理而已。

民主政治的少数服从多数，只认为这不过是以数量来解决问题的明确办法，由多数所代表的意见的优势，不过是相对的、一时的，因此，是根据一定的程序可以改变的。民主政治下的少数者，并不是在真理前的屈服，也不是被多数者统治其思想，更不是由将来的少数者的自己，来统治现时的少数的自己，而是以堂堂的反对者而存在，其思想要由多数者予以保障，并且现在的少数者要争取成为将来的多数者。民主政治，不是以多数者所代表的真理性为基础，所以少数服从多数，只是民主政治中的一个条件，不仅不是唯一的条件，而且也是与极权主义者所共同承认的条件。世界上也有造不出多数的极权统治，这乃是一种最低级的极权统治。民主政治的基础，是安放在可以经过和平的程序，自由地修改政治上的错误之上，因此，少数服从多数，只有和多数保障少数同时存在，才有其民主的意义，只有在多数与少数可以自由变动的情形之下，民主政治才是以其"运用的形式"来接近政治上比较绝对是非和绝对利害，这决不是由多数者的政治内容所能代表的（关于民主政治是政治的形式，而不直接关涉到政治的具体内容的这一点，我曾在《中国政治问题的两个层次》一文中加以阐述）。照陈教授的说法，民主政治中的少数迟早应归于消灭，结果只存在着比较接近绝对是非和绝对利害的这一方面，因陈教授是"假定少数人（将来）可能有的意见，统治他们自己现实所有的意见"，这句话的意思是说明现在的少数者到将来认识进步以后，自然会归到现在接近绝对是非和绝对利害的多数那一方面去了。这正是一党专政的理论根据。民主国家，如英国，第二次世界大战时，保守党是多数，战争刚要结束时变成了少数，上次大选又变成了多数。这种时而多数、时而少数的现象，简直是绝对的是非在那里翻筋斗的现象，在逻辑理性的立场是不应该有的，但在民主政治的立场是永远会有的。

因为陈教授把政治和学术的观点弄混淆了，所以他对民主主义的"思想统一方式"所提出的两个条件之一，即是"国民要具有科学的批评精神和逻辑的论证能力"的条件，不仅不是民主政治运用中的必要条件，并且也无形地会落到另一反民主的圈套中去而不自觉。民主政治和儒家思想一样，只要是一个"生"的单位，即承认其有完满无缺的价值。"人生而自由平等"的另一意义，是不需要出生以后的附加条件，人才有其权利，而是作为一个"生"的单位即有此权利。所以只要不是精神变态或发育不全的成年人，他的认识即有起码的逻辑的暗合性，民主政治即对之寄与以完全的信心而信任其选择的能力，尊重其选择的权利。在这里，只有量的多少发生决定作用，而不是质的高低发生决定作用。"逻辑的论证能力"，这是学术上的质的问题。学术是由质来决定的，十个没有逻辑训练的人，关于逻辑上的论证能力，赶不上一个有逻辑训练的人，在学术的立场上，十个人在这一方面应当接受一个有训练者的指导。但在政治投票的时候，一个有逻辑训练者依然只能算一票，依然应接受十个没有逻辑训练者的共同意见。假定把科学的批评精神和逻辑的论证能力当作民主政治运用中的必须条件，则不仅中国没有多少人具备此种条件，最低限度，在几十年内没有实行民主的资格。即英、美的工人阶级乃至农民，也未必能合此一要求。于是政治问题，应当由教逻辑的教授们来一番演算或辩论以作决定，结果，"哲人为王"，逻辑论证能力最强的应当取得统治者的地位。对于老百姓，最低限度，应规定逻辑为义务教育的必修科，并大量开设逻辑补习班以作选举的准备。但是，在政治上，决不能如此。在儒家，只问人民的好恶；在民主政治，只是基于选民自己利害的选择。一个人，对于自己在利害上的选择，是无待于逻辑的论证能力的。当然有这种能力更好。人民的多数选择，可能是一种错误，而民主政治正是给人民以自由地改正其错误的保障。若是认为多数即是代表真理，则民主政治改正错误的机能便归于消失，这即意味着民主政治整个机能的消失。

政治与学术的观点不清，其弊害已如上述。但是，知其一不知其二，也是人之常情，所以分清也并不容易。儒家思想，主要是"规定人的行为的思想"。但它在二千多年以前，已经把同是规定人的行为的思想，却在修己与治人两方面界划清楚，这种界划的基本用心，针对着共产党的现实（冯友兰曾说共产党是要人人作圣贤。以政治强制之力来要人人作圣贤，即使是真的，也会成为莫大的罪恶），针对着陈教授所提出的问题，似乎还有其深远的意义。由此可见孔家店所出的货色，似乎并没有随"五四"运动的"打倒"口号而俱倒，恐怕这是陈教授所意想不及的。

一九五五年六月十六日《民主评论》第六卷十二期

# 附录：评《学术与政治之间》甲集

## ——徐复观文录读后感书

程沧波

　　徐复观先生在本书自序中说："正式拿起笔来写文章，是从民国三十八年开始。"徐先生正式发表文章，虽是近七八年来的事，但是他今日的文名，他今日所代表的呼声，正是自由中国的第一枝笔，也是自由中国第一位大政论家。前几年有人真诚地推崇他是当代的陆宣公。记得两年前他在《民主评论》发表过一篇关于陆宣公的文章，是苏东坡以后推论陆宣公最完全精密的一篇文章。在一个研究历史的人，古今人物是极难相提比拟的。所以我对徐先生的论著，并不想把他与中外历史上任何人物作对比，而只觉得他是这一时代中国最有良心责任的一位大政论家。如果勉强要比拟，徐先生在中国历史上的地位，是极为崇高而独立。徐先生自称从民国三十八年起，才正式拿起笔来写文章，他因为"对此一巨变的前因后果，及此一巨变之前途归结……想了看了以后，在感叹激荡的情怀中，不能不把想到看到的千百分之一，倾诉于同一遭际的人们之前"。从徐先生近八年来所发表的文章内容看，他的学问修养与气概的蕴蓄，正所谓"积之也厚"，然而他必待民国三十八年才正式开始作文，这又足证明他的胸襟态度，是一位顶天立地人物，而不是一个普通文人。

一般舆论对复观文章的推崇，是赞赏他的气与识，从民国三十八年到今天，他在各地发表过不少有关时事性的文章。这许多文章的内容，今天海内外文坛，并不是没有人看到，也并不是没有人能写，但没有哪一个人能像他看得如此深，没有哪一个人能像他写得如此亲切，更没有人像他能不顾一切，忠诚坦白地倾诉贡献于当世。"假定一个时代，到了由钉死自己的良心理性，进而想去钉死社会的良心理性的阿谀家们，起来取真正的时论者而代之的时候，这正说明此一时代的终结。"（原书自序。）复观的时事论文，所以能不顾生死利害而忠诚勇毅地呼吁，他正想凭他的良心理想，他又在想凭一般人类的良心理性，去倒挽时代的狂流。在这一点上，如果把历史上的人物来比拟，他不是陆宣公而略似陈同甫。陈同甫当时的时势，比起陆宣公所处又危急得多了。然而，陈同甫犹有求名之心，有求用之迹，这是历史家的公评。复观这几年的行谊，他不但把功名富贵抛弃干净，而且把生命利害也完全视之如敝屣。陈同甫当时，苦的是无进身之阶。龙川的议论奏疏，是为求用，亦为求名。而复观的议论文章，只知有国家，只知有人群，而不知有身家，更何有乎功名富贵！这是复观高出陈同甫的地方。为将来历史家所不可不知的一点。

在《学术与政治之间》甲集本书中，徐先生在自序中说明关于纯时事的文章，几乎不曾收录，我想这类文章的不朽，是不一定要待他自己收录印存。复观文章的光芒，时事文章原不过是他议论的一面，他对时代、对文化最大的贡献，还在积极方面的学术主张。他在这一方面最值得我们称赏的地方，便在把儒家精神、人文主义精神与民主政治沟通汇合。"儒家精神、人文精神，不是以概念为主的学问；它需要知识，至少是不反对知识，但主要的是成就人格，而不是成就知识。……民主自由是一种态度，而儒家精神、人文精神，从某一角度说，主要便是成就人生从性情中流露出一副良好态度，这是对整个人生负责的，因之，也是民主自由的根源；而民主自由，也正是儒家的精神、人文精神在政治方面的客观化，必如此而始成其全体大用……我认为今日真正把握住儒家精神的人，应以实现民主自由为己任，这是儒家基本精神面对政治所不容已的要求。……"（原书页一三四）复观数年来学术论文中提出这种主张的地方很多，而且他还不断在这一方面努力。这是中西学体用之说，或全盘西化与发扬中国固有文化各种纷纭论战以后一个独特的创造。本书二十篇论文中，对这一个主张是相当有系统地在那里发挥。

所以复观的文章学术，不仅擅有陆贽与陈同甫之长，而且兼着朱紫阳与黄梨洲一类的积极建设性。陈三立序梁鼎芬诗，称其"志极于天壤，谊关是国故，掬肝沥血，寱言永叹"。东坡论陆宣公："上以格君心之非，下以通天下之志。"我所认识的复观，不是梁节庵，不是陈同甫，而是陆宣公、朱紫阳与黄梨洲的混合一体。希望复观对中国的政治与文化问题，在看出一条明确简捷道路以后，更能在积极的文化理论建设方面，多多发明。复观的成就，应该在此而不在彼。

顾亭林初见《明夷待访录》稿，致书黄梨洲有云："天下之事，有其识者，未必遭其时，而当其时者，或无其识；古之君子，所以著书待后有王者起，得而师之，然而易穷则变，变则通，通则久，圣人复起，不易吾言，可于今日也。"今天我读复观的文录，感慨万端，不敢自拟于亭林先生万一，而终将仰望复观可继黄梨洲而再起乎。

# 是谁击溃了中产阶级的力量

## 一

共产党为了夺取政权，总是首先侵蚀社会。所以反共的堤防，应该先建筑在社会上面。没有社会反共的堤防，则政府迟早总会土崩瓦解。这便是今日中国局势正确的解答。然则中国社会没有反共的力量吗？如其有之，则又是被谁摧毁了呢？

社会反共的真正力量，应该具备三种条件。第一，在生活上，可以独立自主，因而富有独立自主的精神，不肯接受任何奴役。第二，具有广大的社会性，因而可以在社会上发生主动的作用。第三，生活既不流于骄奢，也不陷于万分穷困，因而容易接受理性，追求理性。具备这三种条件的，只有中产阶级。这一点，自从柏拉图与亚里士多德们明白提出以后（不过那时候不称为共产党，而称为煽动政治家），一直到现在，还是真理。在一个有坚强中产阶级的国家，他可能有被观赏的共产理想，但决不会出现极权主义的政权。

中国社会，正如毛泽东所说，是"中间大，两头小"的社会，也就是中产阶级占绝对优势的社会，但中国并没有挡住极权主义的洪流，以致今日大家都抱有陆沉之痛。然则中国中产阶级的力量到哪里去了呢？年来的事实，中产阶级对此一问题的表现，大多数人是冷淡沉默，少数人反随波逐流。及至感到非起而抵抗不可时，则共党的魔掌，早扼住大家的咽喉，谁也没有力量。史无前例的人类悲剧，便是这样造成的。中国中产阶级的这种动向，将如何加以解释呢？

中产阶级，在中国应该包括自耕农、中农、富农，及一般的工商业者与智识分子（公教人员在内）。因为中国的共产党，是在农村中壮大起来的，为了壮大他自己所需要的营养，都是压榨农民的血汗；所以一直到现在为止，中共在农村的手段最残酷，农民对中共的了解也最真切。中共的任何口号、任何手法，从来没有欺骗住共区里的农民。共区里的农民，从富农以至贫农，反共的意识最为坚决。这也正是中国社会最大的力量。但中国农民，因为教育落后，他的政治意见，不能主动地表达出来。而政府在农村的统治，可以说是贪污土劣的大合唱。一方面压迫得善良的农民吐不过气来，使其失掉了活力。而统治的方式，除了拉丁要粮以外，不肯以任何形式，使农民有自动发挥活力的机会。并且年来政府施政的方策，无形中是走的剥削农村，以营养都市的路线。在此一现实情形之下，尽管在中共到了以后，农民会拼死地反对；但在未到之前，却首先不拥护政府，甚至反对政府。于是这一广大而深厚的反共力量，除了自发地、零星地、出以红枪会等落后的方式以外，不仅是由政府贪污无能的统治所摧毁；并且连他们真正反共的意识，也由于中共的宣传封锁，政府的疏隔淡漠，和一部分外国猎奇的新闻记者们的渲染，反把他们拿来作了"土地改革者"祭神的"圣牲"。这可以说是悲剧中的悲剧。

但近代中产阶级的中坚分子，多半是指的工商业者，及智识分子。这即是所谓市民阶级。而中国的工商业者与智识分子社会的地位，毕竟比农民好得多。政治的感受性，和参与的机会，也远较农民为大。但农民虽然没有发挥出大的反共力量，还有反共的意识。而工商业者和智识分子，却连反共的意识都看不出来。这当非偶然之事。

本来中国的中产阶级，都有其本身的弱点。由于商业革命、工业革命的经济发展，欧洲才产生了近代的市民阶级。由于文艺复兴，宗教革命的文化自觉，欧洲才产生了近代的智识分子，给一般市民阶级以精神的武装。所以欧洲近代在政治上发生巨大作用的中产阶级，对于中世纪而言，不仅是量的增加，而且是质的改变。这种质的政变，是有自发的经济文化作用，以作其基础的。中国的工商业者和智识分子的苏醒，到五四运动时代，才具备了一点社会的规模。但苏醒的动机，主要是激于外力的压迫。而在刚刚苏醒的时候，又正遇着欧战后欧洲的经济文化都发生了动摇的时候。因为系动机于外力的压迫，所以其苏醒缺少了真实的内在之力，苏醒得并不彻底。因为苏醒以后所遇着的世界情势，正当经济文化发生了危机，所以工商业者和智识分子，不能顺利地走上现代的坦途。于是工商业者和智识分子，一方面还不能完全脱离封建式的自私；一方面又因为国家处于半殖民地的地位，而增加其倚赖性、投机性。以这样不健全的中产阶级，一旦遇到史无前例的、挟着国际性的阴谋暴力的集团，软硬兼施，欺迫并用，他们只有先之以糊涂，继之以屈伏了。

但上面并不是说他们完全没有具备近代中产阶级的意识与作用，相反的，中产阶级的意识与作用，在他们中间，究竟已走上了发展的途程。不过发展得还未完成，还不纯粹，还不坚定。在抗战发生以前，工商业与文化工作者，都有一种欣欣向荣的气象；而国民党的完成北伐，与江西剿匪，都得到了他们大力的支持，即其明证。及日本发动对中国的侵略，一面固然摧毁了中产阶级生活的根基，但同时也促成了民族精神的大觉醒。在民族精神激励之下，全国国民，都不顾生命财产的牺牲，各人分担到艰难的任务。当时的主要工商业者，和教育文化工作者，忍着播迁流亡的损失与痛苦，只要能追随得上政府，都口无怨言地，追随政府。我们回想起来，由平津、由京沪、由武汉、由每一个被蹂躏地区，向西行进的行列，真是人类历史上最壮烈伟大的行进行列。形成此一伟大行列骨干的，正是中国的中产阶级。可以说中国的中产阶级，在抗战当初，以较五四运动万千倍的速度，挟着万千倍的内容，飞跃地向自己时代的使命前进。但中国的政府，并没有了解此一行列，因而不曾以适当的政治去领导并充实此一行列，使其扎稳社会前进的根基，因而切实负起抗战建国的使命。相反的，在抗战的过程中，政府把此一行列的精神完全击溃了。于是此一行列，从生活与精神两方面，倒退下来，变成生活失常、精神变态的社会残骸。这便为第三国际征服中国，开辟了一条大路。

二

完成击溃中国中产阶级的任务的，是两个东西。一是由"孔宋财团"所代表的财政金融，一是由国民党内派系所表演的"派系政治"。

"孔宋财团"，并不专指孔祥熙、宋子文两个人。凡在政府及在社会上，能做主要经济活动的，多半与他们直接间接有关，其活动的性质与方式也大约一致。尽管他们彼此之间，不是没有矛盾。同时，国内军阀官僚和大大小小的买办，搜刮来的大量金钱，也常常委托他们，在国外为其经纪。而在孔宋以前所形成的政学系财团，在本质上和他们并无分别，并且也渐降为附庸的地位。所以用"孔宋财团"四个字来概括经济的统治者，是大抵不差的。

孔宋财团所代表的财政金融政策，概括地说，有下面七个特点：

第一，他们仅凭票号与买办的知识经验，来处理国家的经济问题，再无其他任何现代真正的经济知识。所以他们可以大恩小惠地养几个帮闲的"经济文人"，但他们决不能接受任何与国计民生有益的建议。反之，他们遇着这样有力的建议，而无法直接拒绝时，便想法运用政治权力去与人以打击。

第二，他们在国家资本、战时统制等好听的名词之下，把社会的资源财富，集中起来，加以控制掌握。尤其是对金融机关的控制掌握。他们钻在里面，以政府的名义，掩护自己的营利行为。名为国家的四行两局，以国家银行的姿态，享受国家银行的特权。但此一财团的私股，则闹了许多年始终不曾退出。更由这些所谓国家银行，培养出许多私人的"子银行"。子银行都是靠着政治关系，直接间接利用中央银行的发行，和政府机关的存款，来取得由通货贬值所得的非常利润。再由子银行支持许多公司行号，利由低利贷款等手段，站在国家的法律圈外，去囤积居奇。此一财团的金融网，张遍了全国各要地，层层向内吸收，吸到私人腰包以后即转到美国去安全保管。据魏德迈说是十三亿美金。据美国国务院等四机关最近研究的一批（注意：仅是一批而已）数目是五亿多。这可以说是对金融命脉公开的占领。

第三，他们除了公开的占领以外，并不放弃贪污行为。而贪污行为，主要是采取间接的手段。因为官价与黑市汇率的巨大差额，他们便可以一切名义尽量地盗窃外汇。他们垄断进出口贸易，以官价汇率向国外买货，以黑市汇率向国内卖出。因为货币的迅速贬值，他们便可以随便向国家行局低利贷款，借到手后，便等于奉送。因为交通和资源的困难，以及战时法令的限制，他们便可借此限制他人、便利自己的方法，取得交通与资源、资金的特殊便利，而使正当的工商业，尤其是工业，无法生存。一般生产者，从生产技术和管理上所获得的利润，远敌不过由这种特殊便利所得的利润。于是生产界发生反淘汰的现象，扼死了民族工业的生机。

第四，因为他们是国家最有钱的人，所以自抗战以来，一直反对实行任何方式"有钱出钱"的政策。一面造成财富畸形的集中，一面饿垮了军队，饿垮了公务人员。从民国二十九年夏季起，到三十三年夏季止，因饿因冻致死的壮丁新兵，远大于因作战致死的数目。作者三十二年十一月由西北回重庆，亲眼看到成都中央军校在鄂北所征募的练习团，走到广元附近，完全变成了人鬼之间的行列。这绝对不是特殊的例子。但这一群肥头大耳之流，对于各种惨绝人寰的情形，却熟视无睹，睹亦无所动于中。凡是支持国家、支持政府的骨干，都抛到饥饿线上，站不起来，只让这般渣滓浮来浮去。

第五，他们为要维系他们经济的地位，遂以不正当的手段，向有力的官僚做人情。其方式是送法币、送美金公债、送官价外汇、送低利贷款。随便举一个例子吧，战时所谓要人们的子女，只要能离开母亲的，即不论程度如何低劣，都以国家的官价外汇，送到外国，准备镀金回来，继承父志，再害国家的下一代。凡是守正不阿、安分守己的人，都是奄奄一息。

第六，他们把私人投机的行为，扩大到政府的经济政策上去，于是政府不通过大经大法的经济政策，来领导社会，而常是以投机的方式，与社会相竞争。他们利用自己所做的圈套，加入投机的行列，占得特别便宜。除社会及政府都受物质损害以外，更鼓励了社会的投机，丧尽了政府的信用。

第七，他们把自己的亲戚爪牙，分布到国家每一个重大的金融与企业机构中去，形成一个政府之上的"经济王国"。一面为此一财团的大亨们完成上述目的的工具，一面使这批爪牙分润余沥，使其成为一个占住政府以外的特殊剥削集团。他们除了得到便宜价款、勾结行号、折扣利息等经常舞弊行为以外，更把特殊不法的利润，朋比分肥。政府的简任或将官的待遇，常常赶不上他们的一个工友。不管舆论如何指责，政府也曾表面禁止，但这是由孔宋财团的封建关系所发展出来的东西，只要孔宋财团的精神不死，他们便可以一切不管，一切也管他们不了。内地吃完了，便搬到台湾、香港、美国、一切最安全的地方去吃，除非共产党统一了世界。

在上述七大特色之下，使整个社会的经济活动，都卷入于投机舞弊的大浪潮中。大家在不合理的金融财政政策之下，只好也用不合理的手段，争取不合理的生存。不能或不肯加入投机舞弊浪潮中的人，便只有坐以待毙。于是中产阶级合理而稳定的生活基础，完全破坏了。一部分或分润余沥，而变为此一财团的"家奴"；或接响追踪，而成为此一财团的"庶子"。大部分人，则都失掉了生存的保障，失掉了生存的信心。尤其是在此一财团的财政金融政策之下，最明白地告诉社会，凡是奉公守法的，一定叫你吃意外的苦头；凡是作歹为非的，一定叫你得到预期的好处。社会一切的道德、法制、信用等等，所有赖以维系人与人正常关系的精神因素，都破坏无余。更加以贫富的距离加大，生活的差别悬殊，由对现实不平不满所激发的感情，冲破了中产阶级固有的和平中正的情调。所以中产阶级，在此一财团压迫之下，小部分变质，大部分破产。

三

上面所说的孔宋财团，不能仅从经济本身去了解它，而实际是政治的产物，是政治在经济方面所表现出的自然形态。但若单就政治来谈政治，则十多年来，国民党内部派系政治的作法、作风，与孔宋财团正是一对难兄难弟，在社会上发挥异曲同工之妙。至于难兄难弟把政府糟蹋到"友敌共弃"的程度，则本文不打算提他。因为它们本身就是政府，所以也无特别提的必要。

中国国民党，他本是中产阶级的政党，本是代表中产阶级政治路线的政党。但因外受共产党组织形式的影响，内受封建余毒的侵袭，随统治时间的延长，而逐渐失去了中产阶级的本性。由"以党治国"，退堕到党内的"派系分国"（分国之赃）。这种情形，民国十六、七年以后已经开始。不过当时各派系的内部，仍有其政治上的活力。一直到抗战发生，各派系有其反作用，也未尝没有其正作用。有时正作用且高于反作用。但到民国二十八、九年以后，则只有反作用，几乎没有正作用，而成为不可控制之局。

其内容虽然复杂，但因为一切都是以派系为中心，通过派系而表演出来的，所以我称之为"派系政治"。详细地说，就是"派系分国的政治"。

派系政治，是在三民主义空头支票掩护之下，由各个人的封建自私所形成的。完全大公无私的政治家，历史上并不多见。但自私有自私的类型和特色，而此一集团自私的类型与特色，乃在其残余的封建性。各人以自己现实利害为中心，顺着血缘关系，由子女亲戚，推及于同乡、同学、学生，以及所谓"一手提拔之人"。每一有权力者所拿的尺度，都是与他自己亲疏厚薄的关系。凡没有私人关系的，便一律排斥于各派系之外，也就是排斥于政府之外。于是国民党之所谓"党"，变成了封建人事关系的许多小集团。但典型的封建社会，还有封建的道德加以维系。而现时的封建，毕竟是没落的东西，封建的道德，已扬弃而转向为新的形态。于是封建关系的本身，便没有任何真正可靠的道德观念之存在。所以每一小集团的内容，都空虚动摇，并无真正的团结性。当各派各系互争之际，不断地截取中山先生的遗教中的一言半句，或社会流行的名词口号，以拱卫自己，打击别人。实际，他们什么也不是，什么也不想，而只是想分得国家的权位。因为大家对国家的权位，只当作满足私人欲望的工具去追求，权位只对他的欲望负责，而不对国家的问题负责，所以追求到手以后，决不发生真实的责任感，而只感到分得不够。分了这，又想分那。纷纷扰扰，穷年累月不休。这一情势，到了三十六年秋冬之际的所谓选举，以钻骂赖哭等手段，分国大代表，分立监委员，而达到冠绝古今、登峰造极的境地。正当中共自三十六年九月开始竭尽一切的手段，动员扩军，准备突破战场的胶着状态，发动三十七年决定性攻势的时候，国民党人则在民主政治口号之下，不惜花上与中共动员、扩军约略相等的时间，与更超过的人力物力，再加上中国传统文化所遗留下来的若干礼义廉耻，尽掷之于这一"分"的选举，这真可以说是"乾坤一掷"了。国民党员，好像也知道这是最后的一次机会，所以分得更公开，分得更彻底，分得人之所以为人的起码面子也不要。派系政治，好似一个大粪坑，一粘上他便臭。他已经臭坏了中国性的三民主义，现在又臭坏了世界性的民主政治。大家说民主政治可以救中国，派系政治便拿出这样的民主政治来给你看，使谈民主政治的人作呕发抖。

于是有人埋怨当时不应该办这样一个装面子的选举，以致因虚名而受实祸。不知派系政治的特色，是只讲关系，不讲是非；这一西洋镜拆穿以后，则你分得我也分得，何况就感情说，我跟你这多年，就利害说，我也可以捣乱。所以派系政治发展到那个阶段，已经近于疯狂。大家整天地慷慨激昂，总非分点什么东西不可，"经济王国"分不进去，官位却又有限；已经占了官位的人，假定要分出去，他便可以到香港去革命。于是只有想办法去分民意机关。估计从县参议会分到立监委员，大概露面的党员，都可以分得一杯羹。分了以后，或者可以相当无事。不然，则因欲分无着，所闹的乱子，一定会大过于分而不均所闹的乱子。所以"分选举"，是派系政治必然的归结。

当然，在国民党内，不是没有许多无派无系的志洁行芳之士。即派系之中，也不少有志节、有正义、有热情的人。正和国代、立监委中之不乏很好的人材一样。但这里是作为一个集体去看问题，而不是作为各个人去看问题。导演这个集体的主流，千真万确地是上面所说的派系政治。所以有的尽管痛心疾首，却无可如何；有的则本质善良，而在积非成是的大气压中，不能自拔，都不能发生实际作用。

派系政治，对内既都感到分得不够，则对社会，天经地义地会关紧大门。加以民国十三年国民党改组，受了"一党专政"的影响。"专政"二字，深入一般人心，牢固而不可破。不仅不能适应抗战发生以后的情势，向社会一般优秀人士，开放政权；并且始终不懂得树立一个健全的新闻政策，鼓励健全的舆论，以舆论来为自己政权作去腐生新之用。中国在抗战初期，虽然有少数政治人士，想利用时势，夺取地位。但这种人的力量，还是微乎其微。其所以能发生影响，乃在一般智识分子，对政府普遍发生反感以后。在抗战初期，大多数的智识分子，尤其是大学教授，都是为了要政府健全自己、加强抗战力量而讲话的。当时参议会及以西南联大为中心的舆论，主要是集中于有钱出钱、肃清贪污腐化、制裁舞弊投机、整饬社会风气、改善士兵待遇等问题。到了三十三年以后，才有一部分人转到政权问题上去。记得三十三年秋天，我去看闻一多，大家还是第一次见面，上下古今地乱谈，谈到青年从军问题，他感叹地说："我今天去开了一个会，有许多先生反对学生去从军。两种观点，两种说法。一种是学术观点，认为去从军的都是好学生，这会影响到将来的文化。一种是政治观点，认为这是国民党发动的，不必为他撑腰。我当时发了一顿牢骚说，没有民族，还有什么文化？只要与抗战有利，国民党发动的，为什么又不可以撑腰？难道说现在还要打倒政府吗？这都是智识分子的自私。"我引这一段话，是想说明以后愈走愈偏的闻一多，原来并不是那样的偏激，借以证明抗战时期舆论的趋向并不坏。但政府始终认为政权是我们的，政权代表国家，国家至上，所以我们也是至上。大家只仰候我的施与，歌颂我的施与，而没有要求和批评的资格。批评就是捣乱，就是心怀恶意，侮辱庄严。于是由深恶痛绝之情，或发为有形的制裁，或与以精神的压迫。间或给少数智识分子一点甜头，可是一得到甜头的智识分子，便立刻失去在社会的作用。这样一来，便逼着一部分人愤激而走极端，去为中共张目。大部分人，则抱"君平忘世，世亦忘君平"的态度，一切都置身事外，冷眼旁观。中共利用此一形势，加强运用，结果各大学的教授、学生，凡是肯出来说话的，都变成直接间接为中共说话。社会上只看到反政府的智识分子，看不出拥护政府的智识分子。有许多反对政府的言论，简直是近于荒谬，连智识分子中的许多人也看不过眼；但政府既不与他们相干，大家又何必多事？政府许多摆在面前说不过去的事实，谁又抬得起头来为政府多事？当局固然努力取缔，但过去既不能接受合理的舆论，则后来也一定不能拒绝非理的舆论。政府到了此时，除了拥有一批行尸走肉的官僚外，再没有任何基础，没有任何内容。平时被反政府的言论骂得体无完肤，心理上如同罪犯。一旦前线军事失败，便只有混乱一团，望风瓦解了。

上面所说的智识分子，正是中产阶级的灵魂，有着绝大的社会作用。照他们的阶级本性说，如何能随着共产党走？共产党将来又怎样肯允许他们随着走？但年来的悲剧，确是这样演出的。固然智识分子的本身，也有很多的弱点，但派系自私的政治作风，使大家"实逼处此"。至于抗战以来派系政治在教育行政上所种的恶因，此处更不具论。

# 四

现在神州已经大部陆沉了。中产阶级，能不被这一洪流淹没的，可以说是非常的少。这并不是中共的宣传发生了什么效力，主要的，中国的中产阶级，已经精疲力尽，再没有力量逃；更主要的，是对于政府绝望，觉得逃也无益。当社会对政府未绝望以前，从共区逃出的政治难民，经常保持在一千万以上，中共的宣传，何尝发生效果？一般智识分子的心理，有极少的部分，是认为对中共不妨一试。一小部分，则并不赞成中共，但认为不值得同这样的政府逃。大部分，则欲逃无力，只得怀着恐怖的心情，听天安命。最近我曾接到一位未曾谋面的学人来信，中有一段，很可把这种情形反映出来："……虽日弄丹铅，然时闻桴鼓，偶因犬嗥鸡啼，辄为栖毫辍牍。坐是不能静心述作，惟亦不敢旷废时日耳。曩者课艺 ××，尚可粗得温饱。今则敷讲上庠，不免冻馁。来日大难，既不容有负郭之田，以深居穷巷。则高蹈之节，只能效首阳之饿夫。纵令曲学取容，亦只能免杀身而已。此诚千古之奇变，士林之大厄矣。"此信到达时，某学人的住处已经沦没，抄录于此，以作这一代智识分子的墓志。

中国国民党内的一群腐化自私分子，对于中国中产阶级的钳形攻势，是出于"利令智昏"的无知。但中共的智慧，却比国民党人高明多了。它知道中产阶级虽然破产，但由生活积累而来的生活意识，不仅依然存在，并且一与极权政治接触，会立刻昂扬高涨起来，成为中共的死敌。于是中共便大规模有计划地从文化、经济两方面，来彻底地消灭中产阶级。在文化方面，现在正以所谓新民主主义的文化，来改造，也就是消灭智识分子的知识，也就是消灭智识分子的存在。毛泽东的新民主主义，在文化方面，有三个要点。第一，是说中国的历史文化，是封建的，把他一笔钩销了。第二，是说欧洲的正统文化，是旧民主主义的，也一笔钩销了。第三，是说中国只能有新民主主义的文化，而新民主主义的文化，是从苏联十月革命来的。陷区的智识分子，正日以继夜地，学习这种文化。但毛泽东也知道仅靠这样一本小册子来钩销人类几千年的文化，未免近于滑稽；他乃再加上毒辣的经济政策，去挖断他们的根子。中共经济政策，有一个总的目标，就是把社会任何人可以独立生存的资具，彻底加以搜刮破坏，使每一个人都裸身赤立。假定中共认为不需要时，他尽可以不杀你，而你却只好活活地饿死。这样一来，还有中产阶级求生的余地吗？

不过中国人民拒绝中共的统治，是全国各阶级一致的。而中产阶级在历史上所负的使命，是从文化与经济两方面，有其合理性与必然性，是无法加以消灭的。所以中国的前途，还是由痛定思痛的智识分子，领导广大的活不了命的农民，起来推翻中共的极权政治。现在共区里面自动起来抗共的农民，还不曾得到智识分子有力的领导。但迟早一定会得到的。或者来自现已被中共淹没而为中共所消化不了的人们，或者来自中共的内部，来自拆穿了西洋镜以后，由极权回到中的政治路线的中共党员。中国不可能出现一个唯一的狄托，但一定会出现许多狄托。至于现在尚未落入魔掌中的智识分子，当然有更大的决定性的作用。所以为中产阶级，尤其是为智识分子，保留一块最后的自由空间，这是绝对的必要。而为中产阶级本身，及凡关心中国前途的朋友们，所应一致努力的。

可是现在还未落到中共掌中的智识分子，事实上依然是沉默冷淡。于是政府的宣传机构，便不断地提出"既怕共产党，便不应该中立"的责难。当然，在对极权主义的斗争中，还有什么中立？同时，除了极少数投机分子以外，我相信谁的内心也不是中立。但沉默冷淡的态度，却使人感到是中立，使人感到过去智识分子与政府同归于尽的沉痛关系，到最后并没有改变。这在智识分子的本身，自然要深切地反省；但政治负责的人，更应该深切地反省。大凡负政治责任的人，如果是内心想实现极权而又没有能力，外表想装作民主而又没有技能，结果只有在力之所及的地方，抑压舆论，却不能分别舆论的性质；防制社会，而不能了解社会的内容；妨碍他人，孤立自己，这在实际上，还是摧抑中产阶级，为中共开路。在这种环境下的智识分子，除了沉默冷淡外，还有什么办法可想？一个政权能不能得到社会的合作，是政权本身的一个真实的测验，这责任是应该由政府去负，而不是由社会负的。政府的宣传机构，首先要从这种根本地方着眼。所以目前中国的中产阶级，在中共区域里，处的是绝路；即在非中共区域里，依然处的是低潮。中产阶级，尤其是其中的智识分子，为了国家，为了人类的历史文化，应该一反过去因循怠忽的态度，在绝路与低潮中，奋身而起。但现在还有政治权力的人，也应该诚恳地接受失败的教训，把自己的政权变质，使自己的政权，能鼓励中产阶级，能适合于中产阶级追求理性的要求。对于现在还可以抢救得出来的优秀分子，不论与我有关无关，应该负责抢救出来。凡是为反共而展开的社会活动，不论"是不是我的"，应该无条件地加以扶助。在反共的大目标下，任何个人、任何机关、任何事件，都可以批评，都可以在批评中去兴废取舍；使富于追求理性的中产阶级，亲切感到这是我们的政权，这是代表我们的政权；这样一来，则死里逃生的中产阶级，尤其是智识分子，由理智与生命力所燃烧的热情，要抑压也抑压不下去。

归结起来，为了扶助中产阶级乃至全民的活力，使其能恢复反共的力量，则根绝孔宋财团的遗毒，和转变由派系自私所流转出来的孤立政治，这是国民党最后的测验，也是全国人民，尤其是中产阶级的智识分子，对国民党最后的要求。国民党能做到这两点，才算是真正在改造，真正在变质。这是为了使仅存的中产阶级，尤其是智识分子，能在争取自由独立的艰巨工作中发生力量。"包办"的时代早经过去了。何况"包"的一定"不办"，也一定"不能办"。中山先生所倡导的天下为公，这应该是每一个忠实的国民党人反省的第一课。

一九四九年九月十六日《民主评论》第一卷七期

（编者注：该文刊发时，原名为"是谁击溃了中国社会反共的力量"，编入《全集》时改为现名。）

# 从平剧与歌舞伎座看中日两国民族性

一九五一年从三月到九月，曾以《华侨日报》驻东京特派员名义住在东京，并以司托噶的笔名为该报写了若干通讯。兹录存此篇以作纪念。

一九五七年七月于东大

一个民族的传统艺术常常代表一个民族的传统感情，这对戏剧而言更为明显，因为戏剧是活的艺术。我不懂戏剧，但通过日本的歌舞伎座，仿佛我更接触到了日本人的感情，因而对中日民族藏在深处的感情基调，也仿佛通过平剧与歌舞伎座的连结而得到了活生生的比较。所以我在第一次看了东京银座的歌舞伎座以后，便把天下大事摆在一旁，忙着写这样的一封通讯。其实，戏剧有人生的一面，人生也有戏剧的一面。在这兵荒马乱的年头，何必一定说几个艺人的出色当行赶不上坛坫疆场上的英雄豪杰呢？

日本的歌舞伎是日本传统戏剧的正宗。凡是日本传统的东西，无不受有中国历史文化的影响，歌舞伎当然不会例外。日本近代文明的进步当然也反映在戏剧身上。不过，这对歌舞伎而言，只能算是新瓶装旧酒。舞台的壮丽、布境的精巧、灯光的调适，这都是近代的新瓶；而故事的构成、表演的技术以及音乐的配合，却依然是东方情调的旧酒。

我看的四出戏，两出是历史故事，两出是歌舞。高贵的服装和我国的龙袍铠甲十九相同；跑龙套没有我国露场面的多，但那种要死不活的神情却并无二致；全武行的场面则与我国一般，一个或几个角色摆出一种威武、庄严等架子给人看，使人叫好，这也是我国的所谓"亮相"；念白的咬字熬腔恰等于我国平剧中的道白。凡此种种都可看出日本戏剧和我国有不浅的血缘。至于纯舞蹈节目，这或许是从他们的土风舞升华起来的，在平剧中却很少见。

说到他们和平剧不同的地方，首先是表现在音乐上面。他们没有鼓吹，没有二胡，而是以三弦为主的所谓"长呗喇子连中"或什么"连中"（连中是一帮、一组或一团之意）。这种"连中"非常整齐严肃，一样是出来摆场面的。鼓吹在我国明朝末年才流入民间，其音节是激扬发越；而日本的各种旧式音乐，多于素朴凝重之中带有滞涩抑郁之意。也或许可以说鼓吹是大吕，而日本的旧式音乐则是清商。它大概和中国或印度有关连，但考证不是我的责任。仅就欣赏而论，则比较起来，我还是喜爱我们的鼓吹。尤其是在平剧中把它使用得与剧情的喜怒哀乐水乳交融，真做到"有声有色"，在人间平添一番热闹。

就戏剧表演的本身说，日本也一样是有念有唱。但演员的本身只念而不唱，唱是拿乐器者的责任，念的作用是直接道白戏剧的情节，而唱的作用则间接表现剧中人内心的情绪。平剧演员，一个人既念且唱，好像有点不合实际，但其妙处正在使看的人觉得只有念了后又唱，唱完后又念，念唱相生而复相忘，这才算表达了一个剧中人完整的感情，使人对于某一戏剧所包含的东西有一个较圆满的接触，而不觉其稍有遗憾。又譬如说哭吧，日本戏中的哭表现得非常逼真，但平剧中的哭则如千哀万怨，假借抑扬摇曳的腔调，自千崖万壑中倾泻而来，这才算尽了哭的能事。所以我觉得只有平剧中的哭，才真正哭出了人世的悲哀，超现实而真反映出了现实。

更重要的是在表情的方式上，画出了中日民族的分歧点。平剧的表情使剧中人物的性情心境不仅通过演员的念唱直接表达出来，主要还要通过演员的眉目、须发、手足等动作，表现得沦肌入髓。为补助面部表情的不足，于是而有脸谱。脸谱之妙，是在脸上构成的富于浪漫色彩的图案，恰合于被表现者的性情脾胃，而毫不觉其不自然。这要算是我们在戏剧中的一大贡献。

但日本歌舞伎演员，初一看，好像是中世纪木版刻画的人物，简直看不出他脸上的表情。深一层去看，则女的表情总使人觉其凄冷，而男的表情则总使人觉其阴森。他们好像是千百年不曾见太阳的深沟巨壑，使人无从捉摸到他底下藏的是些什么东西，而只是凄冷阴森之气，令人郁而不舒，积而不散。即以现在日本的梅兰芳——"六世中村歌右卫门"来说吧。据闻构成"歌右卫门"的条件是要庄重、豪华、气韵、伟大、美艳。但从我的眼睛看来，除了舞蹈或者以身段来表现情感时确深刻表达了日本女性柔婉之美以外，他雪白而呆滞的脸上使人看了只觉得有难以形容的歉意，而毫无风神，毫无气韵，所以不能构成令人惊心动魄的美感，哪里赶得上我们梅郎的仪态万千、风华盖代呢？这并不是说他的技术不高，正因为他的技术太高了，所以他的凄冷，与另外一位演员"幸四郎"的阴森，成了日本人感情深处的典型，才赢得日本人士的推许。日本人士也用极简单的脸谱，但是拘而不化，所以不能刻画入微。有一幕舞蹈剧，以两个人代表善恶作相对的舞蹈。代表善的脸上便套上写一个"善"字的面具，代表恶的脸上便套上写一个"恶"字的面具。这假定在我们的平剧，只要在脸上勾他几笔便意义昭彰、活龙活现了，哪里用得上这种生吞活剥的办法？日本的歌舞伎并不是不好，他的精炼、简洁、宁静都使我有一番欣赏。但看完后总觉得不十分满足，好像遗漏了一些什么。归结起来，日本的表演是尽量把感情抑制下去，而平剧则是尽量发挥出来。日本的表演方式是颇接近现实，却很难使观者把自己的现实融到台上的现实感中去；而中国平剧的脸谱、胡须、二胡、锣鼓、地鸡毛、背上的令箭旗，都和现实相去颇远，可是看了好的平剧以后却令人把自己的现实与台上的不现实相浑相忘。一场的打斗离合悲欢，只落得"父老闲来消白昼，儿童归去话黄昏"，便也十足地"兴观群怨"了。相浑相忘是艺术的最高境界，但这只有在不太现实化的情况下才有其可能。日本全武行的翻斤头也没有平剧的翻得浑沦圆熟，因为有种无形的东西把他们抑制拘束了，使其不能尽情开展，所以连这种小玩意，在我看来也没有中国的成熟。

我上面这些话，并不是出于民族的自夸，而是想借此以透出一点较深而又较真的消息。中国儒家重视礼乐，是要把人类内部的原始感情合理地疏导，合理地发舒出来，即所谓"因人情而为之节"，使人的性与情一致、内与外一致，不在内心的深处常藏着有什么不可测定的阴森之气，使人能过一种天真的恺弟祥和的生活。于是中国的人生是趋向没有城府的物我相忘的境界，即是孔子所说的"游于艺"的境界。日本人对生活矜持敬畏之念还没有落实到和平乐易之中，于是日本人的感情深处总存积着许多不愿发舒、不敢发舒，或甚至不知发舒的小小深渊。深渊与深渊之间各自敛抑，各成界划，遂凝结而成为一种阴郁的气氛，感到随处都应有所造作，都应有所戒备。由此愈积愈深，使他自己负担不下，一旦暴发出来便横冲直撞，突破平时所谨守的一切藩篱而不可遏止。阴森与暴戾只是一种感情状态的两面，日本人对人的过分礼貌与过分野蛮，都是从这种感情中发出来的。这种民族性格毕竟是阴凉的悲剧性的性格。所以我一方面欣赏日本人到处保持着的东方静谧之美，但在静谧的后面也多少感到了他们所藏的阴郁，他们过分敛抑的阴凉，而总想祝他们人生的珍重。

　　　　　　　　　　　　　　　　　　五月廿八日自东京

# 从现实中守住人类平等自由的理想

最近读了两篇朋友的文章，觉得有几句话想说。一是唐君毅先生的《自由、人文与孔子精神》（《民主评论》三卷二十、二十一期）。此文会通中西自由观念，体大思精；并认为自由权利思想，本为中国之所无所短，不作丝毫附会；且根据孔子之真正自由精神，以指出"孔子信徒，仍必反对一切极权主义"；这都足给今日用剽窃依附来谈中国文化者以一顶门针。但我尚引为不足者，唐先生认自由权利，必以依托于"文化活动"为其价值；这种说法，对个人而言，固无不可。然自由权利，乃就社会中之各个人来说的。以社会中各个人的立场来争取自由权利，其本身即系一绝大之文化价值，而不须以另一文化活动为其价值。社会中各个人之自由，与一个人精神上、道德上之自由，乃属于两个方面，而不属于两个层次。等于"老者安之，少者怀之"，"老者可以衣帛食肉，黎民不饥不寒"，此事之本身即具备一自足之价值，与"食无求饱，居无求安"，全系两方面的问题。把两个方面的问题，看作两个层次的问题，无形中便使自由权利因从属于另一层次而落空，这便容易发生流弊。我曾以此意请教于唐先生，承来信说，这是由于他文章之不够善巧，其本意决非如此。

另一篇文章是戴杜衡先生的《从经济平等说起》（《自由中国》

七卷八期）。戴先生对经济学的湛深的研究，非像我这种门外汉可置一词；而戴先生主张以经济自由来维护政治自由之用心，尤为本人所心折。但我认为戴先生这篇大作，实可发生与戴先生所期望者相反的作用。爱把个人读后的感想，拉杂写出来，以就正于戴先生及关心此一问题的人士。

## 一

我首先认为以人间为对象所标出的任何主义，都是为了说明人间所发生的问题，解决人间所发生的问题。凡就现实问题所提出来的主义，其本身只是一种权宜的说法、相对的说法。离开主义所依以成立的现实问题，仅把名词当作一种纯概念的东西，而将其绝对化，再由这种纯概念的演绎，以求代替实际的人间，改造实际的人间，则任何主义，都会成为杀人的绝对主义。政治、经济，都是人间之事。谈政治、经济，总要先了解、承认现在有些什么问题，面对现在的问题去衡量各种思想和主义，而不必先坚持我是信仰或反对什么思想或主义。

其次，人类的理想，也可以说很早便由古代的哲人、宗教家，以简单的词句揭示出来了。但同样的词句，在每一时代都可发现或赋与以新的内容；而最好的时代，也不曾实现了一个完全的理想。任何理想，在现实中都是一点一滴地在相对中去实践。我们万不可因其为一点一滴的实践，因其系相对而非绝对的实践，便将全部理想加以抹煞。不然，便不能肯定任何指导人生的理想。

一七八九年由法国大革命所提出的《人权宣言》，其自然法的思想根据，虽有许多值得加以修正；其新兴市民阶级的社会背景，虽仅有一历史阶段的意义；但它以"普遍的形式"所表达出的"人生而有自由平等之权利"的词句，经过近两百年的周折变化，证明它还是指导人类前进的理想。自由与平等，在某些地方是表现为不易调和；但从整个地看，却又表现为不可分割。

当十六世纪，因"我的自觉"而鼓励了人们世俗的要求，因地理的新发现而鼓励了冒险家对财富的追逐。此时的新兴市民，要从僧侣与贵族的特权中获取追逐财富的自由，于是在伦理上，一反中世纪同情穷人的道德观念，而代以"财富本身即是道德"的观念；在政治上，则援助国王去打击僧侣、贵族，以助成中央集权的近代君主国家之成立。此时的市民阶级，不仅不曾考虑到整个人类的平等问题，连它自身也只要求在经济上有自由，并不曾明确意识到政治上之平等不平等；他们宁愿为了解除僧侣、贵族对追求财富的限制而拥戴一专制的君主。但事实上，政治上没有平等，经济的自由也会落空。于是乃不得不转进一层向专制的国王进攻，这才真正揭开了近代民主革命之幕。

民主革命，是市民阶级联合当时之农民及无产者共同进行的。市民阶级与农民及无产者的连接点，为法律前之平等，即政治上之平等。一般地说，当时并没有真正浮起经济平等的观念，但法国大革命刚告成功，一七九二年，丹格来在国民会议提出宪法时的报告说："由有产者所统治的国，才是真的市民社会；由无产者统治的国，是停止在自然状态。"塔氏（Tohn Tay）也同样地说："国家应由所有者统治之。"于是此一革命的结果，资本家有结合团体之自由，而劳动者的团结则视同大逆不道。连劳动者的选举，也经过长期斗争；即在欧洲民主国家，也到十九世纪的最后三十年才得实现。这一事实，是说明了不平等的经济造成了不平等的政治。不平等的政治，亦即是没有自由的政治。

这中间，还有理论上的一段插曲。渐有近代教养的市民，决不能径情直遂地采取"我富你应穷，我活你该死"的说法。于是亚丹·斯密斯便说："由自然底自由底单纯体系，人在经济生活中，一面互相激烈竞争，一面由看不见的手，促进各人始料所不及的一个目的。"此目的，意即指社会全体之福利。私人财富之增加，即社会福利之实现，这便是自由经济的中心理论。英国在十九世纪之末、二十世纪之初，财富的光辉照耀了整个世界。但据 Charles Booth 及 Rowntree 在一八八九年第一次所发表的私人实际调查报告，伦教百万人口中，有三分之一以上的人们，过着悲惨的生活，尤其是儿童。当时有的资本家说："自然既是不正义的，则社会也没有正义的存在。不正义与不平等，从摇篮便给与我们的。"（见因·勒邦的《社会主义心理学》）这与戴先生大文对穷人的说法，"与其怪人，不如怪天"的说法，恰是东西一辙。但事实并不因此说法而告解决。一九〇九年英自由党的财相乔治（Lloyd George）在下院提出了以征收累进税、奢侈税、遗产税为中心的"斗争预算"，慷慨陈词地说：要于三十年间，"消灭悲惨不洁的穷困"。这是证明亚丹·斯密斯这一类的乐观说法之破产。

上述这一情势，即是产生十九世纪五十年代后，以经济平等为中心的一串努力，争取经济社会立法的历史背景。经济平等口号的提出，并不是来自某一社会主义者的灵感，而是来自百十年无数劳动者悲惨的生活。十八世纪"人权"的基本信念，在大多数人中间因生活安全失掉了保障而受到损伤。但他们并不是如戴先生所说的都是白痴或懒惰者。

苏联革命之始，世界有正义感的伟大人士，都寄与以莫大的同情，如法国的纪德、英国的罗素、中国的孙中山先生。但随时间之经过，不仅证明没有自由的独裁政治，在经济中所成就的是新的奴隶制度；而且也证明私有财产制度之消灭，正所以保证独裁政治更不断底走向独裁。这便提供了世界富有正义感的人们以新的教训。此一教训，依然是证明自由、平等之不可分割。

自由经济在经济发展过程中所尽的任务，无人加以否认。但英国政府正式完全采用放任自由的学说，是始于一八四六年谷物条例之废止。可是在一八三六年，即通过最初的工场法，以保护自由契约下的儿童。时至今日，世界没有一个国家能完全采取古典经济学者的自由放任的原则。凡主张对自由经济加以修正的人，归纳起来，其动机有三：第一是站在人道的立场、人权的立场。除了"自由人权"以外，二十世纪不能不加上"生存的人权"，于是国家在经济社会方面，不能不采取若干积极性的措施。联合国于一九四八年除共党集团外，由四十八国所通过的《世界人权宣言》，即系代表自由人权与生存人权之结合。第二是因自由经济所发生的无政府状态而容易引起恐慌及浪费，于是须采用相当的计划经济以资补救。如最近西欧六国所采用的许曼计划，即是眼前之一例。其最重要的还是在第三点，要以经济的相对平等，来维护人类的民主自由。伯卡（Carl L. Becker, 1873—1945）在其一九四一年出版的《现代民主主义论》中说："通过教育与学校，庶民对于其应有之权利，对于以自己团结之力拥护自己的权利，已经有了觉悟。现代任何文明，对于其受益者或对于后世，纵有如何的光辉和快适，但若不能满足庶民的生活欲望，则庶民因其有破坏其认为不值得保存的东西之力，而可将其加以打毁。民主主义终极的任务，或系在于辉煌文明之建设；而其当前的任务，则在于以何种情形，使自己能生存下去。其关键端在于能否牺牲许多自由中的若干自由，能否牺牲文明许多快适中的若干快适，以提供庶民不可缺的物质的必要物。"英国托勒教授（R. H. Tawney）于一九三一年出有《平等论》，拉斯基教授于一九三三年出有《站在危机的民主主义》，E. H. 卡教授（E. H. Carr）于一九四二年出有《和平之条件》；美国杜威博士于一九三〇年出有《个人主义论》，一九三六年出有《自由主义与社会行动》。他们除了拉斯基晚年外，都不是社会主义者，但都是想修正自由主义的经济，争取相对的经济平等，以守护民主自由。

综合当前思想界与现实的大形势看，都是努力如何使自由与平等相调和，以自由保证平等，以平等保证自由，重新奠定民主主义的基础。诚如戴先生所说，没有一个社会主义者主张绝对的平等；但这也正如主张自由的，不可能主张绝对的自由。法国《人权宣言》中以"不害及他人"为自由的界限，这是很宽而又伸缩很大的界限。这即暗示自由是相对的，而非绝对的。我们没有理由因为只能实现相对的自由而否定自由的理想，同样的，我们也没有理由因为只能实现相对的经济平等而否定平等的理想。在两大理想相对的调和与均衡中前进，这正是说明人类历史的艰辛，也正是说明人类历史的伟大。这才是我们当前课题之所在。我们讨论有关经济的问题，应该先承认这一历史的背景。


二


我上面所说的那一大段话，无非要把有关此问题之历史背景作一简单之描述，以便与戴先生的大作相对照。

戴先生的大作，是要把自由经济加以绝对化，而重新赋与以理论根据的。古典经济学者，在"个人财富的增加，即系社会福利之增进"的假设下，以主张经济自由。换言之，在其意识中，并不以经济自由，而即牺牲经济平等。戴先生则为了使经济的自由主义能够彻底，便将自由与平等完全对立起来，而要将平等的观念，从经济领域中完全驱逐出去；所以戴先生的"经济试论"，在这一点上，比古典经济学者大胆地踏进了一大步。

戴先生首先把经济平等的观念，划归于社会主义，而认为"平等取消了使人们努力的激励，因而阻滞进步"。再进一步引史达林"在一九三一年便公开反对平等主义"，以证明"它（经济平等）不敢在高阶层的辩难中露面"。于此，我应第一指出，经济平等的概念，比自由经济的观念，其历史更为久远，更为广泛，它并非社会主义者之专用名词。第二，社会主义者中间，也正如戴先生所说，多认为"绝对平等为不可能之事"。但这并不等于放弃了平等的原则，也如今日主张自由经济的人，除戴先生外，也决不会认为绝对自由是可能的，但这并非就是放弃了自由的原则。第三，戴先生所谓平等阻滞了进步，当然系指生产效率而言。我不否认追求利润在生产过程中所发生的激励作用。但这在今日，已不是惟一的因素。经济发展到以"大公司"为经营主要方式的今日，股票之持有人，并非就是事业之经营者。并且我们若仅以经济的生产效率而论，则苏联计划经济的成功，耸动了整个自由世界，这是铁的事实。当然，这种成功，正如戴先生所说，是来自"社会主义的鞭子"；但在资本主义发展的前一阶段，资本家的鞭子，并不比社会主义下的鞭子来得轻。第四，中共将史达林在一九三一年所说的一段话，翻译为"反平均主义"，特别加强说明平均并不是平等。一个能挑百斤重的人，和只能挑五十斤重的人得平均的工资，这反而是不平等。我觉得并不能以此作"它不敢在高阶层的辩难中露面"的证据。

戴先生认为"经济上的不平等，其第一个原因就是自然。强之使齐，无异是叫人人都降低到白痴与残废者的水准"。假定不是白痴与残废，而仍有贫富之悬殊，则只是"作了不同的选择"。"B与C（贫者与富者的代称）的命运是完全掌握在他们自己之手。或者，这是天赋的性格使然，与其怪人，不如怪天。"这便是戴先生所以要彻底打倒经济平等的基本理论。为了证明此一理论，戴先生把近代资本主义社会的构造，简化为A、B两个渔夫用手打渔，A渔夫因节约有储蓄而结网，提高了生产，并租与B渔夫或B渔夫被其雇用，结果彼此都得了很大利益的这一简单公式。在此一公式中，资本是来自个人的储蓄，储蓄来自个人的节约；劳资关系等于借贷，卖劳力等于付利息，劳动者付了利息后，自己假定也能节约，也一样地会变成资本家。在这整个的过程中，并无剥削，并无独占，并无机会不平等；换言之，在现社会中，并无经济不平等之存在，自可彻底放任自由，而无需乎采取某种措施（亦即所谓干涉），以追求经济平等的理想。

在这里，我首先提出一个方法的问题。把复杂的现象，由抽象的"舍象"工作，像剥芭蕉一样，从外皮剥到最后的极简单核心，以作对此现象讨论之起点。这和实验室中作化学分解工作一样地，是处理问题的科学方法。克劳塞维兹以此方法写了他的《战争论》，马克思以此方法写成他的《资本论》。戴先生的假设，其用意当亦在此。但用此种方法应该注意的：第一，由舍象所简化出的核心，必须是可以代表讨论对象的特性；一如"无限制暴力之行使"的可以代表战争的特性,"商品生产"之可以代表资本主义生产的特性。其次,由舍象所得的核心、所得的特性,在社会科学中可能是一个纯概念性的东西,在现实中可能并不存在;所以问题的处理者,一定要把原来"舍象"所经过的路数,倒转过来,将已经剥掉了的芭蕉皮,按着其原有的构造,加以再构成,这才使概念性的东西,还原为一个现实性的东西,使讨论不致成为观念的游戏。戴先生所假设的 A、B 两个渔夫的生产发展的过程,或许在数千年前已经存在过,或许在世界某一角落依然存在。从此一假定的本身,根本看不出产业革命后资本主义生产的特性。而且戴先生认为由"一项极简单的生产工具"所形成的生产关系,应用到由"技术高度发展"所形成的生产关系时,并无两样,即"劳动者要成为共有(机器工厂的共有)人之一,并不比那个原始渔人之获得一网,困难得太多"。这样,戴先生便拒绝了舍象后的还原工作,于是戴先生的讨论,始终是离开现实很远的讨论,是抹煞二百年来历史背景的悬空性的讨论。

戴先生由 A 渔夫于捕获之十鱼中,仅自食其八,"积十日之久,共得鱼二十,这是储蓄"。A 渔夫因有此储蓄而结成一网,改良生产工具,以此来说明资本之来源,为由于资本家之"勤俭所得"。勤俭,诚然是资本蓄积之一因素;但仅此一因素,并不能说明近代资本之所以形成。中国几千年的农业经济,亦皆以勤俭为立业之本。近代原始资本的蓄积,有赖于由新航路之发现而来的商业革命;连贩卖奴隶,也是原始资本蓄积之一重要手段。至于扩大再生产的资本蓄积,既不是单纯的剩余劳动,更不是单纯来自资本家的勤俭。它牵涉到整个社会的复杂关系。例如台湾三十家左右的民营纺织厂,在一九五一年的一年之间,赚了四亿多新台币（此数字出自友人口述，恐稍有出入），这主要是来自政府的保护政策。此一保护政策中，包括了官价结汇的机器，美援的廉价棉花，和因为抑制外布进口所提高的市场价格。换句话说，不仅我们住在台湾买布用的人，对于这种储蓄都有一分贡献，连美国的棉农也有了一分贡献。

戴先生说明资本来源后，进而说明劳资关系。劳资关系，就戴先生看，或是有了储蓄的 A 渔夫，租借网给 B 渔夫的租借关系；或是 A 对 B 雇用关系，而"雇用关系，对他（B 渔夫，意即指劳动者）也同样是有利的"。换言之，不论租借与雇用，在戴先生看来并无分别，而都是对劳动者有利。戴先生所说的租借关系，有点像中世纪的佃农与地主的关系，又有点像生产合作社的关系，很难看出它与近代劳资关系有相同的性质。戴先生何以认为由租借关系所生出的利息对劳动者有利呢？据他的公式说，"假如 A 所贷与 B 者，既不是一笔钱，又不是一张网，而是二十鱼，并约定十日之后，B 应偿还三十鱼（戴文原注：依前例，是 50% 的利息）。在此场合，B 在第一、第二两天内，即可结成一网……有利多多"。试以现实之经济行为代入此公式中，则应为"某纱厂的张老板，借给劳动者李四的，不是一笔钱，又不是一台纺纱机，而是二十件纱。约定十日之后，李四应还张老板三十件纱，在此场合，李四在第一、第二两天内即可安设（或购买，或自造）一机器，李四此时有利多多"。这会有人相信吗？

戴先生根据上述理论，认为劳动者能否变成资本家，只关系于劳动者自身之勤俭不勤俭。更实证地说，"美国一般工厂全体的劳工，如果情愿暂时过中国农民那样的生活，我相信，不消两三年的时间，他们合在一起，一定有能力把整个工厂都收买下来"。

据美国 National City《银行月报》五一年七月号在制造工业各部门中选出三大公司作代表，列举其资产如下（单位为百万美元）：

食料及其他关连部门　　　　　　　　一二七〇．〇

纸烟业　　　　　　　　　　　　　　一六五三．〇

纤维业　　　　　　　　　　　　　　　二五八．七

化学及其相关部门　　　　　　　　　二七二七．〇

石油及石油制品　　　　　　　　　　七四三八．〇

橡皮制品　　　　　　　　　　　　　一二三三．〇

黏土玻璃制品　　　　　　　　　　　　三三八．三

钢铁　　　　　　　　　　　　　　　四六九五．〇

非铁金属　　　　　　　　　　　　　一九五五．〇

机械类（电气除外）　　　　　　　　一一七二．〇

电气机械　　　　　　　　　　　　　二七二二．〇

汽车类　　　　　　　　　　　　　　五五三一．〇

纸及纸制品　　　　　　　　　　　　一二四六．五

运输器具（汽车除外）　　　　　　　　六一四．四

家具类　　　　　　　　　　　　　　　　六六．三

皮革及皮革制品　　　　　　　　　　　一七六．四

以上是十六部门中的四十八家公司的资产，共为三二〇九六点六百万美元。美国制造工业部门，在一九四九年初，约有三十一万六千家，其总资产当倍于上述数字。一九三九到一九四八年的十年间，即投资了四百亿元。一九四九年初，汽车制造工人全部为八十万人，每人一年平均所得约为二千五百

元，总共约为二十亿，而仅三家汽车公司之资产，即为五十五亿三千一百万，则全部汽车工人将其两年全部所入，也不能收买三家公司的资产。更以石油业而论，在一九四九年初，其全部雇用人共十一万三千人，一年总共收入约为二亿八千二百五十万元，而三家石油公司之资产共为七十四亿二千八百万元，全部石油工人二十年不吃饭，也无法收买这三家公司的资产。由此类推，戴先生上面"不消两三年的时间，他们合在一起，一定有能力把整个工厂都收买下来"的推论，未免近于轻率了。更不论美国工人生活降低到中国农民生活水准之可能与不可能，及纵使可能时所发生之市场萎缩、经济恐慌的后果了。

其次，戴先生把物价的供求法则移到工资问题上，认为"在整个劳动阶级之中，如果有许多人都有储蓄或变为资本家，即对那未有储蓄或未变为资本家的劳动者……可以不接受低工资，使劳动的供给量减小，因而抬高工资水准"。这种想法是好的，可惜两百年的历史，只是产业预备军不断地增加。而任何经济学者，还不曾指出这是由于劳动者之不勤俭，不肯自己选择变成资本家之路。

戴先生从人生而是不平等的论点出发，接着又好像说在自由放任的原则下，经济并无不平等。平等不平等，其关键又只在于劳动者之勤俭不勤俭。"一切求平等的直接间接的办法，事实上都是压低的办法，它一定会破坏社会进步之水涨船高的自然作用。"所以连遗产税这样的设施，戴先生只能在"反正国家总要抽税"的范围内去承认，而"却不能赞同把遗产税当做劫富济贫的手段那种观念"，因为"富人不会无抵抗地听任政府来'劫'，而政府也并不能把所'劫'得者，真作济贫之用"（单引号是原有的）。

这里我只指出：遗产税和累进税，是由英国自由党所提出的，并非出于社会主义者之手。世界今日只有苏联与经济最落后的国家没有遗产税。而且除苏联外，找不出任何一个国家，完全不采取某种程度的劫富济贫的办法，即某种程度的"社会安全"措施。要有，则只有戴先生的 A、B 渔夫的天国。

然则我之作此批评，是反对自由经济，赞成干涉主义吗？抑或赞成社会主义，反对资本主义吗？我认为这种一剖两开的问法，在实际上毫无意义。美国企业自由，但其中央政府、州政府，乃至若干大公司的本身，都采取许多社会安全措施。英国工党标榜社会主义，但并未废除私有财产；保守党标榜自由经济，但并不能完全解除统制的设施，更不能完全取消劫富济贫的办法。同是主张自由经济，或同是主张统制经济，各国因环境之不同，其中存在有许多的差别。一点一滴的差别，这才是实际解决问题的人所应特加留心研究的。以一剖两开的二分法来看问题，在初步厘清概念时，或有作用；在进一步解决问题时，没有多大意义。德国哲人斯卜兰格（E. Spranger）说："资本主义乎？社会主义乎？这在今日已经不是一个问题。……两种制度，已经是互相交错的。"这句话值得大家仔细想想。

## 三

我们今日谈政治、经济问题，无形地总是以自己国家的情形来作背景。戴先生的立论，可能是激于中国统制经济之糟、国营事业之坏而发的；在这一点上，我承认其用心有消极的意义。但中国经济发展的方向，我觉得不是走一剖两开之任何一条路所能得到解答。现在想借此机会，简单提出几点来向戴先生及其他专家领教。

根据下列几种理由，我觉得中国经济，在可预见的将来，应以私人自由企业为基干。

第一，中国是一个经济落后的国家，由无到有的开发问题应摆在第一位上。我们赞不赞成万能政府，是另外一回事；但最低限度，中国不可能出现一种万能政府。中国政府在经济上的最大任务为替自由企业开路，预防自由企业的流弊。若把经济的重心，收揽在政府自己手里，这便阻塞迟滞了中国经济开发的过程。

第二，中国政治，迟早必须走上民主之路。不如此，国家永远没有出路。我不相信只有在自由企业之下才有民主，但我绝对相信在政治没有走上民主的坦途时，国家资本的确是走向民主的一大障碍。

第三，在政治民主没有基础时，政府自身决做不好经济事业。我们战时统制经济的失败，以及一切国营事业的浪费，其原因不应仅从统制经济及国营事业的本身去求解答，而应在政治的民主问题上去求解答。共产党的新制度，单以经济效率的观点而论，或许比自由民主下的经济建设更为有效。但我们是一个人，站在人的立场，决不能因欣赏金字塔而遂赞成古埃及的奴隶制度；所以我们要反共，要反共产党所走之路。走共产党之路，则对经济只有损害。

第四，我们如回到大陆去，第一个大任务，是要解除共党所加给人民的一切枷锁，恢复人民的活力；以人民广大而自主的活力，迅速恢复全国的生产。这是西汉初年所走之路。则政府在经济方面，以干涉得愈少为愈好。政府自身不在大陆上形成经济的特殊阶级，则上到大陆以后，至少在短期内不会出现经济特殊阶级。

但是，上面所说的，并不是放弃经济平等的理想；也不相信完全的自由放任，即会达到经济平等的理想。我们为了社会安全、机会平等，仍要采取各种措施。争取经济平等的信念，已经在人民大众中苏醒时，没有人能叫它重新死去。

还有，在完全恢复大陆以前，我们是处在一种非常的状态。在非常状态之下，政府对经济不可能不采取若干统制的措施。尤其是我们乃系在一个经济的世界中来谈一国的经济，而不幸，此一国的经济已落后百数十年。以一个落后国，要迎接先进国家的技术与资本，而又不致变为先进国家的附庸，这须要政府的许多措置。同时，我们要从落后中追赶上前，自不能听任经济在自然演进中摸索周折，势必须由政府作某种方向与步骤的规整。换言之，即必须要有一种合理的消极性的计划。

于此，我尚须提出一个疑问。近代民主政治之实现，固然大部份是工商业发达的结果；因为工商业发达，才能形成社会上许多有力的个人与团体，这正是民主政治所不可缺少的基础。可是中国的政府固然有其落后性，而中国的资产阶级，也一样有其落后性。如实言之，中国的有钱人，尚未具备近代资产阶级的性格。假定我们认为只有等中国的资产阶级形成力量后，民主政治才有基础，恐怕是俟河之清的一种想法。因之，我觉得中国民主政治之实现，恐须另辟一新的途径。

上面我只提出了几个问题，并不能在此提出对问题的解决。但我所想说的是，在经济问题上各种相反的要求，固然要求在技术上得到配合调和；而最根本的，则是要在政治上走上民主的大道。这一关打不通，任何经济的路，都不能走上轨道。在欧洲，经济决定了政治；而在我们，则恐怕政治会决定经济。政治与经济，在今日成为一个问题的两面；政治中的自由与平等为不可分，经济中的自由与平等也必须得到调剂。这是外行人的外行看法。

## 附　记

《自由中国》负责人雷儆寰先生，为其三周年纪念，向我要文章，我于是赶写此文奉寄。雷先生接此文后又有些为难。一面恐与"自由"之旨不合，一面又怕对戴先生不便。乃将此文送请瞿荆洲先生审阅，瞿先生提出了宝贵的审阅意见后，又送请戴先生过目。戴先生虽不赞成我的批评，但极力主张发表，再由他加以答辩，以培养自由讨论之风气。雷先生遂将此文寄还，嘱将潦草处修改，预定改在新年特大号发表。我为尊重雷先生的意见，乃将第二段改写，并另加第三段。明知我不应写这类的文章，但我写此文时，是出于一番真的感触；并且若能引起讨论，则不仅可以凑凑热闹，且多少可为刊物减少稿荒。因《民主评论》目前正青黄不接，故此稿不再寄《自由中国》。望戴先生答复之文，亦交《民主评论》发表；此亦拉稿一法，想雷先生亦可见谅。本人对雷先生办刊物之认真精神，瞿先生审阅文稿之负责态度，戴先生治学用力之深、对友用心之恕，均致恳切感激之忱。爰志此一小公案之始末于此，尚望海内专家学者，进而教之幸甚。

十二月十一日台中灯下志

一九五三年一月一日《民主评论》第四卷第一期

# 为生民立命

　　唐君毅先生在《人文精神的重建》的自序里说："民主自由，是为生民立命。"大哉斯言，我在这里将其含义略加申述。

　　张横渠讲的这句话主要是从教化上说明读书人对社会所应负的责任。此处的所谓"命"，指的是人之所以异于禽兽的"具万理而无不善"的人性。此性不受外在的、后起的东西的规定，而系与有生以俱来，所以称之为"命"。《左传》："人禀天地之衷以生，所谓命也。"《中庸》："天命之谓性。"天命的命，实同于西哲"天赋人权"的所谓"天赋"。生民皆有此命，所以皆是完满具足，皆可以做顶天立地的人。但是照中国的说法，因"气质之禀，或不能无所偏；物欲之私，或不能无所蔽；是以于性之德有所不明，而触意妄行，或堕于夷狄禽兽之域"（见朱子《论语或问》"学而时习"节），生民的命遂坎陷蒙蔽在里面，伸长不出，站立不起，生人之道即将归于废绝。这是宇宙间最大的悲剧。读书人是要希圣希贤，是要尽己之性以尽人之性，对于此种大悲剧之不得解救，即是自己性分内有所亏，自然不能不发生迫切之感，自然不能不拿出自己的担当来，以教化之力，就生民所固有之命，加以启迪诱发，使其伸长站立起来，以完成每一个生民的人格。这是从孔子以至宋明诸大儒建立师道、讲学不辍的一大共同悲愿。中华民族屡经巨忧奇变而依然能绵延嗣续，屹立于天壤之间，即是此种悲愿所发出的宏力。

不过，生民的具万理而无不善的命，同时也应该是在其生活上能有平等自由的命，亦即是政治上的天赋人权之命。假定有前者而无后者，则不仅不能在抑压委顿之下责人人从道德上去做圣贤，即使是圣贤自己也应从抑压委顿中翻转出来，使自己随着天地万物，皆在其分位上能各得其所。圣贤为了拯救天下，为了"一人不出地狱，己即不出地狱"，而可以忍受抑压委顿。但圣贤不仅不以抑压委顿期望之于他人，并且也绝不以抑压委顿的本身为道德，否则即是奴隶的道德。奴隶的道德，历史上常常成就了少数暴君的不道德，以造成罪恶的世界。所以人格的完成，同时必须人权的树立。人格与人权真正是相依为"命"而不可分离。从教化上立人格的命，同时从政治上立人权的命，这才是立性命之全，得性命之正，使前者有一真确的基础，使后者有一真实的内容，于是生民的命才算真正站立起来了。

中国的圣贤，对于人格所应凭借的资具，不是没有注意到。所以一方面承认有恒产而后有恒心，一方面又特别以"无为"为君德，并提倡爱民的德治。但是社会的经济活动必受到政治影响，政治问题不解决，经济问题即不能解决。所以中国历史上人民生活的大破产都是来自政治上的黑暗。于是"制民之产"的愿望只好徒托空言。其次，中国圣贤对于政权运用的形式，除了"圣君贤相"以外，再没有想出其他的方法。君不圣而相不贤乃古今中外历史的共同现象。于是希望的是德治，而实行的是暴政、昏政。圣人至此，除了"隐居以求其志"之外，实在没有任何方法。且即使有了圣君贤相，实行德治，这也不过是由上而下的"雨露之恩"，对生民固有的顶天立地的"命"而言，依然是一种委曲。所以中国圣贤为生民立命的悲愿，结果只落在讲学著书的教化上面。然而教化尽管教化，我们也尽可相信人性之善而生民可以接受圣贤的教化。但在教化之下，眼看着生民婉转委顿于专制独裁之下，生命与意志失掉了自由和保障而无可如何，圣贤此时必悲痛于教化之无权、教化之无着落，即不能不承认此即教化自身之一大限制。何况政治没有民主，学术即绝没有自由，教化即绝没有自由。所以宋明讲学无不受到政治上的直接压迫；而今日独裁国家，不特对思想教育，百端统制；并且进而从读书人手上，夺去教化的大权；将独裁者错悖童骇的妄说，凭政治的暴力，来代替古今中外圣哲科学家们日积月累的真知灼见，逼着人们去背诵恭维，以毒害儿童青年，欺蒙愚夫愚妇，此之谓杜塞慧根，断绝慧命，即是"为生民绝命"。若有人起而指其愚妄，马上会说你思想有问题，其生命即因之不保。这是我们东方今日所面临的现实。假使孔孟复生于今日，亦必奔走呼号，以求能先从政治上为生民立命，打开从教化上为生民立命的困难。而孔孟在今日所讲的教化，亦必是以促成民主自由为主要内容的教化。论中国文化而接不上这一关，便不算了解中国文化自身的甘苦。欲融通中西文化，首先必须从中国已经内蕴而未能发出的处所将其迎接出来，以与西方文化相融通，这是敞开东西融通的一条可走之路。假定于此而先把自己锢蔽起来，岂特徒增中西的扞格，且亦阻塞中国文化精神应有的发展之流，不足以言"通古今之变"。唐先生的此一惊天动地的补充，给今日谈民主自由者以一明确的指归，以见民主自由不是为了政客们的便利；同时给今日谈中国文化者以一当头棒喝，以见中国文化绝非供奉之资、独裁之具。横渠地下有知，当拊掌大笑，说"唐子可谓能为古圣继绝学了"。

一九五四年一月九日《人生》七卷二期

# 向日本人士的诤言

　　此文系应东京明治大学教授大野信三先生之约，为《新生亚细亚》月刊所撰，发表于该刊之五月号。正如其编后记所说："有的是使日本人士听了刺耳的，但确实提到使人考虑的要点。"我对该刊能发表这样一篇"苦口之言"的文章非常感佩，惟译文间有讹误，现将原文刊出，借供国人参考。

　　亚细亚的新生，在理论上是每一亚细亚人的新生，每一亚细亚人应负同等的责任。但在事实上，因各种主观客观条件的不同，此种新生还是会先从某一二个国家开始，先要某一二个国家顶天立地地站起来，作为新生亚细亚的骨干。尼赫鲁现正意识地争取此种地位。菲律宾自去岁大选，政权得到平和的移转后，也可能有此资格。但从最现实的观点看，由日本新生来促成亚细亚的新生，比较上更是事半功倍。可是，就我所能了解的日本民族性来说，日本能不能担负此种责任，或者依然如过去数十年的教训，日本的强盛反成为亚洲新生的绊脚石，结果日本自己也被绊倒，这倒真值得日本人士作真正的反省。外交辞令乃至普通的应酬话，在这种真实问题上是没有意义的。我愿以日本的友人的资格，在这一点上稍尽诤言之谊。

日本民族最大的长处是"好善"。孟子说："好善优于天下。"这是日本能实现明治维新大业的总根源。在明治维新之前，日本与中国接触，便吸收了中国文化，并由中国而吸收了印度文化。其吸收的规模、速度与深度，不是世界其他民族所能比拟。明治维新后的吸收西洋文化，正是此一好善精神的自然成就。在所谓"善"的面前，投掷出自己的全部生命力去追求猎取，而将自己的生命融解于善之中，这在个人已经是难能可贵，何况是一个民族。我觉得日本人应引此自豪，不应被不十分正确的民族自尊心所蒙蔽，阻遏住此种精神的继续发展。

　　日本民族最大的缺点，不是一般人所说的只能模仿不能创造，乃至因模仿而失去主体性的这一类的指摘，这都是似是而非之论。我认为他真正的缺点是在不能"与人为善"。这个"与"字有推许、协同、助成等意义。中国与人为善的最早例子是《尚书》最后一篇《秦誓》上所说的"人之有技，若己有之；人之彦圣，其心好之，不啻如自其口出，是（实）能容之"的一段话。后人因为这一段话，竟以为孔子预知秦将继周，所以《尚书》终于《秦誓》。这当然是出于附会，但亦可见"与人为善"的精神在中国文化中是看作和"好善"的精神同等重要，并且认为自己好善的人便会与人为善，二者是一个精神的连贯。可是日本民族在这一点上并没有连贯下来，自己好善却并不与人为善，甚至走向相反的方向。

　　关于这一点，我可以举两个小的例子，其实也并不算小。我在日本陆军士官学校求学的时候，日本教官对于中国学生，在教课上总是采取保留的态度。和日本学生同样的战术作业，但教官并不发给同样的原案，日本学生用的原案印成"讲授录"出卖的时候绝不许中国学生买。后来有的中国同学花多钱买到一两部，我也偷着看过，内容固然比发给中国学生者精彩，但由现在看起来也实在寻常，更说不上有什么国防秘密。这不仅是士官学校如此，更不是我那一期如此，所有中国人在日本受军事教育的都是如此。因此，凡是稍为有点良心血性的中国留日学生，没有一个不是坚决反日的。日本人士不想造就不愿与日本作战的中国人，而只想造就势非与日本作战不可、只是在作战能力上比日本人差一点的中国人，这种想法实近于可笑，但这是绝大多数的日本人士的想法。

和我邻居的一位朋友，他是曾在日本某帝大学医的。有一次他慨叹地和我说："英美在中国所教育的医学人才，他总想方法培养到底，所以中国好的医生，多半出于这一系统。日本人在中国，在朝鲜，在台湾，培植了大批的医学人才，尤其是朝鲜、台湾，可以说是日本的医学势力圈。但日本人对于这些地区的医学人才，绝不像英美一样培植到底，而一般的只能使其当助手、当副教授，所以在医学上站不到地位，这是日本文化政策的大失败。"不过，这位朋友认这是日本的失败，而日本人士或者认这正是他的成功。有一位日本朋友问我："为什么中国留英美的学生都很活跃，而留日的学生这样多，却不活跃呢？"我当时只笑着以政治的理由作答复。其实，最根本的原因是因为日本的"支那通"乃至一般与中国有关的人士，从文化上也不肯和中国的留学生作诚恳的合作。许多做中国工作的日本人只是以一时利用的心理来讲中日亲善，与中国人来往，所以中国的留日学生，除了品格太差的以外，大多数认为和日本人在一起不仅没有好处，反要受各种不名誉的嫌疑。这是日本在文化这一部面上，几十年来的积累所给我们的印象。

若在政治这一部面上，中日过去的关系，中国人可以忘去，但日本人自己不应当忘去。我总结地说一句，日本过去是把自己的前途放在邻国的衰乱以至灭亡的这一基本假定之上。只要中国多现出一分希望，日本便多增加一分对中国侵略的决心。正如我上面所引的《秦誓》的另一段话："人之有技，冒疾（妒嫉）以恶之……是（实）不能容。"由一九二八年的"济南事变"以至九一八事变、七七事变，都从这里得到最真实的解释。结果，中国的建国失败了，而日本也一样地经过一度亡国之痛。所以《秦誓》对于那种妒嫉他人为善的人所下的结论是，"以不能保我子孙黎民，亦曰殆（危）哉"。这是日本人士今日所应真正接受的古训。

战后日本不乐与人为善的心理，即妒嫉人为善的心理，更向两个方向发展，益增加日本的混乱与困难。一是表现在日本自由主义者及右翼分子的反美的情绪之上。日本左翼分子反美是可以理解的，日本对美国的政策有所批评也可以说是当然的，但日本的自由主义者及右翼分子反美反得如此的普遍和激烈，则只有上述的心理才能加以解释。从最基本的政治利害看，从日本的地理形势看，从日本的经济条件看，我不认为反美是日本自由主义者及右翼分子的出路。但日本的舆论常超出常识之外去衡论日美关系乃至世界关系，使日本的国策暗地里常是动荡不定。我觉得这不是日本人士的认识力不足，而是上述的心理作用压蔽了他的认识力。

另一方向，是正向日本自身伸展。日本人的好学的精神、守秩序的精神、尊师重道的精神，是我们素所感佩的。但现在日本各大学的学生，破坏社会的心理超过了充实自己的心理。于是好学的精神低落，师生的情谊日薄，大家心里总藏着一股怨气，好像淘气的小孩子非把自己手上的玩具弄坏不可。弄坏以后又当如何，也和孩子一样地不认真地想下去，这真是最可悲叹的现象。前不久，我的一位朋友赴美考察返台，道经日本，特地到仙台去看看他的母校。回来后他向我说："日本已经变样了，学校已经不是战前的学校。而从东京到仙台的火车，其乱糟糟的情形，连台北到台中的火车情形都赶不上。"这一切是说明不乐与人为善的心理转向到国内来以后，便形成对社会的嫉视敌视心理，凡觉得不是我的东西，都不是可爱惜的东西；我不能支配现在，便只好打倒现在。这样一来，日本对国外不乐与人为善的心理，发展到危害了自己原有的好善的基本精神，而益增加了共产党的破坏活动，延宕了日本进一步的发展。至于亚细亚现在许多国家害怕日本的复兴，不敢和日本合作，可以说是"事有必至，理有固然"。

日本人士战后与外人来往，无形中喜欢流露出"叫穷"的口气，这是当然的，战争毁灭了一个东方强大的帝国。但日本为了自己策励自己而叫穷，是可以的；为了对美国外交的讨价还价而叫穷，也是当然的；可是不可以在亚细亚之前叫穷。因为在亚细亚中，日本还是居于比上不足比下有余的地位。所以日本在亚细亚应当是先有所与，然后有所取；先多帮助人家，再想得到人家的帮助。最低限度，在精神上、在文化上应当如此。这便叫作东方文化精神的"与人为善"，便是以日本的新生来促成亚细亚的新生。只有新生的亚细亚，才能有真正新生的日本。

日本人自己期待着自己，亚细亚也在期待着日本人。日本明治维新的伟业是亚细亚人的光荣，是有色人种的光荣。但因不乐与人为善的心理而使其邻人未受其福，首受其害，在这种地方日本人士应有勇气作真正精神的反省。不过，在我认识的少数日本友人间，不仅充分表现日本民族固有的好善精神，而且也充分流露出与人为善的精神。则我上面的观察或者并不得当，或者日本的明智之士在精神上已经有了大的反省了。

一九五四年五月二十三日《中央日报》

# 中国自由社会的创发

孔子奠定了儒学基础，同时也就是创发了中国的自由社会。我看，这是中国民族经过万千苦难而尚能继续生存发展的主要条件。

我这里所说的自由社会，指的是一个人能凭借自己的努力而可改进自己的地位而言。出现此一事实之艰难及其重大意义，将可由与其他古代社会的对比而得到了解。

古埃及、古巴比伦和古印度，都是世界文明的发源地，对于人类的文明都有过不少的贡献。但在他们的文明中，尚没有转出一条使每一个人由自己的努力以改变自己地位的观念与途径。他们的统治阶级，不需要阶级以外的任何条件而即是统治阶级。他们的被统治阶级——奴隶、贱民，世世代代都是奴隶贱民，根本不能想像到在任何自主的条件之下能改变自己的地位，除非是叛乱。但古代的叛乱，从来不曾解决这样的问题，因为他们根本缺少这种观念。

再说到文明盛极一时的希腊、罗马。他们的国家，是由"自由人"这一阶层构成的。在此一阶层中，保持了个人能以自己的努力来改善自己地位的自由。这比古埃及、巴比伦、印度，诚然是前进了一大步。但自由人只是少数，占多数的还是奴隶。在他们的政治观念中，不认奴隶是国家中的构成分子；在他们的学问对象中，奴隶不是在"广场"上或在"学园"里可以受到教育、接受知识的人。他们的所谓"人"，决不是有一共同基点，可以享受基本权益的普遍性的人。在他们的文化中，根本缺乏"人类"的观念。柏拉图把人生而分为金、银、铜、铁四品，即是此一现实的反映。西方"人类"的观念是来自耶稣。总结地说一句，他们时代中的大多数人，在精神及物质上，和牛、马乃至各种物件一样，钉死在各自出生时的原有位置。欧洲的自由社会，可以说是由文艺复兴和宗教改革才真正开始的。

在上述完全无自由的社会，一切都凝结僵化，势必向两极发展。上层的只知道逐物欲生活，慢慢成了被绣衣锦的木偶；下层的无任何希望或机会的鼓励，而真正成为既无爪牙之利，又无毛羽之丰的直立动物，即是在动物中也是条件最恶劣的动物。社会的生机、活力，自然一步一步地枯竭下去，有如在大旱天里的草木，最后只有枯萎以死。

我对于中国古代史没有作过研究。但就人类进化的一般情形而论，当然有很长的一段时间，同样是处于非自由的状态。由非自由的状态转向自由的状态，在孔子之前，在观念上和事实上，一定已积累了许多准备工作，但到孔子才有其确定的方向，作了系统的努力。

孔子把非自由的社会转向为自由的社会所作的努力，可简单地从两方面说。一是以"学"与"教"的精神、方法，把人从"自然"中解放出来，以确立"人"的地位，使人可以从其作为"自然物"之一的地位中，从本是作为动物中之一的地位中，站立起来，能以各人自己的力量来变动在人的价值中的分位，可以由无德而进为有德，可以由无能而进为有能，除上智与下愚外，在德与能的各种层次中，一般人都可自主地上升或下坠，不再和其他的动物一样，限定于生下来的自然位置，一成而不可变。像"为仁由己"的这一类的伟大启示，在欧洲到了文艺复兴时代的人文主义大师才很明确地提了出来，他们因此而指出"自由"乃人之所以区别于其他动物的唯一标识，但中国在二千五百年前已由孔子很坚确地建立于"学"与"教"的基础之上了。中国"学"和"教"的观念，当然不始于孔子，可是使"学"与"教"成为普遍的人类的东西，则确系奠基于孔子。"有教无类"这句话，在西方近代以前，几乎不能说得出（斯图噶派含有此类精神，但西方人不以它为正统）。孔子常用"学不厌、诲不倦"来表白他自己，站在历史的观点，才可以了解这是改变人类运命的惊天动地的大事。

其二，仅仅在人自身的德与能上面获得了自由，若是在社会的地位上不能获得自由，则前者会完全落空而无真实的意义。因此，自由社会的成立，还要打破由历史所自然形成的阶级，使各个人能各以其自己的努力改变社会的阶级地位。孔子根本没有谈过无阶级的社会（大同世界中仍有君臣）。人类不会有无阶级的社会，以无阶级相标榜的共产党，其自身即是严酷的金字塔式的阶级构造。孔子承认阶级（名分），但他竭力指出阶级所应当凭借以存在的条件，使人能自由获得此种条件，因而可自由改变在阶级中的位置。人在阶级中有自由改变的机会，阶级便由人类生命的桎梏而变成为人类生命的鼓励。孔子在这方面，是从两方面提出他的主张：一是主张凡有某种地位的人，应该具备与某种地位相适应的"德"与"能"，此即他"正名"的最根本意义。此一主张的另一意义，即是没有具备与其地位相称的德与能的人，即不应保有其地位。孔子尊重君臣的名分，是尊重政治中应有此一秩序的形式，并不是尊重某一特定的人君。他对于当时的各个人君，都是采取老师教学生的态度，教导他们应如何为君，如何才配称为人君，这在《论语》、《礼记》中是随处可以看出的。他决不认为某一人君的地位是不可变易。他想应公山弗扰之召，这是说明他赞成公山弗扰的叛乱行为。关于"叛乱的人权"，欧洲在十八世纪才正式提出，但在中国，则由孔子而经过孟子以到荀子，早在理论上具备了明确的形态。董仲舒说孔子作《春秋》是"贬天子，退诸侯，讨大夫"，董氏生在天下定于一尊的大一统的朝代，而特别强调此一微言大义，可见其是出自儒家的真正传承。可以说明孔子对于政治阶级的真正态度。孟子主为匹夫匹妇向人君复仇，这是大家都知道的事实。即在有若干地方受了法家（这是中国的极权思想）影响的荀子，也两次提到"传曰，从道不从君"及"上下易位然后贞"（《臣道》），可见这不是他私人的创说，而是儒家的真正传承。道是每一个人所共同承认的，亦即是大家站在平等的地位所承认的。把道放在君的上面，这是说明君不是代表阶级的崇高，而系代表一种德与能的成就。因而君是由大家所承认的道来决定的，亦是间接由大家来决定的。

在另一方面，相应于上述的有位者必有其德，孔子更主张"有德者必有其位"。"君子"是贵族的尊称，但在《论语》中则十分之九是指的有德的人，这即说明，原属于社会阶级上的尊称，一变而为任何人由人格上的努力而即可获得的尊称，此种尊称，再不属于客观的限定，而收纳在各个人主观的主宰范围之内。这样，社会上还哪里能有"四种姓"这类的固定阶级之存在呢？再从政治上说，孔子常梦见周公，想"为东周"，这种政治上的抱负，不是处于平民地位所能实现的。形成孔子这种心理与愿望的根据，是出自有此德即应有此位的观点。所以孔子除了主张"亲亲"之外，更主张"贤贤"，主张"选贤举能"。同时反对"官人以世"，《春秋》"讥世卿"，反对有一批人不论其德能之如何而固定地站在统治的地位。孔子认为"亲亲"是一个内心德性的"见端"，是人的德性实践的基点，所以在"亲亲"中，完全与社会阶级问题不相关涉，这是稍有中国文化常识的人都可以了解的。儒家将君臣父子并称，但对君臣与父子彻底作两样的规定。"父子以天合"，"君臣以义合"，所以"父子主恩，君臣主敬"或"主义"（"敬"与"义"在以前常互用），即是君臣的关系，是从属于"义"之下，而应随"义"来变动的。"贤贤"，是说明哪一个人是贤，则政治上即应承认其是"贤"而使其获得只有贤才可以担任的职位。此一思想发展而成为中国二千多年来的选举乃至科举制度。科举制度的流弊，我曾经痛切地指出过，但在另一方面，则选举和科举都是使可由自己的努力以获得政治上的地位的途径，因而中国比欧洲早两千年便摆脱了固定的贵族统治，使社会与朝廷得到交流，使每一个人在政治中有其自力上进的机会，即是使每一个人能以其自力改变其社会地位的机会。这能不说是孔子创造了我们的历史吗？

我在这里，只能粗略地指出孔子创发自由社会的一个轮廓，而不及作详细的陈述，尤其是关于孔子对于"礼"的思想的详细陈述，这是今人所最不了解，而实有加以详细陈述之必要的问题，只好待将来有机会时再说。可是由孔子所创发的自由社会，在历史上并没有彻底完成，这是因为政治中有一个基本问题没有解决，即是政权的运用问题。儒家只指出人君可以"易位"，提出了"征诛"与"禅让"的两种易位形式，同时指出了操易位大权的应该是人民。但人民如何去行使此一大权，则没有提出解答，而要等待今日民主政治的实现。所以孔子之教，延续了民族的命脉，并未能完全解决民族在政治这一方面的问题，因而中国历史始终陷于一治一乱的循环状态。儒家之未能创造出民主政治的形式，原因很多，但若谓儒家精神会妨碍民主政治，这不是出于黑了良心的民族敌人，便是来自太无知识的文化买办。由孔子思想在政治方面的正常发展，必然要走上民主政治的道路，而这种民主政治，是超过（不是反对）欧洲使民主政治所凭借以成立的功利主义，以奠基于人的最高理念的"仁"的基础之上，使近代的民主政治因而更能得到纯化，以解决仅从制度上所不能彻底解决的问题。站在中国人的立场，真正尊重孔子的人，即应当为民主政治而努力，使孔子的精神在政治方面能有一切实的着落。真正向往民主政治的人，即应当发掘孔子的基本精神，使民主政治能生根于自己伟大的传统之中，和社会各种生活得到调和。偏私浮薄之徒是不能了解此一问题，也决无法解决此一问题的。

一九五四年九月二十八日《中央日报》孔诞纪念专号

# 释《论语》"民无信不立"
## ——儒家政治思想之一考察

我在《荀子政治思想的解析》一文中（中华文化出版事业委员会出版之《中国政治思想与制度史论集》）曾提到近人萧公权氏在其《中国政治思想史》中谓孔子教民重于养民，恐怕系误解了《论语》"自古皆有死，民无信不立"的一段话。我认为孔子主张"去食"而不去信，是要政府不可因财政困难而轻作失信于民的措施。孔子断无民可以饿死而民之信不可放松的意思。当时我之所以作此论断，只是根据先秦儒家政治思想的基本精神作一推论，并未暇作文献上的考查。该文刊出后不久，有位热心的读者来信说在同一论集里张其昀先生的《中国政治哲学的本原》中解释这一句话，时以为"民信即为国民之共同信仰与理想，释以今语，是谓主义，儒家最大之努力，即为确定吾民族立国之主义，以发扬民族之精神与道德"（页三）。该读者觉得张先生的解释，似乎和我的解释不同，到底哪对哪不对，希望我作一答复。我感到对于古典的解释，多少总会受到解释者所处的时代乃至个人地位的影响，此在我国西汉时代已甚显著，此类解释，与文献原意之是否相符，并无关系，没有论列的必要。但这句话的解释，在中国过去的注释家中，早发生歧异，而这种歧异里面，实包含有一种政治上的观点不同，关系于政治思想史者颇大。爰稍加疏导，以供留心中国政治思想史的人的参考。

一

《论语·颜渊》第十二中有下面这样一段话：

> 子贡问政，子曰，足食足兵，民信之矣。子贡曰，必不得已而去，于斯三者何先？曰，去兵。子贡曰，必不得已而去，于斯二者何先？曰，去食。自古皆有死，民无信不立。

后来程伊川说："孔门弟子善问，直穷到底。如此章者，非子贡不能问，非圣人不能答。"可见这一段简单的问答中，实具备了孔子政治思想的具体轮廓。误解了这一段话，不仅误解了孔子的政治思想，并且也会误解到孔子学术思想的基本精神。但是对这一段话的误解，其来已非一日，而这种误解，是随专制政治逐渐掩没了原始儒家的政治思想而加深的。

郑康成注这一段说："言人所恃急者食也。自古皆有死，必不得已，食又可去也。民无信不立，言民所最急者信也。"郑注之意，信是就人民本身说的。将郑注释以今语，人民宁可饿死而不可无信。皇侃疏引李充曰：

> 朝闻道夕死，孔子之所贵；舍生取义，孟轲之所尚。自古有不亡之道，而无有不死之人，故有杀身非丧己，苟存非不亡己也。

李充的说法，可以看作是郑注的一种补充理由。但是何晏的《论语集解》却引孔安国注谓："死者古今常道，人皆有之，治邦不可失信。"照孔注的意思，"信"是就统治者自身说的。将孔注释为今语，统治者宁可自己饿死而不可失信于民。刘宝楠《论语正义》以"食"为"制国用"的"食政"，等于今日之财政。民信是"上与民以信"，因为古来"咸以信为政要"。足食、足兵、民信为"三政"，去兵谓"去力役之征"，去食谓"凡赋税皆触除"，"自古皆有死，民无信不立"者，谓"自古人皆有死，死而君德无所可讥，民心终未能忘，虽死之日，犹生之年"，这完全是引申孔义，与郑注分明是相反。

朱元晦《论语集注》对此的解释是：

> 民无食必死，然死者人之所必不免，无信，则虽生而无以自立，不若死之为安。故宁死而不失信于民，使民亦宁死而不失信于我也。

朱注主要的意思是说民宁饿死而不失信于统治者。但他下这样的解释时，心里多少感到有点不安，所以插进"宁死而不失信于民"一句，于是"自古皆有死"之"死"，变成为统治者与被统治者的共死。朱元晦的态度是谨慎而调和，但在文理上多少有点附益之嫌。

二

然则在上述三种不同的解释中，究竟以哪一解释为合于孔子的原意？这要就《论语》本身来取证。

《论语》上提到"信"字，可分为两大类。一种是就士的操持上讲的，如"弟子入则孝，出则弟，谨而信"之"信"，及"主忠信"之"信"；一种是就政治上来讲的，如"信而后劳其民"之"信"，及"敬事而信"之"信"。前一种"信"是人的一种德性，是每一个人所当持守的；后一种"信"，是政治上的一种条件，是说统治者必自己做到信的条件，以使人民能相信它。这种"信"是对统治者提出的要求，而不是对人民提出的要求。先秦儒家，凡是在政治上所提出的要求，都是对统治者而言，都是责备统治者，而不是责备人民，这可以说是一个"通义"，此即"德治"的本质。《论语》"子贡问政"这一条，足食、足兵、民信，分明都是就为政者本身说的三个条件。民信的"信"，自然不是对人民的要求，而只是对统治者的要求。所以孔注，尤其是刘宝楠的《正义》，将"食"释为"食政"，即政府的财政，"民信"是统治者宁死亦不失信于民，最能得孔子的原意。孔子岂有站在政治立场上会说"人民宁可饿死"之理？郑君虽在此处把"信"解释为对人民的要求，但当他笺《诗·下武》篇时则谓"王道尚信"，"王者之道成于信"，盖在政治上所说的"信"，无不系对统治者以立言。皇本此章"民信"上有"令"字，成为"令民信之矣"；"无信"作"不信"，成为"民不信不立"。我虽不能断定皇本与现行本之孰真孰讹，然由此可以证明孔注乃一般流行之通说。后来王若虚《论语辨惑》中解释这最为清楚："夫民信之者，为民所信也；民无信者，不为民信也。为政而至于不为民信，则号令日轻，纪纲日弛，赏不足劝，而罚不可惩，委靡颓堕，无（任何）事不能立矣，故宁去食而不可失信。"（《滹南遗老集》卷六）

　　朱元晦注释的错误，是从一个更大的错误来的。孔、孟乃至先秦儒家，在修己方面所提出的标准，亦即在学术上所立的标准，和在治人方面所提出的标准，亦即在政治上所立的标准，显然是不同的。修己的、学术上的标准，总是将自然生命不断地向德性上提，决不在自然生命上立足，决不在自然生命的要求上安设价值。治人的、政治上的标准，当然还是承认德性的标准，但这只是居于第二的地位，而必以人民的自然生命的要求居于第一的地位。治人的、政治上的价值，首先是安设在人民的自然生命的要求之上；其他价值，必附丽于此一价值而始有其价值。孔子在修己上主张"居无求安，食无求饱"，甚至要求"杀身成仁"。但在政治方面，则只是"节用而爱民"，"因民之利而利之"，以至"老者安之，少者怀之"。孟子对士的主张是"尚志"，是"仁义而已矣"，但在政治方面则认为"救死而恐不赡，奚暇治礼义哉"，可见他认救死比礼义重要。而他之所谓"王道"，归结起来也只是"老者衣帛食肉，黎民不饥不寒"，他的所谓"仁政"只是"所（民）欲与之聚之，所恶勿施尔也"。此一用意，在《大学》说得更为明显。诚意、正心、修身，是对政治负责人自己说的，而对人民来说，则只是"民之所好好之，民之所恶恶之"。王阳明说得最彻底，民之好恶，就是至善（止于至善）。这种修己与治人之标准的不同，是了解中国先秦儒家思想的一大关键。但这一关键，到后来便慢慢模糊了，常常把修己的德性，混淆为政治上对人民所要求的标准，是两汉以后，儒家于政治思想的精神脉络，除极少数人外，常隐没而不彰，程、朱在这一点上也不知不觉地陷于此一错误。朱注认信为"民德"，为"人之所固有"，所以觉得人民即使饿死也要他们守而不失。这是以儒家修己之道责之人民。但他对一部《论语》一直解到死，其用心真可谓入微入细，内心

　　　　　　　　　　　　　　　　　学术与政治之间

当然感到统治者自己站在人民上面去要求人民为信而死，这种片面的要求，总有点说不过去，所以便把统治者与人民缩带在一起，而成为统治者与人民共为信而死，这似乎解释得更为圆满了。但这种圆满仍与孔、孟的基本精神不合，孔、孟对于统治者和人民，从不作同等的要求。所以对于教养的关系，都是养先教后，养重于教的。

## 三

养与教的关系，不仅是政治上的一种程序问题，而实系政治上的基本方向问题。儒家之养重于教，是说明人民自然生命的本身即是政治的目的；其他设施，只是为达到此一目的的手段。这种以人民自然生命之生存为目的的政治思想，其中实含有"天赋人权"的用意。所谓"天赋人权"，是说明人的基本权利是生而就有，不受其他任何人为东西的规定限制的。承认人权是出于天赋，然后人权才成为不可动摇，人的生存才真能得到保障，所以政治的根本目的，只在于保障此种基本人权，使政治系为人民而存在，人民不是为政治而存在。较儒家为晚出的法家，以耕战之民，为富国强兵的手段，人民自己生存的本身不是目的，由人民的生存而达到富国强兵才是目的，于是人民直接成为政治上之一种工具，间接即成为统治者之一种工具，这样一来，人民生存之权不在于自己而在于统治者之是否需要，这是中国古代的法西斯思想，当然是与儒家根本不能相容的。固然"饱食暖衣而无教，则近于禽兽"，儒家不是不重视教，但儒家之所谓教，只是"申之以孝弟之义"，"皆所以明人伦"，这是就每一个人的基本行为而启示以基本规范，其教之所成就，依然是直接属于每一个人的自身，这与"概念"性的东西并不相同，亦即与今日一般之所谓"主义"完全异致。不过，这种教的根据虽然是人性所固有，而"立教"则系出自人为。统治者若以立教为自己的最高任务，则不管教的内容如何，自然会流于以政治的强制力量，强制人民服从自己所认定的真理或价值，认定人民系为实现此一真理或价值而存在。假定他所要求者并无错误，但每人实现真理与价值之层次不能相同，于是人民生存之价值亦因之而各异，势必如柏拉图将人分为金、银、铜、铁四等，亦必如今日共产党将人分为许多不可逾越的阶级，平等的基本人权便不能成立。加以用政治强制的力量去推行真理或价值，即系某一真理或价值自身的僵化，而妨碍压迫了人性无限的可能性之发展。因此，以立教为第一的政府，势必流于极权政府。何况根据人类历史的经验，权力是发现真理与价值的最大障碍。统治者常常把自己的权力意志以各种方式神化为真理与价值，于是表面上要人民为此真理与价值而牺牲，实际就是要人民为其权力意志而牺牲，这更是古今中外的通例。所以先秦的儒家，自己是站在社会上去立教，站在社会上立教，乃是信任人类理性的自由选择，而不是出之于强制要求。在政治上，只要求统治者自己有德，而以尊重人民的好恶为统治者有德的最高表现。只要求统治者提供教育的工具——学校，只要求统治者以"身教"而不以"言教"。言教乃是师儒立教之事，统治者是要自己通过师傅、谏诤、舆论来终身受教的。自己不肯教而常想去立教的人君，在儒家看来，乃非昏即暴的人君。今人所说的"政教合一"，这不过是酋长政治的遗风，决非儒家精神所能允许。从前人君到学校去要行"释奠"之礼以祭先师先儒，这是说明"教"不是来自人君而系自有其源头。并且站在政治立场以言教，不过是一种最低调的人生规范以及应用才能，决不涉及什么概念性的、哲学性的东西。即令是如此，也依然要放在"养"的后面，以表示这种"教"是为"养"而存在，亦即是为人民的自然生命而存在，只是以教来加强自然生命，而决不是以教来抹煞自然生命的存在。用现在的话说，即是不以任何思想或主义来动摇天赋人权。儒家在政治方面的这种大方向，可谓昭如日星。我之所以常常说儒家精神通于民主政治，我之所以反对萧公权氏孔子是教重于养的说法，其原因即在于此。这是儒家与极权主义的大分界，因今日共产党之出现，而此一分界的重大意义，已经是更为明显。假使这一点没有弄清楚，就对于以"生"为价值根源的（生生之谓易，天地之大德曰生）儒家精神，不算有了真正的了解。

至于有人把"民信之矣"的"信"解释为今日流行的所谓"主义"，意思是说人民可以饿死而不能不信主义，主义在何处？是在统治者的口中。这样一来，即是人民可以饿死而对统治者不可不拥护。这样来讲中国文化，要中国文化无形地为专制极权服务，恐怕是中国文化所不能接受的。

一九五五年三月十四日《祖国周刊》九卷十一期（一一五号）

# 释《论语》的"仁"
## ——孔学新论

屈万里先生在《仁字涵义之史的观察》的大文（见《民主评论》五卷二十三期）中，指出"仁"字出现得很晚，而《论语》上所说的"仁"，和孟子以后所说的"仁"，内容上有广狭之不同，这确系事实。但《论语》这种内容广泛的"仁"字，是否能找出一个中心观念加以贯串，因而了解其在文化史上到底有一种什么确定的意义，去岁孔子诞辰我在台中省立师范学校的讲演中，曾作过一次初步的尝试。现更写此文，略加阐述。若因此而对孔学精神之发掘，能稍有所裨补，则始愿诚不及此。

一

首先我们根据下述三端，可以确定"孔学"即是"仁学"。孔子乃至孔门所追求、所实践的都是以一个"仁"字为中心。

第一，孔子下面的一段话，可以看作是他的自述。

> 君子去仁，恶乎成名。君子无终食之间违仁。造次必于
> 是，颠沛必于是。"（《里仁》）

同时公认为最后传孔子之学的曾子，他下面所说的一段话，正是孔子的话的申述。

　　　　士不可以不弘毅，任重而道远。仁以为己任，不亦重乎？死而后已，不亦远乎？"（《泰伯》）

　　第二，孔子博学多能，但一切都是从一个中心点出发，并归结到一个中心点，这个中心点即是仁。孔子说：

　　　　参乎，吾道一以贯之。曾子曰，唯。子出，门人问曰，何谓也。曾子曰，夫子之道，忠恕而已矣。"（《里仁》）

　　　　子曰，赐也，汝以予为多学而识之者与？对曰，然。非与？曰，非也。予一以贯之。（《卫灵公》）

　　　　子贡问曰，有一言而可以终身行之者乎？子曰，其恕乎？己所不欲，勿施于人。（同上）

证以孟子"强恕而行，为仁莫近焉"的话，"一以贯之"的忠恕，也只是"为仁"。

　　第三，孔子对于门弟子好学不好学的批评，也是以仁为标准。"季康子问弟子孰为好学，孔子对曰，有颜回者好学，不幸短命死矣！"（《先进》）孔子为什么特别称颜子为好学呢？因为："回也其心三月不违仁，其余则日月至焉而已矣。"（《雍也》）

　　由上所述，可知《论语》一书，应该是一部"仁书"。即是应用"仁"的观念去贯穿全部《论语》，才算真正读懂了《论语》。但是，问题的关键还是在："仁"到底指谓的是什么？

孔子对于门弟子问仁的答复，不仅因人而不同，即使对于同一个人的答复，前后也常不一致。例如樊迟一个人问了三次，孔子便有三种的答法。

> 樊迟问仁，曰，仁者先难而后获，可谓仁矣。(《雍也》)
> 樊迟问仁，子曰，爱人……(《颜渊》)
> 樊迟问仁，子曰，居处恭，执事敬，与人忠。虽之夷狄，不可废也。(《子路》)

在同问而异答中，仁的概念，若不是从彼此内在的关连中所发展出来的一个高级概念，则此概念之自身可说是毫无内容，其概括性只像一只装杂货的篮子。这种概括性是可有可无的。《论语》上所说的仁，不应该是这样。

其次，《论语》上所说的仁，有时好像是远在天边。孔子自己说"若圣与仁，则吾岂敢"(《述而》)。孔子在当时已被人称为圣人，尚且不敢以仁自居，可见仁的境界是无限的。但他却又说"仁远乎哉？我欲仁，斯仁至矣"。(同上)，这又简直是近在眼前了。同时，仁人好像到处都有，又好像到处都没有。他说"里仁为美，择不处仁，焉得智"(《里仁》)，这岂不是到处都有？但孟武伯问子路、冉求、公西华算不算得仁，他都说"不知其仁也"；子张问令尹子文及陈文子算不算得仁，他干脆说"焉得仁"(以上均见《公冶长》)。前者是自己的高弟，后者是一代的闻人，则孔子心目中除了颜子"三月不违仁"之外，并世实在找不出够称为仁的人。这种"高不可阶"和"当下即是"的两种境界，在孔子仁的概念中，到底有没有一种内在的关连，而不至是一个迷离惝恍、不可捉摸的东西呢？

＊　＊　＊

　　孔子答复樊迟问仁中之一，是"仁者爱人"。《论语》有许多与"爱人"相关连的意思。到了孟子说到仁的时候，便多从"爱人"这一点上去引申发挥。西汉董仲舒的《春秋繁露·仁义法》篇说："仁之为言人也。……仁者爱人，不在爱我，此其法也。"这当然是继承"仁者爱人"的说法。许叔重《说文解字》"仁"字下云："仁亲也。从人二。""从人二"，犹言从二人，即仁要由人与人的关系而见。郑康成《礼记·中庸》注"仁读如相人耦之人"，阮元谓："人耦者，犹言尔我亲爱之词也。"凡汉儒释仁，都从"爱人"立论。仅赵岐《孟子》"存其心章"注谓："天道好生，仁人亦好生。"此为以"生"训仁之始，似较"爱"为深一层，然亦由"爱"而发。总上所述，可以说"爱人"确是仁的一种主要内容。但《论语》上所说的仁，固须涵有爱人之意，却不可说爱人即等于《论语》上所说的仁。爱人是在与人发生关涉的时候才会发生的。一个人的生活，尤其一个人的治学生活，并非完全在与人发生关涉之下进行。颜子"其心三月不违仁，其余则日月至焉"，不可谓颜子在三个月之间是不断地在爱人，而其他的人则只是间或地爱人。孔子对门弟子问仁的答复，以答颜渊者的层次为最高，其次为答仲弓之问。对颜渊是说"克己复礼为仁"，而终于非礼勿视听言动；对仲弓说是"出门如见大宾"，而终于"在邦无怨，在家无怨"。这都是就个人律身修己上立论的，而并未向外关涉到人与人的关系，这便分明不能以"爱人"来尽"仁"字的意义。到了宋儒程、朱，不以汉儒从外面人与人的关涉上去解释仁为满足，而向内推进一步，或者在精神状态方面去形容仁的境界，或者为爱人寻求一个内在的根据。程明道说"仁者浑然与物同体"，又说"仁者以天地万物为一体"（《二程遗书》卷一二先生语一），这是爱人的一种最高的精神境界，也可以说是人之所以能爱人的一种最高根据。以后王阳明这一派言仁，多继承此说。程伊川说："……后人遂以爱为仁。……爱自是情，仁自是性，岂可专以爱为仁。"（同上卷十八伊川先生语四）伊川不主张专以爱为仁，主要是来自他把性与情，亦即性与心分作两层来看的缘故，这里不牵涉到此一问题。伊川常以"公"说明仁，如"仁道难名，惟公近之，非以公便为仁"（同上卷三二先生语三），"仁之道，要之只消道一公字。公只是仁之理，不可将公便唤作仁"（同上十五伊川先生语一）。就我看，他是提一"公"的观念出来以作为仁的根据，实际是作"爱"的根据。朱元晦继承此说而将仁解释为"心之德，爱之理"（《论语·学而》"孝弟也者，其为仁之本与"注）。人何以能爱人，是因为有此作为爱之理的仁，伊川与元晦的解释，本身含有许多不易说清楚的地方，此处不能详论。伊川曾说："自古元不曾有人解得仁字之义。须于道中与他分别出五常。"（《遗书》卷十五伊川先生语一）他又曾觉得所有对于仁的解释，都与《论语》所说的仁不尽相合，认为应把《论语》所有说仁的话都摆在一起来融会一番。可见"仁"对于他不算是解决了的问题，所以他觉得不如把仁义礼智信的五常，具体地摆出，以使人能抓住一个真实意义。总之，宋儒说仁，是从外推到内。尤以明道的说法，渐与《论语》原始精神相近。但他所说的，是一个现成的境界，此一境界，可以为《论语》上之仁所含摄。不过《论语》上说仁，多从实际践履上立论，亦即多从工夫上立论。程明道们的说法，超过了这一点，亦即是忽略了这一点，所以也不能与《论语》上所说的仁，完全吻合无间。

二

我以为要了解《论语》上的仁，首先应该有点文化史的观点。

"知道你自己"的反省口号，是人类真正道德成立的开端。同时，这句口号，也常常被人"视为终极的道德及宗教的法则"。希腊在苏格拉底出世以前，在自然学方面已经有相当高度的成就。苏格拉底在这一点上并没有什么特殊的贡献。苏格拉底之所以在希腊思想史上能够划一个时代，只是因为他遗留了一个"人是什么"的这一发问。希腊文化，到了苏格拉底，才由向外的、向自然的好奇性的追求，转而为向人的自身的反省。在一切动物中，只有人是能以其自身作为问题的动物，即是只有人才能自反自觉，所以只有人才能发生伦理道德的问题。但任何民族，一定要其文化发展到了相当的高度，才能引起其自反自觉。有了自反自觉以后，此一文化系统才算真正生稳了根。苏格拉底不仅在自然学在理论学上无新的贡献，甚至他也不会遗留着有系统的伦理学说。但他毕竟是希腊文化发展过程中的一个重大的里程碑，希腊的人间学、希腊的伦理道德的根源，毕竟不能不导源于苏格拉底，这是因为希腊文化到了他才开始了人自身的反省、自觉。但是，希腊文化是以自然学为基底，自然学是知性向外活动的结果，以苏格拉底为代表的反省，依然是顺着这一条道路。知性活动的特色是主客分明，计算清楚。于是希腊的伦理道德，只能停止在节制、勇气、正义的这一阶段。而希腊正义之神，手上是拿着天秤，并含有罪罚补偿的意义。这是由外在的计算以求"人"与"我"间能得其平的意思，这没有达到孔子所说的仁的境界。换言之，希腊文化的反省，不曾转出仁的观念。

中国文化，大约从周公已经开始了人文主义性格的构建。礼乐是人文主义的征表，而这恰是周公的最大成就之一。但概略地说，周公所制作的礼乐，一方面因当时阶级的限制，只限于贵族而不能下逮于庶人，另一方面，即使对贵族自身而言，礼乐在生活上，也只有分别和节制与调和的作用，这是外在的人文主义。通过人生的自觉反省，将周公外在的人文主义转化而为内发的道德的人文主义，此种人文主义，外可以突破社会阶级的限制，内可以突破个人生理的制约，为人类自己开辟出无限的生机、无限的境界，这是孔子在文化上继承周公之后而超过了周公制礼作乐的勋业。他一面说"周监于二代，郁郁乎文哉，吾从周"（《八佾》），一面又说"礼云礼云，玉帛云乎哉。乐云乐云，钟鼓云乎哉"（《阳货》），"人而不仁，如礼何。人而不仁，如乐何"（《八佾》），这分明指出了他由继承而转换的真消息。经过此一转换，中国文化的道德性格，才真正地建立了起来。而转换的动力、枢机，乃至目标，就是《论语》上所说的仁。《论语》上所说的仁，是中国文化由外向内的反省、自觉，及由此反省、自觉而发生的对"人"、对"己"的要求与努力的大标志。"爱人"乃是自反自觉之一个结果，若仅就个人来说，这本是主观的东西，但就其每一人皆可以有此自反自觉以达到此状态及要求与努力来说，同时又是客观的。所以孔子可以将其概括为一个"仁"的观念以作为"学"的最高标准。以下我试就此加以解释。

首先我认为追求一个名词的语源，可以发现文化概念的源流演变之迹，但决不可以语源的意义，作为衡断文化中某一概念的是非得失的标准。因为语言所代表的概念，是不断地在演变，而且是由人不断地作意识之创造和增加的。假定硬说千年以后的某一概念，即同于千年以前的某一概念，这固然是危险。但硬拿千年以前的某一概念，以限定或否定千年以后的某一概念，同样也是非常的不合理。希腊的 Logos，由语言而演变为近于中国之所谓"道"的性质，我们固然由此可以了解希腊文化中的论理的性格，但岂可以初期 Logos 的概念限定或否认后期的 Logos 的概念？清儒以及近人对于宋明理学中常用的名词做了若干追溯语源的工作，假定以此种工作辨明宋明儒所使用的名词与宋明儒以前的同一名词，其内涵实大有出入，这是有意义的。假定想以此种方法作为汉学、宋学之争的一种武器，那便毫无意义。就"仁"字来说，从语源、字形上来释仁为爱，到现在也迄无确定不移的说法。许叔重仁"从人二"的解释，在今日文字中已成为疑问，于是根据"二人为仁"以作为释"仁者爱人"的立论根据的，都受到动摇。"仁"字造字的意义，到现在为止，似乎还不能十分明了。不过"仁"字出现得很晚，在"仁"字未出现以前，"人"有时即是"仁"，即"仁"字出现以后，"人"与"仁"也常通用，这是不会错的。如《论语》"问管仲，曰人也"，此"人"字当即系"仁"字。因此，我认"仁"字最初的解释即是"仁者人也"。"仁"字的意义，即由此而引申发展。《礼记》中之《表记》、《中庸》皆谓"仁者人也"，孟子亦谓"仁也者人也"，可证这是先秦时对"仁"字的一种基本的、共同的解释。董仲舒《春秋繁露·仁义法》第二十九谓"仁之为言人也"，尚承此训。但因为董氏要限定仁之义为爱人，乃将"仁"与"义"相对，一转而说成"仁之于人"，再转而说成"仁之法在爱人",将"仁者人也"一语,凭空添一"于"字,再添一"爱"字,以使"仁"字的字形与"仁者爱人"之义相合,我认为这是"仁者人也"的派生之义,而不是本生之义。许氏"从人二"之说,大概由董说附会而来。"仁者人也"本生之义,我觉得原来只是说"所谓仁者,是很像样的人"的意思。在许多人中,有若干人出乎一般人之上,为了把这种很像样的人和一般人有一个区别,于是后来另造了一个"仁"字。这应当即是"仁者人也"的本义。这样一来,屈先生在其大著中所引《诗经》两处歌颂田猎的"美且仁"的话,便可加以解释了,"漂亮,而且很像人样子"。言其不是妇人女子式的漂亮,而是丈夫气概的漂亮。"仁者人也"第二步则发展而为"所谓仁者,是真正算得人的人"。此一句话,是含有纯生理上的人,并不真正算得是人,而应当在生理之上,追求一个人之所以为人的根据的意思。真西山谓"仁者,人之所以为人之理也"(《真西山文集》卷三一《问求仁》),可谓是直承"仁者人也"的解释。苏格拉底所问的"人是什么",是一个人在反省的开端时从反面所发出的疑问;而"仁者人也",是一个人在反省的开端时从正面所作的承当。由此,我便断定,《论语》的仁的第一义是一个人面对自己而要求自己能真正成为一个人的自觉自反。真能自觉自反的人便会有真正的责任感,有真正的责任感便会产生无限向上之心,凡此,都是《论语》中"仁"字的含义,不消多作解释的。道德的自觉自反,是由一个人的"愤"、"悱"、"耻"等不安之念而突破自己生理的制约性,以显出自己的德性。德性突破了自己生理的制约而生命力上升时,此时不复有人、己对立的存在,于是对"己"的责任感,同时即表现而为对"人"的责任感,人的痛痒休戚,同时即是己的痛痒休戚，于是根于对人的责任感而来的对人之爱，自然与根于对己的责任感而来的无限向上之心，浑而为一。经过这种反省过程而来的"爱人"，乃出于一个人的生命中不容自己的要求，才是《论语》所说的"仁者爱人"的真意。即是先有"仁者人也"的反省、自觉，然后才有"仁者爱人"的结论。在此结论以前的过程，皆是"为仁"的工夫，亦即是"仁"自身的逐步呈露，"为仁"的工夫之所在，即仁之所在。所以《论语》上的仁，真正是"即工夫，即本体"。而孔子对学生的教示，总是从工夫上以显示仁体之意义为多。其工夫的关键，端在一个人面对自己的反省、自觉，因为只有这样，才一开始便凑拍上了仁，有个真实下手处。程明道常常以医家的"麻木不仁"来从反面形容仁。没有反省、自觉的人，即是对自己没有感觉的麻木不仁之人。对自己麻木不仁，对他人当然更不会有休戚相关的感觉。因此，从反省、自觉，及由反省、自觉而来的切实向上的处所说仁，实在更把捉到了仁的精髓，较之从"爱人"方面去说仁，实更为现成而深切。当然，人世间的爱，不一定要经过此种反省、自觉的过程才有。但不经过此种过程所表现出的爱，多半是来自生理的惯性，有似乎佛家所谓由"执"而产生的"贪"、"嗔"、"痴"中之"痴"。这种爱的自身即形成一种限制（如普通男女之爱等），随时可以断灭，更不能推扩而为民胞物与的爱，即所谓"人类的爱"。这种爱不是孔子所说的仁。希腊文化中也有爱的观念，但主要是一种友谊的乃至知性对理念世界的思慕。在他们中间，没有人类爱的思想，亦即是没有仁。西方人类爱的精神是来自基督。一个人跪在上帝面前否定了自己，同时即浮现出了人类。人类都是上帝的儿女，都是自己的弟兄，此时自然觉得应该爱神以及爱神之所爱，这样才转出人类爱的观念。但宗教之爱虽然有一自反的过程，可是宗教的自反，一开始后便投射到外面去让神负责去了，所以这种爱对于人自身而言依然有一间隔，不能达到浑然与物同体的境界。这里不暇详论。

## 三

以上所说的，主要是从"仁者人也"的古训推演下来的。但这只能算是一种假定。若不能根据此一假定而将《论语》所说的"仁"，乃至《论语》的全副精神，作毫不牵强附会的解释或翻译，则上面所说的只是信口开河，最大限度也只是我个人的一种想法看法。现在我试将上面所说的，印证到《论语》上去。

孔子说颜渊"三月不违仁"，而我们也把"君子无终食之间违仁，造次必于是，颠沛必于是"的话当作是孔子的自述，那么，孔子、颜渊的生活，应该就是仁的现实印证。《论语》上有关孔子自身的：

> 子曰，默而识之，学而不厌，诲人不倦，何有于我哉。（《述而》）
>
> 子曰，德之不修，学之不讲（按就诲人说），闻义不能徙，不善不能改，是吾忧也。（同上）。
>
> 叶公问孔子于子路，子路不对。子曰，女奚不曰，其为人也，发愤忘食，乐以忘忧，不知老之将至云尔。（同上）
>
> 子曰，若圣与仁，则吾岂敢？抑为之不厌，诲人不倦，则可谓云尔已矣。（同上）

　　　　　　　　　　　　　　学术与政治之间

子曰，莫我知也夫。子贡曰，何为其莫知子也。子曰，不怨天，不尤人。下学而上达。知我者，其天乎。(《宪问》)

子绝四，毋意，毋必，毋固，毋我。(《子罕》)

子路曰，愿闻子之志。子曰，老者安之，朋友信之，少者怀之。(《公冶长》)

子路宿于石门，晨门曰，奚自？子路曰，自孔氏。曰，是知其不可而为之者与？(《宪问》)

长沮、桀溺耦而耕。孔子过之，使子路问津焉。……桀溺曰……滔滔者天下皆是也，而谁以易之？且而与其从辟人之士也，岂若从辟世之士哉？耰而不辍。子路行以告，夫子怃然曰，鸟兽不可与同群，吾非斯人之徒与而谁与？天下有道，丘不与易也。(《微子》)

子曰，自行束脩以上，吾未尝无诲焉。(《述而》)

互乡难与言。童子见，门人惑。子曰，与其进也，不与其退也，唯何甚。(同上)

子曰，有教无类。(《卫灵公》)

"默而识之"的"默"、"是吾忧也"的"忧"、"发愤忘食"的"愤"，都是自反自觉的发端和功夫。四"毋"是自反的工夫。"忘食"、"忘忧"是由自反的责任感而来的无限向上的努力。"下学而上达"，是层层向上的历程。"不怨天，不尤人"，是一个深切自反的人以一身承担责任的心境，比这低一层次的是答仲弓问仁的"在邦无怨，在家无怨"。由自反的向上，是自己生命无待于外的扩大，生命因此种扩大而得到真的安顿、圆满，自己能够把握住自己的生命，便会"乐以忘忧"，此即所谓"孔颜乐处"。生命之扩大，同时即系由自然的、生理的生命所形成的制约性之解除，于是对自己之责任感，同时即涵摄着对人类之责任感，自己向上的努力，同时即涵摄着希望人类向上的努力，所以"老安"、"少怀"之愿，实即冥合于"忘忧"、"忘食"之中。自己向上，系出于自反自觉的不容自已之心；希望人类之向上，也同样出于自反自觉的不容自已之心。晨门说他（孔子）是"知其不可而为之"，他自己说"吾非斯人之徒与而谁与"，正是此种不容自已之心的流露，亦即是其"满腔都是恻隐之心"（程明道语）的流露。孔子实现其自己向上的是"学"，实现人类向上的是"诲"。"学不厌"、"诲不倦"，在他原是"人己双成"的一件事，即是他的仁。一般人之所以学而感到厌，诲而感到倦，乃系生命中有时麻木间断的现象，亦即系其有时而不仁。孔子对互乡童子"与其进"、"不与其退"之心，正是"知其不可而为之"之心。此心之量，非达到"有教无类"，尽众生皆登圣域不可。我们可以说，从《论语》中所看出的孔子，完全是仁的自我实现。

颜渊的情形，《论语》上的记载是：

> 哀公问，弟子孰为好学？孔子对曰，有颜回者好学，不迁怒，不贰过。（《雍也》）
>
> 子曰，贤哉回也。一箪食，一瓢饮，在陋巷，人不堪其忧，回也不改其乐。贤哉回也。（同上）
>
> 曾子曰，以能问于不能，以多问于寡，有若无，实若虚，犯而不校。昔者吾友，尝从事于斯矣（朱元晦对此的解释是"颜子之心，唯知义理之无穷，不见物我之有间，故能如此"）。（《泰伯》）

子曰，语之而不惰者，其回也与。(《子罕》)

子谓颜渊曰，惜乎吾见其进也，未见其止也。(同上)

子曰，回也非助我者也。于吾言，无所不说。(《先进》)

子曰，回也其庶几乎，屡空。(同上)

子曰，吾与回言终日，不违如愚，退而省其私，亦足以发，回也不愚。(《为政》)

颜渊曰，愿无伐善，勿施劳。(《公冶长》)

颜渊喟然叹曰，仰之弥高，钻之弥坚，瞻之在前，忽焉在后。夫子循循然善诱人，博我以文，约我以礼。欲罢不能，既竭吾才，如有所立，卓尔。虽欲从之，末由也已。(《子罕》)

颜渊的好学，即颜渊的不违仁。"人我无间"、"欲罢不能"，即是仁的真切形容与解释。他在克己自反、无限向上的这一点上，与孔子大体相同，但在融摄担当人类的全责任上，则不及孔子的充实弥满。也就是说他还没有能够尽仁之量。

再就孔子一般教人来说，他认为完全不知自觉自反的人，即无从施教。"不愤不启，不悱不发"(《述而》)，"不曰如之何如之何者，吾末如之何也已矣"(《卫灵公》)，因为这是麻木不仁之人。所以，孔门入德之门，主要是由自反而来的改过迁善。"见贤思齐焉，见不贤而内自省也"(《里仁》)，"已矣乎，吾未能见其过而内自讼者也"(《公冶长》)，"行己有耻"(《宪问》)，"君子耻其言而过其行"(同上)，"过则不惮改"(《学而》)，"见善如不及，见不善如探汤"(《季氏》)这类精神，在《论语》中随处可见。这都是"为仁"的工夫，同时也就是仁。自觉自反是求之在己，这便是所谓"古之学者为己"(《宪问》)及"君子求诸己"(《卫灵公》)。能自反的人，一定是笃实不欺的人，所以《论语》特重视忠信。除分别言忠、言信者不计外，将忠信合举者即有六处之多，而且分量都是很重的：

> 子曰，主忠信，无友不如己者。(《学而》)
>
> 子曰，十室之邑，必有忠信如丘者焉，不如丘之好学也。(《公冶长》)
>
> 子以四教，文、行、忠、信。(《述而》)
>
> 主忠信，毋友不如己者，过则勿惮改。(《子罕》)
>
> 子张问行，子曰，言忠信，行笃敬，虽蛮貊之邦行矣。(《卫灵公》)
>
> 子张问崇德辨惑，子曰，主忠信，徙义，崇德也。(《颜渊》)

忠信是由自反而来的仁的实践，同时也是由自反而来的仁的初步实现。所以孔子便常常以忠信为论仁的标准，即此可见孔门之论学，亦即孔门之论仁。"子曰，巧言令色，鲜矣仁"(《学而》)，这是忠信的反面。"或曰，雍也仁而不佞。子曰，焉用佞。御人以口给，屡憎于人，不知其仁，焉用佞"(《公冶长》)，佞也是与忠信相反。"刚毅木讷近仁"(《子路》)，因为这是忠信的表现。"樊迟问仁。曰，仁者先难而后获，可谓仁矣"(《雍也》)，"司马牛问仁。子曰，仁者其言也讱。……为之难，言之得无讱乎"(《颜渊》)，这都是忠信之一端。"樊迟问仁。子曰，居处恭，执事敬，与人忠，虽之夷狄，不可废也"(《子路》)，这等于是"主忠信"

的复述。孔子答樊迟之问仁，与他答子张之"问行"、"问崇德"的话，完全相同。而子夏以"博学而笃志，切问而近思，仁在其中矣"（《子张》），这分明是以求学即是求仁。孔子答仲弓问仁是"出门如见大宾，使民如承大祭。己所不欲，勿施于人"（《颜渊》），这和他答子路问君子之"修己以敬……修己以安人"的内容，也可以说是完全一样。由此可以断言，仁在孔子的心目中，不是与其他学问相对而成为特定之一物，乃是由自反自觉而来之责任感及由责任感而来之向上的精神与实践。这是学问的动力，同时又是学问的内容。《论语》上常常是"学"与"仁"不分的，这是孔子之所谓"学"的特性。

## 四

以上所引证的多是《论语》上就一般人实践着手处的一端一节以立论。对于"为仁"的工夫次第以及含摄仁之全量的叙述，只有在答颜渊问仁及子贡问仁两章中说得较为清楚，所以我在这里略加疏解。

> 颜渊问仁，子曰，克己复礼为仁，一日克己复礼，天下归仁焉。为仁由己，而由人乎哉。颜渊曰，请问其目。子曰，非礼勿视，非礼勿听，非礼勿言，非礼勿动。颜渊曰，回虽不敏，请事斯语矣。（《颜渊》）

"己"是自然的、生理的生命，"克己"是在自反自觉中突破自然的、生理的生命之制约。"礼"在孔子已转化而为人所固有的德性及德性的表征，"复礼"是恢复人所固有的德性以显露人之所以为人的价值。"天下归仁"是说一个人由"克己"而恢复了自己的德性，亦即是恢复了仁以后，天下同时即含摄于我之仁中。我与天下原为一体，但被我的自然的生命所隔断了。现在既由自反自觉而突破了自然的生命（克己）以恢复了作为人之根源的德性——仁，则与"我"限隔了的"天下"，依然回到（归）我的仁内，天下与我复合而为一了。"为仁由己，而由人乎哉"是说明一个人的实现仁，是要经过自反自觉的向内之实践，并非有待于外在的条件。《论语》上所说的仁，皆系兼"人"、"己"而为言，而工夫则必须从"为己"、"克己"这一方面开始，这样，"人"乃能在"己"的生命中生下根，进而与"己"浑而为一，这样便可极乎"天下归仁"之量。自来注释家，不曾把"天下归仁"的意义解释清楚（如朱元晦谓"一日克己复礼，则天下之人皆与其仁。极言其效之甚速而至大也"，孔子岂会作此夸张之论）。所以对于孔子这一段"即工夫，即本体"的叙述，没有能够完全了解。

> 子贡曰，如有博施于民而能济众，何如？可谓仁乎？子曰，何事于仁，必也圣乎。尧、舜其犹病诸。夫仁者，己欲立而立人，己欲达而达人。能近取譬，可谓仁之方也矣。（《雍也》）

子贡所问的，实在很难答复。因为他所提出的全是外在的条件。若以此为仁，则不仅埋没了由克己所迫进到里面去的一段深切为己的工夫，并且也断绝了一般无财无位者的"为仁"之路。若仅从外在的条件以为衡断仁的标准，则今日大资本家捐施百千万金元的慈善事业，其价值岂不超过了杏坛设教、鹿苑谈经、山上垂训？但孔子"人我兼摄"的仁，虽不以济众为决定仁的基本条件，但不能否认济众为仁所要达到的客观的目的。若径直断定济众不是仁，则抹煞了仁所应有的客观的、社会的功用，或且流于遁世之士的孤明自守。所以孔子用"何事于仁，必也圣乎"的话将它闪开。这句话的意思不是说"这岂仅可以算得仁，一定要超过于仁的圣才能够"。当时一般所称之"圣"，是以"智能"为主，如"夫子圣矣乎，何其多能也"，这有如文艺复兴时代"全能之人"的意味。孔子的意思是"你所说的博施济众，与仁无干，一定要全能的人才可以"。"何事于仁"是说"事于仁"的人未必能济众，能济众的人未必就是发于内心之仁。这很蕴藉地指出了子贡的好高骛远，问得不得要领。孔子接着便很切近地将仁指点出来说："夫仁者，己欲立而立人，己欲达而达人。能近取譬，可谓仁之方也矣。"后来程伊川说："尝谓孔子之语仁以教人者，唯此为尽。要之无出于公也。"（《二程遗书》卷八二先生语）程氏的话是不错的，但这两句话说来也没有解释得恰到好处。一般的意思以为仁是在"而立人"、"而达人"上表现出来，于是无形中把立己和立人、达己和达人看作是两件事，因而在谈到"仁"的时候，重点自然落在立人、达人的上面。殊不知孔子这句话，是把两者说成一种必然的互相含摄的关系，在立己、达己之内须必然地含摄着立人、达人。在立人、达人之内，须必然地来自立己、达己。虽然下手是在己欲立、己欲达，但就其自身的内在关连说，实是一事的两面。其关键端在于由自反自觉而来的对人、对己的一种不容自已之心。欲立、欲达的"欲"字，即为此种不容自已之心的活动。要这样去了解，才把握住了孔子所说的仁的结构和轮廓，才配说得上"唯此为尽"。不然，则不仅世界上有许多自己向上，但并不同时想到他人也该同样向上的人，即是"己欲立"，但并不"而立人"的人，固然不得算仁，同时世界上也有许多自己偷惰苟且，而专责望他人作圣贤的人，即是自己并不欲立、欲达，但责望"人立"、"人达"的人，亦未必就算得仁。

　　根据以上的了解，我们应该可以承认一个人的自觉自反，乃"当下即是"，所以孔子说"仁远乎哉，我欲仁，斯仁至矣"(《述而》)。但由自觉自反而上，可以说是宇宙无穷，吾人之悲愿，亦随之而无穷，孔子亦不敢自谓能尽此仁之量，所以他只以实现仁的实践工夫自信，而不敢以全量之仁自居。同时，仁的本体即含摄着仁的工夫，仁的工夫亦即是仁的本体。孔子平时所说的仁，多从"即工夫，即本体"上说，如"忠恕"、"忠信"、"自讼"、"改过"、"见善如不及，见不善如探汤"，这都是实现仁的工夫，亦即是仁的本体在各层次、各方面中的显露。工夫须就每一个人来指点，每一个人的气质、习性、成就各有不同，于是孔子对于仁的指点，亦因而有各方面各层次的不同，然其基本精神殆无不可以互相贯通，会归为一的。还有，一个人由自反自觉的向上，可以"应迹"为各种善行，因而可以由各种善行以观人之仁，甚至于"观过"也可以"知仁"(观过斯知仁矣)。但一般人之善行或智能，并不一定是出自其自反自觉。所以对于子路、冉求、公西华之才能，及令尹子文之忠、陈文子之清，皆不许以仁。还有，仁有次第、有层次而无止境。若自觉其有一止境界限，即不是仁。所以原宪问"克、伐、怨、欲不行焉，可以为仁矣。子曰，可以为难矣，仁则吾不知也"(《宪问》)。后来程伊川谓："人无克、伐、怨、欲四者便是仁也。只为原宪著一个不行，不免有此心但不行也。

故孔子谓可以为难。"（《二程遗书》卷十八伊川先生语四）伊川的意思是原宪所说的尚未成熟自然，故不许之以仁。其实，孔子就工夫上说仁时，皆是"不免有此心"。假定原宪以"克、伐、怨、欲不行"为"为仁之方"，孔子当然会加以证许。但原宪很自信地即指此四种行为是仁，这即是一种有止境之心，有止境之心，即不是仁的无穷无尽的不容自已之心，所以孔子给他当头一棒，把他向上一提，使此一死语顿成活句。

《论语》上，孔子不许管子为知礼（"管氏而知礼，孰不知礼"《八佾》），却许管仲以仁（《宪问》"如其仁，如其仁"）。于是日人津田左右吉在其《论语与孔子的思想》中觉得仁若是孔子的最高概念，而此处又把仁放在礼的下面，因此认为《论语》是一部杂凑的书。殊不知要从当时夷狄的侵凌中保存华夏，这是孔子作《春秋》的一大因缘。管仲一匡天下，免华夏于被发左衽，这和子贡所说的博施济众的架空的话，全不相同，孔子对此，心中是感到万分的真切。只看他说"民到于今受其赐，微管仲，吾其被发左衽矣"（《宪问》）的口气，其真切之情，可以想见。当时一般人对管仲之功，不能像孔子这样感到真切，乃因为一般人缺少像孔子那样对华夏的真切责任感，亦即是没有孔子心中之仁。由孔子心中之仁而来的对管仲事功的真切感，自然非许管仲以仁不可。此岂浅薄之徒所能体认于万一。

此外，《论语》上，子游和曾子，都不许子张以仁。"子游曰，吾友张也，为难能也，然而未仁"（《子张》），"曾子曰，堂堂乎张也，难与并为仁矣"（同上）。我们若仅以爱人为仁，则子张所说的"君子尊贤而容众，嘉善而矜不能"（同上）的话，纵然不能极仁之量，也不能在其同门高弟中独蒙"未仁"、"难与并为仁"之名。我认为子张的言行，是从知解上来的意思为多，从自反自觉中流出之意为少。朱子说他"少诚实恻怛之意"，范氏谓"子张外有余而内不足"（皆见《论语集注》上引子游、曾子条下），应该是对的。这正是我对仁的解释的反证。因此，《论语·阳货》中孔子答子张问仁所说的"能行五者于天下，为仁矣"的一段话，全从外面铺排，与《论语》全书论仁的精神和语气不合，我认为这是经过子张的手而走了样的话。其次，孔子答子贡问仁"工欲善其事"（《卫灵公》）的一段，也有同样的毛病。

这里还须附带一提的是，《论语》上所说的仁，有时指的层次很低，如"里仁为美"之仁，及"君子笃于亲，则民兴于仁"（《泰伯》）之仁，只不过是仁厚之意。但与仁的基本精神，不相违背。

## 五

所谓"五常"的仁、义、礼、智、信的名词，均曾在《论语》中多次出现。《中庸》上所谓"三达德"的智、仁、勇，也曾在《论语》上很整齐地加以叙述（如"仁者不忧，智者不惑，勇者不惧"）。但是义、礼、信等名词，对于仁来说，都是被仁所概括而为其次级的概念。同时，观于"仁者必有勇，勇者不必有仁"的说法，勇也可以概括于仁之中。所以在《论语》中，仁可以说是概括了全体；义、礼、信、勇，及恭、敬、忠、恕等等，都不是可与仁相平行、相对举的概念。能与仁的概念看作是平行而真正是对举的，只有"知（智）"的概念。"仁者静，智者动"，"智者乐，仁者寿"，"仁者乐山，智者乐水"（《雍也》）。仁是向内的沉潜，所以用一"静"字去形容；智是向外的知解，所以用一"动"

字去形容。仁向内以显露道德主体，智向外以成就知识才能。仁虽为孔学的骨干，但孔子对于智，实已付与一个与仁相平行的地位，以成就其"内外兼管"、"体用赅备"的文化建构。

站在内的实践的立场，《论语》将仁建立为一极概括而统一的概念，自无不当。因为如上所述，《论语》中的仁所概括的东西，实际是内的实践的有机历程。历程的自身，自然形成一种统一，这是道德实践的特性。但为了立教的关系，则须把这种内的实践的内容，客观化到外面来，以使人接受了解，则原有之实践，至此而成为一种摆在外面的知识。知识的特性，根据现代思考心理学的研究，常常要求从极概括的知识概念中，渐渐作限定、分节、体系化的活动，以达到其自身的明确性。即是，知识常常是从非限定的，进而走向限定的。因此，《论语》上"兼摄人我"的仁的概念，到了孟子便分节化而成为仁与义的两个平行概念。于是孟子之所谓仁，主要是以爱人为言；孟子之所谓义，主要是以自律为言。孟子之并言"仁义"，实系《论语》上仁的概念的分化。因此，就个人的修持实践上来说，《论语》上主要的是"为仁"，而孟子则为主的是"集义"。仁则多半说为政治方面的"仁心"、"仁政"、"不忍人之政"，这是董仲舒"以仁安人，以义正我。故仁之为言人也，义之言我也"（《春秋繁露·仁义法》第二十九）之所本，亦即是汉儒专从爱人方面来解释仁之所本。若仅从政治观点来说，则释仁为爱人，对统治者而言，有由概念之限定而来的澄清确切的好处，谁也不能希望统治者都做内圣的工夫，而统治者的"爱人"，其功用亦可与仁以满足。孟子和董仲舒在以爱人来说仁时，恰都是从政治的观点立论的。但如前所说，爱不是出自人我一体，则爱不算在生命中生了根，于是此种爱只能成为一被限定之爱。被限定之爱的价值，根本是不能确定的。要人我一体，则只有从自己自反自觉的实践工夫中翻腾上去，由"我"中转出"人"，于是"人"乃非与"我"对立之人，爱乃成为不容自已的无限的爱。所以就仁的本体来说，必兼摄"人"、"我"以为言，而且"克己"的工夫，亦即是仁的本体。所以孟子依然要说"仁也者人也"、"仁者人心也"的话，非把仁收回到"人心"之内，而使其成为一概括统一的概念不可。因此，宋儒不满意汉儒仅从人与人的关系上去说仁，乃将仁转到内的实践上去，而极其量于以天地万物为一体，比较上是与孔子的精神为相合。清人如阮元之流，仅由文字语言上拾汉儒之余唾，欲以此而上迫宋儒之垒，张汉学之帜，亦徒见清人在思想上之浅薄而已。

一九五五年三月十六日《民主评论》第六卷六期

# 政治上的识与量

政治上需要有才能，更需要有识量。才能是表现在能把应做的事做好；识是能照见自己，也能了解他人；量是能容纳他人，也能安顿自己。从历史看，政治上由才能不足所引起的问题小，从识量不足所引起的问题大。古人说"士先器识而后文艺"，若就政治说应当是"官先识量而后才能"。

每一个人的才能都有其极限。汉朝的黄霸做太守做得很好，但一旦做了丞相便勋名顿减。假使一个人的识不足以照见自己，常以为自己的才能是无穷大，比如一个好的营连长，自己觉得可以当总司令，于是千方百计以钻营争竞之，偶一得志，便以其营连长的才能，横冲直撞一顿。这恰似一瓯之水，倾于巨壑之中，而欲其与三江九泽竞其波澜，其结果是不难想见的。

识的重要，尤其是在面对着社会的时候。打着灯笼夜行的人，能照明数步，于是在数步之内的成为可信，在数步之外的成为可疑。若换上一副新式的手电筒，能照明百步，于是在百步之内的成为可信，在百步之外的成为可疑。但一到了白昼，则皎日当空，山河显露，南北东西，四通八达。游目四顾，于山水，则欣赏其林泉；于平原，则欣赏其旷阔。昨夜怀疑为山魈木魅，吓得一身冷汗的，原来不过是古木槎枒，奇石蹲踞。尽目力之所及，既无可疑，亦无可怕，自然用不上猜忌，更用不上讲求对付之方，岂非一大快事？

社会的人事现象，其复杂，其深度，远非自然现象可比。一个问题，人家了解了十分，而我只了解一分，便很容易对于自己所了解以外的九分发生怀疑。一件事物，我只看见了一面，而人家表现出其他的三面，便很容易对人家所表现出的其他三面感到古怪。若仅站在社会上说，这种情形虽足以减少人与人间的善意和合作，但因各有自然的分际，其为害尚浅。政治则是一种统治的权力。若是政治上的识见也是如此，势必由疑而忌，由忌而防，由防而权谋策术，而决死斗争。其结果，失败者固然失败了，胜利者也将不断地把自己以外的人看作敌人，因而逼成敌人，同样地是幕悲剧。

两三岁的小孩子害了病，他最仇视的是医生，最讨厌的是药物。小孩愈聪明，对医生、药物闹得愈厉害。但是小孩的力量究竟不能拒绝医生，而小孩的父亲母亲也会连哄带骂地逼他吃药，这是小孩有病得到适当治疗的保障。民主国家，尽父亲、母亲之责的是宪法。政府对于社会的批评，高兴固然要听，不高兴也不得不听。尚未完成民主的国家，尽父亲、母亲之责的只有依赖政府各个负责者的良心。而这种良心，必须通过各人的"识"始能表现得出来。

"量"的最高根据，是对于"生"的价值的当下承认。即是，凡是有生命的东西，即应承认其自身有不可动摇的价值。他人之不必以强同于我为其价值，也像我之不必以强同于他人为其价值一样。因此，对于各种不同的东西，必先承认其应该有此不同。若要在不同之中求得某一程度之相同，则应当在各种不同的中间去求出其公约数，而不可以强制之力硬把自己变为一条公理公则。此即是真正的"量"。但普通所说的量，则多半是来自学问变化气质后的良好气质。政治中最坏的气质是阴狠、刚愎、忿厉。富有这种气质的人，一遇着与己意不合的时候，尤其是遇着古今中外政治上所必不可免的批评的时候，立刻引起反感，立刻加以恶意的推测，于是种种可以不必有的纠葛便因之而起。人的认识能力只有在感情平静的时候才能发生作用，上述的气质不变化，则心中常蕴着一团阴霾，常蓄着一团风暴，心理容易离开正常的状态，认识自然不能清明。于是一切活动，将陷于永久的人事纠纷之中。打倒一个，又来一个；打倒了东边的，又来了西边的，将愈陷愈深而不能自拔。这就是缺少"量"的缘故。诚能切实在变化气质上用功夫，化阴狠为坦易，化刚愎为平正，化忿厉为祥和，于是可以发现在人与我之间原来都是站在同一的水平线上，人之不能强同于我，亦犹我之不可强同于人。彼此既不可强同，不如忘去人我，而去寻求客观事实上的是非得失。人言而"是"，此"是"乃印证于客观事实之上而得其"是"，吾何苦而不从？人言而"非"，此"非"亦可从反面以凸显出客观事实之"是"，吾可由客观事实之是予以辨明，又何苦即视之为仇敌？且客观事实之是非，常须经过时间空间的考验。若遽以我目前所断定之是非，为合乎客观事实上之是非，为求我的是非得以贯彻，遂立意将与吾相反者打倒而铲除之，此实系最唐突冒昧之举。廿四史中遗留下来可读的奏章，今日吾人所公认为是者，在其当时总有十分之九认为不是。而今日克姆林宫宫廷内所认定的金科玉律，散布到世界性的空间上，几无不成为笑谈。由此可知，一人一时一地所认之是非，并非真正即合于客观事实之是非，则与吾相反之意见，何可遽然加以抹煞，甚至加以仇视？所以政治上的"量"，不仅是容纳他人，实亦使自己之生命能回旋于较大较宽之地，因此而得其安顿。政治上，不是靠打倒异己才可以安顿自己，而是靠了解异己，在与异己者相反相成而各完成其分际之中，才能安顿自己。共产党的致命伤，是能打倒他人而不能安顿自己，其结果也必被其自己埋葬下去。

由上所述，也可以了解识与量是互相补益的，有识自然有量，有量亦可以养识。无量之至，必至肝胆胡越，触处成障，何能有识？无识之至，必至杯弓蛇影，一身不知所措，何能有量？政治上的识与量，必在民主政治上能得其保障，并得与以提高。故论政者必以实现民主政治为大本。若民主政治不可一蹴而就，则政治负责者对于识与量的自觉，实为迫切而不容自己的要求。而"量"的自觉尤为开辟智慧、培养生机之第一着。识纵不能养成于一朝，而量则可转于一念。所以一个人的量的回转，同时亦为识的开放。这是社会的迫切要求，也应该是政府负责者自身的迫切要求。

一九五五年九月十二日香港《华侨日报》

# 儒家对中国历史运命挣扎之一例
## ——西汉政治与董仲舒

数十年来，中国知识分子辄将此一时代之悲惨遭遇集矢于儒家思想，而董仲舒之推明孔氏，抑黜百家，尤为一般人所诟病。董仲舒乃至整个儒家，在我国历史中之地位及其功过究竟若何，本文根据历史事实，将从各个角度予以衡情之论述。倘因此文而对我国之历史问题，及由历史所延伸之今后问题能提供读者以了解之新线索，则作者之始愿诚不及此。

一九五五年九月二日作者于台中市

## 一、儒家、法家政治思想的对比

在约百年以前，我国政治之理想是三代，而奠定两千年来实际政治之格局者则为秦汉。秦以法家思想致霸，虽国运短促，然汉得天下后，除了去泰去甚以外，政治之本质依然是秦代的延长。换言之，亦即是法家政治之延长。及天下稍定，元气稍复，在思想上即逐渐展开儒法之争。法是当时政治的现实，统治者成为法家的代表；而儒则是一部分人的理想，人民是一部分人的后台。贾山、贾谊们对法家已有一种自觉的批判，因而表现出由法家转向儒家的转捩点。他们立论大抵是以"古"与"秦"相对比，主张由"秦"而返之"古"；"古"即是指的儒家理想，"秦"即是指的由秦到汉的法家政治。两汉像样点的知识分子几乎都参加了此一争论。被今人称为怀疑主义的王充也同样参加儒家的行列而成为儒家的斗士。儒法之争是中国历史升降的大关键。把握到这一点，我们读两汉的巨著《史记》与《汉书》，乃至其他两汉人的著作，才能真正了解其精神，才能真正敞开中国历史的奥秘。但这批知识分子中，在思想上——不是现实上——为儒家重新奠定基础，在政治上对法家加以全面批评，因而缓和了法家的毒害，乃至压缩其活动范围的，却不能不归功于董仲舒。董仲舒的"天人三策"，乃代表当时儒法思想在政治方面斗争的高峰。用现在的语句表达董氏的工作，正是"把人当人"的人性政治，对"把人不当人"的反人性的极权政治的决斗。此一决斗，在当时并未立刻收实际上的多大效果。然儒家思想在打了若干折扣之后，却获得了理论上的胜利。此一胜利逐渐使法家的传统下降而为"吏"的地位，于是以前的政治实权虽仍操之于"吏"，而在政治的名分上，吏总是从属于儒。后世的胥吏政治是秦汉法家政治的缩小与延长，后世"官"与"吏"或"儒"与"吏"之争也是两汉儒法之争继续。这是了解中国历史的一大线索。

要了解上述的线索，首须对以韩非为代表的法家思想，在与儒家思想对照之下，作一概略叙述。

第一，儒家思想乃建立于人性皆善的这一基本设准之上，故人与人的关系是以互信互爱为基础。法家的人性论乃立足于性恶之上，因此它根本不相信人与人之间能够建立亲爱互助的可资信赖的关系，所以它便不能相信儒家"老吾老，以及人之老"的"推恩"政治，而自然走上基于猜疑心理而来的劫持控制之途。他说：

> 人生之患，在于信人。信人则制于人。人臣之于其君，非有骨肉之亲也，缚于势，而不得不事也。故为人臣者，窥觇其君心也，无须臾之休。……为人主而大信其子，则奸臣得乘其子，以成其私。……为人主而大信其妻，则奸臣得乘于妻，以成其私。……夫以妻之近，与子之亲，而犹不可信，则其余无可信者矣。（《韩非子》卷五《备内》篇）
>
> 且父母之于子女，产男则相贺，产女则杀之。……故父母之于子女也，犹用计算之心以相待也，而况无父子之泽乎。（卷十八《六反》篇）
>
> 黄帝有言，上下一日百战。下匿其私，用试其上；上操度量，以割其下。……有道之君，不贵其臣。……无使民比周，同欺其上。（卷二《扬权》篇）

第二，就人君的地位来说，儒家虽然承认它是政治秩序中不可缺少的一环，但君臣之间只是互相对待的关系。"君使臣以礼，臣事君以忠"，"君之视臣如草芥，则臣视君如寇仇"。"合则留，不合则去"，人臣并不是人君的私人工具。并且在人君的上面，另外还要拿出一个"古"或"天"压在它头上，使人君不能自有其意志，必以"古"或"天"的意志为意志，否则不配作人君，而可来一套"革命"、"受命"的。在"古"和"天"的后面，揭穿了说，只是人民的好恶、利益。所以在儒家心目中的人君，绝不是使其恣肆于群生之上的绝对体。儒家也说"贵贱尊卑"的话，但儒家不把这些东西由"身份"制度来决定，而是要由各个人的

"德"及"能"，并根据"德"、"能"所发挥出来的义务来决定。德与能是每个人可以自做主宰。因此。贵贱尊卑都是可以变动、应当变动的。到了法家，大力扫荡了历史遗留下来的贵族的身份地位，这是他们的一种贡献。但儒家的反对贵族，因为它是选贤举能的障碍；而法家的反对贵族，则不过是以贵族为人君绝对化的障碍。人君之所以形成政治中的绝对的地位，完全是由法家思想所造成。这也是秦自孝公以来一直接受法家思想，并一直支配到西汉的实际政治的最真实的重要原因。儒家常称尧舜禅让，汤武征诛。韩非则干脆以尧舜汤武为"反君臣之义，乱后世之教"。他更说：

> 夫为人子而常誉他人之亲……是诽谤其亲者也。为人臣常誉先王之德厚而愿之，是诽谤其君者也（按此系指儒家）。……非其亲者，知谓不孝；而非其君者，天下皆贤之，此所以乱也。故人臣毋称尧舜之贤，毋誉汤武之伐……尽力守法，专心于事主者为忠臣。（卷二十《忠孝》）

因为法家把人君看作是至高无上的东西，便彻底把君臣的关系悬隔起来。他说"道不同于万物，君不同于群臣"，而人臣只不过为人君所"畜"（《忠孝》篇"所谓明君者，能畜其臣也"）。由此可知尊君而卑臣，只是法家思想而不是儒家思想。此在西汉初年崇尚道家的司马谈，尚知道得很清楚。所以他在叙述《六家要旨》中说：

> 儒者……序君臣父子之礼，列夫妇长幼之别，不可易

也。……儒则不然。以为人主天下之仪表也。主倡而臣和，主先而臣随。如此，则主劳而臣逸。

　　法家……正君臣上下之分，不可改矣。……若尊君卑臣，明分职不得相逾越，虽百家不能改也。

　　刘向《别录》亦谓："申子学主刑名，刑名者以名责实，尊君卑臣，崇上抑下。"

　　由上可知，在承认君臣关系的这一点上，是儒法所同。然儒家理想中之君是"劳"，而法家理想中之君是"尊"；儒家理想中人君对于人臣是"礼"、是"敬"（敬大臣也），而法家理想中人君对于人臣只是猜防贱视（"不信其臣，不贵其臣"）。这一大分水岭在汉继承秦代尊君之后依然是很分明的，但自东汉以后便渐渐模糊了。

　　第三，儒家对我们民族最大的贡献之一，是在二千年以前即明白指出政治乃至人君是人民的工具，是为人民而存在；而人民不是政治乃至人君的工具，不是为政治乃至人君而存在。所以人君要以人民的好恶为好恶，而不是人民以人君的好恶为好恶。在儒家思想中，每一个人都是人格的存在，所以特别尊重每一个人人格的成就。而政治的目的便是要助成这些人格的成就，使人人"皆有士君子之行"，以开启一人文的世界。所以政治的本身即要求其人文化、人格化。此即德治、礼治的真意所在。法家则正与此相反，政治完全是为人君的统治而统治的，一切都是人君统治的工具，所以他便否定个体存在的价值，以个人人格、人文的成就为统治上的障碍。因为只有在肯定独立自主的个体时，才有人格、人文的可言；而人格、人文的修养，正所以完成独立自主的个体。此种个体只能服从理性而不能服从权威，这便成为古今中外极权主义者的敌人。他说：

> 夫父之孝子，君之背臣也。……举匹夫之行，而求社稷之福，必不几矣。（卷十九《五蠹》篇）
>
> 廉贞之行成，而君上之法犯矣。……贤能之行成，而兵弱地荒矣。……私行立而公利灭矣。（同上）
>
> 博习辩智如孔、墨，孔、墨不耕耨，则国何得焉。修孝寡欲如曾、史，曾、史不战攻，则国何利焉。（卷十八《八说》篇）

他既完全否定了人格的世界、人文的世界，他自然要否定政治上助成人格、人文的设施。他说：

> 上古竞于道德，中世逐于智谋，当今争于气力。……然则今有美尧舜禹汤武之道于当今之世者，必为新圣笑矣。是以圣人不期修古，不法常可。（卷十九《五蠹》篇）
>
> 夫仁义辩智，非所以持国也。去偃王之仁，息子贡之智，循徐、鲁之力，则齐、荆之欲（齐、荆乃欲灭亡鲁、徐二国者），不得行于二国（徐、鲁）矣。夫古今异俗，新故异备。如欲以宽缓之政，治急世之民，犹无辔策而御悍马，此不知之患也。（卷十八《八说》篇）

因为儒法两家所认定的政治主体不同，所以儒家要求人君成为听取臣民意见的工具，而法家则要求臣民成为人君的应声虫，一如今日高级的极权主义国家，只要求服从教条；低级的极权主义国家，只要求"听话"一样。他说：

> 顺上之为，从主之法，虚心以待令，而无是非也。故有口不以私言，有目不以私视，而上尽制之。（卷二《有度》篇）

第四，法家为达上述目的，他必反对儒家在政治上所主张"把人当人"的人文价值的教化设施，而一归于严刑重罚。严刑重罚是法家在政治上的总归结。他说：

> 今有不才之子，父母怒之弗为改，乡人谯之弗为动，师长教之弗为变……州部之吏，操官兵，推公法，而求索奸人，然后恐惧，变其节，易其行矣。……故明主必其诛也。……明主之国，无书简之文，以法为教；无先王之语，以吏为师。（卷十九《五蠹》篇）
>
> 夫严刑重罚者，民之所恶也，而国之所以治也。哀怜百姓，轻刑罚者，民之所喜，而国之所以危也。（卷四《奸劫弑臣》篇）
>
> 世之学术者说人主，不曰乘威严之势，以困奸邪之臣，而皆曰仁义惠爱而已矣。世美仁义之名，而不察其实，是以大者国亡身死，小者地削主卑。……夫严刑者民之所畏也，重罚者民之所恶也，故圣人陈其所畏以禁其邪，设其所恶以防其奸，是以国安而暴乱不起。吾以是明以义爱惠之不足用，而严刑重罚之可以治国也。（同上）

明主峭其法而严其刑。(卷十九《五蠹》篇)

　　"严刑重罚",把人不当人的政治,只能建立在人民愚蠢之上。法家为达此目的,除了反德反智以外,更如今日集权国家一样,要把人民一个一个地隔开,在大铁幕中形成无数的小铁幕。所以他在《难四》篇说"官有一人,勿令通言,则万物皆尽涵"。秦律偶语者弃市,即由此而来。

　　这里对于法家的所谓法还须特别说明。法家的法,广义地说,乃统治者强制人民为统治者尽片面义务的命令,狭义地说只是一种刑法。此和西方近代法的观念相去颇远。儒家不是不承认刑罚之不可缺少,但儒家在这一点上与法家仍有其重大的分别。第一是儒家以刑罚为政治上次级的东西,而法家则认为是最高级的东西。第二是儒家以刑罚为政治上的辅助手段,而法家则认为是惟一的手段。第三是儒家以刑罚为不得已而用的,而法家则认为是天经地义,非用不可的。再就刑法的本身来说,儒家的人性政治是以"钦恤"之心(《今文尚书·尧典》"钦哉钦哉!惟刑之恤哉"),一贯地主张"目的刑主义"。因此而为省刑主义、宽刑主义、教育刑主义。法家的极权政治是以报复之心彻底主张威吓性的"应报刑主义",法家认为只有由犯人科刑的痛苦而始能达到政治所要求的目的,所以严酷烈惨,是法家的本来面目。欧洲到了十九世纪,目的刑主义才渐取应报刑主义而代之,中国却由儒家提出于二千年以前,我们不难由此而了解儒家即在刑法思想这一方面所占的世界性的地位(以上系参照日人根本诚的《上代支那法制的研究·刑事编》的"上代支那刑罚思想之展开"一章。此书关于儒法两家刑罚思想之比较叙述,最为平实详明)。此一大的区别,随处可以发现明确的对比。例如儒家主张"罪人不孥",而法家自商鞅起即主张"相收司连坐"。秦以后两千年间,常因一案而动辄诛戮百千万人,其销铄吾民族之精神活力者最为惨酷,实皆由法家思想中导出,此诚吾民族之最大不幸。

第五,法家与道家的关系,司马迁在《史记·老庄申韩列传》中一则曰"申子之学,本于黄老而主刑名",再则曰"韩非……喜刑名法术之学,而其归本于黄老",三则曰"其极惨礉少恩,皆原于道德之意"。司马迁之父司马谈,"习道论于黄生",推道家为六家之冠。司马迁继承家学,又受董生影响,反法家之意识特隆,其所述道法两家关系,绝无因不了解或拘成见以致牵强附会之事,故其说至为可信。但因《老子》一书富于形而上学之气息,引起西人之注意,而其虚无主义之情调又与中国若干知识分子的口味相合,乃为了袒护老子而想推翻司马迁的结论,遂以《韩非子》中之《解老》、《喻老》非韩非所作,而谓司马迁所指者乃汉初之黄老,并非老子本来面目。殊不知道家与法家之显明结合,不始于韩非而始于慎到,所以《解老》、《喻老》纵不出自韩非本人,但《韩非子》全书之精神脉络,其与《老子》相通者殆随处可见。老子拿一种"先天地生"之虚无境界,以否定人文世界之一切设施与人生价值,对于现实生活不肯作一正面之肯定,而仅赖"深静以窥几"的机巧,此与韩非之人生观、社会观正完全相同。其在政治上则主张"不尚贤"、"绝仁弃智"、"常使民无知欲",而其动机乃出自"以百姓为刍狗"之心,则彼虽未正面提出严刑重罚之主张,但"小国寡民"、"至老死不相往来"之乌托邦,在现实中既不复存在,摆在眼前的,只是一统之势既成,上下之机巧变诈日亟的局面,则除了严刑重罚以外,道家又有何方法来治理天下？同时，韩非的法乃系否定一切人格价值、人文世界的符号，其本身即系一种虚无。因其系一种虚无，则其发而为事象，亦只有归于恐怖。所以虚无主义一转而为恐怖主义，乃古今中外所表现的共同道路。再就另一方面说，韩非认定创法、用法以宰制天下者是人君，人君完全是一个孤立的绝对体，连妻、子都不可靠，人臣都是窥伺的谋害者，然则人君到底凭借什么本领来达到宰制天下的目的？因此，只有把申不害的"术"拿来再加以深化、神化，使其担当法之所自出而为臣民所不能窥测的主体。《韩非子》一书言术之比重实超过于言法，而深化、神化后之术，正与老子的"至虚极，守静笃"，自居于不可测之地以窥天下之机者相合。于是韩非心目中的人君，正是老子所说的道之"权化"。所以他说：

　　　　故明主之行制也天，其用人也鬼。（卷十八《八经》篇）

　　　　道者万物之始，是非之纪也（按韩非之所谓道，与老子同），是以明君守始以知万物之源，治纪以知善败之端。令名自命也，令事自定也。虚则知实之情，静则知动者正。……故曰，君无见其所欲。……君无见其意。……去好去恶，臣乃见素。去旧（惯性）去智，臣乃自备。……是故去智而有明，去贤而有功，去勇而有强。……故曰寂乎其无位而处，寥乎莫得其所。明君无为于上，群臣悚惧乎下。（卷一《主道》篇）

　　　　权不欲见，素无为也。事在四方，要在中央。……用一之道，以名为首。名正物定，名倚物徙。故圣人执一以静，使名自命，令事自定。……圣人之道，去智去巧；智巧不去，难以为常。（卷二《扬权》篇）

以上的话，可以说是《老子》的重述或引申。不过秦人行法家之治，并未能保留住法家守法不私的客观精神，而韩非学老子，也没有保留着"圣人无常心，以百姓之心为心"及"民不畏死，奈何以死惧之"之教训。此正系取法乎上，仅得其中的一定不移之理。因此，法家援引道家以为其思想的根据，只能说明道家有向法家推演及被法家利用的最大可能性，而不能说法家即是道家。

## 二、西汉政治之剖视

秦自孝公用商鞅起，即成为法家的实验场所。秦政见韩非所著书，至叹为"得见此人与之游，死不恨矣"。这是因为韩非把商鞅的思想更向前推进了一步，一面与秦的传统深相契合，一面与秦政阴鸷之资水乳交融。秦以法家政治而统一六合，这是因为凡是极权主义的初期，都可由强制及集中而发生一种强大力量。李斯与韩非同事荀卿，因"耻卑贱"而入秦，其顺应秦之传统及秦政之资性以取容，乃无可疑之事。故其云为，全系抄取法家。如秦政三十四年博士淳于越，请封子弟功臣，秦政下其议，李斯的意见是：

> 今天下已定，法令出一，百姓当家则力农工，士则学习法令，辟禁。今诸生不师今而学古，以非当世，惑乱黔首。……古者天下散乱，莫之能一，是以诸侯并作，语皆道古以害今，饰虚言以乱实。人善其所私学，以非上之所建立。今皇帝并有天下，别黑白而定一尊，而私学乃相与非法教之

制。……如此弗禁，则主势降乎上，党与成乎下，禁之便。臣请史官非秦纪皆烧之。非博士官所职，天下敢有藏诗书百家语者，悉诣守尉杂烧之；有敢偶语诗书，弃市。以古非今者族。吏见知不举者与同罪。令下三十日不烧，黥为城旦。所不去者，医药、卜筮、种树之书（按此乃当时之科学。任何极权者，皆反历史文化而不会反科学）。若欲有学法令，以吏为师。制曰可。(《史记·秦始皇本纪》，又见《李斯传》)

这可说是法家思想的全部实现。其后李斯劝二世"行督责之术"，也是法家的本来面目。秦的政治和思想全为法家所支配，这是无丝毫可疑之事。中国现代可称为史学家者仅有陈垣与陈寅恪两先生。寅恪先生谓"李斯受荀卿之学，佐成秦治，秦之法制，实儒家一派学说之所附系"，这不能不说他是一个很大的误解。

汉兴以后，大家只认其因盖公对曹参的进言，行黄老之治；而忽视它在黄老的后面，依然是继承秦代的法家政治。一般人之所以疏忽了此一重大事实，其故有三：第一，是因刘邦起自间阎，身受秦政之害，所以直觉地对秦政作了去泰去甚的修正，使法网由密而疏。

第二，汉文以资性之美，常行减赋减刑之政，自司马迁起，乐为史家所称道，而不知其中实多溢美之词。东汉应劭在《风俗通义》中已有所辨正。他说：

前待诏贾捐之为孝元皇帝言，太宗（文帝）民赋四十，断狱四百余。案太宗时，民重犯法，治理不能过中宗（宣

帝）之世。地节元年天下断狱四万七千余人。……前世断狱，皆以万数。（《风俗通义》卷二）

向曰（刘向对成帝之问），文帝时政颇遗失（下引冯唐之言，贾山谏不宜教从郡国贤良吏出游猎及爱幸邓通等数事）。……上曰（成帝），后世皆言文帝世，天下几至太平，其德比周成王，此语何从生。向对曰，生于言事。文帝礼言事者，不伤其意。……后人见遗文，则以为然。世之毁誉，莫能得实。（同上）

其实，孝文本"好道家之学"（《史记·礼书》）及"刑名之言"（《史记·儒林传》），且"外有轻刑之名，内实杀人"，"犹有过刑谬论"（皆见《汉书·刑法志》），史有明文。可知《风俗通义》对于传说的纠正是非常可靠的。

第三，一般人以为法令密如牛毛为法家政治的特征。汉初法网较疏，遂以汉治与秦大相径庭。不知法家依据黄老，其理想依然是在缓刑薄赋。至于法令之日演日密，乃其不承认人文世界之必然结果，并非法家的理想本来如此。所以李斯狱中上书自称其功谓"缓刑罚，薄赋敛，以遂主得众之心"。汉初各种议论中称刑之不足以止刑，其势必日益滋蔓者，屡见不一见。可见秦之法是由疏而密，汉之法亦同样地是由疏而密。

《史记·儒林传》谓"孝惠、吕后时，公卿皆武力有功之臣。孝文时颇征用（言孝文稍用文学之士），然孝文帝本好刑名之言。及至孝景，不任儒者，而窦太后又好黄老之术。故诸博士具官待问，未有进者。及今上（武帝）即位，赵绾、王臧之属，明儒学，而上亦乡之"。然赵、王两氏所致力的是欲立明堂以朝诸侯，此实系以阴阳家思想来附会武帝的夸大性质，与儒家本义无关。所以简单地说，汉初的政治思想大势是黄老与法家的天下，而阴阳灾异之说也分得一部分势力。黄老制约了汉初的君相，不轻事更张，不轻生事端，不走入侈泰。其实，秦政之侈泰、胡亥之荒淫，固为黄老所不许，亦为法家所不许，所以在此等处所，二家并无矛盾。但这只是消极作用，仅靠这种消极作用不能统治天下。担当统治天下积极任务的却是一代的"法制"。藏在汉初黄老政治后面的却是秦代的法制、法家的法制。这便从根本地方规定了汉代的政治方向。

汉承秦后的法家政治，可以分三点来说明：

第一是表现在作为制度之骨干的君臣的关系上。儒法家对君臣关系之不同，已如前述。我国在秦以前，君臣之地位并不悬绝，此征之人类进化史的氏族社会、封建社会而可信。君臣地位之悬绝，是由法家为统治而统治，以人君为统治的绝对体所建立的观念，而由秦政所实现的。要表现君之特别尊、臣之特别卑，必有一套特定的仪节，此即所谓"朝仪"。秦政统一天下，合传说中的皇与帝为一而"号曰皇帝"，"命为制，令为诏"，"自称曰朕"，并废谥法以使子不得议父，臣不得议君，当然随着有一套尊大与卑微相形而益彰的仪节。如古者臣拜，君亦答拜，至秦则不复答拜。古者君臣告语之词皆曰书，至秦则诏、令、书、疏，分别均严，即其一例。汉高祖起自匹夫，即帝位之后，"悉去秦苛仪，法为简易，群臣饮酒争功，醉或妄呼，拔剑击柱"（《史记·叔孙通传》），尚保有若干村野纯朴之气。这时恰有一个"所事者且十主，皆面谀以得亲幸"的叔孙通，抢着此一进身机会，迎合高帝"患之"的心理，遂建议重定朝仪，"大抵皆袭秦故"。初实行时，"自诸侯王以下，莫不震恐肃敬"。于是高祖曰"吾乃今日知为皇帝之贵也"
（以上皆见《史记·礼书》及《叔孙通传》）。自此以后，君臣的关
系完全成为由法家思想所形成的天地悬绝的关系，儒家也只好向
此一既成事实投降。专制政体由此而遂成定格。此种君臣关系一
经决定，便赋予昏暴之主以精神上的武装，使其得以摧残尽知识
分子在政治中、在社会上的人格与灵魂，二千年来只有作"文犬"、
"文丐"才有富贵利达之路。这是中国政治在二千年中愈演愈下的
总根据。朱元晦对于此中关键看得最为清楚：

> 黄仁卿问，自秦始皇变法之后，后世人君，皆不能易
> 之，何也？曰，秦之法，尽是尊君卑臣之事，所以后世不
> 肯变。（《语类》一百三十四）

他又说：

> 叔孙通为绵蕝之仪，其效至于群臣震恐，无敢喧哗失礼
> 者，比之三代燕享群臣气象，便大不同，盖只是秦人尊君
> 卑臣之法。（《语类》一百三十五）

由朱元晦的话亦可窥见此一尊君卑臣之局，为真正之儒家思
想所不许。所以，宋明诸大儒对于现实上的君臣关系，几无不采
取批评补救的态度。至黄梨洲的《原君》、《原臣》出，实可与卢
骚的《民约论》东西比美。可惜此一发展不久又被满清的专制统
治压回去了，直至中山先生而始得到初步的解决。
　　第二是表现在作为法制之骨干的"法"的性质上。汉代法的

性质不是根据儒家精神的目的刑主义，而是根据法家精神的应报刑主义的秦法。《汉书·刑法志》说：

> 汉兴，高祖初入关，约法三章。……其后四夷未附，兵革未息，三章之法不足以御奸。于是相国萧何攈摭秦法，取其宜于时者作律九章。

萧何作律的科条当属简单，但夷三族、祆言令、挟书律等皆继续存在。不过"萧曹为相，填以无为"，而孝文"躬修玄默"，"禁罔疏阔"（皆见《汉书·刑法志》），这些都缓和了法家的流毒。但是，严刑重罚的这一基本精神并无改变。如：

> 秦用商鞅，连相坐之法，造参夷之诛。增加肉刑、大辟，有凿颠、抽胁、镬烹之刑。（《汉书·刑法志》）

而汉则：

> 汉兴之初，虽有约法三章，网漏吞舟之鱼。然其大辟尚有夷三族之令。令曰：当三族者，皆先黥、劓、斩左右趾，笞杀之，枭其首，菹其骨肉于市。其诽谤詈诅者，又先断舌，故谓之具五刑。彭越、韩信之属，皆受此诛。（同上）

此当然系秦法的再版。高后元年除三族罪、祆言令（按《汉书·文帝纪》"今法有诽谤讹言之罪"，则所谓高后除祆言令者，乃一时之宽惠，而并未改其律条），孝文二年，又不顾周勃、陈平的反对，免父、母、妻、子、同产坐收之罪。然及新垣平之事起，"复行三族之诛"。文帝除肉刑，而代之以"当劓者笞三百，当斩左右止（趾）者笞五百"，结果是"外有轻刑之名，内实杀人"。景帝元年，下诏曰"加笞与重罪无异，幸而不死，不可为人"，致使此以天性刻薄著称之皇帝，曾作两次修改，然"酷吏犹以为威"（以上皆见《汉书·刑法志》）。以上是文景盛时的情形。到了武帝，因为"奸轨不胜"，遂命持法深刻的张汤、赵禹重定诸律令，其情形是：

> 律令凡三百五十九章，大辟四百九条，千八百八十二事。死罪决事比万三千四百七十二事。文书盈于几阁，典者不能遍睹。……奸吏因缘为市，所欲活则傅生议，所欲陷则予死比，议者咸伤之。（《汉书·刑法志》）

再演变下去，到了成帝时，则：

> 大辟之刑，千有余条，律令烦多，百有余万言。奇请它比，日以益滋。（同上）

这与秦的演变情形完全一样。中间宣帝为路温舒之语所感动，特置廷平之官，以求补救。但当时涿郡太守郑昌上书，劝其"删定律令"，而"宣帝未及修正"。其后元帝、成帝受儒家思想之影响渐深，皆欲加以修改，使其"务准古法"（即儒家思想），然当时"有司无仲山甫之材，不能因时广宣主恩，建立明制，为一代之法，而徒钩摭微细，毛举数事以塞诏而已。是以大议不立，遂至今（班固时）"（以上皆见《汉书·刑法志》）。所以《汉书·刑法志》全篇的文字皆出自深悲隐痛之精神。中间引"周官有五听八议三刺三宥三赦之法"，将儒家的"目的刑主义"与法家"应报刑主义"两相比较。又引孔子"善人为国百年，可以胜残去杀"的话，认此乃"为国者之程式"。而对于汉代则再三叹息地说"然而未能称意比隆于古者，以其疾未尽除，而刑本不正"，"罔密而奸不塞，刑蕃而民愈嫚，必世而未仁，百年而不胜残，诚以礼乐阙而刑不正也"。由此可知汉代除武帝外，虽皆有慎刑之意，以求临时补救之方；但补救又有时失之过轻，过轻则人易犯，而又转于过重。而刑法的本身是出自法家，与儒家精神不合，亦即所谓与"古"不合。刑的根源已经"不正"了，枝节的补苴不能改变其大的趋向。而其中枢治狱至有二十六所之多，至光武始加以减裁（《容斋续笔》卷一《汉狱名》）。此种事实，两汉人士都有深切感受，随处表现出来，而反为后之治史者所忽视，则治道之不明，真非一朝一夕之故了。

第三是表现在由上述法制所推行的吏治上。西汉人主因高祖开布衣天子之局，除统治意识以外，尚保有若干社会意识，故多有恤民之意，并很重视对人民负实际统治之责的吏治。但吏治所凭借的是法制，而汉代的法制只是法家的刑罚观念，根本没有儒家的"教化"观念。贾谊在其《治安策》中说：

> 道之以德教者，德教洽而民气乐。殴之以法令者，法令极而民气哀。……汤武置天下于礼乐，而……累子孙数十世。……秦王置天下于法令刑罚……下憎恶之如仇雠；祸几及身，子孙灭绝。……今或言礼谊之不如法令，教化之不

　　　　　　　　　　　　　　学术与政治之间

如刑罚，人主胡不引殷周秦事以观之也。(《汉书·贾谊传》)

由贾谊反驳当时的话来看，即可知汉初政治的主流是法家而不是儒家。景帝残刻成性，其生平即属一典型的法家。而路温舒在宣帝初即位时，曾上书请尚德缓刑，略谓：

> 臣闻秦有十失，其一尚存，治狱之吏是也。……方今天下赖陛下恩厚，亡金革之危，饥寒之患，父子夫妻，戮力安家。然太平未洽者，狱乱之也。夫狱者天下之大命也。……今治狱吏则不然，上下相殴，以刻为明。深者获公名，平者多后患。故治狱吏，皆欲人死，非憎人也；自安之道，在人之死。是以死人之血，流离于市；被刑之徒，比肩而立；大辟之计，岁以万数。……故天下之患，莫深于狱。败法乱正，离亲塞道，莫甚乎治狱之吏。此所谓其一尚存者也。……唯陛下除诽谤以招切言，开天下之口，广箴谏之路，扫亡秦之失，尊文武之德，省法制，宽刑罚，以废治狱，则太平之风，可兴于世……天下幸甚。(《汉书》五十一《路温舒传》)

这里指明了因为汉法即秦法，所以汉之吏治亦无异于秦之吏治。宣帝号为明主，吏治超过汉初，《汉书》上《循吏传》的人物多出自他的时代。但他说"俗儒不达时宜，好是古非今，使人眩于名实，不知所守"，这和李斯是一样的口气。而《汉书》载元帝为太子时，"见宣帝，用多文法吏，以刑名绳下……常侍燕从容言，陛下持刑太深，宜用儒生。宣帝作色曰，汉家自有制度，本以霸王道杂之，奈何纯任德教，用周政乎？……"（《汉书·元帝纪》）按"周政"无形间即系与"秦政"相对而言，亦即儒家与法家相对而言。元帝号称好儒尚惠爱，但以法家为主流的法制未变，则政治的基础亦未变。所以匡衡曾上疏说："今俗吏之治，皆不本礼让而上克（刻）暴，或伎害好陷人于罪，贪财而慕势，故犯法者众，奸邪不止。虽严刑峻法，犹不为变。"所以他主张"宜壹旷然大变其俗"（《汉书·匡衡传》）。一直到王充写《论衡》的时候，尚谓"儒者寂于空室，文吏哗于朝堂"。又谓"文吏在前，儒生在后"，"文吏治事，必问法家。县官事务，莫大法令"，"法令汉家之经，吏议决焉"（以上皆见《论衡·程材》篇）。所以司马迁创《循吏》、《酷吏》两列传，《酷吏》尽为汉吏，而《循吏传》中汉代却无一人，其所以指陈汉政之本质者至为深切。而班固在《汉书·刑法志》中亦慨叹地说：

今郡国被刑而死者岁以万数，天下狱二千余所。其冤死者多少相覆，狱不减一人，此和气所未洽也。原狱刑所以蕃若此者，礼教不，刑法不明，民多贫穷，豪杰务私奸不辄得，狱犴不平之所致也。

我国吏治辄称两汉，而两汉吏治之实质乃若此，生民之气，几何不戕贼以尽。居常怪朱元晦与陈同甫争汉唐、争王伯之辨，心里总觉得朱元晦有点迂阔。现在才知道理学家不满意汉唐的缘故。读史不能析其关节条理之所在，如何能窥见大儒之识见及其用心于万一？

### 三、汉武帝的脸谱

为更亲切地了解董仲舒的时代背景，除了上述西汉一般政治的情势外，对于和董仲舒有密切关连的汉武帝，还应当特别提一笔。一个伟大的史学家对于他当时的政治及政治人物，必具备真正的洞察力，从许多政治的虚伪中窥破人物的真正性格与一个时代的真正精神，而把它认真地表达出来。此即司马迁所说的"具见其表里"（《封禅书》）。否则只是排比故事的"史匠"。司马迁和班固生于大一统的专制时代，以当代人写当代之史，冒着真正生命的危险，虽有时不能不有曲笔或隐笔，但他们总要运用一种文学上的技巧，把一个时代的真相与真问题表达出来，以指出历史所要求的真正方向。我们读《史》、《汉》时，对于他们所说的人与事，总觉得比读其他史书来得亲切，其原因正在于此。特别是司马迁受儒学的熏陶，尤其是受董仲舒《春秋》学的熏陶，综史学、文学天才于一身，其洞察力与表现力更为千古一人（班志虽谓道家者流盖出于史官，但道家精神中转不出史学）。他没有从正面写武帝本纪，或曾写过而早佚失。但他在《封禅书》（现时《史记》中之《武帝本纪》乃褚先生据《封禅书》所补。褚先生于此亦有特识，不可谓"其才之薄"）、《酷吏传》、《儒林传》中写出了一个活生生的武帝的脸谱。为便利计，我首先引若干褚先生根据《封禅书》所补的《武帝本纪》，来看看他的内心生活：

> 孝武皇帝即位，尤敬鬼神之祀。……是时上求神君，舍之上林中蹏氏观。神君者，长陵女子以子死悲哀，故见神于先后宛若。……及武帝及位，则厚礼置祠之内中……

是时而李少君亦以祠灶、谷道、却老方见上，上尊之。……少君言于上曰，祠灶则致物，致物而丹砂可以化为黄金。黄金成以为饮食器，则益寿。益寿而海中蓬莱仙者可见。见之以封禅，则不死。……于是天子始亲祠灶，而遣方士入海求蓬莱安期生之属。……居久之，李少君病死，天子以为化去不死也……

亳人薄诱忌奏祠泰一方曰，天神贵者泰一。……古者天子以春秋祭泰一。……为坛开八通之鬼道。于是天子……如忌方。其后人有上书言古者天子三年一用太牢，具祠神三一……天子许之。……后人复有上书言古者天子常以春秋解祠，祠黄帝用一枭破镜……用乾鱼，阴阳使者以一牛。令祠官领之如其方……

明年，齐人少翁以鬼神之方见上。……拜少翁为文成将军，赏赐甚多，以客礼礼之。文成言曰：上即欲与神通，宫室被服不象神，神物不至。乃作画云气车，及各以胜日驾车辟恶鬼。……居岁余，其方益衰，神不至。乃为帛书以饭牛，详（佯）弗知也。言此牛腹中有奇，杀而视之，得书，书言甚怪。天子疑之，有识其手书，问之人，果伪书，于是诛文成将军，而隐之。

文成死明年，天子病鼎湖甚。……游水发根（人名）乃言曰，上郡有巫病而鬼下之，上召置祠之甘泉，及病，使人问神君……病良已，大赦天下。……（神君）非可得见，闻其音与人言等。……其所语世俗之所知，毋绝殊者；而天子独喜，其事秘，世莫知也。

栾大，胶东宫人。……天子既诛文成，后悔恨其早死，

　　　　　　　　　　　学术与政治之间

惜其方不尽。及见栾大，大悦。……大言曰，臣常往来海中，见安期、羡门之属，顾以为臣贱不信。……臣恐效文成，则方士掩口，恶敢言方哉。上曰，文成食马肝死耳，子诚能修其方，我何爱乎？大曰，臣师非有求人。……陛下必欲致之，则贵其使者，令为亲属，以客礼待之勿卑。……乃拜大为五利将军。居月余，得四金印，佩天士将军、地士将军、大通将军、天道将军印。制诏御史……其以二千户封地士将军大为乐通侯，赐列侯甲第，僮千人。……又以卫长公主妻之，赍金万金……天子亲如五利之第，使者存问，所给连属于道。自大主将相以下，皆置酒其家献遗之。于是天子刻玉印曰天道将军。使使衣羽衣，夜立白茅上。五利将军亦衣羽衣立白茅上受印，以示弗臣也。……于是五利常夜祠其家，欲以下神，神未至而百鬼集矣。……数月饰六印，贵振天下，而海上燕、齐之间，莫不搤腕，而自言有禁方能神仙矣。

齐人公孙卿曰，今年得宝鼎，其冬辛巳朔旦冬至，与黄帝时等。卿有札书……因所忠欲奏之。所忠视其书不经，疑其妄，书谢曰，宝鼎事已决矣，尚何以为。卿因嬖人奏之，上大悦……

天子既闻公孙卿及方士之言，黄帝以上封禅皆致怪物与神通，欲放黄帝以常接神仙人、蓬莱士，高世比德于九皇，而颇采儒术以文之。群儒既以不能辨明封禅事，又牵拘于诗书古文而不敢骋……于是尽罢诸儒弗用。三月遂东幸缑氏，礼登中岳太室，从官在山下，闻若有言万岁云，问上，上不言，问下，下不言……

齐人之上疏言神怪奇方者以万数，然无验者。乃益发船令言海中神山者数千人，求蓬莱神人。公孙卿持节常先行。候名山，至东来，言夜见一人，长数丈。就之，则不见，见其迹甚大，类禽兽云。群臣有言见一老父牵狗言吾欲见巨公，已忽不见。上既见大迹，未信。及群臣有言老父，则大以为仙人也。

方士之候祠神人，入海求蓬莱，终无有验。而公孙之候神者，犹以大人迹为解，无其效。天子益怠厌方士之怪迂语矣。然终羁縻弗绝，冀遇其真。自此之后，方士言祠神者弥众，然其效可睹矣。

我们今日看了上面所节录的一部分记录，不要只认为这是二千年前的愚昧可笑。此种愚昧的程度，在比这早几百年的儒家经典乃至诸子百家中都找不出来。当时传子之局早定，武帝不必为其后代担忧，于是把他自私自利之心完全集注在自己的长生不老上面，不惜竭一切方法以求之。大凡一个人自私到极点，不论其自私的对象为何，即足以泯灭其灵性，自然暴露出人性最愚蠢、最丑恶的一面而无法自饰。武帝仅其一例。

汉武帝关于政治的基本方向，在《酷吏列传》中表现得非常清楚。《列传》中共十人，有二人是景帝时代的，一个人是始于景帝时代而终于武帝时代，其余皆是武帝的杰作。这批人都是在"上以为能"、"天子以为能"、"上说"、"天子以为尽力无私"（俱见《酷吏传》）的特达之知的情形之下提拔起来的。他们有的是由"攻剽为群盗"的无赖汉中，因其残贼之性，一跃为武帝政治的柱石。其中尤以张汤贵列为九卿，每奏事，"天子忘食，丞相取充位"。

　　　　　　　　　　　　　　　　　　学术与政治之间

虽然"自公卿以下至于庶人咸指汤",但是"汤常病,天子至自视病,其隆贵如此"。尤其张汤这个人,"多诈舞智以御人","收接天下名士大夫,己心内虽不合,然阳浮慕之。是时上方乡文学,汤决大狱,欲傅古义,乃请博士弟子治《尚书》、《春秋》,补亭尉史,亭(平)疑法",并且"造请诸公,不避寒暑"。所以汤虽"文深意忌,不专平,然得此声誉"。但司马迁对于这样一位势倾朝野,专以杀人为业,又会附庸风雅、卑躬折节的天子柱石,直将其掷入《酷吏传》中。把武帝只以"杀"来当作政治真正本钱,及这批以杀人起家的刽子手的狰狞面貌无情地刻画出来。这是说明司马迁的良心,在"流血十余里"的人间惨剧之下,不是一时的暴力与人情所能堵死。而人类在政治上所应走的方向,必须从这些丑恶东西的反面逼了出来。在这种地方,表现出了中国史学的真价。司马迁把自己之作《史记》比于孔子之作《春秋》。我们从这些地方,可以了解他并无意于夸张自己,而只是想借此来把他的苦心暗示给后代的知识分子。哪知二千年来,岂仅无人能再写出一部像《史记》这样的书,连真能读懂《史记》的人也是凤毛麟角了。

在武帝这种秦皇再版的政治之下,实际情形怎样呢?《酷吏列传》中说:

> 自温舒(王温舒)等以恶为治,而郡守、都尉、诸侯、二千石欲为治者,其治大抵尽放(仿)温舒,而吏民益轻犯法,盗贼滋起。……大群至数千人……小群盗以百数。……于是天子……乃使光禄大夫范昆、诸辅都尉及故九卿张德等,衣绣衣,持节虎符发兵,以兴击,斩首大部或至万余

级，及以法诛通饮食，坐连诸郡，甚者数千人。……无可奈何，于是作沈命法（即连坐法）曰，群盗起不发觉，发觉而捕弗满品者，二千石以下至小吏主者皆死。其后小吏畏诛，虽有盗不敢发。……府亦使其不言，故盗贼浸多，上下相为匿以文辞避法焉。

客有让周（酷吏杜周）曰，君为天下决平，不循三尺法，专以人主意指为狱，狱者固如是乎？周曰，三尺安出哉。前主所是，著为律。后主所是，疏为令。当时（合乎当时要求的）为是，何古之法乎？至周为廷尉，诏狱亦益多矣。二千石系者新故相因，不减百余人。郡吏大府，举之廷尉，一岁至千余。……廷尉及中都官诏狱逮至六七万人，吏所增加十万余人。

以上更可以略窥汉武的政治完全是走的暴秦的老路。司马迁在《酷吏传》的叙论中引了孔子、老子的话以后，接着说："信哉是言也。法令者治之具，而非制治清浊之源也。昔（表面上是指秦，实际是指当时，西汉人立言，大抵系如此）天下之网常密矣，然奸伪萌起，其极也上下相遁，至于不振。当是之时，吏法若救火扬沸，非武健严酷，乌能胜其任而愉快乎，言道德者溺其职矣。"在此传的结论中说："自张汤死后，网密多诋严，官事浸以耗废，九卿碌碌，奉其官，救过不赡，何暇论绳墨之外乎？"千载而下，尚闻其叹息之声。

一般人说汉武帝"尊崇儒术"，殊不知每一极权性的人主，都想牢笼万有，以抬高或粉饰自己的地位。其实，一切和他阴狠之私不合的，不是曲解利用，便干脆背道而驰。同时，我们应当知道，儒术并不是和其他的诸子百家一样，只是代表一二人的特出思想，而是集结到周末为止的历史文化的总和。儒家是从历史文化的总和中以抽出结论，发现人类所应走的道路。儒家的六艺即是经过整理后的历史文化的遗产。其地位在战国时已高出于诸子之上，这在庄子的《天下》篇中表现得非常清楚。任何个人的思想，不能和历史文化之总和相提并论，这是一种最起码的常识。人与一般动物重要区分点之一，即是一般动物无历史意识与历史要求，而人则除了把人当物看的极权主义者之外，一定有历史的意识与要求。这是人性的重要表露之一。法家及由法家思想所建立的暴秦是反历史文化的，亦即是反人性的。随暴秦之推倒，人性之复活，则汉初政治中虽无儒家思想之自觉，但不能抑制人类对于历史憧憬的自然天性，于是挟书之禁得以解除，且能恢复博士以"具官待问"。顺着此一趋势，只要不再受到人为毒害，则直接代表历史文化的儒家势必随人性的复苏而自然兴起。从这一点说，汉武之较文景稍重视儒术，亦可谓迫于此一时势要求之自然结论。但汉武所取于儒的乃在"阴阳"与"文词"以满足其浮夸之本性。他所用的儒者，只是出卖灵魂的如"曲学阿世"的公孙弘及"和良承意"的兒宽。《汉书·匡张孔马传》赞谓："自孝武兴学，公孙弘以儒相。其后蔡义、韦贤、玄成、匡衡、张禹、翟方进、孔光、平当、马宫及当子晏，咸以儒宗居宰相，服儒衣冠，传先王语，其蕴藉可也（宽博厚重之意），然皆持禄保位，被阿谀之议。彼以古人之迹见绳，乌能胜其任乎。"在班固的眼中，公孙弘的系谱是有愧于"古人之迹"的。他在《循吏传》中又说"公孙弘、兒宽，以经术润饰吏事"。"吏事"是法家的本据，而经术只居于"润饰"的地位。这也刻画出了汉武时儒家在政治中的真正分量。其次，因"利禄"之路而奔集的儒生只是混着一点残羹冷饭吃，试与那些方士和酷吏比较，相去何仅千万。至"为群儒首"的董仲舒，一几死于灾异的"刺讥"，一几死于"从谀"的公孙弘的毒计。而当时真儒如申公、辕固生，率多受屈辱。例如武帝把申公请来后：

> 至，见天子。天子问治乱之事。申公时已八十余，老，对曰，为治者不在多言，顾力行何如耳。是时天子方好文词，见申公对，默然而已。……申公亦疾免以归。（《史记·儒林传》）

辕固生在景帝时几乎死于豕圈。"及今上（武帝）初及位，复以贤良征固。诸谀儒多疾毁固曰，固老罢（疲），归之。时固已九十余矣。固之征也，薛人公孙弘亦征，侧目而视，固曰：公孙子，务正学以言，无曲学以阿世。"（同上）

由上所述，我们不仅可以了解所谓汉武尊崇儒术的真正内容，并可以了解武帝的真正性格及当时政治的主流与由此主流所造成的毒害。再由此我们可以进一步来看由董仲舒所代表的儒法之争的意义。

## 四、董仲舒的志业

董仲舒，汉信都国广川县人，在今河北省景县附近，后由广川徙茂陵，所以李肇的《国史补》以长安的虾蟆陵为董氏之墓。他在景帝时已为博士，而在他著的《春秋繁露》中提到武帝太初的改制，所以他的年龄大概总在七十以上。苏舆《董子年表》，起汉文帝元年（西纪元前一七九年），止武帝太初元年（西纪元前一〇四年），恐怕也只是一种近似的推论。他的政治活动的高潮为武帝时的贤良对策。至于对策之年，先儒疑而未定。我觉得齐召南的说法较为可信。齐说略谓：

> 《汉书·武帝纪》载于元光元年（西纪前一三四年），与公孙弘并列，既失之太后。《通鉴》据《史记》武帝即位为江都相之文，载于建元元年（西纪前一四〇年），与严助并列，亦失之太前。若以仲舒此文推之（按即对策中"今临政而愿治，七十余岁矣"之文），则在建元五年也（西纪前一三六年）。计汉元年至建元三年为七十岁。而且五年始置五经博士，即传所谓推明孔氏，抑黜百家，立学校之官也。至元光元年，初令郡国举孝廉各一人，即传所谓州郡举茂才，孝廉也。若在建元元年，得云七十余岁乎。（王先谦《汉书补注·董仲舒传》所引）

王先谦因董生对策中有"夜郎康居，殊方万里，说德归谊"之语，而夜郎之通，乃在建元六年大行王恢击东粤后，次年即为元光元年，遂谓"《汉书》载仲舒对策于元光元年，并不失之太后。齐说非也"（王先谦《汉书补注·董仲舒传》）。但对策中所称"康居归谊"，直到元光元年亦于史无征。以情理推之，通夜郎虽在建元六年，通康居虽更在其后，然此等事并非突然而至，在正式通夜郎及通康居之前，必有若干来往因缘以为之线索。当一个浮夸的时代，便因此而宣传为"说德归谊"，很是可能的。齐说与《董传》全合，殆不应因通夜郎一事而遽推翻其本传。所以我赞成建元五年之说。董生对策后为江都相，江都易王"素骄好勇"，他以仲舒比管仲，但仲舒谓"夫仁人者，正其谊，不谋其利。明其道，不计其功。是以仲尼之门，五尺之童，羞称五伯，为其先诈力而后仁谊也"。盖亦以此抑易王骄恣之念。中废为中大夫。后因推辽东高庙、长陵高园殿灾，草稿未上，为主父偃窃奏，"天子召诸生示其书有刺讥，下吏当死被赦"。时"公孙弘治《春秋》不如仲舒，而弘希世用事，位至公卿。仲舒以弘为从谀，弘嫉之"，遂把仲舒推荐去作"尤纵恣"的胶西王相，想假手胶西王杀掉他。但因他在当时已被认"为儒者宗"（《汉书·五行志》），"善待之"。仲舒恐久获罪，病免，以寿终于家。

\*　　\*　　\*

关于他遗留到现在的著作《春秋繁露》，亦众说纷纭。"繁（蕃）露"据本传乃与清明、竹林之属，同为其著作中之篇名。以"繁露"为全书之名始于梁阮孝绪之《七录》。《崇文总目》所列八十二篇之数，已非完本。而此八十二篇本者，至南宋则馆阁之本有二，一为十卷三十七篇本，一为十七卷本。其篇帙之残缺，可以想见。今通行八十二篇，内缺三篇之本，乃南宋楼钥得潘氏八十二篇本所刊定。其文字之讹脱随处可见。故前人疑之者甚众，尤以程大昌、黄东发二氏为甚。然程大昌所疑《寰宇记》及《通典》所引而为此书所无者，楼本皆赫然俱在，则可知程氏所见之本不全。而黄东发所疑之诸条义理，乃因黄氏不通《公羊》，且系以黄氏当时之论点妄推古义，皆不足据。诚如《崇文总目》所谓

　　　　　　　　　　　　　学术与政治之间

"义引宏博，非出近世"。所以我不仅认此书为可靠，而且由战国末期到汉初的儒家思想，许多尚保存于此书之中，值得加以发掘。但本文仅以其《汉书》本传中之贤良对策（即所谓"天人三策"）为主，必要时始以《春秋繁露》为补助之说明，从政治思想上略述其在历史中所占之地位（以下引董生之言而未注出处者，皆对策之语。列举篇名者系出《春秋繁露》）。

\* \* \*

《汉书·董仲舒传》谓其"少治《春秋》"。而传赞引刘歆的话：

> 仲舒遭汉承秦灭学之后，六经离析。下帷发愤，潜心大业，令后学者有所统一，为群儒首。

从这一段话里我们可以了解董生治学与当时笃守师说、谨守一经的"传经之儒"不同。他继承综合了儒家全部——最少是大部的遗产，而以《春秋》的微言大义加以贯通。《春秋》的自身是"历史文化"，是"古"。"历史文化"和"古"是儒家立言的根据，也是董生立言的根据。这里须附带一提的，人类的行为都带有主观的感情和利害，其是非得失常各有各自的说法，很难有一共同标准。尤其是政治行为，常挟带着现实权威以作其后盾，所以若没有一个比行为当事者更大的范围以作比较，而仅就一个行为的平面单元来论其是非得失，那更不容易得出结论，更没有方法可以说服他人的。因此，就一个人的道德自觉来说，则行为固可诉之于各自的良心，但就行为的一般衡断而论，则常须投之于较行为者的范围更大，因而可资比较的客观环境中，使其脱离主观状态，才易得出可靠的结论。这种可资比较的客观环境，一是环绕在行为者外面的世界，一是可以表示行为连贯性的历史。前者是比一个行为者的更大的空间，后者是比一个行为者的更长的时间。现在论一个国家的政治得失，可以拿世界各国的政治来作比较，譬如若有人硬把极权说是民主，若站在与他同等的空间里，便没有方法和他争论。但一拿到大空间的世界中去一比，则其真相可以立现。而各国的政治又都由历史演进而来，作世界的比较，同时亦即是作历史的比较。在这种比较之下，丑恶的政治即无所遁形，政治演进的前途亦不难预断。所以现在的极权国家，一面须以铁幕隔断世界，一面须豢养若干"文犬""文丐"来伪造歪曲历史，亦即是隔断真的历史，这就是它们害怕比较的原故。在汉代庞大帝国之下，没有空间的世界政治可资比较，可资比较的只有历史。儒家之特别重视历史文化，重视"古"，而董仲舒以《春秋》综贯儒家思想，其重要原因之一正在于此。他说：

> 古之人有言曰，不知来，视诸往。今《春秋》之为学也，道往而明来者也。（《精华》第五）

而司马迁说："余闻之董生……孔子知言之不用，道之不行也，是非二百四十二年之中，以为天下仪表。贬天子，退诸侯，讨大夫，以达王事而矣。"（《史记·自序》）可见《春秋》是儒家手上拿着衡断政治的法典。但《春秋》的微言大义，在专制政治压迫之下多已废绝改篡，其本来面目今日殆不可见（熊十力先生曾为此言），董生之学的全貌今日殆亦不易见。观于《汉书·司马迁传》引上述一段话，即将"贬天子"一语删去，其受专制政治压力而使汉初所保存的一部分原始儒家思想逐渐消失之迹，宛然俱在。这是值得在这里特别一提的。

*　　*　　*

其次，谈到董仲舒的学术思想，必定首先想到他所说的"天人之际"。而作为天人之际的桥梁与征验的则是阴阳五行灾异的思想。战国末期的阴阳家本与儒家经典中的《周易》、《春秋》和《书经》的《洪范》有关系，所以汉初是今文学家与阴阳家不分，并且阴阳家言也是当时统治集团中所公认的说法。不过汉初阴阳与五行之说，因各专一经的关系，多各自发展，董生则将二者综合在一起。同时，董生把阴阳家五德运会的、盲目演进的自然历史观转移为政治得失上的反应，于是朝代的废兴依然是决定于人事而不是决定于天命。这便从阴阳家的手中把政治问题还原到儒家人文精神之上。阴阳五行之说本是出于人类对自然及历史作进一步解释的要求，这是中国初期的形上学。但此种形上学一开始便和人事现象纠结在一起，这一方面说明中国文化太注重实用的基本性格，在此种基本性格之上，形上学不能完成纯理论的发展，所以不能建立一种像样的形上学以叩开理论科学之门。另一方面，由于中国人文精神之深化而来的心性之学，也常因此种夹杂而受其拖累。董生在仁义礼智的德目中增入"信"的德目而称为"五常"，以与五行相配合；更由阴阳五行之说而得出"道之大原出于天，天不变，道亦不变"的结论，把人类行为的准则向客观的普遍妥当性这一方面推进了一大步。这两点一直影响到宋明的理学，其在文化思想上之为功为过，这里只好略而不论。

＊　　＊　　＊

董生在政治思想方面，首先是要从法家"为统治而统治"的思想中，争回政治是"为了人民而不是为了统治者"的这一儒家的基本观点。这一观点的后面实藏有儒家"尊生"的基本观念。他说："故子夏言，《春秋》重人。诸讥皆本此（凡妨害人之生存尊严者，《春秋》皆讥之）。"（《俞序》十七）因此，他再三指出《春秋》是贵仁、贵让以实现重人的精神（《俞序》第十七、《竹林》第三、《玉英》第四）。又说："故孔子曰，天地之性人为贵。明于天性，知自贵于物。"他以为每一个人都是一个小天地，"身犹天也，数与之相参，故命与之相连也"（《人副天数》第五十六）。因此，保障人民的生存便是政治的主要任务。他说：

> 且天之生民，非为王也。而天之立王，以为民也。故其德足以安乐民者天与之，其恶足以贼害民者天夺之。（《尧舜不擅（禅）移汤武不专杀》第二十五）
>
> 五帝三王之治天下，不敢有君民之心。（《王道》第六）
>
> 王者民之所往，君者不失其群者也。故能使万民往之而得天下之群者，无敌于天下。（《灭国上》第七）
>
> 《春秋》……亲近来远，同民所欲。（《十指》第十二）

政治既是人民的工具，则统治者的地位是否合法应视民心之所向而定。他说：

> 非其位而即之，虽受之先君，《春秋》危之。……虽然，苟能行善得众，《春秋》弗危。……以此见得众心之为大安也。（《玉英》第四）

但是一般人君，不倒转来把人民当作自己的工具的很少。遇着这种暴君，儒家主张应当加以更换，这即当时之所谓"受命"。受命的方式不是禅让即是征诛，而禅让与征诛的合理根据都在民心。董生在《春秋繁露·尧舜不擅（禅）移汤武不专杀》一篇中，阐发此义甚详。法家以尊君而卑臣之义反对汤武至烈，董生针对此点特别说：

> 儒者以汤武为至圣大贤也，以为全道究义尽美者，故列之尧舜，谓之圣王。（同上）

这分明是对于暴君而主张革命的神圣权利。大约先秦儒家对于人君地位的继承问题分"继体"与"受命"两大方式。西汉以后受专制压迫的结果，受命之义在"君臣大义"的隐藏下渐隐没不彰。但在西汉时，则儒者不惜冒生命的危险以坚持"受命"的理论。如：

> 清河王太傅辕固生者齐人也。以治诗，孝景时为博士，与黄生（道家）争论景帝前。黄生曰，汤武非受命，乃弑

也。辕固生曰，不然，夫桀纣虐乱，天下之心皆归汤武，汤武与天下之心而诛桀纣……不得已而立，非受命为何？黄生曰……今桀纣虽失道，然君上也。汤武虽圣，臣下也。……非弑而何？辕固生曰，必若所云，是高帝代秦即天子之位非邪。于是景帝曰，食肉不食马肝，不为不知味。言学者无言汤武受命不为愚。遂罢。（《史记·儒林列传》）

　　眭弘字孟……从嬴公受《春秋》。……孝昭元凤三年正月，泰山莱芜山南……有大石自立。……昌邑有枯社木卧复生。……孟推《春秋》之意，以为石、柳皆阴类，下民之象。……此当有从匹夫为天子者。……即说曰，先师董仲舒有言，虽有继体守文之君，不害圣人之受命。……汉帝宜谁（问）差（求）天下，求索贤人，擅（禅）以帝位。而退自封百里，如殷周二王后，以承顺天命。孟使友人内官长赐上此书。……廷尉奏赐、孟妄设祅言惑众，大逆不道，皆伏诛。（《汉书·眭弘传》）

　　是时上（宣帝）方用刑法，信任中尚书宦官。（盖）宽饶奏事曰，方今圣道浸废，儒术不行，以刑余为周、召，以法律为诗书。又引韩氏《易传》言，五帝官天下，三王家天下，家以传子，官以传贤。若四时之运，功成者去。不得其人，则不居其位。书奏，上以宽饶怨谤终不改……遂下宽饶吏，宽饶引佩刀自刭北阙下，众莫不怜之。（《汉书·盖宽饶传》）

盖宽饶所引的韩氏《易传》言，又见于《说苑·至公》篇博士鲍白令之对秦始皇。而谷永对成帝之言，亦明谓"方制海内，非为天子。列土封疆，非为诸侯。皆以为民也。垂三统，列三正，去无道，开有德，不私一姓，明天下乃天下之天下，非一人之天下也"（《汉书·谷永传》）。则"受命"的观点为儒家的微言所寄，实可无疑。

不过在汉武时代，皇帝至高无上的地位已由法家思想的推荡而成为客观的事实。只看武帝策问贤良文学之士，一开头便是"朕获承至尊休德，传之亡穷而施罔极"的口气，不难想到一介书生面对此大一统的皇帝，要实现其人君乃为人民而存在之主张，谈何容易。由此，我们不难窥见西汉儒家与阴阳五行之说的奇异结合，乃出于在不合理之中求得合理之真实内情。而董生之所谓"天人之际"，亦可了解其真正意义之所在。他说：

> 臣谨案《春秋》之中，视前世已行之事，以观天人相与之际，甚可畏也。国家将有失道之败，而天乃先出灾害以谴告之。不知自省，又出怪异以警惧之。尚不知变，而伤败乃至。以此见天心之仁爱人君而欲止其乱也。
>
> 臣谨案《春秋》之文，求王道之端，得之于正，正次王，王次春。春者天之所为，正者王之所为也。其意曰，上承天之所为，而下以正其所为，正王道之端云尔。然则王者欲有所为，宜求其端于天。

把"王"安放在"天"的底下，说"王者欲有所为，宜求其端于天"，而天之意志表现为灾异。《春秋繁露》中反复申明此义。在此一说法之下，王者不能有自己的意志，王者本身不是一种自律自足的存在。此与"The king is from god, and law from the king"，完全是两样。不过，在先秦的儒家认为表示天意的是民意，所以人君最大的责任是通过其人臣的谏诤以听取民意。而董生则以为表示天意的是灾异，在这一点上，较之先秦儒家多了一层周折，也是倒退了一步。其原因，大概是因为，第一，他对天人相与之际信之甚笃，他之立论根据是建立在"以类相召"的现象之上（见《同类相动》第五十七）。这是在社会生活中常有的现象，董生由此而扩大了它应用的范围。第二，民意对人君的影响力量，在专制政治正盛的时代，恐怕没有灾异说来得更为简捷有力。日人重泽俊郎在其《董仲舒研究》一文中对于这一点说得很新鲜：

> 虽有强大的君权之存在，但在关于君权活动完全没有法律规定的当时，除了从来由贤人的道德谏正之外，更诉之于这种神秘手段，以防止君权无限之强化，实有其必要。所以灾异说在其系直接以君权为对象而被设定的这一点上，可谓其发挥着类似后世宪法的机能。（《周汉思想研究》页一九一）

重泽俊郎以低俗唯物观来看周汉思想，其结论多浅薄不足观。他以儒家之所以被定为一尊，乃对统治者特为便利的缘故，即其一例。但他承认抑制君权为儒家在政治上的基本观点之一，这比之于中国浮薄之流，又似乎稍胜一筹。此种对于人君的地位、意志的限制，与法家成为一显明的对照。

董生把人君从属于天的另一面，又把"天"和"古"连起来，和《春秋》连起来。他说："臣谨案《春秋》之中，视前世已行之事，以观天人相与之际，甚可畏也。"其意即是"天人相与之际"

乃是由历史而得其证验的。又谓"《春秋》之道，以元之深，正天之端。以天之端，正王之政"（《二端》第十五）。这是把天之端、王之政都归结到《春秋》之道的上面。所以他一方面说"道之大原出于天"，同时又说"夫义出于经（即《春秋》），经传大本也"（《重政》第十三）；一面强调"王者欲有所为，宜求其端于天"，同时又强调"以此见古之不可不用也"。于是他主张"迹之古，返之天"，"古"与"天"在他是一而二、二而一的东西，且天道由"古"或《春秋》而始可见。"古"是儒家理想的寄托，把古和天结合起来，于是天乃从渺冥神秘中脱化出来以接受儒家理想的解释，亦同时接受儒家理想的规定，而天乃有一个实际的内容。这是藏在董生神秘外衣里的真实意义。

因此，政治之关键依然是在人而不在天。所以他说"故治乱废兴在于己，非天降命不可得反"。这与阴阳家五德运会的自然历史观完全两样。

\* \* \*

我们明了了董生在政治思想上的大间架，应进一步知道他所认当定时的政治问题是什么。他说：

> 今废先王德教之官，而独任执法之吏治民，毋乃任刑之意欤。孔子曰，不教而诛谓之虐。虐政用于下，而欲德教之被四海，故难成也。……圣王之继乱世也，扫除其迹而悉去之，复修教化而崇起之。……至周之末世，大为亡道，以失天下。秦继其后，独不能改，又益甚之。重禁文学，

不得挟书，弃捐礼谊而恶闻之。其心欲尽灭先王之道，而颛为自恣苟简之治。……自古以来，未尝有以乱济世，大败天下之民，如秦者也。其遗毒余烈，至今未灭，使习俗薄恶，人民嚚顽，抵冒殊扞，熟烂如此之甚者也。孔子曰，腐朽之木，不可雕也。粪土之墙，不可圬也。今汉继秦之后，如朽木、粪墙矣。虽欲善治之，亡可奈何。法出而奸生，令下而诈起，如以汤止沸，抱薪救火，愈甚，亡益也。

……至秦则不然，师申商之法，行韩非之说，憎帝王之道……又好用憯酷之吏。……是以刑者甚众，死者相望而奸不息。

今之郡守县令，民之师帅，所使承流而宣化也。……今吏既亡教训于下，或不承用主上之法，暴虐百姓，与奸为市，贫穷孤弱，冤苦失职。……皆长吏不明，使至此也。

古者修教训之官，务以德善化民。……今世废而不修，亡以化民，民以故弃行谊而死财利，是以犯法而罪多。一岁之狱，以万千数，以此见古之不可用也。

董生的话分明是说当时的政治问题，乃在于承秦代法家的政治因循未改。法家政治的中心是任刑罚而不信礼义教化，汉初政治的中心只有刑罚而无礼义教化，所以汉初的民情风俗与秦无异，大家过的是"非人的社会生活"。关于这一点，贾谊也有详细的叙述：

商君遗礼义，弃仁恩。……秦俗日败，故秦人……借父耰鉏，虑有德色。母取箕帚，立而谇语。抱哺其子，与公并倨。妇姑不相悦，则反唇而相稽。其慈子嗜利，不同禽兽者亡几耳。……其遗风余俗，犹尚未改。……弃礼义、捐廉耻日甚，可谓月异而岁不同矣。(《汉书·贾谊传》)

由政治的性质不同而造成社会不同的心理反应，现代社会心理学者作了许多重要的实验和研究。这里试引用一个不很完全的例证：

在一个团体里，如果那些领导者所采用的方法，都是一种同情和劝告的心，来引导他们的同人……则这些被领导者所表现的反应，一定是自然的、真诚的、有创造性的、有持久力的。如果领导者用的是一种强迫的手段，来驱使他的同人去做一件未得他们同意而已经决定好的，一定要他们去做的事情，其结果必与之相反。……他也能驱使他的群众去完成某一些工作，都是勉勉强强的一种形式上的敷衍。(见《自由中国》十二卷十一期徐道邻《福利国家的科学意义》，原注：参阅 Lewin, *Resolving Social Conflicts*, 1948，P.71)

汉初儒家对于由法家政治所造成的社会心理的深刻叙述，与现代心理学家所得的结论大致相符合。要从法家政治所造成的"非人的社会生活"解放出来，使大家过着"人的社会生活"，这是董生的崇高任务。同时我们不难指出，在中国农村社会中随处可以接触到人情的温暖及纯朴的美德，与秦代及汉初的社会情形恰恰相反，这正是在长久岁月中儒家精神之所渐渍。

＊　　＊　　＊

董生所要达到的人的社会生活是：

> 入有父子兄弟之亲，出有君臣上下之谊。会聚相遇，则
> 有耆老长幼之施。粲然有文以相接，欢然有恩以相爱。

这是儒家理想中的人性底、人文底社会生活，与法家政治下的
社会生活完全是相反。人只有在此种社会生活之下，才真正能
过着人的生活。所以他接着说"此人之所以贵也"。为要达此目
的，只有把汉家所继承的秦代的政治方向彻底扭转过来，以儒
家仁爱的观念代替法家残暴的观念，以儒家的教化观念代替法
家的刑罚观念。总结地说一句，即是要以人性的政治代替中国古
代的极权的、法西斯的政治。董生的"天人三策"正是在政治上
的人性的呼唤。

　　他首先以儒家的中心思想来规定天的意志，以天的意志来压
服当时至高无上的皇帝。他说：

> 天道之大者在阴阳。阳为德，阴为刑，刑主杀而德主
> 生。是故阳居大夏而以生育长养为事，阴常居大冬而积于
> 空虚不用之处，以此见天之任德不任刑也。天使阳出布施
> 于上而主岁功，使阴入伏于下而时出佐阳。阳不得阴之助，
> 亦不能独成岁，终（究竟）阳以成岁为名，此天意也。王
> 者承天意以从事，故任德教而不任刑。刑者不可任以治世，

犹阴之不可任以成岁也。为政而任刑，不顺于天，故先王莫之肯为也。

故圣人法天而立道，亦溥爱而亡私。布德施仁以厚之，设谊立礼以导之。春者天之所以生也，仁者君之所以爱也，夏者天之所以长也，德者君之所以养也，霜者天之所以杀也，刑者君之所以罚也。繇此言之，天人之征，古今之道也。孔子作《春秋》，上揆之天道，下质诸人情，参之于古，考之于今，故《春秋》之所讥，灾害之所加也，《春秋》之所恶，怪异之所施也。书邦家之过，灾异之变，以此见人所为，其善恶之极，乃与天地流通而往来相应，此亦言天之一端也。

及至后世……废德教而任刑罚。刑罚不中，则生邪气。邪气积于下，怨恶畜于上，上下不和，则阴阳缪戾妖孽生矣。此灾异所缘而起也。

以上是董生的"阴阳灾异说"的骨干。《春秋繁露》中反复发明此意，这里不再征引。阴阳说出于《易传》，但《易·系辞》"一阴一阳之谓道"，阴与阳系居于平等的地位，这是中国开始谈阴阳时的本义。董生在《春秋繁露》中有的地方也表现此义，但他主要是把阴降到阳的下面去，这是阴阳意义的一种演变。我们把董生这种神秘的外衣丢掉不管，只看他所说的"独任治法之吏"一语，已戳穿了当时政治的法家的本质。针对法家的"刑"而正面提出"德"，这正说明了儒法在政治上的对决。而在董生的心目中，天道即《春秋》之道，亦即儒家的理想，在上面所征引的语句中，也表现得非常明白。

　　　　　　＊　　　＊　　　＊

　　"德"的内容从两方面表现。一方面是统治者首先应当从权力
中纯化自己，使自己成为有德之人。他说：

> 　　……《春秋》深探其本，而反自贵者始。故为人君者正
> 心以正朝廷，正朝廷以正百官，正百官以正万民，正万民
> 以正四方。四方正，远近莫敢不壹于正。
>
> 　　今陛下并有天下……然而功不加于百姓者，殆王心未加
> 焉。曾子曰，尊其所闻，则高明矣；行其所知，则光大矣。
> 高明光大，不在于它，在乎加之意而已。愿陛下因用所闻，
> 设诚于内，而致行之，则三王何异哉。

　　这本是孔子"政者正也"的基本思想。而我们想到汲黯面责武帝
"内多欲而外行仁义"的话，便可了解董生所说的正切中武帝个
人膏肓之疾。这里还应一提的，董生在《春秋繁露·离合根》第
十八谓"为人主者以无为为道，以不私为宝"。《立元神》第十九
谓"故为人君者谨本详始，敬小慎微，志如死灰，形如委衣。安
精养神，寂寞无为"，"不可先倡，感而后应。故居倡之位，而不
行倡之势。不居和之职，而以和为德。常尽其下，故能为之上也"。
这都富有道家的气息。但他在这些说法中依然是以"泛爱群生，
不以喜怒赏罚，所以为仁也"（《离合根》第十八），及"天生之以
孝悌，地养之以衣食，人成之以礼乐"（《立元神》第十九）的这
些思想为内容，所以大体上他对于人君的要求，依然是儒家德治
的无为，而不是道家虚无主义的无为。

德的另一面是对于刑罚观念而提出教化观念。教化即是教育，所以同时便提出了实现教化的学校制度，使人民不仅是在刑罚之下成为统治者的被动的工具，而是在教化观念之下都成为人格的存在，使每一个人能为其自己而完成其人格，把上下互相窥伺的威压与诈骗的社会变成为人性交流的礼乐社会、人文社会。他说：

> 道者所繇适于治之路也。仁义礼乐，皆其具也。故圣王已没，而子孙长久安宁数百岁，此皆礼乐教化之功也。
>
> 今陛下贵为天子，富有四海，居得致之位，操可致之势，然而天地未应，而美祥莫至者何也？凡以教化不立，而万民不正也。夫万民之从利也，如水之走下。不以教化堤防之，不能止也。古之王者明于此，是故南面而治天下，莫不以教化为大务。立大学以教于国，设庠序以化于邑，渐民以仁，摩民以谊，节民以礼，故其刑罚甚轻，而禁不犯者，教化行而习俗美也。
>
> 常玉不琢，不成文章，君子不学，不成其德。
>
> 夫不素养士，而欲求贤，譬犹不琢玉而求文采也。故养士之大者莫大虖（摩）太学。大学者贤士之所关也，教化之本原也。今以一郡一国之众，对亡应书者，是王道往往而绝也。臣愿陛下兴太学，置明师，以养天下之士。

儒家典籍中所说的三代学制多系出于托古改制，《今文尚书》

中似乎看不出学校制度的痕迹。换言之，这只是儒家的理想。此一理想的初步实现，实始于董仲舒的对策。欧洲正式经教皇之承认及帝王之敕书而成立的近代大学的雏形乃十四、五世纪时之事，我国早欧洲一千五六百年即由政府创立雏形的大学，使政治本身包含一教育的因素。在人君之外，另建立一"明师"的地位以实际对人民的教育负责，这是人类生活发展史上的一件大事。更值得注意的是，董生劝汉武立学，绝不承认汉武帝有无限的灵感，可以直接去掌教化的大权。而荒唐的汉武帝，从他的用将及《秋风辞》看来，虽然也确有些才量文采，但他也只满足于做皇帝，而绝不像史达林、希特勒之流，疯狂得以为自己是教主。所以君师合一的"政教合一"的说法，这是比二千年前的专制更为专制的说法。儒家绝不能加以承认。

这里应顺便把董生的人性论简单地提一下。他说"人受命于天，有善善恶恶之性，可养而不可改"（《玉杯》第二），又说"凡人之性，莫不善义"（《玉英》第四）。由此可知他依然是继承儒家性善之旨。但强调性善太过，则恐一切听任自然，教化无所设施。所以他对孟子的性善说有所批评，如谓"情亦性也。谓性已善，奈其情何？故圣人莫谓性善"（《深察名号》第三十五）。

他把性解释为"可能"之善，而非"已成"之善，可成之善有待于教化之功。他说：

> 故性比于禾，善比于米。米出禾中，而禾未可全为米也。善出性中，而性未可全为善也。……今万民之性，有其质而未能觉。譬如瞑者待觉，教之然后善。当其未觉，可谓有善质而不可谓善。（《深察名号》第三十五）

圣人之性，不可以名性。斗筲之性，又不可名性。名性者中民之性。中民之性，如茧如卵。卵待覆二十日而后能为雏，茧待缲以涫汤而后能为丝，性待渐于教训而后能为善。善，教训之所然也，非质朴之所能至也。（《实性》第三十六）

他因为强调教化的功能，所以认为"善当与教，不当与性"（《深察名号》第三十五），而谓"孟子以为万民之性皆能当之（善），过矣"（《实性》第三十六）。其实，孟子之所谓性善，亦仅指出其"可能"之确实根据，而并非谓其"已善"，已善有待于"养性"之"养"、"知性"之"知"、"设为庠序学校以教之"的"教"。他两人说话的重点虽有不同，而根本并无二致。这与后来汉人好以"善恶混"（不仅扬雄如此）言性并不相同。

＊　　＊　　＊

　　但是人民的问题并非仅靠教化可以解决。在这一点董生又是严格地继承了儒家养重于教及以调均为中心的经济思想。他说：

　　夫古之天下，亦今之天下。今之天下，亦古之天下。……以古准今，何不相逮之远也。……意者有所失于古之道与，有所诡于天之理与。试迹之古，返之天，党（傥）亦可得见乎。夫天亦有所分予。予之（上）齿者去其角，傅其翼者两其足，是所受大者不得取小也。古之所予禄者不食于力，不动于末，是亦受大者不得取小，与天同意者也。……身宠而戴高位，家温而食厚禄，因乘富贵之资力，以与民争利于下，民安能如之哉。……民日削月朘，浸以大穷。富者奢侈羡溢，贫者穷急愁苦。穷急愁苦而上不救，则民不乐生。民不乐生，尚不避死，安能避罪。……故食禄之家……不与民争业，然后利可均布，而民可家足。此上天之理，而亦太古之道，天子之所宜法以为制。……夫皇皇求财利常恐乏匮者，庶人之意也。皇皇求仁义常恐不能化民者，大夫之意也。

更具体表现董生经济思想的要算下面这一段话：

> 大富则骄，大贫则忧，忧则为盗，骄则为暴，此众人之情也。圣人则于众人之情，见乱之所从生，故其制人道而差上下也，使富者足以示贵而不至于骄，贫者足以养生而不至于忧，以此为度而调均之。是以财不匮而上下相安，故易治也。（《度制》第二十七）

儒家的所谓调均只是大体上的平均，更非是废止私有。这与亚里士多德想以中流或中产阶级为政治的社会基础，并由此以建立道德实践的中庸之道，可谓在精神上是不谋而合。

＊　　＊　　＊

董生认为政治运用的原则是"改制"而不"变道"。道是儒家尚德、尚仁、尚教化的基本精神。这种精神表现在具体的政治上必形成一种格局，此即所谓"夏上忠，殷上敬，周上文"等是。每一种格局常顺其外在的趋向，流而不反，以致发生过与不及的"偏"与"弊"。因此，须补偏救弊，以使其不致脱离原来的基本精神，此即所谓三代的"损益"。但基本精神的"道"则不能改变。改制乃王者受命的表征，如"改正朔，易服色"之类，所以表示去旧染之污，与民更始。汉在太初以前仍用秦以十月为岁首，实太不合理，故汉初人士主张改正朔甚力，董生亦是如此。他说：

> 臣闻夫乐而不乱、复而不厌者谓之道。道者万世无弊，弊者道之失也。先王之道，必有偏而不起之处，故政有眊而不行。举其偏者以救其弊而已矣。……故王者有改制之名，无变道之实。然夏上忠、殷上敬、周上文者，所继之救，当用此也。……继治世者其道同，继乱世者其道变。今汉继大乱之后，若宜稍损周之文致，用夏之忠者。

所谓用夏之忠、损周之文致者，实际便是欲以纯朴质实来补救汉武时的浮夸诈伪。

但是，汉代政治的基本精神并不是继承周代，而系继承秦代。因此，汉代政治问题的重点不在补偏救弊的损益，而在方向大转换的"更化"，即是要由法家政治转换为儒家的政治。更化是儒法斗争的决胜点。他说：

> 圣王之继乱世也，扫除其迹而悉去之。……今汉继秦之后，如朽木、粪墙矣。虽欲善治之，亡可奈何。……窃譬之琴瑟不调甚者，必解而更张之，乃可鼓也。为政而不行

甚者，必变而更化之，乃可理也。……汉得天下以来，常欲善治而至今不可善治者，失之于当更化而不更化也。

此外，他主张"量材而授官，录德而定位"，特别强调"遍得天下之贤人"，这都是继承儒家一贯的"为政在人"的人治精神。他反对当时"吏二千石子弟选郎吏，又以富訾"的办法，而正式提出"贡士"的制度，这都是儒家"选贤举能"的精神的实现。总之，他的政治思想亦即是由他所代表以与法家相对照的儒家政治思想。可用他下面几句话作总结：

是故王者上谨于承天意，以顺命也。下务明教化，以成性也。正法度之宜，别上下之序，以防欲也。修此三者而大本举矣。

＊　　＊　　＊

他最为今人所诟病的是抑黜百家、定儒术为一尊的主张。他说：

《春秋》大一统者，天地之常经，古今之通谊也。今师异道，人异论，百家殊方，指意不同，是以上亡以持一统，法制数变，下不知所守。臣愚，以为诸不在六艺之科、孔子之术者，皆绝其道，勿使并进。邪辟之说灭息，然后统纪可一而法度可明，民知所从矣。

董生这一段话，我们可从三点来加以论列。第一，董生这段话完全是站在政治上立言。百家思想而可以影响到"法制数变"，这当然是政治的大忌，在当时亦只是法家及纵横家言。董生只主张政府不必提倡以致影响于政治上的安定，而并非要将各家学说根绝之于社会。董生自己不仅综贯了儒家思想，并且也综贯了当时的各家。这是了解《春秋繁露》的人可以感觉得出的。第二，"六艺之科、孔子之术"，如前所述，是代表了当时整个的历史文化，其本身即系汇集百川，富于含容性。所以儒家的人文精神即系以整个人文为对象，其基本用心亦只是想建立"把人当人"的社会，绝非一偏一曲的诸子百家所能比。所以定儒术为一尊实际等于今日之信奉自由民主，而不奖借极权法西斯一样。第三，董生及西汉为今文学，东汉则重古文学，魏晋尚庄老，继之而起者则释氏之学，发生主导作用者垂及千年。宋儒重奠儒家思想之地位，然亦未能排绝释、老。且新儒学本身即融摄有释、老之精英。专以经义取士者乃宋（唐时尚非如此）以后之科举，而宋明理学家无一不反对科举，无一以经义、八股为学术。由此可知，中国学术发展之趋向另有其各种基本因素，事实上从未受到推明孔氏之影响。以董生之议为妨碍中国学术思想之发展者，实全系昧于史实之谬论。总之，儒家成为中国之正统思想乃根于儒家"把人当人"的思想之自身，董生之议乃我国历史命运从政治上"不把人当人"而转向"把人当人"的挣扎中所应运而生的运动，此由其与当时法家政治之对决而愈益明显。今人不从这种大关键处来了解董生乃至整个儒家在历史中之地位，这只说明今人对其自身之命运尚缺少真正之自觉而已。

## 五、董仲舒后儒家对历史之影响

《汉书·董仲舒传》谓"自武帝初立，魏其、武安侯为相而隆儒矣。及仲舒对策，推明孔氏，抑黜百家，立学校之官，州郡举茂材、孝廉，皆自仲舒发之"。这是说明董生在当时所产生的影响。此外，太初元年（西元前一〇四年）五月造太初历，用夏正，以正月为岁首，遂沿用二千余年而未变，这也是董生所参加过的一件大事，也可以说是"改正朔"的主张的实现。但董生最大的目的是要在政治上以儒家的德的观念代替法家的刑的观念，这不仅在武帝时不曾转换过来，并且到宣帝时还未转换过来。史称元帝"少而好儒。及即位，征用儒生，委之以政"（《汉书·元帝纪》），儒家的气氛至此才开始伸长。可是，他"牵制文义，优游不断，孝宣之业衰焉"（同上），这便引起今日许多责难儒家的借口。但是，元帝好儒而孝宣之业衰，可分几点来了解。首先根据《汉书》的叙述，元帝是一个风雅而心肠很好的人。他没有从根本的法制上把汉家的政治基底转变过来，而只是从大赦及赏赐等方面来缓和汉法的严酷及表达其仁心的广被。他在位十六年，大赦天下者凡九次，赐爵及金帛者五次，而局部之赏赐还不算在里面。这是"惠而不知为政"，当然不会有多大效率的。但光武之凭借"人心思汉"以中兴，此种"人心"实来自元、成之培养，而断非承自武、宣之勋业。《汉书·酷吏传》十三人中无一人通经术，《循吏传》六人中，其最优者文翁、龚遂、召信臣三人皆通经术，余三人乃因资质之美，而黄霸则近于诈伪。时至东汉，吏多儒生，故"自中兴以后，科网稍密（按此乃指对吏治之考核而言。盖西汉令吏治狱，可以'先行后闻'，而东汉则稍加限制故也）。吏人之严害者方于前世，省矣。而阉人、亲娅，侵虐天下"（《后汉书·酷吏列传》），此亦儒家思想浸渍渐染之效。其次，人性的政治，其作用在弛缓政府之诛求压迫，以培养社会之生机元气。所以帝王因奢淫而对社会多所诛求压迫，固为儒家所不许；即帝王因一时之功利而对社会多所诛求压迫，亦非儒家之所奖借。所以儒家对政治之功效常是间接的、持久的，是应当从社会看，不应当从政府本身看。儒家认为社会好，政府才能好，此即"百姓足，君孰与不足"之意。若就一时之政治效率而言，其不如法家之集中权力，以政治之现实要求去统制一切之为有较大效率，正如今日之民主政治若就一时之效率言并不及极权政治，是同一的道理。但法家的极权的政治效率既不能持久，并且也不是人所能忍受的，所以我们不应从这种地方去论政治的是非得失。还有，儒家对政治只有副良好的动机，标示了一个大的好的方向，而其发展尚未至足以真正负担其理想的任务。这在下面还要特别说到。

\*　　\*　　\*

自从董生推明孔氏之后，在两千年的历史中，当然也有其深远的影响。儒家在政治上的若干观念，如爱民、纳谏、尊贤、尚德、兴学、育才等等，已成为二千年来论定政治及政治人物是非得失的共同标准。此一标准在最近四十年前，即使是最愚蠢、最凶暴的人君也不敢不加以承认，有形无形地使其在此标准之前认罪认错，因此，便对于暴君污吏不能不发生若干制约的作用。最低限度，哪怕在最黑暗的时期，也提供了人们向前挣扎的一个指针、一个方向。这是在我国历史每一次存亡绝续之交，都可以明白看取出来的。至于为统治而统治的法家思想，在最近四十年以前，已不复能作为一种理论的存在，已不复能堂皇地为统治者尽其理论上的辩护之责，而只退处于政治中一种不自觉的事实的存在，其实际的担当者则由秦汉的整个政治机构中，逐渐压降而退处于胥吏的地位。这种减轻毒素、维护生机的作用是不可计算的。同时，由孔子在历史地位中之崇高化，使任何专制之主也知道除了自己的现实权力以外，还有一个在教化上、在道理上另有一种至高无上而使自己也不能不向之低头下拜的人物的存在。使一般的人们，除了皇帝的诏敕以外，还知道有一个对人类负责、决定人类价值的圣人，以作为人生的依恃，而不致被现实的政治盖天盖地地完全蒙得抬不起头，吐不出气。所以，在中国历史中除了现实政治之外，还敞开了一条人人可以自己做主的自立生存之路。在最近的五十年以前，中国每一个人的真实价值并不是由皇帝所决定，而是由圣人所决定，连皇帝自己的本身也是如此。因此，人们虽生存于专制政治之下，还可以过着互相教养、互相救助的人伦生活。虽有时政脉断绝于上，而教脉依然延续于下。我国民族不至随朝代的变更、夷狄的侵占而同归于尽，其关键全在于此。今人乃谓我国历代之尊孔纯出于维系专制之便利，果如此，则专制之主何不祷祝于商鞅、韩非、李斯之前？何不奉《商君书》、《韩非子》为经典？而乃崇奉主张为人民而政治，抑人君之好恶以伸张人民之好恶的孔子及其学派，何其颠倒若此？历史上出身于盗贼狙猾夷狄之君主，尚不敢抹煞天下万世之公是公非以自肆于孔子之上，这是说明权力向学术、向教化的低头，亦可由此以见人心之未曾全死。今日之知识分子，其无知识，其无忌惮，乃悍出于出身盗贼狙猾夷狄的君主之上，则今日的总溃灭、大黑暗，岂系偶然之事？

　　　　　　　＊　　　＊　　　＊

　　不过，若以为自董生推明孔氏以后，中国的政治便一直是按照儒家思想去推演实行，因而在汉以后的政治中可以看出儒家思想在政治制度中的发展，或者以为二千年的政治都应由儒家负其责，这都是明察秋毫之末而不见舆薪的论断。政治是人类的行为之一。凡是行为的规范，即行为上的当然之理，都是属于可能性而不是属于必然性的东西。即是这种当然之理，并非一经提出、承认即会必然地实现，而尚有赖于各个人由自觉而来的意志的努力。人由自觉而来的意志的努力，并非如物理一样，只要条件具备，立即可以呈现一定的活动。在同一条件之下，人的行为可以作各种选择，可以走向各种方向。因此，人类行为规范的当然之理，永远是属于可能的范畴而不是属于必然的范畴。对个人是如此，对政治更是如此。认为有一种超越的理念，高高在上，由此理念之自律性的活动以支配着人类的行为，人类行为自然而必然地按照此种理念之推演而推演，于是历史不过是此种理念自己完成之一例，如黑格尔的世界精神旋转照临到古代，又旋转照临到东方，最后又旋转照临到普鲁士以完成其自身的发展，这只能算是一种浪漫诗人的说法。中国二千年的政治是在一个专制的圈架中填满了夷狄、盗贼、童昏之主，掌握着最高的权力。由封建而专制，或历史演变之不容避免；然专制之毒，实甚于封建，此亦为中西之所同。而中国专制政治规模之大、时间之长，为西方历史中所未有。在此种政制之下的人君，能受儒家一部分影响而勤俭、纳谏、爱民的，在两千年中能数得出几位？更不要说天下为公的基本精神，历史中便不曾找得出一个。那些夷狄、盗贼、童昏之主，大体上说都是在专制的圈架中胡天胡帝。不过在这种胡天胡帝中，儒家思想有形无形地、多多少少地尽了一点提撕缓和的作用。而最主要的还是靠儒家思想在百姓日用而不知之中形成一个人伦社会于专制政治隙缝里面，作为活动的基盘，以延续民族的命脉。从政治制度上说，其中含有若干好的因素、好的倾向的，从来没有得到正常的发展。作为制度中的骨干，为儒法所共同要求，代替人君主政的冢宰——丞相或宰相，在汉武时已经开始崩坏，他接连便杀掉了五个丞相。自宣帝起，已经没有名副其实的丞相。以后甚至没有制度上的丞相。明清两代专制政治发展到了顶点。不把握儒家的真正精神及其遭际，而反为专制政治作辩护，这和许多人把专制政治一笔写在儒家身上同样地是对于中国历史的曲解。而前者所发生的坏影响更为严重。

＊　　＊　　＊

当然，就中国历史上政府的多数组成分子而论，也可以说是"士人政府"。因为这一点，中国历史上的专制确与西方的专制，乃至一般西方人口头上所说的东方专制（如古代的波斯及近代的俄罗斯），有很大的区别，这也就是在中国的专制政治之下，为什么还可以受儒家思想的影响，并且使中国社会还不致于因专制而完全冻结僵化，一如其他的专制政治的情形一样的主要缘故。论中国历史绝不可忽视此一重大因素。同时，士人政府之得以形成，也正是儒家"选贤举能"（儒家之所谓"为政在人"的人治思想，即是选贤举能的要求）的思想所产生的影响，也是董生在天人三策中贡士的方法的逐步扩大。其前提条件当然是贵族政治的摧毁。此一工作乃儒法两家所共同完成的。但法家是摧毁贵族后要以吏为师，他不容许士人阶级的存在。因此，我们可以这样说，士人政府是儒家的贡献，而胥吏政治则是法家的残余。不过士人政府只能缓和专制政治，在专制政治中保持政府与社会交流的作用，并掺入若干合理的因素，但士人政府绝不曾突破过专制的最高形式。于是士人在此一形式之下，主要的都是蕃衍着叔孙通、公孙弘的系谱，愈趋愈下，以至今日，消磨社会的智力于举目皆是的"文犬"、"文丐"之中，而不知所底止。士人中也不是全无忠于所学、守正不阿的人，这正是民族历史命脉的所系。但这种人的主要作用多在于维系社会的人心，提示社会的趋向。至若在政治上能行其所学的则几乎可说是旷千载而一遇。一般地说，书生若在政治上要稍忠于所学，立即戮辱随之。我国历史也可以说是一部忠臣义士的流血流泪史。这些忠臣义士一方面说明了他们以生命坚持了天下的是非，另一方面则是汉以后"君臣之义"的牺牲品。站在原始的儒家思想说，并不一定有此必要。效忠人主、希望人主能长治久安尚多不能保持其性命，何况敢动动天下为公、易姓授命的念头。东汉法家的影响已较轻减，所以东汉的士气较为伸张，太学生三万人，极古今之盛。当时士夫砥砺名节，交通声气，"并危言深论，不隐豪强，自公卿以下，莫不畏其贬议"（《后汉书·党锢传》）。由这种情势顺利发展下去，也可能形成名副其实的士人政府。最低限度可以形成士人的坚强舆论，说不定为我国政治会开辟出另一新的途径。但结果，几个宦官凭社鼠城狐之势，冒天下的大不韪，诛戮禁锢，累及五族，"海内涂炭，二十余年，诸所蔓衍，皆天下善士"（同上）。因此，一方面固然是"朝野奔离，纲纪文章荡然"（同上）；但另一方面，儒家既非宗教，无固定团体以自律自保，又无近代之市民社会以资结托凭借。因此，而仕宦之途，即士人非变节即成仁之地。成仁不可期之于人人，隐逸亦生人之枯槁。于是以东汉党祸为一大转捩点，说明了士人抵抗专制之失败，也说明了士人争取政治自主性的不可能。遂使历史上之士人政府，实系一种士人投降变节之政府，其间仅有程度之差，并无本质之异。两汉后戮辱士夫最酷者为明朝，戮辱士夫最惨、最巧者为清代。许多人所向往的乾嘉诸老大多数是以"文丐"自甘，过着非宋明理学家所能忍受的生活。即此亦可以概其余了。

在此种情形之下，儒家思想之本身，在政治方面不仅未能获得一正常之发展，且因受压迫而多少变质，以适应专制的局面。其最重要者为无形地放弃了"抑君"的观念，而接受了法家尊君所造成的事实。由法家"三顺"之说演化而为儒家"三纲"之说，将儒家对等之伦理主义改变而为绝对之伦理主义，此一改变对儒家思想之本身影响至大。几乎可以说，使儒家思想在政治方面发生了本质的变化。即是本以反专制为骨干的儒家思想逐渐而随顺专制，因而尽了许多维护专制的任务。"三纲"一词首见于董生的《春秋繁露·深察名号》第三十五（"循三纲五纪"），但并无解说，其内容不可得而知。然观其"父不父，则子不子。君不君，则臣不臣耳"（《玉杯》第二）之言及其全般思想之结构，则董生固犹谨守伦理之对等主义。三纲之正式内容始见于《白虎通德论》，其内容与《韩非子》三顺之说同辙合轨。而《白虎通德论》固系汉代皇帝"钦定"之书，其受当时政治之影响不难想见。自此以后，"君臣大义"压在每一个人的头上，动弹不得，于是"天王明圣，臣罪当诛"的奴才论调于以出现。在中山先生以前,任何黑暗时代只有流氓盗匪起来造反,因而成王败寇,但绝没有书生主动地起来造反。这固然受了生活形态的束缚,同时也未始不是受了观念的束缚。先秦儒家的革命思想,后世儒家除了非常特出的如陆象山、黄梨洲几个人以外,一般人连做梦也不敢想到。也有许多大儒如程朱这些人,对于政治有真正的宏愿及高人一等的见解,但一推到政治权力最高处所的人君那里,便只希望他由诚意正心以成为圣人。不能成为圣人便谁也毫无办法,只有洁身而退,以讲学来向社会负责。这固然是他们的伟大所在,但若非宋祖立下不杀士大夫之戒,则程伊川、朱元晦便很有不得善终的可能。曾国藩躬行实践,勉强可谓为中国儒家在政治方面最后的殿军。假定他当时能突破君臣之义,以考虑中国的问题,则我们的前途可能完全两样。康有为也可说是豪杰之士,他们的维新运动从现在看来依然是有气魄、有内容的运动,但他毕生以真实的感情做一个保皇党。总括地说一句,后世品德最好的读书人,在政治上也多不敢怀疑到君臣的关系。政治上的努力一遇到宸衷独断的时候,就一切到了尽头了。

\*　　\*　　\*

除上面所说的以外,儒家原始的政治思想停滞在秦汉之际的阶段,再没有向前发展,因而其本身包含的缺点,使它所构想的客观的政治间架并不足以担负其基本精神的使命。儒家已经想到了人君应当以人民的好恶即是以民意为依归,并且想到把政治机构构想为整个是人君听取人民好恶的机构(参阅《国语·周语》

召公谏厉王之言），又想到不以人民的好恶为好恶的暴君应该由革命或禅让与以芟夷变动。这已经构想得相当周密了。但是他所想的一切都是以人君或人臣去实行为出发点，而不曾想到如何由人民自身去实行的问题。这或许是受了人民在农业社会中过着分散生活的制约。但政治问题不在这一点上用力，则政治的主动始终是在人君而不在人民。甚至在儒家五伦的观念中，根本缺乏人民与政府相关的明白观念。于是儒家的千言万语终因缺少人民如何去运用政权的间架，乃至缺乏人民与政府关系的明确规定，而依然跳不出主观愿望的范畴。这是儒家有了民主的精神和愿望而中国不曾出现民主的最大关键所在。

其次，儒家言政治都是从个人的德性推扩出去。《论语》的所谓"政者正也"，《孟子》的所谓"推恩"，《大学》的所谓"絜矩之道"，及表明实现絜矩之道的诚意正心、修身齐家治国平天下，都是此意。这站在政治最根源的地方来讲当然是正确的。并专从一个人的人格完成上来讲，只有这样才能尽德性之量，亦即是尽了人格完成之量。从这一方面来说，儒家思想在世界各种伦理道德的学说中是最成熟圆满的思想，因而对人类有其永恒的贡献。但从政治方面说，由修身而治国平天下，由爱亲敬长而推之于人民，推之于社会，在客观上需要一种有力的桥梁。而这种桥梁必须人人可以了解，可以遵守。但儒家在精神上架设了这种桥梁，而在客观上并没有好好地架设起来。儒家实现修己治人的方法是礼乐，礼乐有其客观的形式，因而有其客观的意义。可是礼乐现成的间架是周代的，不仅带有封建贵族的浓厚色彩，不足以陶铸发展中的社会；并且礼乐既是"因缘人情"的东西，事实上必须随时代而变迁。儒家本来都承认这种变迁的必要，此即所谓"礼，时为大"。同时，孔孟把外在的礼乐转化而为内在的德性，以掘发其在人性中的根源，使礼乐的形式能与人性、人格的要求合一，这便奠定了礼乐应如何变迁的基础。但这只是精神的主观的一面。礼乐不可无形式，而形式应如何变迁却不曾因社会的变迁完成适当的构造。汉初高堂生传承的名物制度，我们固然可由此以窥知"礼意"及古代一部分生活的情形。但既不合于社会的要求，也不能代替朝廷的政治制度。于是自秦代起，以至汉元之世，儒生每论及朝章国故，多是十人十义、百人百义，无所折衷。以后儒生在礼这一方面的努力，大抵超不出祭祀、婚丧的范围。在政治上只不过是皇室自身某一部分的生活，与现实政治实渺不相涉。司马谈谓儒家"博而寡要，劳而少功"，这是表现在政治上的实际情况。儒家要求从内在的德性以推及天下国家，这只有圣人制礼作乐，以弥纶天下之大经，才可以做到。自董生以后，只要是读书的人便是儒者，只要是儒者便可参加政治，不可能以圣人之事去期望在专制统治下压软了骨头的一般读书人，这自然便会形成书本上的道理和各人实际活动的脱节。且纵使真正有志于圣人的人，面对现实的政治，若不甘心依样画葫芦，即无客观的东西可资依傍，而等于须要自己重新创造。这不仅牵制太多，恐亦为一二人之力所不许。所以制礼作乐始终是儒生的空想。刘歆、王安石之徒抱着一部《周官》想办法，这恐怕也是情非得已。

更重要的是，支持欧洲走向近代社会的动力之一，不能不数到植根于罗马的法的精神与法的制度。因为有了法的精神与制度，可使个人与社会、个人与政府之间皆在一种明确的规限之下，保持各自的立足点，而不致受到不正当的侵害，这便使个人对社会及政府的关涉有一种坚确的基础。此是自罗马以来，许多思想家一贯的共同努力的结果。儒家所向往的礼不仅如上所述，因其缺乏更新而早经僵化；并且礼是立足于个人的德性，而立足于德性上的东西必须赖各人的自觉自动，这便需要高度的教养，不易期望之于社会的人人。《礼记》谓"礼不下庶人"，而《仪礼》乃"士礼"，并非庶人之礼，即表示礼自身的一种限制。礼本可发展而为近代的法，有如自然法发展而为制定法。但在中国根本缺少此一发展。而中国之所谓法，始终不曾摆脱刑法的观念，因而不曾努力把主观的道德要求客观化、政治化，使成为人人所能共见共守的法律。王充谓"仲舒表《春秋》之义，稽合于律，无乖异者"，而《艺文志》有《公羊董仲舒治狱》十六篇，则董生似曾作过此种努力；但是，从现在看，他所作的不会超出刑法的范围，也不会超出"润饰"的程度。他的学生吕步舒治淮南狱，以《春秋》义颛断于外，死者数万人，即其铁证。这距离西方的法的观念还很远。因为合理的法的观念未能在士人中生根，亦即不曾在政治中、在社会中生根，于是个人的社会生活因缺少明确的依据而不能扩大。尤其是人民一旦与政府发生关系，即仍堕入于法家幽灵下的胥吏手中，受其摧残惨酷之毒。陆象山对于这种情形曾有沉痛的叙述，我在《象山学述》中已经提到。现在再引一段故事在下面：

张芸叟《与石司理书》云，顷游京师，求谒先达之门。每听欧阳文忠公、司马温公、王荆公之论，于行义文史为多。唯欧阳公多谈吏事。久之，不免有请（问），大凡学者之见先生，莫不以道德文章为欲闻者。今先生多教人以吏事，所未谕也。公曰，不然。吾子皆时才，异日临事，当自知之。大抵文学止于润身，政事可以及事。吾昔贬官夷陵，方壮年，未厌学，欲求《史》、《汉》一观，公私无有也。无以遣日。因取架阁陈年公案，反复观之，见其枉直乖错，不可胜数。以无为有，以枉为直，违法徇情，灭情害义，无所不有。且夷陵荒远褊小，尚如此，天下固可知也。当时仰天誓心曰，自尔，遇事不敢忽也。(《容斋随笔》卷四《张浮休书》)

此一故事一方面是说明传统士人所向往的"道德文章"与人民的实际政治生活很少相关，一方面说明在人民与政府发生关系的政治实际面，该是如何的黑暗。这并不是一件特出的例子，而是两千年来埋在"士人政府"下面的普遍情形。所以一直到现在，人民不敢轻易与政府接触，以避免与政府接触为立身处世的要务。有人说，中国历史上人民有过多的自由。这些人所说的自由正指的是人民瑟缩于政治缝隙之间的喘息。这是压缩生命活力的自由，与近代西方的自由恰是相反。时至今日，还有人拿"法治"的口号来作为抵抗民主自由的挡箭牌，由此可知因在中国文化中缺乏法的传统观念，以致站在统治地位的人依然以为由法家残余下来的胥吏手中的把戏就是法治，宪法则成为可有可无的眼中钉。我们的政治与社会迟迟不能走上现代化的道路，这当然是一个重大的因素。

还有，儒家对社会制度的态度是主张逐渐蜕变，而不主张剧烈改革。此一性格与英国人很有点近似。儒家创立于封建社会开始动摇之际，对封建社会中的"贵、贱"观念并不曾主张彻底的扫荡，而只是要以"德"与"能"的标准去重新规定，已如前述。但事实上，儒家既无法在政治上保障贤者在位、能者在职，则儒家思想中所保留的贵贱观念结果只足表征一种政治地位的高下，再堕落而为官贵民贱，压倒了原来"民为贵，君为轻"的思想。一直到现在，还使许多官吏自己横着"贵"的变态心理而不肯放，以与极权主义的"权威"、"威信"的观念相结合，更装腔作势以伸张之，违法乱纪以保障之，以致成为走向民主政治的莫大障碍，这真是先秦儒家始料所不及。至于儒家强调德性的本源、实践的节序，而主张"亲亲之杀"，这本是可以立得住脚的想法。但移用到政治方面去，便阻碍了政治所要求的客观精神，甚至堕落而为家族政治，这当然也是值得注意的问题。

最后，儒家重历史、重古的精神与用意，前面已经说过。但先秦儒家都是面对现实的社会与人生而称道历史、称道古，这不过是把对社会人生的理想假借历史、假借古以确定其客观的意义与地位。所以此时的重古是蕴藏着一种思想创造的动力，因而先秦儒家的"古"实际是创造的意味多于因袭的意味。但到后来便常常受到"古"的束缚，脱离对于现实的观察、思考，而埋头于经典的注释。文化发展到了此种阶段，即表示由独立思考能力的丧失而渐归于衰退。这在西方、在印度也都是如此。宋明理学提出了"观物"及"省察"的工夫，这便是面对人生的思考，所以在宋明理学中始有思想之可言。但宋明理学家依然未能完全脱掉"古"的羁绊，以致引起许多可以不必要的牵文引义的纠葛，束缚了可能的发展。在政治方面，甚至由《公羊》三世之说的进化观念堕退而为历史的退化观念，这便影响到民族向前追求的活力。及到清儒，想以文字训诂之学来代替面对宇宙人生的思考，进而据其饾饤考据来抹煞思想上之问题，此风一直由五四运动后为一部分人所沿袭未变（请参阅张君劢先生著《比较中日阳明学》篇三）。他们"反古"而实被"古"裹胁得更紧。则中国思想今日之荒凉状态亦非偶然。但在此种情景之背后实藏有专制政治之莫大压力，所以这种人对社会、对政治几无不采取逃避态度，对人生几无不走向自然主义、虚无主义、达达主义（Dadaism）之路。因此中国思想的发展表面上是受了儒家"古"的观念的束缚，实际依然是受了政治专制的压迫。中国的学术思想常发展于政治解纽之时，如周秦之际的诸子百家，隋唐之际的佛学，明清之际的顾、黄、王等，宋学则得培荫于宋祖宽大的家法。一到政权稳定，思想之发展便随之停滞，即思想受了专制政治压迫之铁证。

总之，儒家思想为政治提供了道德的最高根据，而在观念上也已突破了专制政治。但如上所述，却又被专制政治压回了头，遂使儒家人格的人文主义没有完全客观的建构，以致仅能缓和了专制政治而不能解决专制政治。这是留给我们今日所应努力的一大问题。因此，我这几年以来始终认为顺着儒家思想自身的发展，自然要表现为西方的民主政治，以完成它在政治方面所要完成而尚未完成的使命。而西方的民主政治只有和儒家的基本精神接上了头，才算真正得到精神上的保障，安稳了它自身的基础。所以儒家"把人当人"的思想，不仅在过去历史中尽了艰辛挣扎之力，且为我们迈向将来的永远指针，及我们渡过一切难关的信心之所自出。不抱着这一大纲维去考索中国的过去与将来，我相信将永远不能了解中国的历史，也将对于中国的将来不能有其真正的贡献。

一九五五年十月十六日、十一月一日、十一月十六日

《民主评论》第六卷二十期至二十二期

# 《中庸》的地位问题
## ——谨就正于钱宾四先生

　　《民主评论》六卷十六期，刊有钱先生《中庸新义》（以后省称
"《新义》"）一文，谓《中庸》、《易传》系"汇通老、庄、孔、孟"。
但我读后发现钱先生乃以《庄子》的一部分思想，来解释全部《中
庸》；在此一解释中，《中庸》与孔、孟，并无关涉，私心颇为诧异。
适先生来书问我对此文的意见，遂坦率陈述期期以为不可之意。函
札往复，至三至四。因深感钱先生在《新义》中所提出的问题，关
系于我国思想史者甚大，爰就另一角度再提出我的看法，以就正于
钱先生，并希关心此一问题者的指教。

　　　　　　　　　　　　一九五六年二月十五日于东海大学宿舍

一

　　钱先生在答复我的书信中，认为他以《庄子》解释《中庸》，
是他的一新发现；而在答复黄彰健先生《读钱宾四先生〈中庸新
义〉》的《〈中庸新义〉申释》一文（俱见《民主评论》七卷一期）
中，亦谓"《中庸》本书，据鄙见窥测，本是汇通庄子以立说"。
最近我读钱先生所著的《庄子纂笺》，始知钱先生的见解，有下

面一段的来源。《庄子·齐物论》："惟达者知通为一，为是不用而寓诸'庸'。庸也者用也，用也者通也，通也者得也，适得而几矣。"

钱先生在此段下加以按语曰："穆按，《中庸》之书本此。"我常觉得古人用字不甚严格，其表达思想之方式亦不够组织；所以在许多地方，只能根据某一人、某一书中前后互相关联的话，以确定一个字或一句话的意义。此在读"谬悠之说，荒唐之言，无端崖之辞"（《天下》篇）的《庄子》，更须如此。因此，古今治庄者虽无虑数百十家，而今人对于庄书的校刊训诂，颇多补前人所未及；然真能得庄生之旨者，仍无过于郭象。因为他所处的时代，正是庄学的时代；而他用的方法，是融会贯通的方法。即如"庸"字的通释为"用"、为"常"；然上引《齐物论》之"庸"字，只有郭象以"自用"作解释，始能与上下文相连贯而较合于庄子的本意。此外率多附益猜度之谈，而此种附益猜度，又多出于一种不很成熟的预定结果，章太炎氏之《齐物论释》即其一例。因此，庄子此处"庸"字之直接意义，与"中庸"之"庸"字，实大有出入〔现按：此处之"庸"字应作"功"字解，即"功效"之意。一九五九年十月补志〕。

按"中庸"一词之"庸"字，三见于《尚书·尧典》，此虽为"庸"字之最早出现，但在思想上与《中庸》似无关联。至于"中庸"一词之"中"字，则始于尧之命舜，即所谓"允执其中"（《论语》）。《中庸》谓舜"用其中于民"，当即本此。"庸"之通释为"用"，则舜之"用中"即为中庸，故刘宝楠《论语正义》谓"中庸之义，自尧、舜发之"（《正义》卷二十三"尧曰章"）。此说纵有推演太过之弊，然"中"为儒家思想中之重要观念，此在先秦儒家典籍中屡见不一见，乃无可争辩之事实。而《中庸》一书里面，"中"之观念，实重于"庸"之观念，此乃通读全书而即可发见者。由上所述，可见仅由《齐物论》中之"庸"字而推论《中庸》思想之来源，何若由儒家典籍中的许多"中"字以推论其思想之来源，岂不更有根据？

且《庄子·齐物论》中有"庸"字、有"中"字，但《庄子》全书中，决无连"中庸"为一词者。有之，自《论语》始。《论语》上说："子曰，中庸之为德也，其至矣乎。民鲜久矣。"（《雍也》）

若不能证明《论语》此文之晚出于《庄子》，又不能证明《论语》之"中庸"一词与《庄子》之"庸"字涵义相同，则仅从文献上之关联上说，《中庸》一书之出于《论语》，实已昭然若揭。况《中庸》上之"子曰，中庸其至矣乎，民鲜能久矣"，分明即《论语》此文之转用。且《中庸》中言"中和"，而《周官·大司乐》即以"中和祗庸孝友"为六德。而郑康成即以"中和之为用"释中庸。又《礼记·丧服四制》篇谓："此丧之所以三年，贤者不得过，不肖者不得不及，此丧之中庸也。"这分明是"中庸"的观念在儒家典籍中的实际应用。由此可知，"中庸"一词乃儒家故物，固不必取《庄子》中不易捉摸之单辞只义以为《中庸》一书出处之证。

且不仅"中庸"一辞，明见于《论语》，全书中与《论语》上词气相同相合者所在多有，兹略举如下：

（一）

《论语》："子曰，生而知之者上也。学而知之者次也。困而学之，又其次也。困而不学，民斯为下矣。"（《季氏》）

《中庸》："或生而知之，或学而知之，或困而知之。及其知之一也。"

（二）

《论语》："子夏曰，博学而笃志，切问而近思，仁在其中矣。"（《子张》）

《中庸》："博学之，审问之，慎思之，明辨之，笃行之。"

（三）

《论语》："子曰，温故而知新，可以为师矣。"（《为政》）

《中庸》："温故而知新，敦厚以崇礼。"

（四）

《论语》："子曰，邦有道，危言危行；邦无道，危行言孙。"（《宪问》）

《中庸》："国有道，其言足以兴；国无道，其默足以容。"

（五）

《论语》："子曰，夏礼吾能言之，杞不足征也；殷礼吾能言之，宋不足征也。文献不足故也。足，则吾能征之矣。"（《八佾》）又："子曰，周监于二代，郁郁乎文哉，吾从周。"（同上）

《中庸》："子曰，吾说夏礼，杞不足征也。吾学殷礼，有宋存焉。吾学周礼，今用之，吾从周。"

（六）

《论语》："子曰，非礼勿视，非礼勿听，非礼勿言，非礼勿动。"（《颜渊》）

《中庸》："非礼勿动，所以修身也。"

（七）

《论语》："子曰，内省不疚，夫何忧何惧。"（《颜渊》）

《中庸》："故君子内省不疚，无恶于志。"


至《孟子·离娄》篇中与《中庸》几乎完全相同的一章，在黄彰健先生文中已经提到，此不再及。在《论语》中，分明有"中庸"的名词，分明有这么多相同的词句，若钱先生认为尚不足以证明二者的关系，却以《庄子》中的一个"庸"字而即断定"中庸"出于《庄子》，这是不合于考据推论的常识的。总之，就文字的格调词气上说，《中庸》、《易传》显系与《论语》、《孟子》为同一类型；而《庄子》之格调词气，完全属于另一类型，完全属于另一系统；此乃一经比较而即可明了断定之事。吾人研究思想史，应从一个人、一部书的全部思想结构、文字结构，以推论其渊源流变，断不可截头去尾，从中执著一二字以下断语。《庄子》一书中，其词气如偶有与《论》、《孟》相似者，则其所表达之思想必属于儒家而不属于道家，如《齐物论》之"春秋经世，先王之志"及《天下》篇"大道将为天下裂"一段，都说的是儒家的话。因此，有人说《庄子》出于田子方，即是出于儒家，虽未必可靠，但其受了儒家的影响，且儒家及孔子在其心目中的分量甚重，乃不容疑之事。但其基本精神，乃出于道家而非儒家；而儒家与道家在思想所到达之某一点上，固有其若干相同之处；然其思想之根基及其向上努力之途辙，二者断然不可混淆。此在与钱先生之往还书札中已稍有论列，此处不赘。

# 二

自《史记》、《汉书》以迄汉代各经师，皆以《中庸》出于子思；清儒对其篇章考订加详，亦略无异说。惟叶酉、袁枚、俞樾诸氏，因《中庸》中有"车同轨，书同文"及"载华岳而不重"等词句，遂以为系秦统一天下以后之作品，近人多信其说。钱先生既以"中庸"出于《庄子》，则在年代上自亦必后于《庄子》。关于《中庸》之年代问题，陈槃庵先生在其《〈大学〉〈中庸〉今释》的"叙说"，及《中庸辨疑》（《民主评论》五卷二四期）中，曾反复申论，以证《中庸》与《大学》皆出于孔门，决非出于秦汉之手，其立论多确凿可据。我现在再从思想之发展上，以证明《中庸》乃《论语》与《孟子》之间的作品。庄子既约略与孟子同时，即断然是庄子以前的作品。

首先我应指出，先秦古籍经秦氏博士之传承整理，因而杂入传承整理者当时的思想与资料，乃极合于情理之事实，此不独《中庸》为然。且《礼记》中各篇皆由纂辑而成，在纂辑的时候，大概会采用以类相从的方法。因此，每篇之中，总有某种问题或某种思想，以形成一篇的中心，但这和出于一人之手的著作不同，里面的材料，在性质与时间先后上，皆有掺杂出入。《中庸》"愚而好自用，贱而好自专，生今之世，反（复）古之道，如此者灾必逮夫身"一段，分明是法家责备儒家的话。又谈舜、周公大孝的两节，也与上下文无关。"载华岳而不重"的一段话，可能是秦博士整理时加进去的。仅凭一两句话来断定其时代或内容，这都是不了解此种文献的特性。应当抓住全篇思想的脉络以发现其中心点之所在，来作批评衡断的根据。兹从《中庸》思想发展之脉络上，列举数端，以衡断其主要部分成立之时代。

第一，君臣、父子、夫妇、兄弟、朋友的五伦，在《论语》皆已提出，但并未将其组织在一起，使其具备一完整的形式。将五者组织在一起，始于《中庸》与《孟子》，这便可以看出由《论语》到《中庸》、《孟子》的发展之迹。但《中庸》之五伦系以君臣为首，而《孟子》之五伦系以父子为首。在《中庸》，无形中是君臣重于父子；在《孟子》，则意识地，父子重于君臣。此种轻重之分，实含有社会背景及政治思想之重大演进。《论语》孔子答齐景公之问谓"君君、臣臣、父父、子子"，系将君臣列于父子之上；而"出则事公卿，入则事父兄"（《子罕》），亦系将政治关系置于家庭关系之前，此皆反映在孔子的时代，现实政治所加于个人之影响，实大于孟子的时代。《中庸》之以君臣为首的五伦，这说明它在形式上比《论语》前进了一步，而在社会之背景及思想之内容上，与《孟子》尚隔一间。《孟子》将君臣一伦，列于父子一伦之下，实系继承《中庸》之进一步的发展。

第二，仁、义、礼、知、信之德目，在《论语》中亦皆已分别提出，但未将五者组成为平列之一组。《论语》一书，常仁、知对称，仁、知在《论语》中乃平列之两个概念，其余则多属次一级之概念。又《论语·宪问》章"子曰，君子道者三，我无能焉。仁者不忧，知者不惑，勇者不惧"；此处将知、仁、勇三者并称，在全书中亦常称及勇之重要。《中庸》一书，既经常仁、知并称，与《论语》相同；而以知、仁、勇为三达德，尤与《论语》相符合。至《孟子》则发展而为仁义礼知之四端，至董仲舒则发展而为仁义礼知信之五常，遂成为儒家之定格。《孟子》以后，儒家无复继承《论语》而将知、仁、勇平列，且甚少以勇为一重要德目

　　　　　　　　　　　　　　学术与政治之间

者，则《中庸》为直承《论语》之思想，在《孟子》之前，岂非昭然若揭。

第三，《论语》言仁，主要为就个人之自觉向上处说；至《孟子》，则多以爱人言仁，此后直至二程为止，皆继承此义而未改（自二程起，其言仁始更向内转进一层去讲）。《中庸》之"修道以仁"及"力行近乎仁"，其涵义特与《论语》为近，即此亦可证明其直承《论语》而早于《孟子》。

第四，《论语》"性相近也"之"性"，仍系泛泛之词，与子贡所谓"夫子之言性与天道，不可得而闻"之"性"，二者自别。我觉得"性与天道"，乃承"五十而知天命"之"天命"而来。孔子之"好古敏求"、"信而好古"，系在外在经验界中的追求；至五十而知天命，乃进一步对于外在的经验，赋予以内在而先天的根源与根据。此"天命"既非传统之"死生有命，富贵在天"的"天命"，亦非如朱元晦所谓赋予物的"事物所以当然之故"，而指的系道德的、先天的、内在的性质（此点请参阅拙文《有关中国思想史中一个基题的考察》，见《学术与政治之间》）。此一性质，至《中庸》始进一步指出为"天命之谓性"，将《论语》中实际上已连在一起但形式上尚未连在一起的"性"与"天道"，切实连在一起，此系思想上的一发展。"天命之谓性"，其性自然是善的；但《中庸》尚未将此善字点出，《中庸》中之所谓"善"，仍是外在的意义重；至《孟子》乃点出"性善"，使天命之性，有进一步的明显而具体的表达，此系继承《中庸》之又一发展。

第五，《论语》重言忠信，忠信发展而为《中庸》之"诚"，前人多已言之。《论语》言"默识"、言"内省"，此系向内的沉潜；至《中庸》而言"慎独"，则内在之主体性更为明显；至《孟子》则更进一步言"求放心"、"存心"、"养性"、"养气",较《中庸》之"慎独"表现得更为具体而明白。其一步落实一步的发展之迹,宛然可见,则《中庸》为在《孟子》以前,亦即在《庄子》之前,应当可以断定。

且《中庸》与《易传》之血缘为最近,钱先生亦将二者并称。因此,《易传》亦当在《庄子》之前。钱先生的《庄子纂笺》,在《天下》篇的篇目下所引诸家之说,皆以此为《庄子》自序,我亦深以为然。《天下》篇有"《易》以道阴阳"之语;然卦辞、爻辞无一字道及"阴阳"者,至《易传》则始道"阴阳"。《易》原为卜筮之书,由《易传》而赋予一新的意义与价值,因而成为儒家之经典。庄生此言,当即指《易传》而言。若非《易传》在庄子之前,则《天下》篇何由能作此简括之叙述?

我谓《中庸》与《易传》皆出于庄子之前,此乃汉人之通说,亦即儒家有关其自身思想传承之通说,我仅将此通说重新予以肯定而已。《中庸》出于《庄子》之前既可断定,则"中庸"出于《庄子》之说亦不攻自破。

三

《中庸》一书,在儒家思想系统中所以占一重要地位,就我所了解,当不出于下列数端,都发生着承先启后的作用。

首先,儒家思想以道德为中心;而《中庸》指出了道德的内在而超越的性格,因而确立了道德的基础。"率性之谓道",此"道"即系后面所说的五伦的"达道",这与老、庄之所谓"道"绝不相同。且在语言的顺序上,道家之道在天之上,而《中庸》

之道则在性之下，性又在天命之下，虽然在实质上三者是一而非二。五伦系外在的人与人的关系。但此人伦关系之所以形成，亦即人道之所以成立，据《中庸》的说法，乃根源于每一人内在之性，而非仅依靠来自外在的条件。若如经验主义者，以道德为来自外在的条件，则道德将决定于条件，而不决定于人的意志，人对道德便缺乏了主宰性，严格地说，无主宰性，即无所谓道德不道德。同时，外在的条件，总有其伸缩与转移性，与人身总有或多或少之距离。因此，人对于道德，没有必然的关系，道德即在人的身上生不稳根。《中庸》说"率性之谓道"，乃指出道即系每人的内在的性，有是人，必有是性，有是性，必有是道。所以下面接着说"道也者，不可须臾离也，可离非道也"，以见人不能自外于性，即不能自外于道，而道乃真正在人身上生了根。故必由道德的内在性，而后始可言道之"不可须臾离"，而后人对道德乃有真正之保证。

然若仅指出道德之内在性，固可显见道与各个人之必然关系，但并不能显见人与人，及人与物之共同关系。人我及人物之共同关系不显，则性仅能成为孤明自照，或仅成为一生理之存在，而道德之普遍性不能成立，于是所谓道德之必然性，亦成为无意义的东西。所以《中庸》在"率性之谓道"的上面，要追溯出一个"天命之谓性"。天的本身即是普遍的具体化，因此，由天所命之性，也是人我及人物所共有，而成为具体的普遍。作为道德根源之性，既系内在于每一个人的生命之中，而有其主宰性、有其必然性，同时又超越于个人生命之上，而有其共同性、有其普遍性。人性因为具备这两重性格，才可以作道德的根源。从纯生理的观点去认定性，性便不能超越出来以成就人类生活的共同规范，若性仅系孤明自照，依然不能发生对人物的真切责任感，其结果还是一样。顺着此一路推演下去，只能看到一个四面不通风的个体，但是人实际是要生活于群体之中的，而这种四面不通风的个体，总不能形成一个相资相保的群体。道德必在群体中显见，不能形成群体，遂极至于不承认道德存在的权利，这便是今日的纯经验的个人主义所发生的问题。从纯超越的观点去认定道，道便不能内在于每一个人生命之中以成就个体的价值；顺着此一路推演下去，常要求无限地牺牲个体以成就群体或某一较高的价值，结果，群体和某种较高的价值，皆成为脱离现实生活的抽象而空洞的名词；再由少数人掌握住此类名词以君临恣睢于万人之上。中世纪的宗教固然是如此，而今日则将更为独裁专制的政治所假借。人类历史，一直是在上面两极的对立搏斗之中，互相激荡，互相起伏，看不出一条根本解决的道路。从纯文化理念的观点来说，中国内在而超越的道德性的文化，将个体价值与群体要求融合在一起，实际为人类提供了此一道路。在此一内在而超越的文化中，一个人的生理与理性合为一体；流到外面的作用上去，个体与群体同时得到和谐。《中庸》之所谓"中和"，即指的是这种内在与超越合一的"性"，及由此"性"所发生的成己、成物的和谐作用。内在所以"成己"，超越所以"成物"。内在与超越非二物，即成己与成物非二事，则二者自然得到谐和。由此而言"致中和，天地位焉，万物育焉"，乃有其真实的内容与其确实的条贯，而不是浮言泛语。这是中国文化的核心，这是《中庸》承先启后的第一贡献。就我目前所了解的庄子来说，他当下承认了各个的个体，因之也承认了聚各个个体而成的群体。但他的承认，并不是承认个体的价值，最大限度，只是以无价值为价值。同时，在个体与个体之间，不是发自德性之互相涵融，而只是出于一种无可奈何的相安之感。所以在他心中的个体，都是冷冰冰的、孤零零的个体，而他内心的深处，对此孤零的个体，实不胜其悲凉凄怆之情；于是他不能在个体之自身去"道通为一"，而只好在个体之上去求一个"有未始有始也者，有未始有夫未始有始也者"的"无"的、"无无"的、"无无无"的境界，去"道通为一"；而以"有以未始有物者"为知之"至矣尽矣"；面对现实，则只好"知止其所不知"。这是以不解决问题为解决问题的想法。此种想法，未尝不可使精神上暂时得到一点轻松，但现实并不因此种精神上的轻松而便不发生问题；于是《齐物论》在人生中所发生的影响，一面是个体的恣睢自喜，一面是个体由现实中的退避。两者都是互相因缘的。这与《中庸》由内在而超越以成己、成物的德性，在精神上完全是两回事。

于此，还应补充说明一点的，"天命之谓性"的"天"，不是泛泛地指在人头顶上的天，而系由向内沉潜淘汰所显现出的一种不为外界所转移、影响的内在的道德主宰。因此，这里的所谓"天命"，只是解脱一切生理束缚，一直沉潜到底时所显出的不知其然而然的一颗不容自已之心。此时之心，因其解脱了一切生理的、后天的束缚，而只感觉其为一先天的存在，亦即系突破了后天各种樊篱的一种普遍的存在，《中庸》便以传统的"天"的名称称之。并且这不仅是一种存在，而且必然是片刻不停地发生作用的存在，《中庸》便以传统的"天命"的名称称之。此是由一个人"慎独"的"独"所转出来的，其境界极于"无声无臭"，《中庸》即以此语为其全文的收束。"无声无臭"者，不为后天一切所干扰之谓，这便很有形而上学的意味，但实与西方一般由知性的思辨所推衍上去的形而上学不同。借 Wilhelm Dilthey（1833—1911）的话说，这是"基于心的生命构造而来的内的倾向所生出来的"。Dilthey 在其《精神科学序论》中说："形而上学（思辨的）即使死亡，但人类精神的形而上学的倾向（Metaphysische Eng）不会绝灭。知性纵然禁止，但心情总会要求。"Dilthey 所认定的心，依然不过是"感情与冲动之束"，即是生理之心；他还未能从生理之心中透出德性之心。所以他说这种话，只能显出西方知性的文化中由某一欠缺所发生出的要求，只有一负面的意义，而没有从另一面来肯定人生的价值，亦即缺乏正面的意义。我不过借此以指出《中庸》系由另一途径以显出另一性格的形而上学；这种形而上学与科学所走的路不同，并不会觉到科学的威胁因而须有所避忌。其实，钱先生在其《中国思想史》中已经说过"道家观念重于虚，虚而后能合天。儒家则反身内求，天即在人之中，即性是命，即就人文本位充实而圆满之，便已达天德，便已顺天命"，这很说得恰到好处。而《新义》中由对"诚"所下的解释，却把"天"和"天命"一起都说向外面去了。

四

其次，《论语》主要是就"下学而上达"的"下学"方面立教，故最为切实。而《中庸》则提出道德的最高境界与标准，指出人类可由其德性之成就，以与其所居住之宇宙相调和，并进而有所致力。《论语》中虽屡提到圣人，但对圣人未作明显的叙述；《中庸》则对圣人之所以为圣人，叙述得相当的详尽。同时，《论语》对"修己以安人，修己以安百姓"这一类的问题，谈得不少；

《中庸》承继了这一方面的思想而进一步加以系统化。但《论语》几乎没有谈到人与天的关系。而人类文化发展到某一阶段，对于其所居住的宇宙，由原始性的猜疑畏惧，常进而要求与之有一种调和的关系，或对之有一种责任感，而希望将其归纳于自己生活范畴之内。人类可以从宗教这一条路来满足此种要求，可以从艺术这条路来满足此种要求，可以从科学这一条路来满足此种要求，而儒家则系从道德这一条路来满足此一要求。《中庸》一书，在这一点上有了充分的发挥。《中庸》以圣人为最高道德的标准，认为由圣人"峻极于天"之道，与天地同功，因而尽其对天地万物的责任，以得到人与天地万物的和谐。而其确切可靠的天路历程，乃在于圣人之"能尽其性"，即是能圆满实现其内在而超越的道德主体。如前所述，此主体因其有超越的、先天的一面，所以在能将其圆满实现的这一境界上，自己的性，与人之性及与物之性，系合而为一；因此，尽己之性，同时即系尽了人之性与物之性。己之性与人之性及物之性的总和，即是天地化育之实，因而尽性即是"赞天地之化育"，"与天地参"。这是性的高明、精微的一面，即所谓"达天德"。在另一方面，"率性之谓道"，而《中庸》之所谓"道"，即指五伦的人道而言，此即所谓"天下之达道五"。性由五伦的人道而见，于是"尽伦"即所以尽性。每人皆在人伦的关系中生活，每人在人伦生活中，总会或多或少尽了一份义务，所以说"夫妇之愚，可以与知焉"。这即是所谓"极高明而道中庸，致广大而尽精微"。由尽伦、尽性而上达天德，在此一分限上始可说"天人合一"，始可说"鱼跃鸢飞"。而此一分限，在《中庸》只能归之于尽性、尽伦的圣人。只一"尽"字，便含有多少切实的工夫在里面。抹杀这种切实的工夫，则在"无一法可得"

的禅宗，尚要斥为"自然外道"，何况站在《中庸》"修道之谓教"的立场。譬之一个伟大的艺术家，当他说某一自然风景是伟大的艺术作品的时候，实际是他自己的艺术精神正在向某一自然发生构造的作用。因艺术精神的高下或内容有所不同，他们在自然中所认取的艺术性亦因而不同；因之，在同一自然背景之下所产生的作品亦因之不同。此即可证明艺术家的观照，有其主观的构造性。艺术家由观照而对于自然的契合，这是艺术上的"天人合一"；假定没有其真实的艺术精神以作其内容，则这类的话，只是不负责任的废话。庄子以观照的态度来齐是非、一生死，也要假定"圣人"、"至人"、"真人"、"神人"等才能够如此。人格的平等，与人格价值的等级性，这是不可混淆，而又不可分离的两个概念。只要承认价值观念，便必须承认价值之等差观念。必如此而后始有精神之向上可言，有人道之可言，有文化之可言。《中庸》中之"小人"、"夫妇之愚"、"君子"、"圣人"，分位分明；而"君子"与"小人"对举者凡四，单称"君子"者凡二十七；此与《论语》之以"君子"为现实努力向上之目标者正同，其意义不可随意抹杀。至于程伊川所谓"圣人之道，必降而自卑，不如此则人不亲"，这是出自圣人向社会接引之仁心，不可因此而即以众人视圣人。又如由价值的最高成就，即由尽性尽伦而物我一体，在德性之主体方面，将客观之等差性完全消解，此时乃显现一真正一切平等之境界，即《中庸》所说的"万物并育而不相害，道并行而不相悖"的境界，亦即程伊川所谓"将这身放在万物中一例看，大小大（多么）快活"的境界，但这须经过精神上的一大转进，假借禅宗的话来说，这是"悟"后的"山河大地"。万不宜因此而抹杀道德价值、人格价值的最高标准，因而杜绝了人类向上之机。钱先生因为不承认道德中的修养工夫，于是便否定由道德成就而来的人格上的等差，这岂特与《中庸》是南辕北辙，与庄子的真意也距离得很远。

五

尤其重要的是，《中庸》提出了道德价值、人格价值的最高标准，以为人道立极，使人生成为一上达的、无限向上的人生；同时，更为走向此最高标准而提供了一条大路。所以在"率性之谓道"的下面，必须接上"修道之谓教"。无此一"修"字，一切便都会落空。《中庸》之所谓"道"既是人道，则所谓"修道"便不是如钱先生所说的，对于一般存在的承认，而是切着人自身的生活。儒家的理想，本不离开现实生活；但决不如钱先生那样，仅因为现实生活为一存在而即承认其都是合理，而即承认其为符合于天命之性。所以《大学》是以修身为本，《中庸》也是以修身为本；《中庸》说"修身以道"，而"率性之谓道"，是修身即系复性。不承认现实生活中有与道不合，即与性不合的，则无所谓修道，即无所谓复性。复性于现实生活之中，使现实生活符合于天命之性，此即《中庸》之所谓"诚"，亦谓之"纯"。诚与纯，是说人经过修与复的工夫以后，即经过"择善而固执"的工夫以后，能真正实现其内在而超越之性，而不杂以后起的人欲之私的状态。因此，深一层地说，诚即是性。凡《大学》、《中庸》、《易传》、《孟子》之言诚，皆就人之内心而言。《中庸》首先出现"诚"字是"顺乎亲有道，反诸身不诚，不顺乎亲矣"。此与钱先生以"诚皆属天"，而"天"又为外在之天，恰恰是相反。钱先生或者是因对《中庸》"诚者天之道也"一语的解释，与我所了解的不同，故有此说法。就我的了解，"诚者天之道也"，是就人完全实现了其天命之性而言，所以接着说"诚者不勉而中，不思而得，从容中道，圣人也"。此处的"天之道"，实等于"天之命"，当时"天道"与"天命"二词常常互用。由此可知"诚者天之道"，与孟子"尧、舜，性之也"同义，即孔子"七十而从心所欲不逾矩"的境界。先秦儒家若就天地而言诚，亦系由人身之诚而推扩言之。且所谓天地之诚，乃指天地所以能生物之精神而言，而非就生物之结果而言。《中庸》说"天地之道，可一言而尽也，其为物不二，故其生物不测"，"不二"即是诚。钱先生以"群星真实有此群星，地球真实有此地球"言诚，此不仅与所引朱熹注"诚者真实无妄之谓"的意思不合，且与《大学》、《中庸》、《易传》、《孟子》之言诚皆不合。以原意解之，地球之所以有此地球乃由于诚。盖当时除老、庄对自然之存在，已稍露有虚幻之感外，一般对自然界皆未发生真实或不真实之问题。在中国发生此一问题，乃出于老、庄盛行及佛教入中国之后，而开始有晋代之《崇有论》，以至宋儒之强调"体用不二"。至钱先生以"喜怒哀乐，亦真有此喜怒哀乐"，此同于"鱼虫鸟兽，真实有此鱼虫鸟兽"，将人格中的质的问题化为物质界的量的问题，以希由此而证成其"能实有其好恶谓之仁"之说，此种"化质归量"之说法，不仅根本否定了《中庸》的道德意义，且当时亦无此科学思想以为之先导，当甚难成立。

《中庸》假定圣人是生而即诚的，其余的人，则系由一套工夫（修）所积累的成果。《中庸》所提出的工夫，可以说是由内外兼顾，而内外合一，即"尊德性"与"道问学"的兼顾与合一。向内的工夫是由"戒慎乎其所不睹，恐惧乎其所不闻"的"慎独"，朱子以"人所不知而己所独知之地"释"独",与《中庸》后面所说的"君子之所不可及者,其惟人之所不见乎"正合。程、朱之"敬以直内",即由此而来。以后王阳明之所谓"无声无臭独知时,此是乾坤万有基",也是由此而出。但钱先生以"存在与表现"解释诚,于是把"不睹"、"不闻"也解释到外面去了。

　　向外的工夫是由"明善"而"择善固执"。《中庸》说:"不明乎善,不诚乎身矣。"因有对立于善的恶,而始须要去明善、择善。明善即是义利之辨。义与利、天理与人欲,固然都是存在,但儒家不认为在人类生活的范畴之内,可以说凡存在皆合理,而必须把它辨别清楚,以免"认贼作父"。不承认有天理、人欲之辨,即无进德修业之工夫可言。凡属道德精神的文化,不论以任何辞句,必须表现此二者之对立,因之,对于人之"情",不能不下一番工夫以克服此对立。此在儒家为尤甚。何晏与王弼,以老、庄思想释《论语》与《周易》;然对于此种大坊所在,仍未敢突破。何晏《论语集解》解释"不迁怒"谓:"凡人任情,喜怒违理。颜渊任道,怒不过分。"彼固不像钱先生样,以喜怒哀乐皆因其为存在而即认其当理。王弼释《乾·文言》"利贞者性情也"谓:"不性其情,何能久行其正。……利而正者,必性情也。"彼固不认为情即是性,而要求以情合于性。又释《无妄》之卦辞曰:"威刚方正,私欲不行,何可以妄。使有妄之道灭,无妄之道成,非大亨利贞而何?"

　　彼固以去私欲释"无妄",而私欲乃一感情之存在。《易传》谓"庸言之信,庸行之谨,闲邪存其诚","闲邪"乃所以存诚,而"闲邪"之正面即是"明善"。既须闲邪明善,即不能像钱先生样,承认"凡存在而表现的"即是诚,即是善。因为自然之存在,无善恶可言，对自然而言善恶，亦系以人为中心以形成一种人为之尺度。故善恶之问题，乃人自身之问题，不必与自然相涉。因人身有恶，故必须明善。明善乃所以择善。择善而固执，即存天理而去人欲，即内外合一之桥梁。"尊德性"与"道问学"，在此等处合拢。此乃《中庸》全书中心点之所在。我现在把这一段完全抄在下面：

> 在下位，不获乎上，民不可得而治矣。获乎上有道，不信乎朋友，不获乎上矣。信乎朋友有道，不顺乎亲，不信乎朋友矣。顺乎亲有道，反诸身不诚，不顺乎亲矣。诚身有道，不明乎善，不诚乎身矣。诚者天之道也，诚之者人之道也。诚者不勉而中，不思而得，从容中道，圣人也。诚之者，择善而固执之者也。博学之，审问之，慎思之，明辨之，笃行之。有弗学，学之弗能弗措也；有弗辨，辨之弗明弗措也。有弗行，行之弗笃弗措也。人一能之己百之，人十能之己千之。果能此道矣，虽愚必明，虽柔必强。

因明善、择善而固执，可使人之喜怒哀乐之情合乎天命之性，此之谓"自明诚"，亦即系由工夫以达本体。天命之性在内作主，自然使人之喜怒哀乐之情发而皆中节，此之谓"自诚明"，亦即系"即本体，即工夫"。由承认现实与理想之距离，并由现实中追求理想，使理想实现于现实之中，卒之，将理想与现实打成一片，这是《中庸》思想的中心，亦即儒家全部思想之中心。由孔、孟而程、朱、陆、王，在此中心之外围，虽各有其时代及个人之特性，不必完全相同，但无一不由此一中心点贯通下来，以形成一大义理的系统。而《中庸》在其间正尽了承先启后之责。在这种极为明显的地方，承认便全承认，推翻便全推翻，安排不了什么偷天换日的技巧。而推翻了这一中心点，便推翻了全部的儒家思想。

这里还需稍稍一提的，钱先生在《新义》中亦觉其对诚的解释，有"如西方哲学家所谓凡存在者莫不合理"，似觉不安，如是"述中和义以补上篇之未备"。但就我看，钱先生之所谓"中和"，亦与《中庸》不合。第一，钱先生之言中和，也与其言诚一样，都是外在的，而不是内发的；把《中庸》之以人为中心而推向宇宙的，说成以宇宙为中心，而以自然来比附于人，使《中庸》全书之精神脉络不明。第二，钱先生说："然若再深言之，则当其在求中和之途程中，凡其一切变化亦是一存在、一表现，则亦无一而非中和。"这依然是"凡存在即中和"，与"凡存在即诚"并无区别。

钱先生因把人自身的问题，附属于外在的自然上去解释，于是只能在外在的关系上来讲中和。所以说："故人心如天平，喜怒哀乐，犹如天平一边之砝码。外物来感，如在天平一头悬上重量，则此另一头即须增上砝码，以求双方之平衡而得安定。若使人心喜怒哀乐之发，常能如外物之来感以获平，则此心常在一恰好状态下，即此心常得天理。换言之，则此心常保天性之本然……宋儒则谓是其人能见性见理。见性见理，则见此中和而已。"

钱先生在这里似乎忽略了一个问题，天平秤物，不是一头加物，一头加砝码，使两边平衡，即可了事；而是天平上有一种"定盘星"，要由此定盘星以知道物的轻重。人的感情，不是使这边半斤的喜，与那边八两的怒保持平衡，即是中和；而是在喜怒之上有一理（或性）的存在，以节制此喜怒，使其中于节、合乎理，乃谓之中和。是由性来主宰情，由天理主宰喜怒，而后使此心能常在恰好状态。不是此心常在恰好状态而即可谓之"得天理"。例如，一个小偷偷到他想偷的东西，此时之欢喜，与正偷时之惊恐，取得一平衡，此是心的一恰好状态。或者偷到手后，发生悔恨，乃又暗暗送返原主，心中如释重负，此又是心的一恰好状态。站在钱先生的观点说，两者皆是中和；但站在《中庸》和宋儒的立场看，则恐怕只能承认后者。因为后者是有个理或性在那里作主宰。总之，钱先生此文，因将人附属于自然上去说，自然本身无所谓理性、道德、善恶、人格高下等，故反投在人的身上，也不承认有理性、道德、善恶、人格高下等，而只承认一"感情冲动的自然调节"，于是主张"不远禽兽以为道"。但不仅在禽兽中找不出《中庸》之所谓五达道、三达德的自觉，故人道必自人禽之辨开始；即在《庄子·齐物论》中亦找不出对五达德的正面而积极的肯定，甚至根本没有提到。钱先生的此一思想，可以在现代庸俗的唯物主义、自然主义中寻找其根据，可以在《庄子》思想的下半截中寻找其根据，但绝难在儒家中寻找其根据。钱先生以此来说明自己的思想，这可以增加思想的多彩性，但以此来加在古人身上，作思想史的说明，则几无一而不引起混乱。

# 史达林对人类的伟大启示

俄共第二十届代表大会对史达林的唾弃，就现时俄共的政权来说，是有其对内对外的重大原因，此处暂不详论。但就史达林的本身来说，此一举动，不出乎他毕生所咬牙切齿的政治敌人，而出于毕生殚精竭力所选拔培养的干部；死后不到三年，真所谓一抔之黄土未干，歌颂之余音尚在。假使史达林地下有知，当不知如何感慨万千，与贝利亚抱头痛哭。

首先我们应该了解，俄共在第二十届大会中，由史达林返回到列宁路线的宣布，并不含有思想转向的意义。正如共产党人平时千万次所得意宣扬的一样，列宁主义，是马恩主义的发展；而史达林主义，也是列宁主义的发展。所谓发展，包含两种意义。一种意义是后者与前者有某一程度的不同，而另一种意义则是后者与前者有其内在的必然的关系，顺着前者的路走，自然会达到后者。列宁之不同于马、恩，据共产党人自己得意的陈述，是列宁彻底否定了马恩思想中，尤其是恩格斯晚年思想中所含的一部分和平而合法的议会主义；因此，他展开了残酷的对孟塞维克及以考茨基为首的社会民主主义的斗争。但这是顺着马恩阶级理论一直走下来的结果，与马恩的阶级理论有其必然的关系。同样的，史达林与列宁之间，也有了多少的区别；最重要的是列宁心目中所向往的为阶级专政，到史达林便完全成为个人专政。但我们只要想到共产党人经常以"最高的愤怒"形容列宁没有丝毫宽容的心情，便可想到列宁经常所说的"对敌人宽大，即是对同志残酷"的血腥训诫，则史达林一贯下来的清洗政策，正是列宁的善继其志、善述其事的孝子贤孙。由此不难了解俄共之由史达林返回列宁，决不应有"共党思想正在转变"的错觉。

其次，我们应当注意的，史达林的存在，虽对世界构成了巨大的威胁，但对俄共本身却有其无比的功绩。他以冷静的头脑运用深远的智慧，捕捉每一个机会，以完成他预定的目标；他在列宁时代波兰进军失败之后，坚持一国社会主义建设的主张，创造了五年计划的经济建设。更因为他的顽强而机警，玩弄罗斯福与邱吉尔们于股掌之上，不仅使俄共渡过了二次世界大战的危机，并且乘机并吞了东欧九个国家，还以其余力帮助中共夺取了中国的大陆。他之不同于希特勒与莫索里尼，在于他能控制住自己感情的冲击，他可以使他人发疯而自己并不像希、莫之自己陷入于疯魔状态。现时克姆林宫一群妖魔小丑，所以能以一种威力的姿态出现于国际舞台之上，哪一样不是史达林事先为其准备齐全。照普通的道理讲，一个人的罪过，常因其死亡而与以宽恕，此即中国俗语之所谓"除死除走"。何况是建立了这无比功绩的自己的"领袖"。

但是我们仔细地想想，独裁者特征之一，是认为一切人们都是为他一个人而存在，因此，一切人都化成为他一个人的工具，只有他一个人才是目的。目的始有其自足的价值，而工具则不过是随时可以抛置更换的东西。此一趋向，在史达林的平生发挥到了极致。俄共革命的元勋，在同样的"人民敌人"的罪名之下，斩杀得一干二净，此外更何待说。他之所以能在一念之间，把自己的同志当作最凶狠的敌人，不惜用最残酷的方法杀掉；主要是因为这些人的存在，在他的眼睛看来，并不是有自足价值的"人"，而只是他达到目的物的工具。"同志"与"敌人"，在他心目中，不过是一个工具的两面。"提拔"与"杀戮"，在他心目中，不过是运用工具时的两种方式。一切人都工具化了，一切人的生和死，只系乎作为唯一"目的者"的需要；而作为"目的者"的具体内容，便是现实的政治权威；目的者之所以能运用其工具，也正是靠着现实的政治权威。今天史达林已埋入到坟墓中去了，他的政治权威已经变为非现实的存在；则俄共的"目的者"，已由史达林转移到赫鲁晓夫之徒。于是赫鲁晓夫们，发现为了达到自己的目的而须要以唾弃史达林作为工具时，便毫不迟疑地加以唾弃，这正是史达林平生之所教，正是唯物主义者的本行；而歌颂与唾弃，正是他们在运用其工具时辩证法的对立的统一。

再深一层地去想，史达林在苏俄的成就，是政治上、物质上的成就。人类之所以须要有政治、物质上的成就，归根到底地说，只是为了满足其作为人类特性的心灵生活。心灵生活有深浅与各方面的不同，但人类各种活动之最终目的，乃在于各满足其"视而不见"，但具有巨大潜力的心灵要求，则总归一致。史达林的成就，不仅不能满足苏俄人民心灵的要求，并且他用以达到成就的特务、恐怖、饥饿、诬蔑、奴工、杀戮等等，无一不是侮辱苏俄人民的心灵，摧折苏俄人民的心灵。苏俄人民心目中的史达林的辉煌成就，就正如古埃及的奴隶们，挟着满身的血痕、泪痕来看自己所建立的金字塔一样。史达林正号的成就，恰与苏俄人民负号的创伤成一正比例。在此一情势之下，俄共的新统治者们，为了有理由向其人民要求更大的忍耐力，只好用朝三暮四的手法，使人民心灵的深处，吐出一口怨气。人民精神暂时的轻松，即是统治者处境上暂时的稳定。不仅如此，现时俄共的小丑们，一方面是共产党，一方面也是"人"。史达林捏造罪名、残杀无辜的种种，他们知道得最清楚。当他们自己残杀贝利亚一派和人民的时候，他们自己的心灵固然完全消没于利害的冲突、情绪的猜疑之中；但当他们以一个旁观者的地位，眼看见史达林残杀昨日还是被称为同志的时侯，他们的恻隐之心、是非之心，毕竟还不能不发生多少作用，因而每一个人的心灵深处，也会同其人民一样，不能不感觉到多少创伤；尤其是在他们被逼迫而要歌颂自己的创伤时，其创伤更为真切。这种创伤的心灵纵然还不能促使他们对其信奉的主义，作彻底的反省；但心灵的潜力，要求对其直接与以创伤者加以报复，乃必然之事。因此，若认为俄共之唾弃史达林，完全不含有俄共自己心灵的控诉在内，那未免太低估了人类自己。

　　史达林为了巩固自身的地位，提高自己的价值，不仅诬蔑尽他的政敌，杀尽他的政敌；并在积极方面，选拔最柔顺的人以作他的随从；再把自己的随从，超升为权力的小组；更进而以威胁与利诱的方法，喂驯许多文犬，代其诅骂他人，歌颂自己，并伪造历史，把自己安放在历史的巅峰。这种用心之深、之苦、之密，可谓空前绝后。但不到三年，昭雪他的政敌，改写他的历史，斥责那一批文犬为"死魂灵"，因而对他加以完全唾弃的，正是由他一手所超升的干部；于以见人心之不昧，作伪之徒劳；每一人，不管他挟带着多大的权力，运用了多少的机谋，但站在人类良心的面前，即是上帝最后的审判。这种从负面所给于人类的启示，所给与人类的信心，真是太丰富而太伟大了。记得因老史达林之死而立刻影响到小史达林空军中将的空中表演时，我曾感叹地写了一篇《史达林的笑话》，在《自由人》发表。恰当其时，遇到端木铸秋先生，他很认真地问我："你确实认为史达林是笑话？"我坚决地回答说："不管他有多大的成就，但从他内心流出来的确实是笑话。"铸秋先生当时听后，惘然如有所失。但当时我还没有想到在这短短的时间内，笑话就进一步直接出在史达林自己的身上。可见由"人心之灵"所发生的伟力，连我这样一个"人性主义者"也估计不到。假定时间再久，共党内部真正发生了思想上的反省，或者世界上反极权势力，一旦获得完全的胜利，则史达林和他这些伙伴凶残而卑贱的脸谱，将更怎样"现丑"于光天化日之前，而唱着"我们的钢，我们的太阳"如郭沫若这批死魂灵底下的死魂灵，更只有钻进便壶中去淹死。"杀人之父者，人亦杀其父，杀人之兄者，人亦杀其兄。"这是人类心灵活动的自然结果。共产党人应首先有勇气接受史达林的启示。

一九五六年三月《自由人》五二三期

当我写此文时，尚未看到赫鲁晓夫在俄共二十届代表大会中的报告。此报告后由胡秋原先生译出印行，始知其最主要内容，即是对于史达林一生的裁诬惨戮，作惊心动魄的陈述。这正可作我此文立论的确切证明。由此可知，不论世局如何变幻，但在方寸之地，总有相同的一点感应的灵机，永远无法磨灭。人类的得救，还是要在此一灵机上立足，这便是中国文化血脉之所在。

一九五七年七月二十日补志

# 三十年来中国的文化思想问题

## 一

用年代来划分政治史，原已感觉困难；用年代来划分思想文化史，更属过分牵强。因为每一文化现象的来龙去脉，无不源远流长，很难在某一时间上作截然不同的判别。因此，这里所谓三十年来的文化思想，只不过是一种权宜方便的划分。

近百年来中国的文化思想有两个特征。第一个特征，是由中外政治的冲突而形成中西文化思想的冲突。反对西方文化者多出于民族的感情，并非出于对西方文化本身的批判。反对中国文化者亦多出于对西洋势力的欣羡，而非出于对中国文化自身的反省。此一冲突到五四运动而达到高峰，亦至五四运动而中国文化吃下了决定性的败仗。然试深刻地加以观察，则中国文化之吃下败仗，并非由于西化运动者建立西方文化之成功，因而在文化上发生了新陈代谢的功用。实际上，此一胜负只是意味着西方的经济、政治、军事的侵略势力在中国得到了压倒的胜利。由此，可知此一文化的决斗并未能在文化自身上赢得解决，势必因加入许多其他因素而使其更复杂化、更深刻化。

第二个特征，是这一百年来正当中国社会大变动的时期，所以凡是有力的文化思想没有不关心到社会政治的问题，而社会政治的问题也没有不影响到文化思想。于是文化思想与现实政治结下不解之缘，纯学术的活动仅退居于不重要的地位。而现实政治势力的分野也常常即是文化思想的分野。因此，文化思想由独立的学术研究发展而来者较少，由政治的目的、要求所鼓荡而来者特多。所以我们不能离开实际政治来了解这百年来的文化思想。

鸦片战争以后国内局势的大变动，举凡洪杨之乱、戊戌变法、辛亥革命、国民革命军北伐、对日抗战、共产党夺取大陆，都是显著的标志。距今三十年前，正是民国十五年，即是国民革命北伐的一年。在这三十年中实包括了中国政治社会变动的三大标志，而使近百年文化思想的两大特征从演变的高峰上跌了下来，暂时告一悲惨的结束。

## 二

从民国十五年到现在为止的三十年间，在文化上应当直承五四运动而向前发展。五四运动在文化上的积极口号是民主与科学，消极口号是打倒孔家店。五四运动的阵容不久即告分裂。一为以陈独秀氏为首的社会主义一派，这一派旋即加入共产第三国际，作顽强的政治活动；并且因他们在民国十三年加入了国民党，到十五年北伐的这一年，他们在政治上达到一个新的高峰，这在后面还要说到。一派是以胡适氏为首，依然是守着民主自由的立场不变，但他手下的大部分，多加入到国民党，在国民党内开始形成一个新的官僚集团。同时，民主的精神面貌，此时已被革命的口号所压倒。胡氏自己和极少数的人虽并不赞成国民党之所谓革命，但亦很少积极的主张。"好人政治"的口号没有时代的积极意义，当然喊得没有力量。他们的自由主义当时似乎只限于保持自己个人生活的兴趣，对当时的政治社会大体上是采取一种旁观妥协的态度。所以作为五四运动中一大支柱的民主，在民国十五年至二十六年的十年中间并未发生真实的作用。国民党内部曾有过几次争取党内民主的努力。在此一努力中，其主干人物多半是参加过五四运动的健将，这也可以说是五四运动时代民主思想的要求还在给予国民党内部一点影响。但在其深度与广度方面，此不过是一种余波，不久便被国民党内部压服下去。总之，近三十年的文化思想应当继承五四运动而向前发展，但在这三十年的头十年中，作为五四运动第一个支柱的民主已被现实政治所压垮而近于夭折了。

作为五四运动另一个支柱的科学，若作较广义的解释，则在抗战发生前数年，国家得到表面的统一，时局稍能安定，在国内，未被政治势力完全浸透的几个主要大学中，有若干学人默默地埋头苦干，在各方面都有相当的成就。这些少数学人渐渐摆脱了五四运动以及所谓革命运动中的浮嚣之气，及由此浮嚣之气而来的武断的态度与结论。大体上说，每一门学问都打开了切实的门径，无形间也建立了一种学术上共同承认的标准。五四运动风行一时的著作，十余年间，卒已成为刍狗。如胡适氏的《中国哲学史大纲》，金岳霖便公开批评他像是怀有成见的美国人的著作，"胡适之先生的《中国哲学史大纲》，就是根据于一种哲学的主张而写出来的。我们看那本书的时候，难免一种奇怪的印象，有的时候简直觉得那本书的作者是一个研究中国思想的美国人；胡先生于不知不觉间所流露出来的成见，是多数美国人的成见。在工商实业那样发达的美国，竞争是生活的常态，多数人民不免以动作为生命，以变迁为进步，以一件事体之完了为成功，而思想与汽车一样，也就是后来居上。胡先生既有此成见，所以……对于他所最得意的思想，让他们保存古色，总觉得不行。……同时，西洋哲学、名学，又非胡先生之所长。所以在他兼论中西学说的时候，就不免牵强附会。……所写出来的……总不会是一本好的哲学史"。即此一端，已说明了在民国二十年到二十六年一段短时间内，学术思想是在坚实的基础上向前进展。

但上述的进步，不仅因抗战发生后的颠沛流离生活而告中断，并且这种进步尚只限于几个学校园地之内，对社会尚未能发生大的影响。我们可以这样说，此一段时间内文化思想的进步，是学术上的意义多于社会上的意义；而五四运动，则可以说是社会的意义与影响远超过于学术上的意义与影响。此时作为五四运动领导者之一的胡适氏，为了要完成五四运动支柱之一的"科学"工作，展开了两方面的活动。一方面是提倡所谓"全盘西化"。在胡氏的意思，科学是西方的出产，要学科学便应学得彻底，要彻底自然只有全盘西化。这里不必争论一个历史悠久的民族生活，有没有全盘化为他族的可能；也不必争论"西"是否即是代表了一种理想世界，有没有全盘归化于他族的必要。而只指出所谓"西"的内容也并非如胡氏所想象的那样简单，大陆与海洋国家之间既有不同，而德之与法，英之与美，亦并未完全一致。在全盘西化的要求中，如化于美而遗失了英及法、德，既不可谓之全；若同时要化为英、美、法、德，又只落得多歧亡羊，望洋兴叹。金岳霖氏说胡氏不长于西方的哲学及名学，于此亦可得一显例。所以胡氏的此一口号，只能说是他个人一时快意之谈。首先对此口号表示反感的，如潘光旦们，正是从事西方学术某一部分研究的人。则全盘西化之只能成为一个空洞口号，是由提出此一口号的轻率态度所预先注定的。

胡氏们的另一工作是"整理国故"。他们整理国故的目的乃在证明"国故"之一钱不值，使国人不再想到"国故"，因而扫除科学的障碍，以便为科学开路。此一工作，除胡氏自己写了若干文献考证性的文章外，正面担当此一重任的是傅斯年氏及他所领导的历史语言研究所。他们采取最狭隘的实证方法，首先否定文化中的价值观念，所以认为仁义礼智等是人造的名词，在研究过程中要与它们绝缘。名词——概念，都是人造的。人类文化的成就，总是要通过概念而表现出来。傅氏既否定人造的名词，于是他自然只承认"材料就是史学"。在傅氏这一方针之下，历史语言研究所除了考古学及语言学有相当的成就外，其他的工作，大体上只好停顿在文献校勘之上。以校勘之学来否定中国文化，当然很难达到他们原先的目的。并且胡、傅两氏，既不承认文化中的价值观念，但要否定中国文化，这依然是人的一种价值活动。在否定价值观念中的价值活动，只有通过半生不熟的考据上的武断结论来满足自己的要求。像这样的整理国故工作，其无补于全盘西化的积极目标，几乎可以说是自明之理。至于此一时期为疑古而疑古的"古史辨"派，他们的业绩虽然印成了七大厚本的论集，但只要一读缪凤林氏《与某君论古史书》一篇文章（见《学原》一卷一期），其凿空臆断的情形已昭然若揭，更不足致论了。

## 三

对应上述的全盘西化运动而起的，则是民国廿四年正月所谓十教授的《中国本位文化建设宣言》。在这篇宣言里，大体上说，一面认为中国文化精神不能一笔抹煞，一方面认为当用"科学方法"以拣别西方的学术，按照国家的需要作批判的接受。这本是一种极常识的说法。对于中西学问及在考订方法上一般公认较胡、傅两氏远为渊博而精密的陈寅恪氏，则公开谓："窃疑中国自今日以后，即使忠实输入北美或东欧之思想，其结局亦当等于玄奘唯识之学，在吾国思想史上既不能居最高之地位，且亦终归于歇绝者。其真能于思想上自成系统、有所创获者，必须一方面吸收输入外来之学说，一方面不忘本来民族之地位。此二千年吾民族与他民族思想接触史之所昭示者也。"陈氏的话，毋宁也是中国本位文化建设论者。陈氏并自称"寅恪平生为不古不今之学，思想囿于咸丰同治之世，议论近乎（曾）湘乡、（张）南皮之间"。他因为中外的书读得多，读得通，所以才敢冒当时流行的偏激之锋，作平允之论。胡适氏所反对的就是对西方文化的"选择去取"。其实，就个人读书的经验说，任何人总会有所"选择去取"，何况是一个民族。

但是十教授的宣言发表后，是否从另一角度对中国的文化思想有所贡献呢？非常的不幸，就事后的观察，我的答复不能不是一个"否"字。要追溯其原因，当不外下列二点。

第一，五四运动本是发于爱国运动。针对抵抗外力而言是含有民族主义的重要意义，而民族主义也正是十九世纪的西方的重要产物。自十九世纪中叶民族主义正式出现以来，世界绝没有一笔勾销自己历史文化的民族主义。而胡氏们偏偏要一笔勾销自己的历史文化，这便说明五四运动自身所包含的矛盾势必激成反对力量的出现。十教授的宣言正是象征挟带着一股民族感情的反对力量。若因民族感情而能引起进一步的文化上的反省，这当然可以给予学术思想以推进力。但单纯的民族感情并不一定能引起真正文化上的反省。学术思想，必须是脚踏实地的、锲而不舍的研究。五分钟的热情只能成为运动而并不能代替研究。

第二，当时喊出中国本位文化建设呼声的人，一部分固是出于民族的感情，但另一部分却是要以此来抵消社会上民主自由的倾向，要以此来加强政治中的专制独裁。这一因素是太不能受学术思想的考验，势必反转来阻碍学术思想进步的。说来也实在可怜得很，数十年来，凡是反民主自由的人常常要借助于中国的传统文化，于是反对中国文化的动辄指中国文化是专制主义的护符。这一奇怪的纠结若不把它解开，则中国人真可以不谈中国文化。但既然是中国人，又如何能忘记祖宗，或专以骂祖宗为职志呢？我这几年的微力便是要从学术上把作为中国文化主流的儒家思想，与中国历史上的专制政治确切地分开，使许多叔孙通、公孙弘的子孙们无法隐藏其卑污的面目。此一工作，在我写成《西汉政治与董仲舒》一长文时而告一初步段落。唐君毅先生来信说我此文是一大功德，固不敢当，但由此而提供中国历史以一种新的看法，为解开当前文化上没有必要的纠结，也或许是一点小小的贡献。

## 四

由上面的简单叙述可知抗战前十年间，在少数著名的大学学园中，对中西文化的研究实在有了默默无言的进步。但在学校园地之外，站在整个社会的风气——所谓全盘西化及中国本位文化建设的两个阵容，都只能说是风气——来看，中西文化依然陷于相抵相消之局，任何方面也不曾为中国前途指出一条明显的出路。但中国人民所求的正是要由文化思想给他们以一条出路。说中国文化好，则中国历史中的悲剧究竟要由谁个来担承？而讲中国文化的人们，为什么又多是政治上贪权夺利之辈？这些迫切的问题都需要有真切的解答，而当时提倡中国本位文化建设的先生们都无法回答，甚至有意避开回答。因为许多人拿中国文化来为现实政治撑腰，于是人们由于对现实政治的不满，很容易不深究其所以然之故，而迁怒到中国文化身上。当时对中国文化真有研究的如熊十力、梁漱溟、马一浮诸氏，都对现实政治或采取不同的观点，或保持一种敬鬼神而远之的态度，由此亦可窥见个中消息。谈到全盘西化派，姑无论他们所作的乾嘉以下的三等考据家的工作，使人接触不到西化的内容；并且由他们武断抹煞的态度所激起的反感，有时超过他们提倡西化的正面功用。前年我在台北看到一位对西方哲学很有研究，和我很少交往的一位先生同我说：“我在书店里看到新印的《胡适文存》，里面说中国什么都不如人，充满了罪孽深重的口气。当时，我心里想，假定我是胡适之，便会用钉锤敲凹自己的眼睛，染上蓝颜色，干脆去当一个外国人。”至于在现实政治上，五四运动中的人物多早已高据要津，他们对政治所负的责任实远超过于“中化派”。这样一来，使社会感到他们所主张的民主自由，只是各个人升官发财的民主自由，站在百姓的立场看，与反对民主自由的在现实上并无分别。当然，这一点并不可以加在胡适氏本人的身上，他的出任驻美大使，实出于爱国家民族之心。他个人的出处进退我觉得倒是十分干净的。但他在现实政治上缺少一种明健的态度，并不能维系追求民主自由的向往，则也是铁的事实。加以西方文化从十九世纪中叶以后，社会主义思想勃兴，自身也发生了由矛盾而来的批判，而一九一四至一九一八年的世界大战，贻人类以空前的浩劫，更增加西方文化自身的反省。尤其是我们所向往的西方文化，摆在国人面前的都是百年来西方国家侵略我们的面孔。要通过对侵略的憎恶而去恳切地学习侵略者手中的文化，也和要通过对专制的憎恶而去虚心体会被专制者所假借的中国文化一样，这只有少数好学深思之士才能做得到。由此可知，在现实上，中西文化既都不能给人们以完满的希望，于是社会主义乘时而起，事实上执了抗战前十年间文化思想在社会上的牛耳。

中国道德性的文化本来富有人道主义的内容，而社会主义原是出发于人道主义。因此，许多有良心的读中国书的人，常常抱着《礼记》中的《礼运》篇来接受社会主义。其次，社会主义是发生于西方世界，而又是对西方世界加以批判的思想。在它是"西方的"这一点上，可以满足我们"西化"的要求；在它是修正或打倒资本主义的这一点上，又可以满足我们对西方的憎恨。当中山先生正抱着西方的思想以从事于革命时，不断给他以打击的正是西方的势力，这便只有迫使他走到苏俄那一边去，这是西方世界对中国今日局势所应真正负的责任。还有我们正当社会大转变时期，人们只从现实问题的关连上去关心文化思想，而社会主义正是以解决现实问题为其基本内容。综合上述三种因素，所以接着五四运动而起的，实际是社会主义思想的时代。这因国民党十三年的联俄容共而更增加其气势。当时的政治团体各有一部分从事文化思想工作的人，也各有其文化思想，但粗略地说，没有哪一个团体和社会主义绝缘。共产党不待说，国民党的左右两派在清共之后，依然漂满了意识模糊的社会主义。由此种意识模糊的社会主义再向下堕落，便形成民国二十年以后的东方式的法西斯主义。以张君劢氏为首的社会党固然是相信社会主义，即今日以始终反共自夸的青年党，当时也不过是某一程度的军国主义，而绝不是自由民主主义者。这只看他们当时特别重视法家思想（中国古典的法西斯思想），即可明了。民国十七、八年之间，从日本转译过来的社会主义思想的书籍，常常译得十句中便有三四句不通，但也能风行一时。而对社会影响最大的文艺工作，始终是左翼作家占着优势。这都是如实地反映出当时文化界的情势。由此可知，五四运动支柱之一的"民主"思想在此一时期的黯淡无光，除了现实的政治原因之外，在文化思想的立场来说亦可谓为必然之势，而不能仅责胡适这一派人士主观上的不努力。对社会主义彻底的反省，要把社会主义从属于民主主义之下，以防止其走向极权主义，乃是第二次世界大战以后之事。在当时，一提到社会主义，便有形无形地忽视了民主主义。

但在这种地方，常易发生一种误解，即是，许多人以为这些社会主义思想，会一定演变成为共产党的势力，或以为中国社会缺乏对民主的真实要求。其实，许多人的相信社会主义，只是由于对现实不满的一种漠然的感情的反映；大多数人所谈的社会主义，和共产党所说的共产主义，实在都有很大的距离，而且这种距离，拿世界近五十年来的历史看，其相互之间，总是有一定的排斥性，决没有一定的吸引力，所以今年四月赫鲁晓夫们到了英伦王国以后，发现工党对他们的排斥力，反大于保守党。同时，共产党人自己所夸称的科学性、系统性，是由概念的大胆推演而来的东西；一切概念性的东西，与人的现实生活，又常常保有很大的距离。今日共产党的困难和罪恶，可以说是来自以政治强制之力，要求现实与概念的一致；这在俄共经过了快三十年的时间还在颠三倒四地一致不了，由此可以了解为甚么许多人讲得一口马列主义，而他自己并不心甘情愿地去当一个共产党员，决非偶然之事。共产党之所以获得成功，主要系来自他的阴谋与武力，及其对手的过分缺乏远见，而决非来自这十年间社会主义思想的自然演变。同时，中国为达到和平与统一，其最基本的要求是作为政治格架的民主，而不是甚么社会主义，这由抗战发生以后的形势看，是非常皎然明白的。

## 五

民国二十六年抗战发生的第一个重大影响，是打断了许多学人刚刚在学术各方面所作的奠基工作，全国在民族意识高涨之下，更关心到现实的问题。同时，因抗战而来的举国团结的要求，重新为民主主义造成了一新的形势，即是在前十年默默无闻的民主的口号，此时又压倒了社会主义的思想的气焰，而重新抬头。因为要团结，更应有团结的形式，而这种形式只能求之于民主。同时，以胡适为首的一批主张自由主义的学人，随抗战发生而完全和政府合作；更随参政会的成立，也使不少学人得到对国事发表意见的机会，这倒增加了政府不少的活力，同时也说明抱有民主自由思想的人们愿与政府合作的热望。不过随着民主气氛而来的便立刻呈现出两个问题，与当时的国民党发生实际利害上的矛盾。

第一，民主的观念一经浮出，社会自然会要求以民主的力量来监督政府，使政府的抗战设施更为有效。这便影响到十年以来费尽国家一切力量去培养的个人权威的观念，遂影响到在这种个人权威观念下面的许多人的实际利益。第二，既是民主，自然会要求进一步建立合乎民主法式的政府形式，并应使许多在国民党以外的人通过民主的法式以分担国家的责任。这便影响到国民党以党训政的基本观念，更动摇了国民党一党专政的基本利益。站在国民党的立场来看，随抗战发生而容纳了一部分平日主张民主自由的分子，乃至成立参政会，只不过是多请了几桌客人。世界上断无客人除了饮食谈笑以外，还想过问主人财产所有权之理。因此，国民党随抗战的开始，内心即感到对民主的矛盾和恐惧。共产党却抓着这一大的社会趋势，并针对国民党的这一弱点，便向社会收拾起共产主义的旗帜而打出民主自由的招牌；抗战发生以后，共产党吸收了大量的青年，肥壮了它已近于干枯的组织，都是靠着自由民主的号召。直到民国三十二年，它在党内发动整风运动，凭借组织劫持之力，才清算了它党内的自由民主思想，而正式摆出它的阶级理论。但它对于党外的人们，仍采取支持运用民主自由的要求，以加强它对国民党的包围攻势。这里还应当一提的，国民党当时似乎有一个政策，把与学术界有多少关系的朱家骅氏调充党的组织部长，而将一手造成党的中心势力——CC 的陈立夫氏调充教育部长。大约是想朱氏从学术界中拖一批人到党内来，而陈氏则夹一批党干部到学术界中去。这倒是颇有意味的做法。但结果，朱氏带进来的人恐怕有限，而陈氏夹到各大学中去的党干，以人事的组织的关系去压倒他人学术上的地位，激起学术界的普遍不满。民国三十年陈、朱两氏又换一次班，形成党内和学校中两派的许多斗争场面，这也算是大时代中的一个小插曲。

抗战八年的思想形势，一开始是由民族思想而加强了民主思想的要求；其发展的正常途径，应当是民族主义与民主主义的自然结合，以压缩共产党的势力。当然，中国共产党，是以武装为中心的，这一点，本来使当时的政府，不能不增加许多实际的顾虑和困难；而这种顾虑和困难，在共产党灵活机巧的宣传策略运用之下，不易为多数急于抗战成功的天真人士所了解。加以国民党始终未曾把握住这一基本形势之必然演变，思想上既缺少对民主的主动措施；拿着大半言之不能成理的陈腔滥词，用作观念上的武器，以掩护每况愈下的贪污无能的实际政治。此一形势，因胜利之突然到来而益加急激。至使在抗战八年的岁月中，民主的口号，反操在共党的手中，以为进攻政府、利用知识分子的重大工具。这一畸形的结合，实注定了卅七、卅八年土崩瓦解的惨痛。同时，在此一演变中，中国知识分子浮薄倾危，急名好利，不能把握基本的利害，而只思逞快于一时的性格，亦即是缺乏民主自由的真正修养的性格，亦暴露无余，对此一悲剧亦断不能完全辞其责任。但从抗战发生以后的政治形势看，中国对于民主政治要求的迫切，中国的问题，必以政治民主为其解决的总关键，这是铁的事实。从二十六年到三十七年的十二年中，当然也有若干学人在纯学术上作了极可宝贵的孤军奋斗；但这一切，都随广大的神州而一起淹没了，在这篇综合性的短文中无从说起。

## 六

政府播迁来台，少数的知识分子，在九死一生中流亡海外，这应该是政治上大反省的时候，也是文化思想上大反省的时候。事实上，台港两地，也展开了许多文化思想上的工作。到现在为止，此一工作，似乎可分为三个方向：一个方向是以国民党训练干部中心地的阳明山革命实践研究院为代表，他们的苦心孤诣，似乎是想以人为中心来形成一种理论的权威，借以加强现实政治上的领导；这是以政治为中心的文化思想工作，大家只应从政治的角度上去了解，我在这里不愿作进一步的讨论。但有一点，我不惮指出，假定有人在反省中，想证明大陆的沉沦，是来自民主自由的不当，因而要证明中国今后将可以在民主自由之外，走出一条路出来，这种努力，将必为历史所唾弃不顾的。另一方面，似乎可以用《自由中国》作代表；他们是继承五四运动的传统，坚持民主自由的信念，其态度较民国十五年以来的灰色气氛渐渐显得明朗；他们可以说是名符其实的二十世纪五十年代的自由主义者，他们富有此一时代纯个人主义的特征，对中国文化及西方的理性主义、理想主义，都抱着很大的反感。再一方面，大概可以用《民主评论》作代表。《民主评论》的态度，也是坚持民主自由；但他们宁愿自称为人文（人性）主义者、理想主义者，而不愿以自由主义者为满足。他们对中西文化，想做一番提炼沟通的工作，使民主自由能得到文化上深厚的基础；使科学能在其自己应有的分际上，在中国得到确切的发展。他们对五四运动，是采取批判的态度；但他们的批判，是指向那些轻浮武断，为民主科学，制造不必要的纠葛的这一方面。因此，他们所期待的是要超过五四的时代，而不是要拉着五四时代回头走。至于实际上的成就，那是另一问题。

由上面极粗略的叙述，我们可以了解到最近为止的三十年，是紧承五四运动之后，但五四运动所追求的民主与科学，却受着更多委屈的时代。而委的主要原因，在于不是由文化思想提撕着政治，而是由政治支配了文化思想。政治团体压倒了一切社会团体，甚至压倒了国家，更压倒了文化思想的团体。最有力量的报纸、杂志、书局，在此一形势之下，经常为最下流、最无常识的东西所垄断。凡有良心良识的人，都不容易守住自己的本位，使学术的自律性不断地受到外力的干扰。政治的权力意识，以一切方法，以一切借口，浸透到文化思想的每一角落，因而无不受到其歪曲腐蚀的作用。这真是文化思想所遭遇的空前的苦难。我回顾了这三十年的经验教训，认为今后中国文化的生机，首先是要求文化思想工作者与现实政治之间能保持一相当的间隔，要现实政治向文化思想看，文化思想向世界看、向社会看、向人生看。文化思想应面对着人生、社会、世界而思考、而研究，不可面对着某种政治权威，如何为其合理、合法化而思考、而研究。思考、研究，是人类的理性作用，在理性之前不许有预定的权威，离开理性对权威也毫无裨补。苏俄的文化工作者，在此次清算史达林运动中，被俄共自己斥责为"死魂灵"，这真是最寻常而又是最深刻的揭露。为政治权威服务的文化工作者，他首先要抹煞自己的理性，于是他便不能不变成在奴隶中也是最可怜的出卖灵魂的奴隶。昔汪容甫在吊明南苑妓女马守贞（湘兰）文中谓"静言身世，与斯人其何异"。汪容甫自比于娟妓，俄共叱其俦类为死魂灵，这几乎是独裁专制下知识分子必然的命运。在此一命运之下，人类的历史文化，实在被这种时代污渎得太多了，我们应当以斋戒沐浴之心来重新面对人类的历史文化。而真正伟大的政治家，首先应表现他自己对于文化的谦虚，自己对于文化所当遵守的分际，敞开一条道路，让今日的知识分子能发露其斋戒沐浴的心情。其实，作为人类生命力的文化，只要扯长时间看，觉得它是不可恃而又实在可恃。史达林生时，他自己他的党徒，都确信他是真理的唯一象征，确信他自己已占有历史上最伟大的不可动摇的位置。但是，其可笑、可怜的结果，已为举世皆知的事。至于史达林的追随者的群像中，自毛泽东以下，有的渺小得不过是他脚下的泥土，又何必多发这些妄念？由此说来，我们三十年文化的厄运，也或许正在蕴酿新的生机，不容我们的悲观气馁。而"剥极必复"的传统观念，不妨用作本文的结论。

一九五六年六月十一日《祖国周刊》十四卷十一期

# 有关中国思想史中一个基题的考察
## ——释《论语》"五十而知天命"

### 一、二千年无确解

《论语·为政》章有一段孔子自述平生进德修业历程的话，此为了解孔子的重要材料，亦为了解中国文化基本精神的重要材料。兹录其全文如下：

> 子曰，吾十有五而志于学，三十而立，四十而不惑，五十而知天命，六十而耳顺，七十而从心所欲，不逾矩。

上面一段话中，可分作六个里程碑，而以"五十而知天命"一语，为全历程中的最大关键。若对此语无确解，则对全章乃至对孔子的全部思想，亦将陷于模糊摸索之中。顾二千年来注释家所作之注释，或与之背道而驰，或亦仅能得之近似。我在《中庸的地位问题》一文（《民主评论》七卷五期）中确曾稍稍提到，但略有未详，爰再加阐述。至对此一问题的完全解决，就我个人来说，须另写《中国人性论的史的演变》一文。

古今注释家对"知天命"的注释，可分为三类：

何晏《论语集解》引"子曰，知天命之终始"，皇疏引王弼云："天命废兴有期，知道终不行也。"近人傅斯年在其《性命古训辨证》中谓："孔子所谓天命，指天之意志，决定人事之成败吉凶祸福者。……方其壮年，以为天生德于予（按此语为孔子过宋遇桓魋之厄时所发，时年已六十，不可谓'方其壮年'），庶几其为东周也。及岁过中年，所如辄不合，乃深感天下事有不可以人力必成者……凤鸟不至而西狩获麟，遂叹道之穷矣。"（中卷三七页）这一类对于天命的解释，完全是站在政治穷通上来说的，天命即是所谓禄命。

上面这一类注释之所以不能成立，因为第一，禄命的观点，几乎是人类原始宗教中的共同信仰，中国古时也不例外。对于这种传统的、普遍流行的观念，孔子为什么要到五十岁才知道？第二，中国由原始宗教的信仰蜕变而走上人文的道路，在周初已甚为显著。因此，对于天命的观念，在周初也有明确的改变，而这种改变，乃文化上的一种重大进步。奠定中国人文思想基础的孔子，不应在其治学的历程中（任何人，不论是圣人或科学家，在日常生活中，总不免受一般世俗观念的影响，但站在治学的立场上说则决不会如此）反而走回头路。如《西伯戡黎》"王（纣）曰，呜呼我生不有命在天"，这是传统的禄命观念，祖伊答复说"殷之即（就）丧，指（是）乃（汝，指纣）功（事，是由纣事所致）"，这已从传统的天命观念开始转向人事上面。周公在《召诰》中则说得更清楚：

我不敢知曰有夏服天命，惟有历年；我不敢知曰不其延，惟不敬厥德，乃早坠厥命；我不敢知曰有殷受天命，惟有历年；我不敢知曰不其延，惟不敬厥德，乃早坠厥命。

这很明显是说天命不可知，可知者乃人之德与不德，所以后面说"惟命不于常"，而《诗·大雅·文王之什》说"天命靡常"，说"永言配命，自求多福"，孔子分明是"宪章"这种思想而继续加以发展，则此处之"天命"不能以传统的禄命作解释，彰彰明甚。第三，即使退一万步说，此处之"天命"指的是禄命，孔子到了五十岁，已经"知天命"，即是已经确定知道"道之不行"，则孔子应当自五十岁起，闭门却扫，专心讲学著书，不再去对现实政治费冤枉工夫。但事实上，孔子五十二岁为鲁司寇，五十五岁去鲁适卫，五十九岁去卫，六十岁过宋至陈，六十三岁自陈如蔡，返卫，六十八岁始再返鲁，整整作了十八年的到处碰壁的政治活动，则"五十而知天命"完全是一句废话。一个人不应在回忆的自述中说这种言行不孚的废话。所以这一类的解释，是一种最幼稚的解释。

几乎费了一生心血来注释《论语》的朱元晦，对此的注释是："天命，即天道之流行而赋于物者，乃事物所以当然之故也。知此，则知极其精，而不惑又不足言矣。"（《论语集注》）"事物所以当然之故"，用他的另一句话表达，即是"天下之物，莫不有理"之理，而此"理"乃天道流行所赋于物者，所以称之为天命，于是在朱氏的心目中，"知天命"即是"穷尽物理"（古人所谓物，皆兼事而言）。朱氏认为孔子一生治学的过程，即是"即物而穷其理"的过程，所以"四十而不惑"是"于事物之所当然者皆无所疑"，而"知天命"比"不惑"则是更进一步知"事物所以当然之故"，因此，和"不惑"来比较，是"知极其精"。"知极其精"是指"当然之故"的"故"字而言，在《语类》上对此"故"字，曾作更详细的解释："不惑是随事物上见这道理合是如此。知天命是知道理所以然。……凡事事物物之上，须是见它本原一线来处，便是天命。"（《语类》卷二十三）又："天命是源头来处。"（同上）朱氏对天命的解释，完全摆脱了汉人所糅合的阴阳家的因素，这是他的一大进步。但他的解释，包含有两个不能解答的问题：第一，他的解释，用现在的话来说，"不惑"与"知天命"，都是由求知识所得的成效。但"三十而立"、"七十而从心所欲不逾矩"，则不可作求知识解，所以《语类》中说："志学是知之始，不惑与知天命耳顺是知之至。三十而立是行之始，从心所欲不逾矩是行之至。"（卷二十八）此一说法的漏洞非常明显，孔子曾说"弟子入则孝，出则弟"（《学而》），则他自己何待三十才为行之始？所以《语类》又说："志于学是一面学，一面力行。至三十而立，则行之效也。"（同上）但此只能弥补十五到三十的知行关系，而此后四十年间，只言知而不言行，至七十始突然遥接三十之而立，一跃而"从心所欲不逾矩"，似此知行分离，揆之"行有余力，则以学文"（《学而》）之教，亦即以求知为手段，以力行为目的之教，必不如此。第二，"知天命"即是穷尽物理，此物理虽兼事理而言，但"天道流行而赋于物者"，实亦包括今日意味的物理在内。"在事事物物上，看出其本原一线来处"，这只有顺着因果律向上追，这是自然科学所走的一条路。在孔子当时，并没有这一方面的明显自觉，因而更不可能有看出本原一线来处的信心。至于朱氏常常以《太极图说》来当作"本原一线来处"（见后），姑无论此种假设的本身无何实际意义，且在孔子心目中，并看不出有这种假设的丝毫迹象。我在《象山学述》中曾指出在程、朱的精神中，有强烈的科学的要求，亦即是"即物穷理"的要求，虽此一要求终归夭折，而在思想史上仍有其重要意义，但以此解释孔子的思想，实难称妥当。

刘宝楠《论语正义》则以"命"有禄命与德命之分，他引《韩诗外传》对"不知命无以为君子"的一段解释，以证明《论语》上之所谓天命，是"仁义礼智顺善之心"，即是所谓"德命"，并谓：

> 盖夫子当衰周之时，贤圣不作久矣。及年至五十，得《易》学之，知其有得……则知天之所以生己，所以命己，与己之不负乎天，故以知天命自任。……他日桓魋之难，夫子言天生德于予。天之所生是为天命矣。……是故知有仁义礼智之道，奉而行之，此君子之知天命也。知己有得于仁义礼智之道，因推而行之，此圣人之知天命也。（卷二，页四至五）

按孔子的思想，以如何完成一个人的人格为中心，即是以伦理道德问题为中心，刘氏引"天生德于予"，天生即是天命，以证知命之为德命，其义甚谛。然孔子若在五十以前，对仁义礼智皆无所得，必待五十学《易》而始"知其有得"，则所谓"三十而立，四十而不惑"者皆为诳语。且"子所雅言，《诗》、《书》执礼"，孰非仁义礼智之源，岂待五十学《易》而始得？若谓五十以前为君子之知命，至五十乃能"推而行之"，始为圣人之知命，则孔子三十四岁时，鲁孟僖子已嘱其二子向他学礼；三十五岁时，适齐后返鲁，专心讲学，奠定他一生教育事业的基础，则其"推而行之"早在五十岁以前。故刘氏之说，仍未能解释"知天命"在孔子全历程中究有明确之特定意义。此所谓仅得之近似者。

## 二、哥白尼的回转

"天命"的"命"字所包含的意义，我们若把许多枝叶的解释，暂时置之不问，就三千年来使用此字的实际内容来说，可以归纳成这样的一个定义，即是，在人力所不能达到的一种极限、界限之外，即是在人力所不能及之处，确又有一种对人发生重大影响的力量，这便是命。因此，凡是人力所及的，不是命，人力所不能及，但同时与人的生活并不相干的，也不是命。一个人的能力所能达到的界限，是随人的智慧与努力的程度而不同，所以，我们首先得承认，各人所说的命，有各种不同的层次，其内容并不会一样。一个颓废怠惰者所说的命，与一个志士仁人，当他力竭声嘶时所感到的命，在内容上完全是两回事。所以不是"命"字的本身来决定它的意义，而是各个不同层次的人格来决定命的意义。由此可知二千年来环绕一个"命"字所作的许多争论，实在是不能得出结论的争论。

就《论语》一书而论，"命"字可分作两方面来看。一方面是认为富贵这一类的东西，其得失之权并非操之在己，人应在这种地方划一界限，不为这种事情白费心力，而将心力用在自己有把握的方面，即是自己的德行这一方面。孔子说："富而可求也，虽执鞭之士，吾亦为之。如不可求，从吾所好。"（《述而》）后来孟子对此解释得最好："孔子进以礼，退以义，得之不得，曰有命。"（《万章上》）所以孔子说"不知命，无以为君子也"（《尧曰》）的

"命"，是偏于这一方面的意思，因为人在富贵利害上不能画一条界限，便会去打冤枉主意，便会无所不为。这是《论语》中的"命"字在消极方面的意义。

另一方面，《尚书·召诰》说："今天其命哲，命吉凶，命历年。""命哲"，即初步含有道德的意义。《春秋左传》成公十三年（西纪前五七八年）"刘子曰，吾闻之，民受天地之中以生，所谓命也。是以有动作威仪之节，以定命也"，这便对于"命"确切赋予了道德的内容。刘子说这句话的时候，下距孔子之生仅二十一年，所以《论语》中的"命"，多是以道德为其内容的。道德而归之于命，则此道德乃超出于人力之上，脱离一切人事中利害打算的干扰，而以一种非人力所能抗拒的力量影响到人的身上，人自然会对之发生无可推诿闪避的责任感和信心。"五十而知天命"，乃是此种无限的责任感和信心的真切证验。了解到这一点，才知道"天生德于予，桓魋其如予何"（《述而》）及"文王既没，文不在兹乎。天之将丧斯文也，后死者不得与于斯文也。天之未丧斯文也，匡人如其予何"（《子罕》）这类的话，才有其切实的内容，而不是孔子在那里说大话。这是"命"的积极的一面。

但仅作上面的解释，还不能完全说明这一句话的意义，及其在孔子思想中的关键。因为第一，容易使人误会到孔子是否到了五十岁而进入到一般之所谓神秘主义？可是，从《论语》全书的精神看，乃至由孔子所建立的整个儒家学派看，实无任何神秘色彩，则此处"知天命"之不同于神秘主义，应如何加以抉择？此外，在作了如上解释之后，与孔子五十以前及以后的进德修业的关系，依然不够分明。因此，我应作再进一步的解释。

孔子的学说，上面已经说过，是以知为手段、以行为目的的学说，亦即是以成就道德为目的的学说。但是过去有一种错误见解，认孔子是"生知安行"的，认为他一生下来就是一个圣人，这便无法从他个人人格的伸长完成的过程中，了解他的思想的构造和性格。他自己说得非常清楚，"我学不厌"、"发愤忘食，乐以忘忧，不知老之将至"，所以他一生是不断地在道德实践中完成自己，是不断地在道德实践中完成自己思想的构造。

　　道德乃实现于人类生活经验之中，所以孔子首先是在经验界中用力，所谓"多闻"、"多见"、"博学于文"、"好古敏以求之"，这都是他在经验界的各种相互关系中求道德的标准，以为自身实践之资。"三十而立，四十而不惑"，这是取资于经验界所得之成效。在此一阶段中道德的根源是在外面，人是由外面的客观标准（此就孔子来说，是"祖述尧舜、宪章文武"）来规律自己的生活。但是孔子在经验界中追求道德，已如前所述，不是在构成一种有关道德的知识，而是拿在自己身上来实践，由不断地实践的结果，客观的标准与自己不断地接近、融合，一旦达到内外的转换点，便觉过去在外的道德根源，并非外来而实从内出，过去须凭多闻多见之助者，现忽超出于闻见之外，而有一种内发的不容自己之心，有一种内发的"泛应曲当"之理，此时更无所借助于见闻（经验），而自能主宰于见闻（经验界），道德的根源达到了此一转换点，这才是孔子所说的"知天命"。程明道说"良知良能，莫知所自"，"莫知所自"者，言其非从经验界中的感受而来。对"莫知所自"的"良知良能"而当下全部认取、全部承当，这即是所谓"知天命"。换言之，"知天命"乃是将外在的他律性的道德，生根于经验界中的道德，由不断地努力而将其内在化、自律化，以使其生根于超经验之上。借用康德的语气，这是哥白尼的大回转，由外向内的大回转。《论语·卫灵公》章："子曰，赐也，女以予为多学而识之者与？对曰，然。非与？曰，非也，予一以贯之。""多学而识"，是孔子平日"多闻阙疑，多见阙殆"、"好古敏以求之"的结语，即是在经验界中努力的说明。子贡"然"的答复，并未错误，但他却说"非也"，这不是取消了多闻多见的努力，而是说明他并不在闻见上立足。所谓"一以贯之"，站在道德的立场说，不是由归纳外在的关系所能得出，而只能在内在的道德根源中得出。他两次提到"一贯"，这都是在"知天命"的大回转以后的话。子贡说"夫子之言性与天道，不可得而闻"，这是说明他尚不能明了此一回转的经历和意义。此处之"性"，决不同于"性相近也"之"性"，而此处的"天道"也即是"天命"。"性"是内在于一个人之身的。子贡此处将"性"与"天道"连在一起，可见孔子曾经把"性"与"天命"打成一片地说出来过，而为子贡所未喻。经验界是不断变动的。所以严格地说，道德不能在任何形式的经验主义中生稳根，任何经验主义的道德都是相对的，缺乏普遍性、永恒性的那一面的道德。孔子由经验向超经验的回转，而此种回转，不是由理智向外的思辩（这是西方所走的路），而是由德性向内的沉潜实践，因而是通过内在化以达到超经验的回转，这才使道德从相对的性质中超进一步，而赋予以普遍与永恒的根据，这才真正为道德生稳了根，因而为中国文化奠定了基石。我在《中庸的地位问题》中说："这里的所谓天命，只是解脱一切生理（同于此处之所谓经验界）束缚，一直沉潜到底（由实践而非仅由智解）时所显出的，不知其然而然的一颗不容自已之心。此时之心，因其解脱了一切生理的、后天的束缚，而只感觉其为一先天的存在，《中庸》便以传统的'天'的名称称之。并且这不仅是一种存在，而且必然是片刻不停地对人发生作用的存在，《中庸》便以传统的'天命'的名称称之。此是由一个人'慎独'的'独'所转出来的。"《中庸》是孔门的思想，《中庸》上的"天命"观念，正是紧承《论语》中的"天命"观念。所以孔子的"知天命"，即同于孟子的"知性"，而"知性"即是"尽心"，因此，再直截地说一句，孔子的"知天命"，即是他的"本心"的全体大用的显现，所以他不是神秘主义。除此以外，不能得到"知天命"三个字在他全般思想中的确切意义。我的解释方法，是综合融贯了他全般的语言，顺着他的思想的基本方向和基本精神，加以合理的推论，将古人所应有但未经明白说出的，通过一条谨严的理路，将其说出，这是治思想史的人应做的工作。此一推论之当否，关系于对古人的思想是否能因此而作合理的解释，及可不可以得到直接或间接的证据。道德不内在化，则每事皆应在经验界的相互关系中加以比较别择，不可能有"六十而耳顺，七十而从心所欲不逾矩"的境界。但这里须补充一句，真正由道德的实践以达到道德彻底内在化的时候，由实践者的虔敬之心，常会将此纯主观的精神状态，同时又转化而为一崇高的客观存在，当下加以敬畏的承当，所以"锻佛杀祖"的禅门大德，极其究，还是对佛祖要作最虔敬的皈依，否则便会流于肆无忌惮的狂禅。所以孔子的"知天命"，固然实际就是"知性"，知自己的"本心"，这是我们对他的思想加以分析后所得出的结论，但在孔子自己，则仍称之曰天命，这不仅是因为思想的发展，在概念上尚未达到更进一步的清晰程度，这要经过子思、孟子而始达到；并且历史悠久的"天命"观念，在人的精神上已成为一种崇高的客观存在，一旦与孔子内在化的道德精神直接凑拍上，孔子便以其为传统中客观上的天、客观上的天命而敬畏之。康德在他《实践理性批导》的结论中，将星辰粲列的天空，与法度森严的道德律相并列而加以赞叹。若是我们将康德此处所赞叹的天空，与他创造星云说时所说的天空，同一看待，那未免太幼稚了。这种由主观所转出的客观，由自律性所转化出来的他律性，与仅从经验中归纳出来的客观性和他律性有不同的性格，而对人的精神向上，有无限的推动提撕的力量。

## 三、思想史中的夹杂与"心即天"

如上所述，知天命，是由经验界回转向超经验界，是外在的，他律性的道德，回转为内在的自律性的道德，有此一回转，道德始能纯化、绝对化，始能生稳根。但纯化、绝对化后的道德，生稳根后的道德，依然是要表现于经验界中，并且应当在经验界中发挥更大的实践效率，否则只是观念上的游戏。所以孔子的思想，是由经验界超升而为超经验界，又由超经验界而下降向经验界，可以说是从经验界中来，又向经验界中去，这才是所谓"合内外之道"或者称为"合天人之道"。从其始终不离开经验界来说，孔子的思想性格，很和英国的经验主义的性格相近，但是英国经验主义的自身，没有能超升纯化到超经验的程度，所以英国的伦理，常陷于现实的功利主义而不能自拔。从"知天命"的超经验来说，孔子的思想性格，在其根源的地方，又有点像欧洲大陆的理性主义，但理性主义是走的思辨的路，它的超经验界，是由逻辑上、概念上的过分推演而来，那是一种游离不实的东西，所以理性主义对于伦理的实际贡献，反不如经验主义。而中国的超经验，则是由反躬实践，向内沉潜中透出，其立足点不是概念而是自己

　　　　　　　　　　　　学术与政治之间

的真实而具体的心。体是超经验界，用是经验界；性是超经验界，情是经验界。心的本身，便同时具备着经验与超经验的两重性格，此即程伊川所谓"心一也，有指体而言者，有指用而言者"，亦即张横渠所谓"心统性情"。这与思辨性的形而上学，有本质的不同。所以拿西方的形而上学来理解儒家的思想，尤其是混上黑格尔的东西，是冒着很大的危险，增加两方的混乱，无半毫是处。

由反躬实践，向内沉潜以透出天命，实际即是后儒所说的"见性"，这是中国文化精神血脉之所在。至于后人怀疑孔子不应至五十而始见性，这是不明了思想的发展，且不知道通过知解作用的"见性"，和从实践的实证中的"见性"，有天壤之别。孔子的这一思想，经子思、孟子，始得到明确的发展，这我在《中国人性论史的演变》一文中，将详加叙述。但此一发展，到汉儒混入阴阳五行之说，把天命变为外在的、形象化的东西，而形成一大的夹杂。孟子说"仁义礼智根于心"，而汉儒却说仁义礼智信根于金木水火土，这分明是一大歪曲、一大退步。周濂溪的《太极图说》，有人说他是传自道士，但实际是将汉儒的阴阳五行说更加以条理化、组织化，使其由天到人，得到一个更明确的形象。这从思想的形式上说，确算是一个大进步。清人反对《太极图说》，而回到两汉的阴阳五行，此正说明清儒之鄙陋无识。但若从孔、孟性命之学来说，这依然是一大歪曲。程氏很少提到《太极图说》，朱元晦则因向外穷理的倾向特重，由向外穷理而欲得到理的根源，亦即是欲得到道德的根源，于是只有求之于形象化了的《太极图说》。他在《韶州州学濂溪先生祠记》中说：

　　秦汉以来，道不明于天下而士不知所以为道。言天者遗人而无用，语人者不及天而无本。……有濂溪先生此作，然后天理明而道学之传复续。盖有以阐夫太极阴阳五行之奥（《四部丛刊》本作"与"，据正谊堂本校改），而天下之为中正仁义者，得以知其所自来。（《朱子大全》卷七十九）

以阴阳五行为"中正仁义"之所自来，这是一个没有实际内容的假设。由此一假设，把反躬实践，向内沉潜，以显现自己的本心，通过自己的本心以看天道天命的血脉，来了一个大的曲折。并且《太极图说》的假定，不但不能加以证验，且因其本身自成完整的一套，也不要求加以证验，于是在阴阳五行中，谁也不会真切感受到道德的动力，而在此一格架下的知识活动，也永远发生不了对实物的分析检证的要求。尽管朱子的后继者，在长期内，将此一套图案，不断地细心加以排比，但排来排去，终是对道德与知识两无着落的戏论。至于张横渠的太虚说，近代大儒熊十力先生的辟翕说，排比愈工，其为戏论则一。他们之所以成为儒门巨子，是因为他们有扣紧反躬实践，因而向内生根的一面。朱子虽说过"取足于心者，佛老空虚之邪见"，但他在《孟子集注》中又说"心具众理而应万物"，则似乎依然应当在心上立足。但因朱氏在总根源上未能彻底把握得定，所以我在《象山学述》中指出他陷于一生的矛盾。张横渠一生，得力于他艰苦的"复礼"工夫，但他毕竟外律的意义较多，所以二程终嫌其近于把捉太过。熊先生的《新唯识论》，毕竟不能不以"明心"一章作收束。而"明心"一章之不够充实，这正说明他由宇宙论以落向人性论，在其根本处有一缺憾。在他们，都认为这两方面的东西是紧密相连，实际则不仅是一种推想，且亦实无此必要。我们治思想史的人，应把这种不必要的夹杂、纠结加以澄清，将宇宙论的部分交还科学，将道德论的部分还之本心，一复孔门之旧。萨尔顿（C. Sarton）在其《古代中世科学文化史》的大著中，说宋代新儒学，是欧洲中世纪的烦琐哲学（scholasicism），这是因为他只看到由宇宙论牵到人性论的一面，而没有看到反躬实践的一面。

人在反躬实践的过程中，便必然由经验之心，显出其超经验的特性，而超经验的特性，依然是由经验之心所认取，以主宰于经验之心，于是乃真有所谓天人合一。故如实而论，所谓天人合一，只是心的二重性格的合一，除此以外，决无所谓天人合一。我们试看二程下面几段话，当可窥见孔、孟真正学脉之所在：

> 问心有善恶否，曰（明道曰），在天为命，在义为理，在人为性，生于身为心，其实一也。
>
> 尝论以心知天，犹居京师（今之开封）往长安，但知出西门便可到长安，此犹是言作两处。若要至诚，只在京师便是到长安，更不可别求长安。只心便是天，尽之便知性，知性便知天。当处便认取，更不可外求。穷理尽性以至于命，三事一时并了，元无次序，不可将穷理作知之事。若实穷得理，即性命亦可了（以上皆见《明道学案》）。
>
> 一人之心，即天地之心。
>
> 问孟子言心性天，只是一理否。曰，然。自理言之谓之天，自禀受言之谓之性，自存诸人言之谓之心。（以上皆见《伊川学案》）

由上我们应当可以了解明道所谓"吾学虽有所受，天理二字，却是自家体贴出来"的意义。《乐记》上已将天理、人欲对举，其后言天理者亦复不少。然不从实践工夫中从内转证出来，则此二字只是没有确切意义的空话，岂能由此而谓自己见到了天理？等于刘子说"民秉天地之中以生，所谓命也"，尽管此"命"字系指德命而言，但岂同于孔子的"知天命"？更由此而可了解二程受学于周濂溪，为什么他二人很少提到《太极图说》的原故。

陆象山近于明道。他所走的路，从经验中来的意味较少，但由向内沉潜的超经验，以走向经验，则与孔、孟的精神更为接近。所以他干脆说："宇宙即是吾心，吾心即是宇宙。"王阳明大体上是继承陆学，他对这一点说得更清楚。

> 如今人只说天，何尝见天？谓日月风雷即天，不可。谓人物草木不是天，亦不可。道即是天。……若解向里寻求，见得自己心体，即无时处，不是此道。亘古亘今，无终无始，更有甚同异。心即道，道即天，知心则知道知天。又曰，诸君要实见此道，须从自己心上体认，不假外求始得。（《传习录》上）

或者有人说，陆、王都是心学，受了明心见性的影响，不足为孔、孟思想血脉的取证。在这里，对此暂不作深论。兹更引全祖望传述笃信朱学的清初大儒陆桴亭的一段话在下面：

> 作《格致编》以自考曰，敬天者敬吾之心也。敬吾之心如敬天，则天人可合一矣。故敬天为入德之门。及读薛敬轩《语录》云，敬天当自敬心始，叹曰，先得我心哉（《鲒

埼亭集》卷一十八《陆桴亭传》。中央文物供应社所印行之《桴亭学案》中，将"敬天者敬吾之心也"二语删去，而仅录"敬天为入德之门"，此正可见近人之无知）。

一个客观的天，是一个伟大的存在，人会从各方面受到它的影响，也想从各方面去架设与它相通的桥梁。然由孔子所奠基的儒家思想，固然一方面常常从外在的客观的地位上去谈到天的问题，但在道德实践中所显现出的天或天命，实即一个人的本心显发，这由上述诸氏从实践工夫中所流露出的语言，应当可以明白。因此，我们必须承认"心即天"，然后所谓"天人不二"、"天人合一"才有一确定的意义。我们对中国思想，必须把握到这一点，才算刊落枝叶，触到本根，所以我不惮长言之。或者因此而怀疑到这是一种唯心论的说法。但是西方的唯心论，粗略地说，可以分为两个方面。一方面是认识论中的问题，普通称之为观念论。在中国文化中，很少真正有认识论的自觉，我们治思想史的人，对于我们文化中所没有的东西，应干脆承认其没有，不必强作安排附会。另一方面，是在形而上学上以精神为宇宙的本体。而"心即天"的另一真实意义，即是把属于人的归还给人，把属于自然宇宙的归还给自然宇宙；在这中间，找不出任何精神创造了宇宙，创造了"形体之天"的意味。在唯物论的苏俄中共，为什么在社会生产关系改变以后，他们中间依然有好人坏人？他们常常要凭说服去改造或影响他人的思想、观念，难道此时不是诉之于某一人的心而系诉之于某一人的生产关系？

又有人说农业社会是决定人的罪恶的根源，难说工商业者都是君子，而农民都是小人？又有人说地理上的大陆性是决定人的堕落的基本原因，则我们几千年中出过多少圣贤英杰，难说都是从天上掉下来的不成？而我们之要回大陆，岂非等于要钻进污浊的染缸里去？经济地理等等因素，即是外在的经验界中的各种因素，当然会给人的行为以影响，但都不是决定的影响。追溯到最后，一个人的行为只是决定于每一个人的心。我看不出由孔子"知天命"所奠定下来的以心为道德根源的思想，有什么立足不住之处。

一九五六年八月十六日《民主评论》第七卷十六期

# 为什么要反对自由主义

　　近来有朋友对我说：现在又展开了自由主义者与反自由义者的争论，想听听你对此问题的意见。其实，我并没有意见，而只是因此引起一些感想。民国三十八年春，我曾对国民党今后应如何作法，正式提供了一点意见。其中有一部分是分析国民党所以在智识分子中形成孤立，主要是来自不了解自由主义，没有和自由主义者建立良好合作的关系，今后必须引此为前车之鉴。一九五〇年国民党开始改造，对于自由主义与三民主义的问题，在思想上未曾作过一次认真的检讨，我私下深为诧异。前年有位朋友和我争得耳红面赤，说我已经成为自由主义者，我一方面很惊讶，一方面经他这一番指点，才知道尽管一个人不标榜自由主义，甚至不甘心仅仅作一个自由主义者，但在他的知识和人格成长的过程中，一定要通过自由主义。现在居然对自由主义者开起火来了，我直觉底感到这真是反共阵营中非常的不幸。兹当总统蒋公，训示全国报章杂志，应坦白各抒所见，以供采择施行之际，爰将我的一点感想也草草地写出。"近传下诏通言路，已卜余年见太平。"我拿笔时的心情，陆放翁已先为我说出来了。

一

　　自由主义的名词，虽然成立得并不太早；但自由主义的精神，可以说是与人类文化以俱来。只要够称得上是文化，则尽管此一文化中找不出自由主义乃至自由的名词，但其中必有某种形态、某种程度的自由精神在那里跃动。否则根本没有产生文化的可能。欧洲近三百年伟大进步的基本动力，便是自由主义，这是谁也不能不承认的。自由主义，是人类自身生活的实践；人不是上帝，所以人所实践的任何东西，都会发生流弊，自由主义自然也会发生流弊；因此，在十九世纪末、二十世纪初，不断发出了自由主义底危机的呼声，于是而有共产主义与法西斯的出现。但正如今日全世界所证明，自由主义的危机，只有通过自由主义的自身才能加以挽救。因为自由主义不是代表一种固定的格套，而系打开人类精神上、物质上许多有形无形的枷锁，以敞开一条路来显露人类的理性良心，让人类的理性良心，在各种困惑艰险的途程中，放出光和热来为自己找路。离开自由主义以解救自由主义的危机，有如法西斯、共产党之所为，这恰似缚住自己的手脚，麻醉自己的心灵，以求渡过各种灾厄一样，只有把人类更推向不可测度的深渊里去，这正是我们今日所面对的世界问题。今日我们与共产极权主义斗争的目的，非常简单，是要把被共产主义的体制所捆缚麻醉住的人类良心理性，解放苏醒过来，以归还给每一个人自己，让每一个人能凭借自己的良心来掌握自己的命运；即是要把人之所以为人的自由还给每一个人，让人类能重新站在自由主义的基底上再向上、向前努力。并非自由主义的本身即代表了人类的前途，因为自由主义的本身，只是一种生活底精神状态；而是只有保持这种生活底精神状态，才敞开人类向前、向上之门，对人类的前途，赋与以无限的可能性。

自由主义的生活底精神状态，用欧洲文化史中的名词来说，即是"我的自觉"。用中国文化史中的名词来说，即是"自做主宰"。人一生下来，便投入在既成的传统与社会之中，随着传统与社会的大流向前流转，有如一个漂浮的物件，随着洪流向下流转一样。在这种随波逐流的漫长岁月中，有少数人以各种因缘的启发，挺身站了起来，要追问传统和社会许多既成观念与事象的是非，而其是非的衡断，一诉之于自己的良心理性，让自己的良心理性站在传统和社会的既成观念与事象之上，以决定自己的从违取舍；这样一来，不再是传统和社会支配一个人的生活，而是一个人的良心理性来支配自己的生活，这即是所谓"我的自觉"，即是所谓"自做主宰"，即是所谓自由主义。但是，在这里须得郑重说明一下，自由主义者从传统和社会中解放出来，并不是根本否定了传统和社会，而是对传统和社会，作一番新底估价，将既成的观念与事象，加以澄清洗炼，而赋与以新的内容，并创造更合理、更丰富的传统和社会。自由主义者依然要生活在传统与社会的大流之中。但他不是被动底、消极底生活着；而是主动底、积极底向传统与社会不断发挥创造改进的力量，使传统与社会，不复是一股盲目的冲力，而是照耀于人类良心理性之下，逐渐成为人类良心理性的生产品。因此，自由主义不仅由自己精神的解放而成就个人，当他成就个人时，也就同时成就了群体。尽管有只意识到个人而没有意识到群体的自由主义者；但从历史的事实看，有活力的个人，必然会形成有活力的群体；所以自由主义的国家，毕竟是历史上最进步、最富强的国家。

## 二

就我国来说，"自由"一词，首见于《汉书·五行志》注；佛典中更多言自由，至南宋而"自由"成为社会流行的俗语；然这皆与今日所言之自由，无直接之渊源。周初开始发生人之吉凶成败，不决定于天命而决定于人之德不德的思想，此乃中国文化中自由精神之最初觉醒。为中国文化奠定基础的孔子，他删《诗》、《书》，订礼乐，并作《春秋》以"贬天子，退诸侯，讨大夫"，他所根据的当然是自己的良心理性，而不是什么外在的权威。否则他不敢"删"，不敢"订"，更不敢以匹夫而贬讨到政治上的权贵。他的周游列国，也正说明他是根据自己的良心理性以选择符合自己良心理性的政治对象；当时各国诸侯的政治权威，在他的眼下都视若无物。他教人的最高目的是求仁，但他说"为仁由己"，"当仁不让于师"，这都是要人自做主宰的明白启示，他认为只有自做主宰的人才可以求仁。从个人的气质上说，他指出"巧言令色，鲜矣仁"；因为巧言令色，是供奉权威的妾妇相。他指出"刚毅木讷近仁"，又太息地说"吾未见刚者"，又说"匹夫不可夺志"。传他"一以贯之"的道的曾子说"士不可以不弘毅"，又说"吾常闻大勇于夫子矣……自反而缩（直），虽千万人，吾往矣"。刚、毅、勇，这是乘载自由精神所必须具备的气质，也是自由精神在一个人生活中具体化所自然表现出的气质。而匹夫不可夺志，虽千万人吾往，正是反抗权威，以求理性良心自由的具体说明。至于他们的谦虚有礼，乃是他们的德行而不是他们的委屈。所以说"恭而无礼则耻"，又以"足恭"为"左丘明耻之，丘亦耻之"。到了孟子，特提出"至大至刚"底自由精神的最高表现，所以他认为

"富贵不能淫，贫贱不能移，威武不能屈"，才可称为"大丈夫"。大丈夫乃对妾妇而言。人不愿为妾妇，便当为大丈夫，便当具有这种高贵底自由精神的品格。因此，我们可以说：儒家是从德性上来建立积极底人生，因而自由精神在这一方面成为积极的表现；道家则从情意上去解脱人生的羁绊，因而自由精神在这一方面成为消极的表现。儒道两家，是中国文化的两大主流。若接触不到两者在其思想的基底上所具备的充沛底自由精神，便根本无法接触到他们所留下的文化遗产。后来一切的诐词曲说，皆由此而产生出来的。至于以为中国在政治上没有发展出来自由人权的明确观念，便以为在中国文化中没有自由主义的精神，其浅薄无知，更不待论。

自由精神，在西方是先在知性中跃动，在中国则是先在德性中跃动。但自由精神，必须伸展到政治中去，必须在政治中有了具体的成就，然后其本身才成为一明确的体系，并对于知性、德性的自由，提供以确切不移的保证。当然，政治自由，并非自由的一切；政治自由，需要知性底，尤其是德性底自由作根源，需要由德性自由而吸取其营养，这是历史实践中的常识。但更紧要的是，人类最大的灾害，对人性最大的压抑，常常是来自政治。所以自由精神在德性中、知性中的活动，必定要与政治碰头，必定要求政治从属于每一个人，因而也处于每一个人的良心理性的控制之下，使政治成为每一个人的工具，而不是任何个人成为政治的工具。此一努力的结果，如大家所周知，即是以人权为灵魂、以议会为格架的民主政治。因此，尽管自由主义的精神，系与人类的文化同时开始；但"自由主义"的名词，一直到民主政治开始成熟的十九世纪才正式出现，这不是没有理由的。我国大一统的政治格架，是根据反自由的法家思想所建立。两汉知识分子对法家思想和制度所作的不断底斗争，实际即是向政治争取自由的斗争；此一斗争，以宦官所造成的党锢之祸而告一个悲惨的结束，于是自由的精神，始终在政治中伸长不出来，因而使整个文化，使整个民族底生命力，都在政治抑压之下，变成了缠足的小脚女人，不曾得到应有底正常底发展。由此，我们不难了解中山先生所领导的以民主共和为国体，以完成宪政为政治目标的国民革命，在我国历史发展上所占的伟大意义。中山先生是把中国文化中的自由精神，经二千余年的艰辛而未能在政治中实现的，一旦使其实现。中山先生自身若是缺乏这种自由精神，便不可能有他百折不回的革命动力；他革命的目的若不是为了实现在政治中的自由，便不能解释他废除专制、实现民主的坚决主张。诚然，三民主义，并不等于自由主义；因为如前所述，自由主义只是一种生活的精神态度，而三民主义则是对政治的具体主张。但是，形成三民主义的精神基底的，难说不是中山先生的自由主义的精神？三民主义的目标，难说不是为了各种自由（包括政治中的个人自由）的实现？三民主义，中山先生自己说得很清楚，是以民为主的民治、民有、民享的主义。民治、民有、民享，是把传统的开明专制的爱民、养民、教民倒转过来，使被动之民，成为主动之民，这是划分政治的大分水岭，是一个现代普通的公民所能了解的。试问人民若在政治中没有自由，他何能成为政治的主人，如何可称为民治、民有、民享的民主政治。我可以说，中山先生的三民主义，是"自由主义底"三民主义，是以自由主义为基底的三民主义。谁也不能把三民主义解释成反自由主义的思想。这样做的只有共产党。而站在自由主义者的立场来说，他可以通过自己的理性而信仰三民主义，也可以通过自己的理性而不信仰三民主义。但在三民主义并不妨碍各人的理性自由活动时，纵使不信仰三民主义，也并不须要反对三民主义；而自由主义底三民主义，最低限度，在理论上是不应当有这种危险的。三民主义者正如一个主张婚姻自由的小姐，根据自由选择而已经和人结了婚；结婚，好像就是婚姻自由的消失，殊不知这正是她主张婚姻自由的结果。不信仰三民主义而只信仰自由主义的人，恰如正在自由选择对象而不愿受任何束缚的小姐；但这并非她永远不结婚，而是想得到一个最理想的结婚。自由主义者的态度，克就自由主义的本身来说，本是对各种束缚的一种解消底态度；但一个人的理性，是要从这种束缚的解消中跳了出来而积极有所肯定，并对其所肯定的负积极的责任。三民主义者对自由主义者的反对，好像一个结了婚的女人反对婚姻自由，或者骂人不和她嫁同一个丈夫一样地可笑。

三

就我个人研究中山先生文献所得的结论，觉得在民国八年以前，他的思想、主张，与西方的民主政治，完全是同途合轨。自民国九年起，多少受了点苏俄革命的影响，而苏俄是反自由主义的。但这里有两点应当先加以说明：第一，中山先生当时之同情苏俄革命，也和文学家纪德、哲学家罗素当时之同情苏俄革命一样，这是一种无私的伟大心灵，为人类前途而上下求索的自然流露。等到纪德和罗素有机会明了了苏俄革命的反自由及由反自由所得的结果以后，他两人的态度即行改变，这是纪德和罗素自己整个的思想与此一特殊事象毕竟不相容之必然结果。因此，从中山先生整个的思想看，假定他能多活几年，有机会看清苏俄的真相，他对苏俄革命的态度也必完全改变，并会把三民主义中所受的若干影响，如革命民权等，重新加以澄清。第二，他"生理学底"思想性格，即在民国九年以后，对于自由主义也只含有修正的意味，决无反对的意味。在他的民权主义的讲稿中，因为偶然有"中国人的自由太多"的一句话，引起不少的误解。但中山先生在这里所说的自由，与欧洲近代的自由主义的内容，其相去之远，稍有常识者即可加以判断。若不揣其本而齐其末，竟以此为反对自由主义的借口，则中山先生曾说民生主义即是共产主义，难说我们能据此而说民生主义便是共产主义吗？

问题还不止此。我们现在不是在谈纯思想的问题，而实际是在谈政治的问题。反自由思想的人，并不是坐在书斋中来讲自己的学术。假定是讲学术，我们不妨承认自由中国的学术水准，应当比现在这些反自由思想的人所表现的还能稍稍地高一点。反自由思想的人多半是站庙堂之上，为自己的政策行为作辩护，作宣传。因为凡是对他们的行为政策有所批评的，即是自由主义者，而自由主义是要不得的，所以对他们的批评自然是不值一顾，这样便可以肆行无忌。他们打出反对自由主义的招牌，好像是在为三民主义而奋斗；实际，他们之所作所为，是否即系代表三民主义？中山先生的遗教，是否教给他们只顾政府的威信（实际只是个人的利害），而不顾事实的是非？是否教给他们以拒谏饰非为政府的威信，而不以改过迁善为政府的威信？这些我们都暂时置之不问。我只在这里特别提醒一点：现在政府存在的根据是我们的宪法，现在政府的性质是宪法政府。站在一个国家的堂堂体制和法理上说，宪法对现在的政府是直接底关系，而三民主义乃是间接底关系。谁违反了宪法，便是谁在削弱政府的基础，谁在损害政府真正的威信，甚至可以说即是对国家的一种叛乱行为。今日政府的使命，与其说是要把台湾建设为一个三民主义的模范省，不如说应把台湾建设为一个民主宪政的模范省。假使认为三民主义的精神不曾被包括于现行宪法之内，则实行三民主义的口号，将系形成与宪法相对立的口号，政府以何方法解除此一矛盾？假使认为三民主义的精神已包含于现行宪法之中，则现行宪法是三民主义在政治上进一步的具体化、法制化。三民主义是一党的信念，信不信有其选择的余地；宪法是一国之公，任何人不可以不遵守宪法。实行宪政，才表示政府站稳了自己的立场，而不是走一党专政的回头路。大家试冷静底想一想，不仅在法理上我们不应走这种回头路，在事势上也不能走这种回头路。了解了这种极寻常而不可移易的道理后，便应当承认在政治上群言淆乱的时候，惟有折衷于宪法。今日的宪法，是一部民主的宪法，还是一部反民主的宪法？若是一部民主的宪法，则三百年来的历史，还是告诉我们：民主与自由，是可分，是不可分的呢？自由主义，落实在政治上，即成为宪法中的人民的诸权利；当人民行使自己在宪法上所规定的权利时，却假借思想上的名词以反对之，这实际是在反对人权，是在反对宪法，是在反对现政府在艰难中所凭借的合理合法的基础，而其所欲达到的只是个人的私意私利；这种私意私利，还要以中山先生作盾牌，这真是中山先生所要痛哭于九原的。并且现在被反对的自由主义者，是和共产党划分得最清楚，因而是反共最力的。自由主义者所要求的不是自己的权，不是自己的利，而是要求政府的根基能更为巩固，政府的作法能更为合理、有效，反共的阵容和责任能更为扩大、坚强，因此，有时不能不提出若干批评，如此而已。综观这几年，不论在民意机关之内，或表现于报章杂志之间，对政府的批评言论，能指出哪一次对政府的政策没有裨补？例如现在引起对自由主义作正面攻击的是因为批评了教育部长张其昀氏的教育政策方案。每一个稍有良知良识而又有子女正在求学的人们，试平心静气地想想，假使张氏的方案，不是因为有人反对而竟照原计划在全省施行，则照今日在新竹试行的情形看，全省的教育，将混乱到如何的程度！尽管胡秋原氏十月二日在立法院所提出的"对行政院、教育部两方案之再质询"，在有资格向自由世界争新闻自由地位的各大报纸上，只字不登，但胡氏指出张氏违背宪法的七问题，在法理上是如此地皎然明白，没有丝毫抵赖的余地。最奇怪的事是有些自己放纵于宪法之外的人，反要回转身来骂坚持宪法、为国家顾体统、为反共辨是非而不贪图个人小便宜的自由主义底知识分子。不错，自由主义者是拥护宪法，明辨是非，因而对违法乱纪的措施，不免要加以批评、纠正的；但世界上又有一种什么主义而可以只准州官放火，不准百姓点灯呢？老实说，今日的局势，只是知识分子太没有尽到自己良心理性上的责任，只是太不够当一个现代的自由主义者。要为苦难的民族多留下种子，则苦难的自由主义者必须多多留下种子。

或者有人说，我上面所讲的是"理"而不是"势"。在非常时期，不能仅讲理而不顾到势。因为理虚而势实，所以仅仅讲理的便是书生之见。不错，我们面对现实问题，应当理势兼顾。但是，为了自由而反对共产党，这才是今日反共的大势。自由中国的政府，现在也感到有增加团结的必要了；假定连自由主义也在反对之列，政府还想向谁团结？对于关心政府的成败得失，因而不能不尽点刍荛之义的人，都当作仇敌，公开骂这种人是反动分子，政府还在什么地方找朋友。尤其是使我感叹的，在以前，我们精神上倾向德意，而事实上又不能不和德意交兵；在今日，我们事实上置身于自由阵营，而精神上又常常要向自由构衅；这种阴错阳差底形势造成，只不过起于少数官僚的饰非遂过，而决非来自国民党所信仰的三民主义，这是值得英明的总统蒋公加以熟考的。

十月十七日夜于东海大学

一九五六年十一月一日《民主评论》第七卷二十一期

按：我写此文时，仅由与教育部有关的刊物，发动对自由主义的攻击；而胡秋原氏对张氏的再质询案，也以政府派胡氏充出席联合国代表的顾问而告一段落。对于自由主义者作全面的围攻，是在一个多月以后才开始的。

一九五七年七月二十日补志

# 两篇难懂的文章

最近我在台北《中央日报》的《学人》上，前后看到难懂的两篇文章：一是劳榦先生的《历史的考订与历史的解释》，一是毛子水先生的《论考据和义理》。现在把难懂的地方约略举出来，以求两位先生的指教。

## 一

劳先生的大文是刊在《学人》第六期。此文主要的意思是说"历史的考订和历史的解释，虽然同属于历史的范围，但在不远的将来总会分而为二。其间的差异也许类似天文学与占星学，终于同源而异流的情况"，"这两条路线不是重叠的，也不是平行的。……离之则双美，合之则两伤"。并指出"在十九世纪两个大历史学家黑格尔（称黑格尔为历史学家，似乎也不多见）和兰克（Leopold Ranke），已经指示了两种不同的方向"。只有前者才是"严格的历史学"，做这种"历史学的工作，却和做古生物学、天文学、气象学的方法，并无二致"。因此，"考古学已被逼得走上了自然科学的路，而历史学也将被逼得步上考古学的后尘"。我们可以总括劳先生的意见，是历史的考订与解释应严格划分，而将

"解释"驱逐于史学圈之外，"让政论家去随意推想"。关于史学方法是一个最易引起争论的问题，在这里引用与劳先生相反的意见来作讨论，是不易得到结论的。好在劳先生的意见是以兰克的史学为其根源，以步上自然科学之路为其归宿。我们现在不妨顺着劳先生的线索研讨下去。

一个史学家，他可以只做考订工作而不做解释工作，或者把他的重点只放在考订上而不放在解释上，但一定要把解释（interpretation）从史学中驱逐出去，则最低限度兰克似乎便不是如此。

不错，兰克在其《世界史概观》的第一讲中，便很明白地反对黑格尔把人类历史看作是一个辩证法过程的说法。因为他认为"照着这种见解，则仅仅理念才有独立的生命，而人则不过是充当此理念的影像或图形"。并且，他认为所谓历史的"指导的理念，乃是在各个世纪中占有支配力的倾向"。这些倾向"只能记述"而"不能简约成一个概念"。因为历史是人造的，人不同于一般自然物，而有其自由意志，所以人类历史的发展"有其无限的多样性"（以上皆见其《世界史概观》之第一讲）。

但是兰克所反对的是黑格尔们将历史现象加以概念化，用概念化的方法来解释历史。可是，由记述以达到解释的目的，正是兰克毕生所走的一条路。如在上引第一讲中，他说"历史家的主要着眼，第一，应当放在某一时代的人是如何地想，是如何地生活的了解之上"，"第二，应该认识横亘于各个时代相互间的不同点，而考察其前后关系的内面底必然性"。当然，这两个主要着眼点一定要通过严格底各个事件的考订工作。但是，假定只有考订工作而没有进一步的解释工作，又怎么能了解其"内面底必然性呢"？在兰克的遗稿中，他一面把哲学与史学严格地分开，而注重个别事件的研究，但同时也注重认识诸事实的全般底展望，及其客观存在的相互关系。他一面强调历史中的最大的自由和形象的多样性，同时也注重"普遍关连的恒常性"。所以他一生的志业是想完成一部世界史。劳先生由"纯点滴主义"而至于排斥解释，似乎与他相距太远。堪称为实证史学研究方法的权威者贝隆海姆（Dr. E. Bernheim），在其《史学入门》一书中，于"史料学"及"史料批判"两章之后，即专设"解释"一章。我相信这是极平实的著作，而绝非属于黑格尔学派的见解。

并且劳先生既认定史学要走自然科学的路，则自然科学的目的是在解释自然，而史学何以不可以解释历史？同时，在自然科学研究的过程中，必须由观察而经过假设和实验。没有假设、实验，则研究便会停顿在现象叙述的上面。而假设、实验正是由于对某一现象的解释要求而成立的。例如牛顿有关 spectrum 的实验便是为了要解释在 spectrum 现象中所看到的光线分散是由何而起；及光线所通过的穴是圆的，为什么 spectrum 却表现是细长的带形呢。于是而假设，于是而实验，才把自然科学的研究一步一步地深入下去。由此可知解释不仅是自然学与史学的目的，并且也是研究过程中所不可缺少的动力。没有此一动力便不能发现问题，为考订工作开路。在此种情形之下便只有记流水账式的考订工作，连史料整理的任务都无法完成，这种情形在中国是不难随处发见的。

同时，劳先生认为史学将会完全跟着考古学走。我们暂时不管考古学只能以先民遗留下的片断物质材料为研究对象，而历史则还要接触到人类精神生活的方面。仅就考古学本身而论，恐怕

学术与政治之间

也无法将解释驱逐于考订之外。中央研究院历史语言研究所把从殷墟发掘出来的一件一件的武器，经细心的研究后而排列成一个系列，于是得出结论说，"它是逐渐在进步"，或是"由某一形式发展而为某一形式"，这即是兰克经常所说的各个事物中间的"关连"，这即是一种解释。有了此种解释，此一研究才算有了结论。并且所以会把各个武器排成一个系列，正因为在研究过程中有需要加以解释的要求。因有此种要求，才把对于各个的考订工作推进一步而做出各个互相关连的考订工作。劳先生的大文中引用了前哈佛大学教授萨尔维米尼（G. Salvemini）的《史学家与科学家》中的话，以为社会科学家所研究的"是要形成为种种的定律，历史家只是以再造过去为目的，并无决定种种定律的企图"。照劳先生所引的话看来，有两点值得注意：第一，萨尔维米尼既把社会科学家与史学家分开，则似乎与劳先生要把史学与自然科学合家的想法并非同调。第二，历史的解释并非是要决定某种定律，而是如兰克所不断说的，是要指出历史中的某种倾向。只有由解释的类推（analogie），"才可能使我们理解现在的世界或以前的世界。我们只要不像斯彭格勒（Spengler）样地走向极端，以运用此种类推法，则认识这些事实甚为必要。由此种认识而生出研究历史的第二大职能，即是历史的解释"（贝隆海姆《史学入门》第三章"方法论"）。换言之，只有由考订进到解释，才能"再造过去"，因而使人们理解过去。过去所遗留下来的材料不论如何地多，但绝不会把所有一切的原封不动地都遗留下来。因此，历史家必须凭借想象、类推把一件一件的材料联结起来，以得出某种结论。再把局部结论通过严密的考察而作出更大的综合的结论，这样才能再造过去。至于作为类推的基础的材料必须特别严密，类推的结果总不脱离待证底假设的性质，随时准备因考订的新结论而可加以修正或推翻，这是不待多说的。

劳先生之所以在史学中拒斥"解释"，大约是以为解释是史学的"应用"，而"纯正科学，应当有纯正科学的尊严，绝不容许任何应用的问题来纠缠，以降低纯正科学的风格……这是至理，也是常识"。我在上面已经稍稍提到，"解释"不仅是因研究而自然底所得出的结论，也是在研究过程中由研究工作自身所不断发出的要请。只有能力不太高的史料校勘者，才不能感觉到有此种要请。由此可知"解释"和"应用"并非完全是相同的一回事。即就"应用"对纯正科学来说，劳先生似乎也只了解到一面。任何一门学问（不仅自然科学）在研究的过程中，都只能顺着由对象所提供的理论自身的要请去探求解决的方向，而不可受到人的感情或希望的干扰，以保证在研究过程中的自由，因而可以保证研究的纯客观性，使其不至受到某种主观预定目标的拘限。自然科学中有许多新理论的产生，常常是出于科学研究者在研究中遇着某种偶然底、不预期的现象，便因而追根下去的结果。此时若受有主观上预定目标的限制，便阻碍了科学自身的发展，倒不一定是为了什么研究者的"尊严"、"风格"。纯正科学工作者常常是把自己没入于研究对象之中，恐怕没有地方容放尊严风格这些观念。但是，若就全般底科学发展的背景乃至其动力而论，则近代的科学工作者固然在研究过程中是继承了希腊"为知识而知识"的传统，但同时意识地或不意识地更另外加入了一个近代之所以为近代的时代精神，即是"应用"的精神。倍根在其《新机关》（*Novum Organum*）中一面主张获得妥当底科学知识的惟一方法在于观察与实验，一面强调有关自然底知识含有伟大的实际效用，这正是代表近代精神的跃动。F. Sherwood Taylor 在其 *A Short History of Science* 第二章"希腊的科学"中特指出"离开日常生活应用的纯粹研究的热情是希腊科学的长处，也是它的弱点"。近代科学从两方面补救了希腊的弱点：一面是希腊人只注意巨视的研究，而近代则特别注意细部的研究，另一方面则是近代的应用精神。所以 H. Levy 在 *Some Makers of the Modern Spirit* 的"牛顿"一章中，叙述了牛顿对于当时许多有关的社会生活要求是如何的加以注意之后，特指出牛顿的科学工作，"是从那一时代的知底要求和社会底要求而受到灵感"。并且他说："各位今日常常说科学的研究是为了科学自身的纯粹研究……这是继承科学的极端专门化之后所产生的观念。然而在牛顿则是保持着现实主义的见解。他认为科学问题不应该是在人的精神中的操作，而是从实际的各种困难中发生的。……他完全没有'研究之纯粹性'的这种偏狭的想法。他的伟大是在于能拿起形造实际问题的事实与空想的混沌，而将其中适切底东西与不适切底东西加以分开。"并且此一作者更继续说："将科学底研究与日常生活的必要，加以密切的联系，不仅仅是牛顿……死于牛顿出生之年的伽利略，为了航海而造出望远镜，以援助富裕的商人；斯宾诺莎一面磨透光镜（lens）而使其哲学得到发展；笛卡儿为了要求神学与科学的妥协而展开其数学底方法，但他的数学底方法是在他充当炮兵士官的实践生活中有其根源。"因此我们不难想到，成为美国思想中心的实用主义（Pragmatism），不论我们赞成不赞成，但总不好像劳先生样地，一涉到实用或应用，便说他们没有"常识"。

因为劳先生害怕应用的观念妨碍了他的"尊严"与"风格"，而"鉴往知来"正是史学的应用之一，所以劳先生便自然要极力加以反对，认为不可能。他说："多数的历史学家，可能尚想打着鉴往知来的大纛，无奈所作的工作，在严格的范围中，至多只能说是知识的一部分。至于是否能够鉴往，更是否能够知来，那简直如无边的大海，茫然不知道。假如单纯地想用历史的线索来鉴往知来，那就将更成为不可能。换言之，历史学家的任务只是正确地供给人类经验上的材料。至于将来的世界向哪里走去，那就牵涉太广泛了，严格的历史学家应当只有敬谢不敏，无能为役。"假定把鉴往知来解释为与预言家相同的性质，则谁个也不会视历史家为预言家。若是我们承认在空间时间中所发生的各个事件都有其关连性，此一事件与前于此一事件的有其关连，即系要多少受前一事件的影响。同理，现时所发生的事件也会从正面、侧面、反面与未来的有关事件以可能的影响。虽然历史是属于人的，因而不比自然科学，今天用实验所证明的，将来在同一条件之下也可以证明；而历史则因人有自由意志在发生作用，所以永远不能和自然科学样，出现完全相同的置景，因而也永远不会出现相同的现象。但互相影响的可能性总会存在的。史学家自必先注重各个事件的究明，但也必须进一步研讨各个事件相互间的关系。并且只有把这种相互间的关系弄清楚后，才能说是完全明白了某一各个事件。由前后事件的关连、影响以推断人类历史过程中的大方向，这正是兰克写《世界史》的企图，也正是一切正常历史学家的责任。劳先生在此文中所标榜的点滴主义并不算错，但因为他排斥解释的工作，所以这种点滴工作都是孤立的，结果会沦为印书馆的校对工作，字的错误是校正了，但字与字之间的相关意义却没有明了，于是对自己所校正的是何意义茫然不解。由此顺推下来，便把"大多数史学家"的鉴往知来的任务也便要打掉。

但我得指明，史学是人的自身之学，是把人间的经验放进时间流转的过程中去加以研究之学。我们不可能想象到没有过去的人间生活，也不可能想象到到没有未来的人间的生活。社会上只有通过劳先生自己过去的历史，而才能了解劳先生何以有学问，何以能当台大的教授。即是说，只有鉴于劳先生的"往"，而才能知道劳先生的"今"，更由劳先生的"今"而可以推断若干劳先生的"来"。因之，才可以与劳先生发生某种关系以期待某种预期的结果，这样才能建立人与人的社会生活。譬如说，劳先生教书一向是很负责（鉴往），所以送给劳先生这一学期的课程表，劳先生会按时到校上课（知来），而不用其他的顾虑等等。假定一个人的过去与现在是互相隔断的，现在与明天又是互相隔断的，于是觉得生活只是一刹那一刹那的变换，而不能意识到一刹那一刹那间的某种关连，将各刹那连在一起，以形成过去现在未来一个整体的存在，则社会上将谁也不认识他人，谁也不认识自己。这正如美国现代的大史学家贝尔德在其《美国国家基本问题对话》中所说，这会变成疯人院的世界。因之，各种程度、各种范围的鉴往知来，乃是人为了能够生存下去所必然发生的要求。此一要求的本身即形成史学最重要的基本动机之一。人是在不断对将来作某种预计，而此种预计一定是以过去若干经验作基础才能生活下去，连一个家庭的主妇也不能例外，尽管这种预计永远是在修订之中。只有鉴往知来的预计才能有修正的可能。所以劳先生尽管正在写文章否定鉴往知来的时候，而自己却在此文章中担当起史学自身的鉴往知来的大任。劳先生在这篇大文的一开头便说"历史的考订和历史的解释，虽然同属于历史的范围，但在不远的'将来'，'总会'分而为二"，又说"历史学也'将'被逼得步上考古学的后尘"，这都是劳先生对于史学将来的论断。我可以判断劳先生写这篇文章的主要动机，就是要把他对史学自身的"知来"，以强烈的信心表达出来。劳先生这种"知来"总会有他的若干根据，而这些根据总会是属于"往"的。假定劳先生的"知来"的断定尚不足取信于人，那恐怕还是由于劳先生关于史学史的"鉴往"工作稍有不足，而对于史学自身所下的"解释"稍嫌武断。

我非常尊敬劳先生个人在史学中的若干成就，同时也承认"点滴主义"是初治史学的基本步骤。但由此一点滴而关连到彼一点滴的研究，正是顺着一条路前进的工作。有人不愿做第二步工作，这是他的自由。但论到整个的史学，则不必以偏概全，把史学发展的整个途程给封闭死了。

## 二

提到毛子水先生在《学人》第十期的《论考据和义理》的大文，他的动机是因为"近今治国学的人，往往喜欢谈考据和义理的分别，言下且有考据是末是粗，而义理是本是精的意思。这种意思可以说是不对，而且有贻误青年学子的可能性，所以我现在为一分辨"。学问上的讨论，先加对方一顶犯罪的帽子，毛先生的热情倒十分可感。现在且看毛先生如何分辨法。

首先，我们看毛先生对于考据和义理所下的第一个定义（这大概是一般的定义）："第一，我们把考据看作史传记载的征实和辨正，把义理看作人生哲学的研讨。就这个定义，则考据和义理乃是两种不同的学问。……考据和义理各为学问的一途，这是最自然而最应当的现象。"但他又说："研究宋明理学，在许多人心目中是义理的学问，但依我的见解，这是考据范围以内的事。"在结论上又说："经济学还不能算是考据的学问（这句话已经令人难懂），生理学和心理学则应当为完全考据的学问。"考据学不是已经由毛先生下过定义，因而有其"史传记载的征实和辨正"的具体内容吗？为什么一下子又扯到生理学和心理学上来？这种无岸无边的推广，则下定义有何必要？在没有界定范围的情形之下，有什么方法可以进行问题的讨论？并且照毛先生的意见，则不仅义理应附属于考据之中，即天下一切学问也只有考据的一途。假定经济学者再作努力，则经济学自然也可以勉附骥尾。那么上面所说的"考据和义理，各为学问的一途"的"各"字，有何意义呢？

　　毛先生更"把考据和义理，都从治国学者的观点"来下第二个定义。他认为"考据是指草木鸟兽和典章制度的探讨言。义理是指圣贤修己治人方术的阐明言。……古人所用的鸟兽草木的名字，古人所行的典章制度，如果懂得不清楚，便不可以算是懂得古人的书。古人的书不能懂得，怎样还能去阐明古代圣贤修己治人的方术呢……这样说来，应当说考据为本而义理为末。因为如果考据的功夫不到家，义理便无从谈起。……考据精，则打基础在考据上的义理亦愈精；考据粗，则打基础在考据上的义理亦愈粗"。这是说只有通过考据才能研究义理。但毛先生在后面又说"有许多人都以为义理出于圣经，但没有声音训诂学绝不能有乾嘉以来的经学。而声音训诂的学问差不多都需毕生的精力的。我们不能责治声音训诂的人去讲义理，正和我们不能责讲义理的人去治声音训诂一样。学术上许多地方都需要分工合作的"。这一段话我大体赞成。但毛先生上面说不精考据即不能通义理，而此处又说不能责讲考据的人去讲义理，则义理将由何人去讲？同样的，不可以责讲义理的人去讲考据，则这种讲义理的人，毛先生又如何能承认其可靠呢？

其次，在毛先生第二段文章中提到必须由考据以通义理，因而发生本末之争的问题也应当稍为谈谈。

中国义理之学是否一定要通过考据，我觉得与其引"乾嘉时期大师的话"，不如引治国学者所共同承认的孔子的话。孔子的话最可靠的要算《论语》。我们现在就毛先生自己所下的定义，在"治国学"的范围内略引《论语》上的话来加以印证。毛先生把考据之学定义为草木鸟兽和典章制度的探讨，把义理之学定义为修己治人的方术的阐明。现在先从《论语》上修己的这方面看吧：

> 子曰，巧言令色，鲜矣仁。
>
> 曾子曰，吾日三省吾身。为人谋而不忠乎？与朋友交而不信乎？传不习乎？
>
> 子曰，君子不重则不威，学则不固。主忠信。无友不如己者，过则勿惮改。
>
> 子曰，参乎，吾道一以贯之。曾子曰，唯。子出，门人问曰，何谓也？曾子曰，夫子之道，忠恕而已矣。
>
> 子曰，志于道，据于德，依于仁，游于艺。
>
> 颜渊问仁，子曰，克己复礼为仁。一日克己复礼，天下归仁焉。为仁由己，而由人乎哉。颜渊曰，请问其目。子曰，非礼勿视，非礼勿听，非礼勿言，非礼勿动。……
>
> 子张问行，子曰，言忠信，行笃敬，虽蛮貊之邦行矣。……

《论语》上有关修己的很多，略举此以见其余。试问这些和"草木鸟兽、典章制度"有何关涉，而必须加以考据后始能了解其意义。即加以考据后，又与上述《论语》上所说的有何关涉？孔子不是不重视草木鸟兽和典章制度，但他是从另一意义去重视，而并非以为必通过对这些东西的考据以达到修己的方法。最显明的例子是：

> 子曰：小于何莫学夫诗。诗可以兴，可以观，可以群，可以怨。迩之事父，远之事君。多识于草木鸟兽之名。

在此一例中，应用毛先生的定义，可以说"远之事君"以上，是从义理上去学诗。而多识于草木鸟兽之名，是从考据上去学诗。但在这段话中包含有必先多识草木鸟兽之名，才能兴观群怨？或多识草木鸟兽之名以后，便一定会兴观群怨的意义吗？同时，礼乐都是儒家修己的重要工具，但岂特仅仅把礼乐的名物度数考据清楚，与义理无关。即使是把礼乐的实物摆在面前演奏一番，也与义理无涉。所以孔子说："礼云礼云，玉帛云乎哉？乐云乐云，钟鼓云乎哉？"因为"义理"另有来源，即"人而不仁，如礼何？人而不仁，如乐何"的仁。仁可通过礼乐而表现出来，但礼乐的具体物（玉帛等）并不即是等于仁，所以考订清楚了也不能说是求到了仁，不能说是对义理有得。

再从义理的治人方面来看吧。治人当然要靠典章制度，但政治的实践固须通过合理的典章制度，但其理论则并非必须通过典章制度而始能表达出来。所以政治思想史可以与政治制度史分开。

就孔子来说，他对夏礼、殷礼已感"文献不足"，不能考据得十分清楚，但他却说"所损益，可知也"。对于唐虞的典章制度，可以推断他更无法详考，但这不妨碍他把最高的政治理想放在尧舜身上，此由"大哉尧之为君"及"无为而治者其舜也与"等章可以很清楚地看出。因为政治的"义理"并不须通过具体的典章制度。至于《论语》上他自己谈到治人的道理如：

> 子曰，为政以德，譬如北辰，居其所而众星拱之。
> 齐景公问政于孔子，孔子对曰，君君，臣臣，父父，子子。
> 季康子问政于孔子，孔子对曰，政者正也。子帅以正，孰敢不正？
> 定公问，一言而可以兴邦，有诸？孔子对曰，言不可以若是其几也。人之言曰，为君难，为臣不易。如知为君之难也，不几乎一言而兴邦乎？曰，一言而丧邦，有诸？孔子对曰，言不可以若是其几也。人之言曰，予无乐乎为君，唯其言而莫予违也。如其善而莫之违也，不亦善乎？如不善而莫之违也，不几乎一言而丧邦乎？
> ……

《论语》上还有把修己治人连在一起，为后来《中庸》、《大学》之所本的一段话。

> 子路问君子，子曰，修己以敬。曰，如斯而已乎？曰，修己以安人。曰，如斯而已乎？曰，修己以安百姓。……

难说上面都要通过草木鸟兽、典章制度的考据才能了解？而考据了草木鸟兽、典章制度之后便一定能了解吗？当然，不论是治考据或是治义理，总有若干共同的地方，有如一个人要由嘉义转车上阿里山，另一个人要直赴高雄，他们可以在一个车站上车，也可以同一段路。但他们着眼的重点不同，所欲达到的目的不同，于是同属读书，而在书中所提出的问题不同，因之解决问题的方法也有不同。朱元晦最注重读书，他读书的方法也非常精密，所以可远开清代考据的先河，他自己也感到在考据方面另有一门学问。但他读书的归结是要"以心体之，以身践之"，这便是他与考据家的大分水岭。并且义理之学虽不废读书，但就其根本意义来说，却是直接以社会生活、个人生活为对象、为出发点、为归结点，典籍只居于辅助启发的地位。孔子说颜回最为好学，只是"不迁怒，不贰过"，"其心三月不违仁"。而孔门传经当推之子游、子夏。孔子自己是多闻多见、好古敏求的，但他告诉子贡说，自己不是"多学而识之"而是"一以贯之"，这一以贯之的东西从他答复子贡"有一言而可以终身行之"的话来看，可知便是恕。由恕再进一步便是仁。而孔子说"为仁由己"，所以又说"我欲仁，斯仁至矣"。这是真正义理之学的根源，这与草木鸟兽、典章制度有何关涉？所谓孔门四科的德行，也可以说是义理分科的起源。毛先生要从这些根源地方用心，才可以了解何者为义理之学；才可以了解程明道自己读书非常认真，何以又责谢上蔡的读书是玩物丧志；主张穷理莫先于读书的朱元晦，却又何以说"示喻，天上无不识字的神仙……然亦想只学得识字，却不曾学得上天，即不如且学上天耳"；陆象山何以说"某则不识一个字，亦须还我堂堂地做个人"；而乾嘉诸人何以一谈到义理问题便皆幼稚可笑。所以毛先生"考据精，则打基础在考据上的义理亦愈精"的说法，只是门外汉的随意联想，无丝毫事实的根据。

说到谁是本，谁是末，这是应当分疏来说的问题。站在"为知识而知识"的立场来看，每一门学问不论其范围如何、内容如何，只要够得上称为知识，其本身即有其自足的价值，无本末轻重之可言。但为知识而知识，这是来自希腊的学统。中国的学统几乎无不是以知识为达到修己治人的手段。毛先生所提出的"做学问的目的，是不是在明义理"，即是问"读书是不是为了明理"。这在中国过去，只要是稍有良心、稍有知识的学人，绝不会提出此种问题。乾嘉诸人所以反对宋明儒，只认为他们之所谓理不是孔孟之所谓理，断不曾怀疑到读书的目的是要明理。因为凡是中国有分量的典籍，它的目的没有不是为了修己治人的。这些修己治人的道理在今日看来是否还有价值，此处可以不谈，即纯就求知的立场来说，我们治国学的无非是要了解古人所说的是些什么。古人所说的是在修己治人上落脚，是以修己治人为归结点，则我们只有顺着古人的语言文字以到达其归结点，求知的历程才算告一段落。在顺着古人的语言文字走的时候，有什么人主张不应当利用考据学上已有的成果？有什么人主张遇着应当考证清楚的问题时，可以马虎下去？陆象山也主张读书应看古注，应看注疏。但我们不可因此附会象山之学是出于古注或注疏。换言之，义理之学从其根源的地方说，根本与毛先生所说的考据无关；而古人有关义理方面的文字，大体也不须专作考据工作才能了解。即作了考据工作后也未必能了解。遇着需要考据的地方，治考据学的人便在考据上落脚，治义理学的人便还要继续前进。如仅从知识的意义来说，则从考据上所得的知识与从义理所得的知识，其价值正是相等，不必作滕薛争长的无谓之争。但从了解古人的意义上说，便不可不谓，仅仅治考据者尚留下一段历程没有走下去。并且以考据为目的的知识，即以得到此种知识为止境。这种知识与治考据者自身的人格无关。而由治义理所得的知识，在理论上（尽管在事实未必都能如此）是要对于治义理者自身的人格发生启发塑造的影响。这是中国学问的基本性格。顺着此一基本性格而说考据是末，义理是本，站在治国学者的立场来看，谁人可以否认？从中国文化传统的立场，可以说义理是本，考据是末。从近代以知识为主的学问来说，则考据与义理应立于平等的地位而不可偏废。但在今日许多大学的中文系乃至国文研究所中，连义理之学的影子都没有。这是治国学者所应有的态度吗？于是有人根据姚姬传的义理、考据、词章三者并列的平实说法，想在大学的中文系中把抑压了三百年之久的义理之学重新提出，使不至偏于考据的一途。并按照治学的程序把文字训诂的课程安排在学年的前面，把有关思想的东西安排在学年的后面，一面让学生能按古人治学的次第（文字训诂，在古人本称为小学）而前进；一面敞开国学各方面的门，让学生能按自己性之所近去专治一门，而不致把青年拘束在教者自身所好的一途。固然这是补偏救弊，但并没有争门立户，向学问自身去较短量长的意思。我不知毛先生说这些话的用意何在，治国学先不顺着国学的原有大路走去，然则要走什么路？

毛先生又说："研究宋明理学，在许多人心目中是义理的学问。但依我的见解，这是考据范围以内的学问。什么是'天'，什么是'地'……我们如果能够一一穷源竟委、辨析毫芒，以求得到正确的解答……这样的做学问，不是考据是什么？……那是学术史一部分的事情。我想，有许多讲宋明理学而轻视考据的人，简直不知道自己在做什么。"我读完这段话，真不知道毛先生是在说些什么。第一，义理之学可以直接从义理之学的本身去讲。此时固然会关涉到若干史实，但他的重点可以不放在史实的考证整理上面。有如一个讲伦理学的人，他会关涉到若干伦理思想史的史实，但他的目的重点不是在讲伦理思想史。反之，专门讲伦理思想史的人也并非一定就等于是讲伦理学。又如胡适之先生写了几篇禅宗史的文章，但他并不是讲禅学。把义理之学与思想史混为一谈等于把哲学和哲学史视为一物。尽管两者关连密切，但重点各有所在。第二，传统的义理之学是要直接对自己人格的修养负责，对世道人心负责；其最后的根源是各个人的心、各个人的性；义理是要经过各人在生活中的认取证验，生活中所认取证验的即是最高的根据。在其进修的过程中，有时会要取资于古人所留下的语言；但常常是看了古人许多语言都与他毫不相干，而偶然受到一两句语言的启发。甚至对他发生启发作用的语言，他的了解与原来说此语言人的意思也有距离，但这与他的成就高下并无多大关系。譬如天台大师智颉由"因缘所生法"一偈而说"一心三观"。据今人的考证，智颉大师对此一偈的解释完全错误了，此偈所表示的只是"空观"，并无三观的意思。但并不能因此而推翻天台宗的价值。因为他的"一心三观"的真正根源是他入山十年的内观反照。所以这完全不应当用文献考订的角度去衡量。第三，治思想史是在求得一种知识。凡为求得知识皆应遵守知识所得以成立的基本规定；因此，治中国思想史的人自必首先注重文献的搜集考订，但这只是初步的文献学的工作。在治宋明思想史上，花在这种文献学上的工夫不必太多，因为这些文献的自身并没有多大

　　　　　　　　　　　　　　学术与政治之间

问题；若一个人的工作仅仅停留在文献学的阶段，这并不是没有价值，但不能称之为思想史。有如日人忽滑谷快天和铃木大拙们有关禅宗的著作，可以称之为禅宗思想史；而胡适之先生和日人宇井伯寿有关这一类的著作则只能称之为禅宗故实史或禅宗故事史，或简称之为禅宗史。治西洋哲学史的人有的也须做一部分文献考订工作，尤其是有关希腊的那一部分；但最主要的是要能顺着某一哲学家的思辨经路而思辨下去，尽其曲折，以达到某一哲学家的到达点，而将其表达出来；因此，只有哲学家才能写哲学史。并且一个哲学家所写的哲学史，常常是与自己哲学思想有关的一部分写得最好。例如罗素的《西洋哲学史》的最精彩的部分，是比达哥拉斯和来布尼兹的部分。因为没有受过哲学思想训练的人便无法了解他人所作的思辨的历程，便不能了解他人所说的真正意义。中国的义理之学，它本身不是走的思辨的路，而是通过内的实践或外的实践所得出的结论，再由此种结论通过一定的历程表达出来。治宋明思想史者最重要的工夫，首先便是要鉴别哪是由实践中所说出来的话，哪是依样葫芦的话。因为依样葫芦的话是毫无价值。其次，对于前人从实践中所说出的话，我们要了解他实践的历程，顺着此历程以到达其结论或他的中心点，再顺着其中心点，按照严格底思辨经路以将其表达出来，这才算完全了解了一个人的思想。这种严格精密的工作，要说是考据，也未尝不可以。因为一个名词的内涵是可以由人自己去规定的。但这与毛先生对考据所下的定义有哪一条相合，而毛先生可以讲此种话呢？因此，我们可以了解，要写一部像样的中国思想史，第一，必须读书读得多，读得实在。第二，必须受有思想的训练。第三，必须有做人的自觉。三者缺一不可。有许多人书读得不少，诗文做得也不坏，但为什么一谈到中国的思想问题，几乎无一不幼稚？这是因为他的思想没有训练。而专在旧书本上用功的人很难受到思想的训练。考据工作可以训练人用心细密，但这种细密多半是片断的，与一个人的思考能力的发展尚有很大的距离。专门做考据工作的人，常常是最不容易接近哲学的人，就是这种道理。另有许多人，他受过近代的思想训练，但缺少做人的自觉（并非说这种人便是坏人），于是他的思考能力可以很锋利地指向其他的学问部门里面去，但一接触到义理这一方面，因为这种气氛和近代生活的情调不合，便立刻发生反感，他便会完全从反对者的立场去运用他的思考。任何学问都应当批评，都可以反对，但在批评反对之前，一定应先做了解的工作。要了解一门学问，必须先很客观地顺随着这门学问的途径去弄清楚它的底蕴。一开始便以反对者的立场去看，便始终无法了解它。近百年来，对中国文化所作的批评并不算少，而中国学问的本身也应当经过一番批判而始能真正地新生。但即使是在学问的某一部门中很有成就的人，其对中国文化的批评也十之八九一无是处，其原因即在于此。我们知道了这门学问的甘苦以后，才可以了解为什么《明儒学案》以后，三百年来，还出不出一部赶得上《明儒学案》的思想史（因某些人太无知识，他可以印许多无聊的东西，但印一部《明儒学案》却要妄加删节，这真是出版界的耻辱）。近来有少数朋友做这种工作，不断有零篇的文章发表，渐已度越前人。但要出现一部完整中国思想史的著作，恐尚须有待。毛先生说"有许多讲宋明理学而轻视考据的人，简直不知道自己在做什么"，这也难怪。站在门外的人怎能知道门里的人是在做什么，于是以己度人，自然以为门里的人自己也不知道自己在做什么了。读者总可以相信著

《宋元学案》和《明儒学案》的黄梨洲对思想史的工夫和了解，大概会比毛先生高明一点吧。黄梨洲在《明儒学案》凡例中首先指出，周海门的《圣学宗传》、孙钟元的《理学宗传》在文献收罗上的疏漏，又说"是编皆从（各人）全集采要钩元"。可见他是做了毛先生所说的考据工作。但他又说：

> 大凡学有宗旨，是其人之得力处，亦是学者之入门处。天下之义理无穷，苟非定以一二字，如何约之使其在我。故讲学而无宗旨，即有嘉言，是无头绪之乱丝也。学者不能得其人之宗旨，即读其书，亦犹张骞初至大夏，不能得月氏要领也。是编分别宗旨，如灯取影……

这一段话是毛先生所说的考据所能概括吗？

毛先生又说"我上面所提及的人生哲学，我们固然可以把它列在义理之学里面。实在何只人生哲学，大而宇宙的演化，小而昆虫草木的生灭，都可以说是在义理之学范围以内的。但无论哪一种学问，真正不愧义理的名字的，都应当以最精审的考据为基础"。毛先生这一段话又是撩绕不清的话。同一个对象，例如同一个宇宙、同一个昆虫草木，从艺术家的角度看是一种意义，是一种结论；从自然科学家的角度看，是另一种意义，是另一种结论；从道德宗教家的角度看，又是另一种意义，是另一种结论。谈学问，要把这些大分际弄清楚。"眉毛胡子一把纠"，还有什么学问可谈呢？

现在再看毛先生所抬出的最后法宝，即是观察实验的科学方法的法宝吧。毛先生说："我敢大胆地说，不是用现代科学方法得来的义理是没有价值的。所谓科学方法观察、实验，有一分证据说一分话。"但我要告诉毛先生两点：第一，观察、实验，这四个字连一个小学生也可以说得清楚。问题是在如何去观察，如何去实验。数学、逻辑是否像自然科学同样地去观察？历史、艺术是否与自然科学同样地去实验？科学方法只有真正做学问而加以操作的才能真正了解，捕风捉影地胡猜一顿有何用处？第二，义理之学，我们把它当作一种客观的研究对象以求得一种知识，我前面已经说过，知识便须受知识所得以成立的诸条件的限定。但知识只能向人说明"这是什么"，"那是什么"、而不能告诉人"这应当如何、那应当如何"。义理之学的本身是告诉人"应当如何"之学。它也要观察、实验，但不能仅靠向外的观察或实验。最浅显地说，要断定"恻隐之心，人皆有之"的这句话是否真实，我们不能仅仅观察人的表情或仅仅听听人的语言即可断定。并且即使由统计而可得一较为可靠的断定，这种断定也是属于知识范围，与一个人的行为动机无涉。此时只有各人诉之于自己的心，在自己的心上求证验，此即所谓体认或体验。体认和体验是把问题收纳在一个人的精神之内，或者是收纳在一个人的生活之内，而加以观察实验，是把自己的心当作实验室。个中详细的道理，此处无暇详说。但我可以引爱因斯坦的一段话，请毛先生想想。因为我可以断定爱因斯坦在科学上的知识会比毛先生高得多。

科学方法，除了能告诉我们以诸种事实是如何相互的关连及如何互为条件以外，什么东西也不能告诉我们。追求这种客观知识的热心，是属于人的最高贵的事情，我绝不轻视各位在此一方面所作的人类的成果与英雄的努力。但是，同样明了的事情，'这是什么'的知识，绝不为我们打开直接通向'这应当如何'的门。不管我们保持有如何丰富的'这是什么'的知识，但绝不能从这些知识中演绎出人类的目标应当是如何的结论。客观知识，可以为我们要达成某种目标而提供强有力的工具，但是，人生究竟目标的自身及想达到目标的志愿，不能不从其他的源泉产生出来。（A. Einstein：*Out of My Later Years* 日译本，页二五）

国家的环境是这样地艰难，学人的成就万分地辛苦，所以我们对任何人在学术方面任何的成就，无不寄以最大的敬意。纵然有所争论，也不敢轻加人以罪名。尤其是现在贻误青年的东西太多了，更不愿把此一责任推到某一部分学人身上去。但若一定要我也照毛先生的手法勉强对毛先生的学问加以考语，则恐怕对这位前辈先生太不礼貌了，所以就此保留作罢。

一九五七年一月一日《民主评论》第八卷一期

两篇难懂的文章

# 悲愤的抗议

因为蒋总统有求言的号召，于是若干人士对国事稍稍尽了点献替之责，这从现在世界的情形看，从中国过去的历史看，都是极寻常的事。儒家最高的政治理想人物是尧舜。《中庸》说舜是"大知"，因为他"好问"，好"察迩言"，并且"隐恶而扬善"。朱元晦对于"隐恶扬善"的解释是进言进得善的，舜固然加以表扬；进言进得不善的，舜也加以隐忍。因为政治是一种权威，不如此，人民便不敢讲话，舜便不会成为"大知"。这次大家响应蒋总统的号召，所说的话，当然会有善有不善。但站在政府的立场，总应当在所讲的各种话中，选择一两样"善"的来策励自己，以完成总统求言的盛举。站在国民党的立场，对于认为不合时宜的言论，也应该平心静气，就人家所提出的具体问题，不曲解，不诬赖，作针锋相对的辩论，以期能求出一个真是真非。但国民党的中坚分子们的反应是，凡是主张自由民主，拥护宪法，以希望由此而加强反共力量的人们，不问大家所谈的具体内容如何，都运用断章取义，或改头换面的最简单手法，一概指其为是共产党的思想走私，是共产党的同路人；这种失掉人类以理性互相辩论的常轨，直截了当的用栽诬的方法，诱导着隐伏的杀机，真是中国历史上由求言所得出的极少见的结果。代表中国国民党党意的《中央日

　　　　　　　　　　学术与政治之间

报》二月七日《共产主义破产之后》的社论，便是显著的一例。

我们初看到此一社论的标题时，以为国民党的党意，总会认为共产主义破产之后，应当是自由民主力量的扩张，深为人类前途、中国前途而庆幸。但恰恰相反，《中央日报》的社论认为共产主义破产之后，"今日中共匪徒还有一条出路"。这条出路即是"在我们中国社会之内，也有同样七日七夜变成名流者之活动。民主与不民主，自由与不自由，独裁与反独裁，这一套陈旧的东西，又贴上自由主义的商标而出现于市场之上"。于是《中央日报》主张"我们总不该再让共产主义于其本身破产之后，又利用民主斗争来复活。我们更不该让朱毛匪帮于骗取大陆各省之后，再骗取台湾"。简括地说一句，《中央日报》认为曾经响应蒋总统求言的号召而站在民主、宪法的立场，对国事有所献替的人们，是自由主义者。而自由主义是共党在共产主义破产以后的变形，因之，自由主义者便是共匪。所以国民党今后的敌人不是共产主义而是自由主义，国民党的刺刀尖不是指向共产主义者而是要指向自由主义者，这样，才能贯彻"反共抗俄"的大业。

以下，我想对《中央日报》所代表的党意，提出八点疑问：

第一，我们反共，主要是以"民主"对"不民主"，以"自由"对"不自由"，以"反独裁"对"独裁"，这是全世界反共人士的共同信念，并且也是人类保障自身生存的永恒信念，你们说这是"一套陈旧的东西"，然则什么东西是你们所认为新鲜的呢？难说不民主、不自由、独裁这一套，你们觉得非常新鲜吗？在全世界反共的阵容中，在全自由中国的反共阵营中，而公开要和共党作不民主、不自由、独裁的竞赛，这固然很新鲜，但这种新鲜，只有让你们这一撮人去欣赏。

悲愤的抗议

第二，你们常常说共匪可以利用自由主义来分散反共的力量，所以自由主义是共产党思想的走私。但你们应能知道，什么口号，共匪都可加以利用，连整个的三民主义都被他利用过。至于民族主义、民生主义等，正是共党当前到处利用的法宝。它仅仅不能利用的只有自由主义。在共党的整风文献中，便专有一篇是《反自由主义》。共党有将民主与自由加以歪曲利用的口号，但你们拿得出一篇共党假借过自由主义的证据吗？共产主义之所以破产，正是它压不住每一个人内心追求自由的热望，亦即是抵挡不住自由主义的洪流。现在你们奋身投袂而起来反对自由主义，你们是为了反共，还是为了当共产主义破产的时候来帮共产党解围呢？

第三，你们认为自由主义者对政府有所批评，这是暴露政府的弱点，即是帮了共产党的忙。但是，反共须要力量，力量是由许多合理的政治措施而来。政治措施是针对着各种具体问题，解决各种具体问题，并非掩耳盗铃之事。若言者失实，政府何妨加以辩明，以释社会之疑。若所言果系政府的弱点，则政府为什么不虚心接受，力图改正。理想的政府，是能不断发现弱点、改正弱点的政府。孔子个人尚且要到七十岁才能随心所欲，不逾矩。至于管理众人之事的政府，与个人的修养更大大不同，将永远会有弱点。一个觉得自己没有弱点，怕百姓说出自己弱点的政府，只是暴露其麻木而失掉向前奋发有为的活力。弱点只有因为隐藏而便潜滋暗长，决不会因为隐藏而可以消弭。站在共产党的立场来说，还是一个能发现自己弱点、改正自己弱点的敌对政府，对它有利呢，还是讳疾忌医，包在皮里面听其腐烂的敌对政府，对它有利呢？假定有共党的潜伏分子，它还是会堂堂正正地向政府有所献替呢？还是阳奉阴违，或推波助澜，扩大政府的弱点，以达到从敌人内部去腐化敌人的目的呢？何况仅就暴露弱点而论，这有谁能比你们在自由世界之前，公开暴露自由中国的政府是反自由民主的，暴露得更大呢？由你们的这一暴露，使蒋总统和政府面对天下后世所受的疮伤，是大到无可估计的。最低限度，你们是想证明蒋总统求言之举是出于虚伪，而使其失大信于天下后世，这在道义上你们对得起蒋总统吗？

第四，现在不论什么主义者也好，除了共党以外，自由中国有我们共同承认的宪法。这是自由中国的真正基础之所在。而且宪法是用一条一条的条文加以明白规定，不像普通著作，可容易加以曲解的。所以在现实政治的问题上，不必争论主义，而只问是否合乎宪法。违反宪法的，不论你拿什么主义作掩护，都是损害自由中国的基础；合乎宪法的，不论和你的脾胃或私人利害是否相符，也只有克己地去加以接受。这样，政府与人民才有一致的立足点，因而能达到殊途同归、团结一致的效果。不仅今日谈自由民主的人，都是以宪法为依归；且宪法的本身，便是自由民主的制度化。所以我们很骄傲地称自己的宪法是一部"民主的宪法"。难说你们认为我们的宪法，在精神上、在条文上是反对自由民主的吗？若你们不能否定我们的宪法，是自由民主的宪法，则你们认为这一部宪法也是共匪的走私品，而应加以打倒吗？你们另外一篇社论说，魏晋以清谈亡国，今日谈民主自由的人也是清谈，也要负亡国之责，清谈是逃避现实，而民主自由，则是当前反共的公私生活中最现实的问题。你们用尽心思来耍这种花枪，聪明倒也聪明；但是，难说你们的知识和良心，低劣到连上述的大分水岭也辨别不清楚吗？

第五，或者你们以为站在三民主义的立场，所以不能不反对民主自由，不能不反对自由主义。但你们要知道：若仅就口头上说，则共产党也不断地说过他们要拥护三民主义。若就实际行为上说，则共产党固然根本不会实行三民主义，但你们也常常自己承认并未实现三民主义。可是我们并不能因此便说三民主义是共产党的走私品，尽管孙先生自己说过"民生主义就是共产主义"的话，因为从孙先生整个的人格看，从全部的三民主义看，都是出发于自由民主，归结于自由民主；因此，才有"宪政时期"，才有这一部民主自由的宪法。而共党则是用断章取义的方法，将三民主义的民主自由的基本精神去掉，再驱遣三民主义的残骸以作它独裁专制的掩护工具，因而认为三民主义是与民主自由不能并立的。现在你们也拿着三民主义的招牌来打民主自由，像这样的信徒，能有面目见中山先生于地下吗？

第六，你们又常常认为民主自由妨碍了你们的革命，而你们是要革命的。我很久就想向你们请教：你们成天地嚷着革命，到底要革的是什么命？是要革共产党的命吗？则不仅我们是同志，并且自由世界乃至铁幕中的人民，大家都是同志；而民主自由，正是全世界所共同信守不渝的革命武器，你们为什么要反对呢？若讲民主自由的自由主义者是共产党的同路人，而你们认为应加以革掉，则学习共产党的一枝一节，心目中奉史达林若神明，拾取史达林的残羹剩饭当作至上法宝的人，又是共产党的什么人呢？

第七，你们也骂共产党灭绝人性，这是真实的。但是共产党何以灭绝人性？因为它认人性为不可靠，人性的理性良心不可靠，所以一切不能委之于各个人的理性良心的判断，不能使各个人对自己的良心理性负责，因之不能不拼命的反对自由民主，而只有靠它的特务与恐怖的统治。自由民主之所以能成立，乃是人类由人性的自觉而发生对理性良心的信赖。所以民主自由，是人性自觉的结果，也就是人性的本身，是每一个人与生俱来，不是靠了传授，也不是能加以压制的。你们反自由民主，反自由主义，则你们所说的人性到底是怎样的一种东西呢？

第八，你们整天地说要警戒共产党的统战工作，这是应当的。但即使是在香港这样危险的地区，共产党的统战攻势，并没有动摇一个真正的主张民主自由的自由主义者。而你们却于一夜之间，硬把这些自由主义者都划到共产党的阵营里面去了。共产党的统战工作所不能达到的目的，你们硬想在一夜之间为它达到，你们对于自由主义者何以这样的残酷？对于共产党何以这样的义气？你们试平心静气地想想，在反共阵营中，除了你们这一撮人以外，有谁人不是为了追求自由？有谁人不是为了爱好民主？有谁人不是意识的或不意识的自由主义者。你们这一划分，知道该有多少人划分到共产党里面去？现在反共的最迫切要求，便是要团结海内外一切反共的力量。现在你们对于爱好自由民主的人士都当作敌人，则反共建国的大业，由你们这一撮人可以包办得下去吗？你们说这就是你们的反共，我为此而悲，我为此而愤，我为此而对代表国民党党意的《中央日报》提出抗议。希望你们能迷途知返，大家在良心理性的鞭策之下，携手共进吧。

一九五七年二月十二日、十三日香港《华侨日报》

# 国史中人君尊严问题的商讨

　　读李璜先生二月廿七日《自由人》上《争自由·要民主》大文，至为钦佩。惟中间一段谓"在君主专制时代，天王圣明，臣罪当诛，天下莫有不是的君父，这是有尊严问题的存在，这不能随便去冒犯的。……在中国的经史书上，确是大书特书，连篇累牍，举不胜举……"则似李先生读中国书不多，猜度之辞易滋误解，爰略为补正如下：

　　第一，君臣关系，在先秦乃视作与朋友同科，并不能与父子关系相提并论。故"朋友以义合"而君臣亦以义合。《论语》上谓"事君数，斯辱矣；朋友数，斯疏矣！"意即谓事君与交友乃基于同一之态度。"合则留，不合则去"，君臣之间应为一种自由之结合，此与"父子以天合"者大不相同。由君臣关系之绝对化因而显出人君特为尊严之观念，乃长期专制政治下之产物，为先秦正统思想中所未有。孔子虽"事君尽礼"，但彼绝不认某一人君为固定之政治中心，且应答之间与对学生无异。故彼不特周游列国，干七十余君，且尝欲应叛臣公山弗扰及佛肸之召。在孔子心目中，人君仅为实现自己政治主张之一工具耳，岂有丝毫如韩愈《琴操》中所谓"天王明圣，臣罪当诛"之奴才思想乎？君臣关系之绝对化始于暴秦而完成于两汉，此为中国历史演进中之一大变局。西汉知识分子对此一变局感受最为迫切，因之，曾与当时皇帝对政权作不断之流血抗争；禅让说之所以风行一时，甚且成为王莽篡汉之有力武器，其真实原因乃在于此。但时至东汉，士人已不敢与人君争政权，而仅欲与朝廷争是非。及经党锢之祸，士人更不得不逃避于玄虚之中以避祸。此后即最有良心之士人，亦仅能为人君拾遗补缺。生民之气在长期专制压迫之下，盖几于尽矣。

兹更举一例以见此中演变之迹。《论语》有"雍也可使南面"之语。西汉人以南面即系做皇帝，"雍也可使南面"即系孔子以其学生仲雍有资格做皇帝，东汉注释家则将南面解释为诸侯，而六朝人则将南面解释为卿大夫。专制之毒愈深，士人之志气愈消沉委屈，遂不得不自甘于政治上之被动而居于附庸之地位，以致中国文化之原有精神面貌亦随此而逐渐萎缩变形。即就此一解释之演变，已可见一般。居今日欲言中国文化，首须辨清何者为中国文化之本来面目，何者为在专制政治压迫之下所受之奸污。必认定中国文化，应先向专制政治复仇，然后中国文化乃可继续担当其对人类之伟大使命。故凡讲中国文化而将其与专制政治并为一谈，甚且以中国文化作拥护专制之工具者，实皆中国文化之罪人。因此而招致社会对中国文化之误解，殆亦必然之势也。

第二，中国即使在长期专制统治之下，人君尊严之观念已成，然亦从未以直言极谏为冒犯人君之尊严，因而欲纳人入罪者。纳谏即为贤君，拒谏即为昏君，杀谏臣即为暴君，此乃中国历史上任何人所不能不共同承认之铁律。至于以谏诤为冒犯人君尊严，以冒犯人君尊严为罪大恶极，乃由廿四史中之另一系统——《佞幸传》系统所演变而来。此一系统之存在，当系与政治之组织同其久远。孔子特提出"远佞人"，而司马迁作《史记》特为此辈立传，直至《明史》，其系统皆绵延不绝。此辈之最大特色即在出卖其肉体与灵魂，专为人君之尊严作供奉。其后则更进一步以"大不敬罪"裁诬善类，因而颠倒天下之公是公非。中国史学家所以特为其建立一"佞幸"系统者，正在指明专以供奉皇上尊严者之可耻，另一面亦在说明直言极谏根本不应有所谓冒犯尊严等问题也。在此一点上，仍系守住先秦思想之传统，为中国知识分子在文化上对专制政治所守之最低而最后之防线。若有人冒知识分子之名而竟欲将此最低最后之防线一举而溃决之，此等人果自居于何等乎？故今日之争，谓为民主自由之争，仍属言之过高过远；鄙意则实为抢救中国文化最后防线之争；自由人士之所以投袂而起，殆亦欲维护人类尊严、民族尊严于万一耳。

　　兹更略举先秦思想家所言人臣事人君之礼，以便与今人作一对照。《论语》："子路问事君，子曰，勿欺也，而犯之。"犯者，犯人君之好恶，犯人君之尊严也。《礼记·檀弓》"事亲有隐而无犯"，"事君有犯而无隐"，"事师无隐无犯"。可知"犯"为人臣事人君之大礼，亦可证明先秦事君与事父母并非等类齐观。孟子主张"格君心之非"，此与今日之共产党恰恰相反。共产党之统治者专洗人民之脑，而孟子则认为仅应洗统治者之脑。又谓"有事君人者，事是君，则为容悦者也"。朱元晦释之曰："阿徇以为容，逢迎以为悦，此鄙夫之事，妾妇之道也。"儒家演变至荀子，君臣地位已较在孔孟心目中者大为悬隔，但仍谓"从道不从君，从义不从父"，并斥"巧敏佞说，善取宠乎上"者为"态臣"。态臣者，搔首弄姿，供人玩弄之臣也。与儒家并称但又互相非难之墨子，在此点上亦复与儒家完全一致。《墨子》第一篇《亲士》谓："臣下重其爵位而不言，近臣则喑（暗，哑也），远臣则唫（噤，不敢出声也），结怨于民心，谄谀在侧，善议障塞，则国危矣。"法家乃中国之法西斯思想，特将人君之尊严绝对化。但法家欲维持人君之尊严，必要求人君自处于深密无为之地。否则人君亲自舞枪弄棒，势必露出马脚，虽欲维持尊严得乎？且儒家主张亲亲，此在政治上易流于家族政治。法家乃一出于冷酷客观之态度，使公族之政治权利不能超出于一般人民之上，于是客观之政治制度乃有建立之可能，此为法家之一大贡献。吾辈读古人书，应选长去短；而今人为学，则专欲选短去长，亦可痛矣。秦用法家，完成极权之治。汉承秦后，首先对秦代极权政治加以反省，因而渐开尔后政治之一线生机者，当推贾山之《至言》。贾山在《至言》中述秦因极权而亡之情形谓："秦皇帝居灭绝之中，而不自知者何也？天下莫敢告也。其所以莫敢告者何也？亡养老之义（按凡极权者多与匈奴同俗，'贱老而贵少'。盖匈奴重气力，而极权重驱使。少者容易玩弄而不敢有所是非，老者不易驱使也），亡辅弼之臣，亡进谏之士。纵恣行诛，退诽谤之人，杀直谏之士，是以道（导）谀谕（偷）合苟容。比其（秦皇）德，则贤于尧舜。课其（秦皇）功，则贤于汤武（按即'德与天平之意'）。天下已溃而莫之告也。"细读此一段文章，孰谓鉴古之不可以知今乎？

兹更举一保皇党之刘向之言以作此一段之结束。盖刘向生于专制政治完全成熟之后，又为皇室懿亲，其所言最为低调，且对皇室亦最为保险也。

《说苑·臣术》篇谓"人臣之行，有六正六邪"。"六正"中之"直臣"乃"敢犯主之颜面，言主之过失"之臣。至于"六邪"则"一曰，安宦贪禄，营于私家，不务公事；怀其智，藏其能，主饥于论，渴于策，犹不肯尽节。容容乎与世浮沉，上下左右观望，如此者具臣也。二曰，主所言，皆曰善，主所为，皆曰可；隐而求主之所好，即进之以快主耳目。偷合苟容，与主为乐，不顾其后害，如此者谀臣也。三曰，中实颇（偏）险，外容貌小谨，巧言令色，又心嫉贤。所欲进，则明其美而隐其恶。所欲退，则明其过而匿其美。使生妄行过任，赏罚不当，号令不行，如此者奸臣也。四曰，智足以饰非，辩足以行说，反言易辞而成文章，姤乱朝廷，如此者谗臣也。五曰，专权擅势，持权国事，以为轻重；于私门成党，以富其家。又复增加威势，擅矫主命，以自贵显，如此者贼臣也。六曰，谄言以邪，坠主不义；朋党比周，以蔽主明。入则辩言好辞，出则更复异其言语，使白黑无别，是非无间。伺候可推，因而附然，使主恶布于境内，闻于四邻，如此者亡国之臣也"。刘向所列举真可谓先乎今日之洋洋大观。而在中国历史文化中，从未以直言极谏为冒犯人君之尊严，亦可谓皎然明白矣。

至于历史之佞幸系统，就其发展言之，实足令人不寒而栗。春秋战国时之所谓便嬖佞人，不过系面目姣好，雄而实雌之辈。即《史记》、《汉书》之《佞幸传》中，其流品亦不外此。故班固谓"柔曼之倾色，非独女德，盖亦有男色焉"。则此辈只知供奉人君之尊严，亦何足责。迨后专制之毒日深，而此辈之蕃衍滋广，其为祸亦愈酷而愈烈。《明史·佞幸传》中，则纪纲、门达出自锦衣厂卫（特务）；李孜省、僧继晓等出身江湖；江彬、许泰等出身偏将；而顾可学、盛端明、朱隆禧等则皆起自科甲之知识分子也。佞幸而扩大及于知识分子，由出卖肉体者进而出卖灵魂，则明代欲不亡于流寇夷狄，得乎？且佞幸之扩大，岂一《佞幸传》所能概括。读书人终日忙忙碌碌，驱遣书本中之故事、词汇、咬文嚼字，以发为诗赋文章，或如今日之所谓社论、论文、文选、著作等，其目的只有一个，即在如何炫耀自己之聪明智巧，以讨皇上之欢喜，乱天下之耳目，变事物之是非，图个人之温饱而已。吾人试进图书馆、阅览室，一探其内容，则此类诗文著作，或且十居八九，则二千年来中国文化固已被佞幸化之读书人而佞幸化其八九矣。三十年来努力于歪曲西洋文化而亦欲使之佞幸化者，固亦不可以一二数。反视邓通、董贤辈之不轻干预外事之为犹稍有廉耻，之为难得也。今日中国知识分子于流离丧乱之余，若犹欲为自己子孙延一线生命，必先立誓言：自兹以后，不为佞幸化之文化服役，不将自己所读之中文书、外文书供佞幸化之资。此大前提一经决定，则任何主义思想之争，皆可在客观问题上求得自然之解决矣。否则有如溺人之抱石以求自救，岂有幸乎？笔者久未到港，寄语港中故人，借达拳拳之意。笔者年来居台无状可述，惟欲从佞幸化之传统洪流中检存中国文化于十一，未敢自信能稍有所成也。

以上拉杂写来，毫无条理。笔者与李先生无一面缘，此文刊出，借便请教于李先生，幸甚。

一九五七年三月十三日《自由人》

此为答复《自由人》主编陈克文先生的一封信，经陈先生将前后略加删改刊出。

**附关于中国历史中的人民自由问题另给陈克文先生的一封信**

克文我兄：

这封信，我希望能把它刊出，但并不能算是"写文章"。

我每看到"中国人民是数千年来最享有自由之人民，其受病在缺乏紧张，形成涣散"，因而"不可再盲目学习西方民主"的这一类的文章，便使我心中万分难过。写这类文章的先生们，有的是出自一番好意，并且又是对线装书下过若干工夫的；但是为什么要把几千年无数人民在专制政治下的血河泪海，代他们装出白鼻子式的笑脸，为新的专制主义者制造出反对民主自由的太没理由的理由呢？

"自由"在政治上说，是人民对于自己合法的生存权利，政府官吏不能，也不敢运用政治权力加以侵犯之谓。最低限度，老百姓只要没有犯"朝廷"的"王法"，官吏便不能随意加以诬陷罗织之谓。此一自由的确立，只是近三百年来的历史成就。中国在专制政治之下，有哪一种客观的保障，能使人民可以得到这种自由呢？一部廿四史，有哪几部历史没有《酷吏列传》？哪一个酷吏后面不是跟上几千几万的冤鬼？并且姓名被列入史传中的酷吏，不过是千百人中最为突出之一二人，由史乘奏诏中所暴露出各时代官吏鱼肉细民的一般情形，真是不可胜数。到宋代而胥吏政治成熟，在胥吏政治下的暗无天日，宋明及清初许多人的文集中，有不少悲痛的纪录。"乾嘉大师"们的文集中便很少这类材料，是因为他们的心力只肯集注到文字训诂那一方面去，而不屑注意这些现实问题，以保持他们的高洁。但一直到民国十五年为止，下层政治的黑暗情形没有两样。县衙门派出的催粮差役，老百姓一看到没有不吓得发抖的。我小的时候便曾亲眼看到过几次。在我的乡下，称这些催粮的差役为"叫垫券的"，而"叫垫券的"便成为凶神恶煞的代名词。我一直到十九岁，还想不通"叫垫券的"为什么有那样的厉害。所以谚语说"灭门的知县"，这是说知县可以随意灭人一家的。又说"贫不与富斗，民不与官斗"。这里的所谓"斗"，不是斗争的斗，只是争论是非的意思。这句谚语是说穷人只有顺从富人，百姓只有顺从官吏。若和他们争论是非，包管叫你吃上大亏的。此一情势的稍稍好转，不能不归功于民国十五年的北伐。从历史的材料看，从我们具体的社会经验看，中国人民是在何朝何代而可称为享有近代的所谓自由呢？我们讲话，一定要根据实际的资料，并且应把不同的资料作一种客观的衡量；不然，不论动机如何好，结果不仅毫无效果，反而只有模糊真实的问题，以延迟其解决而已。人类的理想，不论最先启发于何地；但一经启发出来以后，即是属于"人类底"，而不问其为"东"或"西"。近代民主自由，虽启发自西方，但一定要在人类中，开花结果，这和科学的成就没有什么两样。至于在不同的历史条件、社会条件下，其具体实现的方式或不尽相同，但这只是极小的不同，与大原则并无关系；在这种地方，应当特别加以分疏的。至于"中国实行民主数十年，但……"这类说法，我们真怀疑到这只是刚从月宫降落下来的仙人的口吻，我们住在这块土地上几十年的人，是看见在什么地方真心实意地实行过一天的民主呢？

专此敬请

大安

弟徐复观上

三月十日

# 答毛子水先生的《再论考据和义理》

《民主评论》转到陈拱君《关于义理之学》一稿，始知毛子水先生对于我的《两篇难懂的文章》的后半段（以后简称"两难"）提出了答复，这是一件好事。可惜我找到毛先生的《再论考据和义理》（以后简称"再论"，而将毛先生《论考据和义理》简称"原论"）的大文拜读后，对于我在《两难》中所提出的疑难，很少提供正面的论点，而只是在文字上绕圈子。所以我的答复也只有顺着毛先生的文章稍加清理。我在《两难》一文中仅简单指出中国所谓"义理之学"是有其历史上的特定内容及其基本性格，并没有涉及义理之学自身的是非得失等问题。因为这不是简单几句话可以说完。读者如欲对此问题作进一步的了解，则陈君之文，虽其表达方式不易为一般人们所易接受，但文中精义宜耐心细看。陈君为师范大学毕业生，现在某中学充当国文教员，年事甚轻，不可谓非豪杰之士。中国学问的骨干即是义理之学。唐君毅先生《中国文化之精神价值》（正中书局出版）一书，其成就实已超越前人，为现代有志了解中国学问之青年所不可不读之书。我们平居与一般朋友相交接，用心尚须平恕，出言尚须矜慎，何况面对我国数千年来由无数心血所积累而来的文化，顾可以慢心诳语，求自己一时感情上的满足，或作个人装潢门面的工具吗？

一

　　未清理毛先生的文章以前，我首先提出三点，以作为清理的前提条件：

　　第一，一篇文章中对于主题所下的定义，同时即是讨论问题时所应涉及的范围的界定，大家应当加以遵守。毛先生在《原论》中对于考据和义理曾下了两种定义，这是我在《两难》一文中和毛先生商讨的范围。兹再抄录于下：

　　　　第一，我们把考据看作史传记载的征实和辨正，把义理看作人生哲学的探讨。就这个定义……
　　　　第二，我们如果把考据和义理都从治国学的观点来讲，则考据是指草木鸟兽和典章制度的探讨言，义理是指圣贤修己治人的方术言。

　　至于毛先生在《原论》中说"生理学和心理学，则应当为完全考据的学问"。但在《再论》中说"一切人文科学和自然科学，亦是正路的义理"。生理学和心理学等由《原论》中的考据学而跳进《再论》中的义理学，这都只算是毛先生一时兴之所至，有如野马脱缰，自乱其例。照毛先生的这种说法，是把考据和义理包括所有一切的学问，我相信没有人能够"一口吸尽西江水"底在一篇短文中谈尽一切的学问。所以有关毛先生这类野马脱缰的话，我在《两难》一文中只稍稍提醒毛先生的注意，只当作是毛先生的"笑谈"，根本不列入商讨范围之内。毛先生在《再论》中对于他野马脱缰式的说法的解释是"希望读者能够把一个旧名词用来装载一个比较通达的意义"。"旧瓶装新酒"的办法，是在旧瓶非常流行而新酒的商标还未打响的情势之下所不得已而采用的。今日每一门学问都有共同承认的专称，在专称之上又有共同承认的通称，如科学、自然科学、人文科学之例。这些专称、通称的本身即是学问的分类，学问分类的本身也是一种科学性的重要学问。毛先生为什么"舍正路而不由"，希望读者不用学术上共知共许的分类名词，而要一起装纳到旧名词中去，以增加头脑的混乱呢？若是为了要借重考据与义理这两个旧名词，则考据一词在毛先生心目中固然很高贵，但义理之学被毛先生摈斥不得列于大学的中文系，像"万王之王"的自然科学披上这样一个不吉祥的旧名词，简直是西子蒙不洁了。因此，这只是毛先生野马脱缰后的遁词，否则毛先生在使用名词及讨论问题上不应混乱至此。所以对于这类的话没有加以讨论的必要。

第二，讨论问题应当针对着问题的重点。在毛先生《原论》中虽然对考据和义理提出第一、第二两条定义，但我认为毛先生写那篇文章用心的重点只是在"从国学者的观点来看"所下的第二定义中"我们非特不能说考据是末而义理为本，并且应当说考据为本而义理为末"，及"考据精，则打基础在考据上的义理亦精，考据粗，则打基础在考据上的义理亦愈粗"的几句话。所以我在《两难》一文中也是主要针对着这几句话来商讨。我首先对此点提出的疑问是："毛先生上面说不精考据，即不能通义理。而此处（指《原论》中的第四小段）又说不能责讲考据的人去讲义理，则义理将由何人去讲？"毛先生要答复，首先须要答复自己文章中这类混乱矛盾的地方。毛先生在《再论》中首先说"我那篇文章的主要意思只是下列几点：一、如我们把考据看作史传记载的征实和订正，把义理看作人生哲学的研讨，则考据和义理各为学问的一途。……二、如我们就治国学者的立场来讲……则考据正是义理的根本"。毛先生的这一复述，不仅不曾解答"义理将由何人去讲"的疑问，因为你在《原论》中"我们不能责讲声音训诂的人去讲义理"，正是就治国学的观点来说的。并且我还得指出毛先生对考据和义理下了两种定义，以分别在第一定义之下，"则考据和义理，各为学问的一途"；在第二定义之下，"则考据正是义理的根本"。这种分别是一种混乱。试问在你的第一定义中"把考据看作史传记载的征实和辨正"，能不包括第二定义中的"典章制度的探讨"吗？你能把典章制度驱逐于史学之外吗？你以"人生哲学的研究"作为义理的第一定义，以"圣贤修己治人方术的阐明"作为义理的第二定义，试问：义理之学固然不能包括"人生哲学"，因为它只能说是人生哲学中的一种，但人生哲学不应当把圣贤修己的"方术"包括在内吗？况且你在你的第一定义中对于人生哲学的申述是"有些人以为非特六合之外，不干人事，即先王陈迹，亦和人无关，人生应该留意的，只是自家的行为问题"。中国圣贤"修己的方术"不是"留意自家的行为"是什么？所以你在《再论》中有几处把人生哲学与义理之学的名词互用，可见你的两个定义有何本质上的不同，因而能分别出一种是可以与考据分途的义理，一种是必须以考据为基础的义理呢？

第三，讨论问题尽管有正反两方面不同的意见，但总要有一个共同的立足点，此种讨论才能进行。譬如说，对问题的看法不同，但共同承认有此问题，这即是两方的共同立足点。或者甲说有此一问题的存在，乙说没有此一问题的存在，在此种争论中也一定要找出两方所不能不共同承认的某种事实根据或理论根据，以作一共同的立足点。我读了毛先生的《再论》后，我才知道在毛先生的大文中，根本没有对问题的立足点，因而我们并没有共同的立足点。于是逼得我只有就他的文章条理上去加以清理。毛先生说"就我个人讲，我只希望在这一生里边，能于义理之学，得有一知半解"，而在《原论》中又主要是"从治国学的观点来讲"，则可见毛先生是承认有"义理之学"，并且最低限度是把中国圣贤修己治人之学包括在内的。中国义理之学是以道德的实践为其主要内容，离开了道德即无所谓义理之学，离开了实践即无所谓道德。这一点是和希腊以成就知识为主要目的的学统形成一个大的分水岭，应该是大家可以承认的。正如英国诗人 Alexander Pope（1688—1744）所说：在历史上的所有伟人圣贤中，没有像孔子这样被西洋人所误解的，没有像孔子这样因外国批评家的愚劣狭隘无智而受到伤害的。（其实，他被现代中国人所误解、所伤害更甚于西洋人。）但关于中国文化是一种实践道德的性格，则外国汉学家依然可以了解得到。例如法国的耶稣会士李明（Louis le Comte，1655—1728）认为：孔子之道，是圣人的生活经验，是其苦难的结果。换言之，孔子是身教重于言教。德国哲学家来布尼兹（G. W. Leibniz，1646—1716）在其《最近的中国》（*Novissima Sinica*）一书的序文中说："西欧在理论底哲学知识方面为优，而中国则在实践底哲学方面为胜。"继来布尼兹之后的乌尔夫（Wolff，1679—1754）以孔子的道德论为启蒙主义的先驱，他曾于一七二一年在哈勒大学作《中国实践哲学论》的讲演。M. M. Dawson 在其《孔子的伦理学》（*The Ethics of Confucius*）中也认为孔子思想的中心是《礼记》"行成而先，事成而后。德成而上，艺成而下"的几句话。但毛先生在《再论》中一则说"韦政通先生曾写了一篇讨论的文章寄到《学人》编辑部……

但所谈的关于道德问题的多，关于学问问题的少，所以我们不再讨论"。再则说"但李先生对于治思想史的确是极有见解的。……除却'由实践中所说出来的话'、'实践的历程'等句我不十分明了外……"三则说"李先生引用陆象山的话'某则不识一个字，亦须还我堂堂地做个人'，我实在不大明白什么用意。不识一个字，固然可以堂堂地做一个人，但……我所谈的是做学问呀"。在今日，学问的范围很大，不仅义理之学只是学问中的一种，甚至可以说中国义理之学不算学问，因而中国根本没有学问。但毛先生的大文是谈义理之学，"是站在治国学的立场"来谈义理之学；而居然以"道德"、"实践"、"做人"等与毛先生的论题无关，天下最超常识的事孰过于此。

二

以下顺着毛先生《再论》的大文清理。但上面已经提过的便不再提。

（一）毛先生引戴东原"仆自十七岁时，有志闻道，谓非求之六经、孔孟不得，非从事于字义、制度、名物，无由以通其语言"的话，来证明"考据正是义理的根本"。按我在《两难》一文中已经指出"不论是治考据或是治义理，总有若干共同的地方……但他们着眼的重点不同，所欲达到的目的不同。于是同属读书，而在书中所提出的问题不同，因之解决问题的方法也有不同"。我引用《论语》上的材料与毛先生对考据所下的定义两相对照，以证明义理之学不必一定要通过考据，因之毛先生"考据精则打基础在考据上的义理亦愈精"的前提不能成立。我引用的材料是第一流的材料，毛先生只有引用同等地位的材料作相反的证明，才对于问题的讨论有进一步的发展。但毛先生所引戴东原的话，依然是一个待证明的前提，对于毛先生的前提并不能发生证明的作用。仅就戴氏这一段话而论，则戴氏与朱元晦、陆象山并无分别，因为朱、陆都主张读书应先从训诂上通其语言，并且他们也主张读注疏。代表戴东原思想的或者说是代表他的义理之学的是《原善》、《读〈易·系辞〉论性》、《读〈孟子〉论性》诸篇。我们不能把他这几篇文章当作是他从考据而来的作品，因为他在这几篇文章中只提出与宋儒不同的观点，并没有从"语言"上提出足以推翻前人观点的考据。若戴东原的成就仅限于这一点，他便不能算作开清代考据学风的人物。而在代表他的考据诸作中，我们并不能发现与《原善》、《原性》诸文有何必然的关系，这只要平心静气地把《戴东原集》细读一遍即可以承认的。这是说明义理与考据各有作为学问的范围与本领，仅作为义理入门的语言训诂不能成为"考据之学"；而仅由文字训诂所排比出来的见解，也不能算是义理之学。只要是真正走进了两者的门墙，尽管一个人可以做两方面的学问，而两方面的学问有时也可以互相资助，但他总会亲切感觉到各有问题、各有本领，不能说谁是谁的基础。至于把考据和自然科学扯在一起，把考据方法和科学方法连在一起，这是五四后一部分人士由"民主科学"的口号开始退却时的一种掩护和攀附。研究的方法与研究的对象有密切不可分离的关系，我没有发现哪一位科学家是从考据转出来的，似乎也发现不出专治考据的人能成为一个人文或自然科学中的什么"家"。揭穿了说，治考据就是治考据，把考据吹得满天飞，这反失掉了考据的本分，这只是欺人之谈而已。

（二）毛先生说："我的意思是，哲学当然是义理，一切人文科学和自然科学，亦是'正路的'（引号是毛先生原有的）义理。"下面又说"我的'做学问的目的，是不是在明义理'那句话（按这是毛先生《原论》中的话），当然是承上文'或以为做学问的目的在明义理'那个假设而言的。我们当然不能说做学问的目的在明义理。科学家或哲学家的目的是要明'理'，历史家的目的则是要明'事'（按上面引号都是毛先生原有的）。我们若说世间做学问者的目的都在明义理，岂非犯了以偏概全的毛病！"按毛先生前一段话是对"义理"一词所下的界限，后一段话是驳我《两难》中"读书是不是为了明义理……这在中国过去，只要是稍有良心、稍有知识的学人，绝不会提出此种问题"的一段话。我不主张把名词随意扩充滥用，中国义理之学在今日只是学问的一部分，所以我对"读书的目的是在明义理"的断定，特用"在中国过去"五字加以界限。毛先生把"在中国过去"五字略去来反驳我，这是不应当的。况且站在毛先生的立场，分明说一切的人文科学和自然科学都是"正路的"义理，则是义理已包括了学问的一切；而此处又说哲学科学是明理，史学是明事，以见这些都不是为了明义理的。何其前后自相矛盾若此？

（三）毛先生说："关于人生的义理，如道德哲学和政治学等，一部分是根据人生的经验，大部分则须根据现代的生理学、心理学、经济学、社会学等等。因为我的确知道有许多讲人生哲学的人空谈性命道德，而把最切人生的生理、心理和社会的各种事实疏忽了。我觉得这样的讲学问是危险的。"每一门学问都有它的主要对象与内容，毛先生这段话里纠缠得够多，这里只指出现在似乎找不出"许多"讲人生哲学的人。台湾大学讲人生哲学的只有一位方先生，他在学问上的成就似乎远在毛先生之上，很够水准。至于台大哲学系的人生哲学课程是否应当改由生理学、心理学、经济学、社会学各专家来共同担任，以毛先生在台大的地位似乎不妨切实建议一番。假定建议而做不通，也不妨打听打听，其理由何在？至如"空谈性命道德"，则假定承认中国有义理之学，则不谈性命道德还谈些什么？"性命道德"与"空谈"的"空"字有何必然的关系？现在全中国能谈性命道德的不过三数人而已。就出之于口笔之于书的东西来看，这三数人不论对于中国文化或西方文化的了解，毛先生不妨一个一个地拿来和自己作一对比。毛先生所不懂不爱的东西便感到是"危险"，从毛先生的大文看，那毛先生所遇的危险实在是太多了，大可不必以此自苦。

（四）毛先生说："昔时学者以为治经必先明典章制度，当然指经中需要考据的而言。经中的话，不需要典章制度考证的，无论怎样有考证癖的亦自然不会勉强去考证。……从《论语》二十篇里面，刺取十一二章不用考据的话，以证明讲义理可以不用考据，这种逻辑似乎不十分妥当！至于世间有许多义理的学问，可以不用多大的考据，那是很明显的。"毛先生这段话的意思和我所说的意思很相近，大体我都赞成。但有两点必须指出：第一，如毛先生此段所说，则考据与义理没有必然底全面的关系，则毛先生"考据正是义理的根据"的前提不能成立。第二，我们论证一个问题，是不应以偏概全，但我从二十篇《论语》中刺取十二章来证明讲义理可以不用考据，假定我引用得当，则刺取一二章为已足，似乎并不犯以偏概全之弊。因为义理之学是"有一言而可以终身行之"的。毛先生在《再论》中特别重视《论语》中的"恕"字亦即此意。且《论语》中可刺取者岂仅十一二章？覆按可也。

（五）毛先生说：“我曾说过研究宋明理学，是考据的学问……研究宋明理学和研究理学不同，和依用宋明理学家的方法以研究理学亦不同！……如果你服膺一个汉儒或宋儒，要实践他的嘉言……那可以说是你的人生哲学，是你的义理学问。但你如果叙述这个汉儒或宋儒的哲学，你当然不能把你自己的意见当作这个汉儒或宋儒的意见。如果这样，你就算做错题目了。……我谈的是研究宋明理学呀，而李先生却从义理之学、传统的义理之学大发议论，这亦是使人难懂的。”又说：“如果有人写一本宋明理学的书，这本书当然就是一本关于宋明理学思想的历史，而不是作者的理学，亦并不是作者依用宋明儒者的方法而成就的理学了。”又说：“细察李先生的持论，似乎李先生的确以为做学问纯为明义理，研究宋明理学完全等于研究理学。我想这是李先生为一时偏见所误，故意和我开笔墨玩笑。不然的话，必是因为李先生对于宋明理学另有一种为常人所不能窥测的见解的缘故。”

按以上为毛先生《再论》的中心，可惜毛先生对自己和对方的文章太没加以考据，所以弄出这些纠葛来。

毛先生的意思可归结为两点：一是“研究宋明理学”和“研究理学”有分别，而我把毛先生所说的“研究宋明理学”弄成了“研究理学”，所以我所说的是文不对题。第二，研究宋明理学是思想史的考据工作，不应当“依用宋明儒者的方法”。这句话虽提了两次，但意思不完全，大概是指应当依用现在的科学方法而言。

“宋明理学”一词通常有两种用法：一种是习惯上的用法，所谓“宋明理学”和“理学”常是混而不分，因之“研究宋明理学”即是“研究理学”。因为理学与宋明之学在习惯上不可分，所以姚姬传用“义理”一词以统括“理学”。因为若用“理学”一词便容易使人误会仅指宋明的学问而言。习惯上说"研究宋明理学"之等于说"研究理学",有如说"研究西洋科学"之等于"研究科学"一样。黄梨洲的《明儒学案》当然是研究明代理学的,但黄梨洲在凡例中一开始便说:"从来'理学'之书,前有周海门《圣学宗传》,近有孙钟元《理学宗传》……"可见他是把研究宋明理学的干脆称为理学,即其明证。一种是毛先生在这里把"研究宋明理学"和"研究理学"加以分别的说法。在讨论问题时使用名词应该严格,我赞成毛先生将二者加以分别。因为研究宋明理学史和研究理学,在态度上确有不同,一是纯客观的,一是要由客观而转向主观的。但毛先生《原论》的论题是"考据与义理"而不是"考据学史与义理学史";毛先生主要所要论证的是"考据精则打基础在考据上的义理亦愈精",及"考据学正是义理的根本",而不是要论证"考据学史精,则打基础在考据学史上的义理学史亦精"。因此,毛先生在《原论》中说"研究宋明理学,在许多人心目中是义理的学问,但依我的见解,这是考据范围以内的事",正是要为"考据精,则打基础在考据上的义理亦愈精"的前提作证明。依照毛先生的这一要求说,则毛先生在此处所说的"研究宋明理学",在其不知不觉中实系指"研究理学"而言。不然则毛先生引"治理学史"的例来证明"治理学",那算是自乱其例了。但毛先生继续谈下去却是说的研究宋明理学思想史的问题,所以我就毛先生的全文看,感到毛先生对"研究理学思想史"和"研究理学"有点混淆不清。不加以分疏便无从讨论,于是我从三点来加以分疏地说。"第一,义理之学,可以直接从义理之学的本身去讲。……第二,传统的义理之学……其最后的根源是各个人的心,各个人的性。……第三,治思想史是在求得一种知识……治中国思想史的人，自必首先注重文献的搜集考订……"我这分明是因为毛先生《原论》用词的含混而把"研究宋明理学"一词，分为"研究理学"与"研究理学思想史"来说的。并且我在这一段中特别指出"把义理之学与思想史混为一谈，等于把哲学和哲学史混为一物，尽管两者密切关连，但重点各有所在"。我写得这样清楚，怎么毛先生可以说我是"的确以为研究宋明理学完全等于研究理学"，这到底是谁同谁开笔墨玩笑呢？至于毛先生以为治宋明思想史不应当依用宋明儒者的方法，我说一句不敬的话，即此一端可知毛先生只是在纸面上看过科学方法，很少实际操运过科学方法。科学方法并非如某些人脑子里所想象的，像一个印糕饼的固定模型，只要将原料向模型上一套便得。科学方法是要先顺着研究对象自身的生成构造的程序而得出其一定的规律，以将其再构造。我们研究宋明理学，我们不依用宋儒所以得出某种结论的方法，你如何能了解它？但这是很不容易的工作，所以一般人只站在一旁胡猜，反将这种胡猜套上科学方法的帽子，好像拿着一个糕饼模型来裁量万事万物，凡是模型套不上去的便说这是不科学的，是不值得研究的。愈是口头上喊科学方法的人，一沾到实际问题，便多胡说八道。而这种人东翻翻、西翻翻，便自以为是高出一切的万能博士。这正是今日学术研究工作中的最大危机。我举一个极端的例子说吧，假使研究某一种魔术，也须依用魔术师构成魔术的方法以发现其底蕴，然后才能完成真正的了解，才能真正解决此一魔术问题，这即是科学方法。当然，这比只站在一旁喊"你那不是科学呀"的口号，要费力得多。但科学方法要告诉人，对每一问题，没有费过这样的力，便没有资格讲话。

答毛子水先生的《再论考据和义理》

# 三

（六）毛先生对于我在《两难》中谈到治思想史的方法，认为"极有见地"，但又奇怪"李先生却以为我所说的考据和他的完全不合"，这也是由于毛先生的误解。第一，我承认毛先生所说的"什么是天……"那一段话是思想史的初步工作；我说这种初步工作，"并不是没有价值，但不能称为思想史"。我的主要的意思是说：在西洋哲学方面，"要顺着某一哲学家的思辩经路而思辩下去，尽其曲折"。而在中国义理之学的方面，是要"了解他实践的历程，顺着历程以达到其结论或其中心点；再顺着中心点，按照严格底思辩经路以将其表达出来"。这与毛先生所说的文字上的排比工作不冲突矛盾，而只是向前向里走进了一大步。我说，我的话与毛先生所说的考据完全不合，不是指毛先生这一段话，而是指与毛先生对考据所下的两条"定义"而言。我的原文是"但这与毛先生'对考据所下的定义'，有哪一条相合"。到底合不合，一比较便可清楚断定的。至于毛先生不承认我"由实践中所说出来的话"及"实践的历程"这两句话的意义，则毛先生认为我这极有见地的一段话，似乎还未肯真正了解；我这一段话，除掉了上面两句，还有什么意义呢？关于"实践"的问题，前面已提到。至于所谓"历程"，一个人的知识发展，固然有其历程；一个人的道德实践，亦有其历程。《论语》"吾十有五而志于学"一章，即是孔子自述其历程。"兴于诗，立于礼，成于乐"，"志于道，据于德，依于仁，游于艺"，以及由"多闻"、"多见"而至于一贯，都是一种历程。凡是一个真正的理学家，必定有此历程。钱德洪谓"阳明之学凡三变，其为教也亦三变"，这也是他的历程。佛家也有十地阶位，

　　　　　　　　　　　　　　　学术与政治之间

耶教也有天路历程。无此种历程便是"学人语言",等于虚说诳语。于此而有所疑,便从何处谈义理之学呢?

(七)我说:"乾嘉诸人一谈到义理,便幼稚可笑。"当我说这一句话时,不仅已想到毛先生会反对,并且也想到会引起许多人的反感。所以毛先生说"我的意见正和李先生相反",这倒在意料之中。同时,清代考据家中以戴东原、焦理堂二人较有思想,这点我也完全承认。但我之所以敢于说这样一句话,是读过了他们这类的著作以后,很矜慎底所下的断语。现在姑就戴、焦两氏来说吧。义理之学的命脉全在"反躬以践其实"的"工夫"。有此反躬以践其实的工夫,义理学才能得到真底生命。即使自己并不做义理之学,而只是要了解古人的义理之学,换言之,把义理之学只当作思想史去研究,也要承认古人有这种工夫,从古人的这种工夫的地方了解起。这种反躬实践的工夫与考据的文字工夫全系两件事。工夫二字虽由宋儒强调,但孔子"为仁"的"为","克己复礼"的"克"与"复";孟子"养浩然之气"的"养","求放心"的"求","知皆扩而充之"的"扩充",都是"工夫"。戴、焦两氏,对此种"工夫"毫无自觉,所以他们所得的都是没有血肉灵魂的假象。戴氏虽也强调"自得",这是他比一般考据者高出一筹的地方。因为站在纯考据的立场,只是纯客观的了解,无所谓"自得";自得是把客观了解的东西转向自己生命上生根,即是客观的主体化。但"自得"必须从"工夫"中来。他们因为缺少此一"工夫"的自觉,于是把古人所以要下工夫的义利之辨、天理人欲之辨也一笔取消,而认为孔孟只是立足于"情"与"欲"之上,把儒家完全投入于自然主义之中。因为他们自身不懂义理之学,所以也不能了解古人义理之学。这是治思想史的人所最易

答毛子水先生的《再论考据和义理》

忽略而实在不能忽略的地方。第二，学问的发展，因时代及个人的气质，后人不能也不必完全与前人相同，所以宋明的理学也不能与孔孟丝毫无间。但以程朱毕生"穷理以致其知，反躬以践其实"的工夫，则在其基本精神和大底脉络上，当然还是继承孔孟义理的学统。戴、焦两氏因为先横梗一"反宋明理学"之念于胸中，打着反宋明理学以复孔孟本来面目的旗帜，结果，他不仅反了宋明，并且在义理上也反了孔孟。我看焦著《孟子正义》时，原拟将焦氏这类横决乖戾之言，为文加以斥破，后觉无此必要作罢（有暇时或再写此文。闻友人言，焦氏于《易》有精到之见，因尚未阅读，不敢论断）。我引《儒家在修己与治人上的区别及其意义》一文中涉及戴氏的一段话，以作此段的结束。"戴氏认为儒家精神乃在情上、欲上立足，即在自然生命上立足。他一方面引孟子'广土众民，君子欲之'、'鱼我所欲也'、'生我所欲也'这一类的话，以为其立足于'欲'的根据，但把孟子接说下去的话，如'舍生而取义也'这一类的话，则略而不顾。一方面引孟子'形色天性也，惟圣人可以践形'的话，以为他整个的自然主义思想作根据，而故意把'惟圣人'三个字的重大意义略而不顾。……戴氏的观点，本可自为一说，有如西方以欲望为基底之功利主义，而不必依托于孔孟。"说自己的话而偏要依托于孔孟，依托于儒家，这是偷墙脚的勾当，是违反学人良心的，岂特幼稚而已？

（八）毛先生说"天台大师的故事，似亦不应该引用"。我只是随便引来作在考据上完全错误，但在义理上依然可以成立之一例，以见考据与义理之无关。伟大的宗教精神与伟大的道德精神，其血缘最为相近，尤其是立足于心而不立足于人格神的佛教。这比把自然科学扯进义理之学里面来，似乎还自然一点。

（九）毛先生"以为顾名思义，则中文系和国文研究所自不必有义理之学"。毛先生在这一节里的乱扯名词，我不必再讲。这里值得注意的是毛先生把中国传统的义理之学，加上"特别"二字（"如有意提倡特别的义理之学……"），以与前面一切人文科学和自然科学的"正路的"义理之学相对，以见中国传统的义理之学为"非正路的"，而系"特别"的。我觉得今日要打倒中国文化，是一桩很摩登的英雄事业，毛先生何不堂堂正正地站起来干一番，而要采用这种"偷墙脚"的方式？义理之学是我国文化的主流，义理之学中的宋明理学影响了中国近千年的历史。在大学中，专以中国文化为研究对象的只有中文系及国文研究所。请问你毛先生是"顾"何"名"，"思"何"义"，而主张把中国文化的主流，把影响近千年历史的宋明理学思想，摒除于中文系、国文研究所之外？你凭着什么可以说这种横蛮无理的话？"对圣贤修己治人的方术的阐明"并非等于墨守成规，不加判别，要人去复古。阐明以后，或仅当作一种客观知识，或作为立身行己的启发资助，那是各人的自由。传统的治学态度分工不够精密，一说到治义理之学，常是把对于古人思想的了解和自己行为的修持混为一事，并且是以后者为目的。这在今日大学课程中，只以能做到前者为满足，即是重视古人的思想，重视思想这方面的教材和讲授法；至于个人行为的修持，那只有委之于各人自己。毛先生在《再论》中认定注重讲授思想的人都是讲自己个人的思想，这真是无的放矢的笑话。在国文研究所中，预定养出若干名校勘硕士、博士，这在中外学术史、教育史中真值得称为滑稽外传。学术发展到现在，任何东西都可成为学问研究的对象，都可成为一种学问。为什么中国人所办的大学中的中文系、国文研究所不能讲与近六亿人口的生活习惯有关的义理之学？我现在就手头的材料把日本昭和十七年（民三十一年）各著名大学有关中国的思想文化和日本的思想文化的课程简列在后面，以资关心此一问题者的对照参考（应特别注意的，这只是一个学年课程中的支那哲学、支那文学的课程）。

東京帝國大學
　　　支那哲學概論　　　　　　　　　　　高田真治
　　　清代思想史概論　　　　　　　　　　同上
　　　《論語》的思想　　　　　　　　　　同上
　　　《孟子》　　　　　　　　　　　　　同上
　　　支那哲學演習（《儀禮注疏》）　　　同上
　　　清朝儒學中的問題　　　　　　　　　麓保孝
　　　宋學概論　　　　　　　　　　　　　諸橋轍次
　　　先秦諸子講讀　　　　　　　　　　　橋本成文
　　　《莊子》講讀　　　　　　　　　　　同上
　　　**印度哲學梵文學科（印度方面者從略）**
　　　支那隋唐時代的佛教　　　　　　　　宇井伯壽
　　　日本佛教教理史　　　　　　　　　　花山信勝
　　　鎌倉淨土教對諸宗之關係　　　　　　同上
　　　聖德太子之教學　　　　　　　　　　同上
京都帝國大學
　　　**倫理學科**
　　　日本倫理思想概說　　　　　　　　　和辻哲郎
　　　日本倫理思想演習（道元《正法眼藏》）　同上

| 日本伦理思想上的诸问题 | 村冈典嗣 |
| --- | --- |

**支那哲学史**

| （普通）支那思想史 | 重泽俊郎 |
| --- | --- |
| （特殊）法家思想研究 | 木村英一 |
| （同上）三教交涉史 | 武内义雄 |
| （同上）近世经典批判的历史 | 平冈武夫 |
| （演习）《春秋公羊传》注疏 | 重泽俊郎 |
| （同上）《春秋左传》注疏 | 同上 |

**佛教学**

| （普通）佛教学概论 | 羽溪了谛 |
| --- | --- |
| （特殊）佛教之悟界 | 同　上 |
| （同上）法界缘起论 | 久松真一 |
| （同上）日本天台之得失与镰仓佛教 | 钉宫武雄 |
| 　　　　镰仓佛教之特质 | 同上 |

**日本精神史**

| （普通）日本精神史概说 | 西田直二郎 |
| --- | --- |

副科目

**支那哲学史讲读**

| 《文选》 | 青木正儿 |
| --- | --- |
| 《国朝汉学师承记》 | 平冈武夫 |
| 《东塾读书记》 | 重泽俊郎 |
| 《周礼注疏》 | 木村英一 |
| 《正法眼藏》 | 久松真一 |

九州帝国大学

| 《传习录》讲读 | 楠本正继 |
| --- | --- |

答毛子水先生的《再论考据和义理》

| | | |
|---|---|---|
| 宋学概说 | | 同上 |
| 支那哲学史演习 | 《明儒学案》 | 同上 |
| 同上 | 明儒学案关系文献 | 同上 |

台北帝国大学（即台湾大学之前身）

| | | |
|---|---|---|
| 东洋哲学史概论(武内义雄著《支那思想史》) | | 后藤俊瑞 |
| 东洋哲学特殊讲义 | | 今村完道 |
| 性理学的伦理思想 | | 后藤俊瑞 |
| 东洋哲学讲读 | 《左传注疏》 | 同上 |
| 同上 | 《论语集注》 | 今村完道 |
| 同上 | 《周易本义》 | 同上 |

（以上据《哲学年鉴》第二辑）

　　此外日本各大学最低限度总有一门支那哲学思想史。我们看了日本仅仅一个学年的有关中国思想方面的课程，试和自己的课程作比较，宁不愧死。至关于日本自己方面的课程，在我们看没有多大价值，但因为他们是日本人，所以在他们有研究的责任，即有研究的价值。一部"宗门撮略"的《正法眼藏》，几乎每一大学里都认真地去研究。傅孟真氏接长台湾大学（因为他是毛先生最佩服的人），定《孟子》、《史记》为国文教材。讲《孟子》的重点是应当放在义理上，还是应当放在考据上？他在《性命古训辨证》中认为《通志堂经解》的价值不在《皇清经解》之下，这是说明傅氏毕竟是豪杰之士，他虽然不懂义理之学。毛先生为什么一定要排斥中国义理之学？

　　（十）我在《两难》中引用爱因斯坦科学知识，只能告诉人"这是什么"，而不能告诉人"这应当如何"的话，即是告诉毛先生，爱因斯坦在科学知识中没有发现可以作人类道德行为的根据。毛先生对于爱因斯坦的话不作正面答复，却依然以许多口号代替论证。他说"义理之学如果是告诉人应当如何，应该是近似现代所谓伦理学的。……我以为如果世间有所谓能够告诉'应当如何'的学问，那只是以现代科学知识为根底的伦理学"。又说"我以为将来自然科学——尤其是生物科学——进步到相当境地，一个医生或一个病理学家的使人从善服义的力量，必会比一个牧师或一个道学先生感化人的力量来得大"。总括毛先生的意思，中国义理之学算不得伦理学。我想这太反常识了，不必深论。至于"以为将来""必"由医生病理学家来尽"使人从善服义的责任"，因为事属"将来"，现无实证，我不敢信口开河地乱讲。毛先生这些意见，据毛先生自己说，是从"许多有学问的人"那里听来的，大概这些有学问的人都是"科学预言家"。而文化落后的地方最容易出这种预言家的。不过我觉得下列与我们的论题有关的三种书，毛先生不妨抽暇看看，或许比台北的"科学预言家"说得可靠一点。而且其中一位是得过诺贝尔奖金的生理学家，一位正是医生，另一位则引用了许多有关科学研究的最近结论（我看的是日译本）。

Alexis Carrel ：*D'Homme cet inconnu*（《人间论》）

Albert Schweitzer ：*Verfall und wiederaufbau der Kultur*（《文化之没落与再建》）

P. A. Sorokin ：*The Reconstruction of Humanity*（《人性的再建》）

最后我向毛先生建议，问题并没有讨论完，若要继续讨论，则首须将对方和自己的文章弄得清清楚楚，以免浪费笔墨。其次，把讨论的范围加以限定，说完了这，再说到那，要提具体底论证，而不要空喊口号。同时，我也感到，老年人似乎更不适宜于写大题目的文章，以免前后照管不到。我自己也有这种垂垂老矣的警号了。

一九五七年四月十六日《民主评论》第八卷八期

# 历史文化与自由民主
## ——对于辱骂我们者的答复

《自由中国》半月刊自出刊以来，倡导自由民主，为各方所推重。但他们一谈到文化问题，则常常是偏狭武断，不免使人怀疑写这类文章的人，恐怕根本缺乏自由民主的气质。尤以最近十六卷九期《重整五四精神》的社论，其态度的横蛮，对于中国的历史文化及中国历史文化的研究者所加的辱骂，只有用"文化暴徒"四字，才可加以形容。政治暴徒，是自由民主的大敌，我们有什么根据可以相信文化暴徒能够成为自由民主的友人？所以我感到对这种人应当作一答复。当然，这只是提笔写社论的一二人的态度，我相信并不足以代表整个的《自由中国》社。以下行文中所用的"你们"，仅指此种人而言。

一

写这篇社论的先生的目的，主要是以五四运动为题，分三点来辱骂中国的历史文化及中国历史文化的研究者，这是他们一贯的态度。关于五四运动，我留在最后再谈。现在先答复写这社论的先生们所辱骂的三点。

第一，你们认为历史文化这一名词的本身有问题。"在此时此地，历史文化一词，究竟作何解释，实在令人莫测高深。现在这个名词已不是一个纯经验的记述名词，而是除了夹带情绪以外，好像已蒙上一层权威的阴影"。你们过去曾怀疑到国家这个名词，认为"自由"一词，不能和"国家"联在一起，尽管发表这些意见的刊物便称为"自由中国"。"历史文化"，本是"历史与文化"（the history and culture）的复合名词。历史文化之所以被用作复合名词，只不过因为文化离不开历史，可以说没有历史便没有文化。其意义即是研究历史中的文化问题。这几年来，以《民主评论》为中心的少数朋友，特致力于中国历史文化的研究和倡导，其成绩如何，应当由实际研究的各种结果来决定。名词的本身，仅表示此种研究的大方向，在此种大方向下可作各种不同的努力。努力的结果如何，对于名词的本身，似乎发生不了什么语意学的疑难。至于说"现在已不是一个纯经验的记述名词"，这便牵涉到史学方法上的问题。这是一个相当复杂的问题，决不像门外汉所想象的那样简单。历史事实的批判、省约、选择，与想象底才能，是历史叙述所不可缺的条件。"省约与选择不够，则易发生概念的混淆与理解的模糊；想象力不足，即缺乏表现史实的力量，忘却一般历史的主流，使叙述发生混乱"（以上请参阅丸山二郎、儿玉幸多共著的《历史学之研究法》第六章）。并且一般人常常以为文献学即是史学，常常因为史料乃固定的物理底存在，便以为历史事实也是这种意味的固定的存在。若系如此，则为什么在同一史料之下，会不断出现历史的改写。许多史学家认为只有通过当前生活的体验和对于将来实践的意欲，才能真正了解历史的事实。就中国说，受了佛学，尤其禅宗的影响，才了解到《中庸》的意义；受了十九世纪末社会主义的影响，始能发现《礼运·大同》

章的意义。研究历史文化，以为与研究的时代与个人的批判能力无关，那是幼稚的想法。因此，何谓"纯经验"的叙述，如何能作纯经验的叙述，过去哪些著作是纯经验的叙述，不是信口开河可以了事的。至于所谓"夹带情绪"，又指的是什么呢？由"历史文化"四个字所拼成的一个名词，你们看了便怒气冲天，这是你们自己的情绪，与此一名词的自身有何关涉？你们有权利对它发生愤怒的情绪，似乎也可以容许他人看到它发生欢喜的情绪。对于数学有兴趣的人看到数学有感情，对于考古学有兴趣的人看到一块化石有感情；一个名词的本身无所谓感情，感情是由人加上去的。研究任何名词所代表的一门学问，当它正在研究的过程中，每一个研究者的精神都是冷静的；不冷静，知性的理解力便显现不出来。在研究以前及其以后，有时便会带点喜悦或厌恶的情绪。柏克对于大化学家法拉弟（Michael Faraday）的叙述是"自然和他的冥想，在他心里产生了一种精神的狂欢。且像诗人一样，他要不住地达到可以产生诗歌的那样的情绪"（亨德著《文学概论》，傅东华译，页八三），这即是最简捷的证明。还有，有的研究对象的本身，不直接引起研究者由价值判断而来的感情，有的研究对象的本身，则容易引起研究者由价值判断而来的感情，尤其是对于自己历史中的某些事象，有如岳飞、文天祥之死等等。同时，这些感情又可以由研究者所下的工夫的深浅而可发生某种程度的变化；例如初看《三国演义》的人，多半会痛恨曹操。但也有人因对曹操的了解增加而发生多少同情。而这类的感情，也可成为研究者进一步去研究的推动力。一口说"夹带情绪"，你们以为就可以形成取消这门学问的大罪名吗？你们说到"好像已蒙上一层权威的阴影"，原因是"谁要反对它或批评它，谁就是犯上作乱的样子。就科学的眼光看来，历史文化并非崇奉的祖宗牌位……而不是贡在神龛上的灵牌，那末，当过去的成绩不甚适合现代人的生活而与以批评或修正时，为甚么就算是大不敬呢"？在学问讨论的过程中，有批评，便可以有反批评，这是一种极寻常的事，怎么会引得到"权威"、"祖宗牌位"、"神龛"这种种形容描写的辞句上去？这是不夹带情绪、精神正常的研究者所用得上去的词句吗？批评，要根据事实。《自由中国》半月刊自出刊以来，对于中国的历史文化及对于历史文化的研究者，只有不断的叫嚣、辱骂、戴帽子、放冷箭等等的毒恶而下流的词汇；除了罗鸿韶先生有一两篇批评性的文章外，根本没有所谓批评，更谈不上修正。你们可以辱骂他人，他人也可以有权利反骂你们。骂不是办法。我们平时只是不断指出一个人不可能对许多问题都有兴趣，对许多学问都有时间去研究；因此，不可以有"只准研究我的，不准研究你的"的这种横蛮态度。你们骂他人，他人骂你们，或劝你们不要骂，你们便说这是"权威"、"祖宗牌位"、"神龛"，你们这种态度，才真是撒娇赖死的妾妇相。

二

第二，你们说研究中国历史文化的是"复古主义"，而复古主义，是反科学民主，是罪在不赦的。我首先感觉到除了你们以外，世界任何稍有知识的人，也不至反对把人类的历史文化当作学问研究的对象。研究中国的历史文化，便是复古主义，则研究考古学是否即是要回到史前时代？研究原始部落，是否即是回到部落时代？中国人为什么不可以研究中国的历史？为什么不可以研究中国的文化？研究中国的历史文化为什么就可以一概加上复古主义的帽子？研究中国历史文化便是复古主义，则知道一点点西洋的东西，而彻底反对中国文化的是否即是洋奴主义？你们以为洋奴比复古要高明些吗？其次，人类当艰苦困难的时代，总希望从自己乃至他人的历史文化中，求得对我们当前的行为、方向，有若干正面或反面的启示或教训，这是无间于古今中外人类自然的要求，而为研究历史文化者的一种自然的职责。由历史文化所求得的启示、教训，随各人研究的态度、深度而有不同，这是可以作具体讨论的，但谁能抹煞人类自身的这种自然的要求和研究者所应当负的责任？人类的文化、人类由文化所建立的生活型式和态度，都是由历史积累而来。反历史文化，只有把人类带回原始的野蛮时代。我们目前在政治上迫切需要民主自由，但我们只有从历史文化中才能指出人类在政治上必须走向民主自由的大方向，才能断定民主自由的价值。从逻辑中推不出自由，推不出民主，作不出自由民主的价值判断。逻辑的自身，不是从天上掉下来的，也是历史文化的产物。历史文化，是以时间为其基底；时间之流，总是在变的；研究历史文化者是要从历史文化中看出它变的方向，在变的方向中，寻找变的某种程度的原则，以为人类抉择行为的资助。假定说这是复古主义，则在自由世界的报纸杂志书刊中，到处都是复古主义。

再看你们把研究历史文化的人戴上复古主义的帽子以后所加的各种辱骂词句吧。先给人家戴上帽子，再去放手整人家，这正是极权主义者所玩的老把戏，你们学得很像，不过更下流一点。"说中国的传统的文化曾维系了几千年的人心并稳定了几千年社会之人，但忽略了两种重要的情况，第一，中国历史上……也有流寇之乱，尤其是有历来改朝换代所引起的循环砍杀……第二……复古主义者没有稍微用大脑想一想（这是说复古主义者不用大脑去想的），这样的维系和稳定是在什么情境之下才办到的？……怎样保证在有外来新文化冲激和竞争的情境之下也能维系人心并稳定社会呢？更何能收此效于原子时代？"对于这段话我只想指出三点：一、有谁人告诉你们，"循环砍杀"的历史便不当研究？二、历史的事实，和文化的要求，并不是同一的东西。譬如政治应该以人民为主体，这是文化的要求；一个暴君出来完全把人民当作他个人的工具，这是历史的事实。研究历史文化者，主要是研究文化要求与历史事实的相互关系，在许多历史事象中分别出，哪些是文化要求改善了历史事实，哪些是历史事实阻碍甚至歪曲了文化的要求，哪些是由文化自身的缺点而助长了历史事实的罪恶。因为你们的头脑过于混乱，所以连这种起码的分析能力也没有，常将二者混为一谈。三、你们提到人心社会，即是人与人的关系的问题。你们以为"科学给我们带来一个动的社会"，原子时代更是"动"得厉害，动得要和历史文化，一刀两断；至于变动的样相何如，因为你们只知道"动"，只知道变，今天的不是昨天的，明天的不是今天的，谅你们也说不出一个所以然来。但我要告诉你们，人类所以能自己认识自己，所以能认识家人、朋友，乃至在时间上认识历史，在空间上认识世界，都是因为在变动之中，总有若干不变或变得很慢的东西存在。否则头天晚上同老婆睡觉，可能第二天早上彼此不知道是甚么人；因为人体新陈代谢的变，没有一刻会停止。物质的条件变了，人的生活方式，及人与人相与的方式变了，但若干基本因素还是不会变。如何稳定原子时代的人心社会，就我的"大脑"想，不会在核子分裂中分裂出一个什么东西出来作为稳定的因素，依然还是西方历史文化中的山上垂训，中国历史文化中的忠恕之道，应当随着原子时代而扩大。最低限度，像你们这种科学化、逻辑化了的暴戾恣睢的"新人"，以叫嚣辱骂为最大的本领，对于原子时代的人心社会，不会有什么益处的。并且像你们这种彻底反人生价值的人，还谈什么人心社会呢？

你们说"这一文化，实如一垂危的老人，只要一点细小的偶然因素，就可致其死亡"。"凡属稍有知识的人士都看得明明白白，时至今日而讲复古，无论讲得怎样玄天玄地，根本是死路一条，不会有前途的。从心理方面观察，复古系生于对危亡的恐惧感，和对优越事物的自卑感。有自卑感者，一遇到优越的因素或力量之刺激，就会在心理上产生一种自我防卫的机械作用（self-defence mechanism）。目前若干谈复古者，无论怎样拿历史文化做招牌，无论谈得怎样冠冕堂皇，无论讲得好像是根本乎理性的样子，其最根本的出发点，不过是这种自我防卫的机械作用而已。"在这种暴徒面前说道理，根本是白费，所以我首先只指出一种为任何人所能了解的事实以作比较。西方的宗教，站在文化的立场来看，依然是一个历史文化的传统；并且这个大的历史文化传统，又分别受了各国自己的历史文化传统的影响，以适应各民族自己的要求。近代科学的产生，虽然在相当的长时间内，和宗教作过激烈斗争。但科学发源地的西欧，科学最发达的美国，不仅宗教与科学并容，并且有许多科学家，同时即是宗教信徒，例如爱因斯坦即是一个犹太教的信徒。这从另外一种观点来看，人类不论如何进步，如何变化，总要有一种文化传统的东西作为生活的安定因素。我记得《中央日报》曾发表一篇某君的美国通信，在这篇通信上说民主、科学、宗教是支持美国人生活的三大因素。并且说，美国人假使没有宗教，美国人可能会发疯。我觉得这是很智慧的说法。在美国那种忙迫的社会生活中，只有在宗教仪式中可以恢复人的精神的平静。现在有许多以传教为职业的人，几乎是无远不届，无孔不入；尤其九年以来的台湾，传教事业之盛，信徒之多，几乎可以说是空前的。我们流亡在外，为了不忘记我们的祖国，不忘记我们的祖宗，为了大家在狂风暴雨中，找出我们先民在苦难岁月中的若干经验教训，因而讲讲自己的历史文化，讲讲自己圣贤的道理，这除了纯学术的研究性质以外，究其极，也不过是对自己的祖国和同胞多负一份责任，其用心，与教徒的传教，并无两样。但肯这样作，能这样作的人，实在少得可怜，与今日宗教活动的情形不能相提并论。凡是这种朋友，不仅对自己的历史文化是采取珍重爱惜的态度；对所有人类的历史文化，也无不采取珍重爱惜的态度。只有在文化上有这种品德的人，才配谈自由民主，所谈的自由民主才有内容。你们对于这种努力认为无聊，你们可以置之不理。你们认为在什么地方有错误，应该针对错误之点，作具体的批评。就生活说，各有各的生活兴趣的自由；就道理说，道理应当根据事实，心平气和地讲了出来。但你们，对于外国人讲外国人自己的历史文化的宗教，对于外国人在中国、在世界各个角落讲人类几个伟大传统的宗教，你们不认为妨碍了科学民主，不认为是出于自卑心理，不认为是玄天玄地，不认为是自我防卫的机械作用，并且还有人想冒充教徒去换饭吃；为什么对极少数的中国人讲点中国传统中的圣贤道理，便要用你们大脑所有的思考能力来想尽你们所能想到的骂人字句来辱骂呢？揭穿了说，有洋爸爸在后面的东西，有金钱，有面包，你们是又爱又怕；于是只好把中华民族的根源——历史文化，及研究这种根源的少数学人，尽量地辱骂，以见整个中华民族都是沉沦在下界，只有你这种宝贝是翘立在下界的上面，以独承洋爸爸的恩宠，这样，你便可以纵横驰骋，大出风头。其实，你们想错了，世界上只要是精神正常的人士，对于不分青红皂白来糟蹋自己整个民族文化的自虐狂者，莫有不齿冷的。昨天晚上我听某位先生的讲演，他还提到当代最伟大的史学家汤因比，在他的著作中有叹息中国的留英学生，一到英国便完全否认中国历史文化价值的一段话，认为这是中国人精神的堕落。外国思想家提到中国文化的，有批评、有误解、有赞美，但能找得出像你们这样的辱骂的吗？你们自己以为能跳出中国的历史文化圈外，实际还是中国历史中的人物。中国历史中有所谓"豪奴"、"恶奴"者，在主人面前是"奴"，在佃户乃至在平民面前则是"豪"是"恶"。你们正是这种豪奴、恶奴的再版。你们找出"自我防卫的机械作用"（self-defence mechanism）来骂研究历史文化的学人，我只简单告诉你们三点："自我防卫"，是所有一切生物的起码权利；谈自由人权，究其极，乃是对于每一"生底单位"所作的"自我防卫"的价值的肯定，这可以说是一切价值观念中的基点。只有像你们这种低级极权气氛的人，才对此加以侮蔑。第二，在人类的历史中，乃至在中国的历史中，是不断地发生过"危亡的恐惧"，不断地发生过外来的压迫。在恐惧前低头，在压迫下屈服的奴才，才真正是历史上送葬的行列。为文化的理念挺身而起，从理性上、现实上重新反省自己，估计分析新的环境与新的事物，以使其服从于自己合理底生存欲望，这正是每一个思想家、文化工作者的责任。中国历史经过许多灾难而还能延续到现在，其原因正在于此。中国今日真正的问题，乃在能尽此种责任者的太孤太少，常是受两方面的围攻。现在西方许多思想家，把英国哲学家罗素也包括在内，谁没有对共产主义、对核子武器、对西方社会的内部问题，而发生"危亡的恐惧感"？"忧天命而悯人穷"，这是创造人类文化的最伟大的动力。你们说这是"自卑感"，难道说没有灵魂的趋炎附势，寻声逐响，便是你们的自高感吗？第三，mechanism 有人译作机械观，这是将一切自然现象还原为物质原子的机械作用或运动现象的物理学的观念。此一观念，导源于伽利略，奠基于牛顿，完成于赫尔兹（Hertz）；但因为它不能说明化学变化及电磁现象，所以今日的物理学界，对于这种机械观的完成，已经被放弃了。（译作机械论的是哲学上的名词，与此处无关），生物学中借用此一名词以与活力说相对，这是生物现象中最原始的一种现象。你们用尽仅由你们所独占的大脑，想出这样一个名词来骂历史文化的研究者，你们以为这样才骂得恶毒、痛快，这样才可以消消你们对中华民族之所以成其为中华民族的历史文化的一股仇恨之气，这样你们才觉得自己可以站在最崇高的地方享受你们一二人的自由民主；朋友，你们这种想法，实在是无知到可怜的地步了。

## 三

第三，你们认为研究中国的历史文化者，是现实政治上反自由民主者的帮凶，亦即是极权主义、专制主义的帮凶，这是你们常说的话。你们说"这是开倒车的复古主义与现实权力互相导演之结果"。"依据向量分析（vector analysis），复古主义和现实权力二者的方向相同，互相导演、互相表里、彼此构煽，因而二者所作用于五四运动的压力合而为一"。关于五四运动的问题，留在后面再谈。在中国，思想上彻底反对历史文化的是法家，是共产主义，及你们这几个人，政治上是暴秦和今日的共产党。在世界，有的思想家重视历史文化，有的则轻视历史文化；有的阐述历史文化中好的一面，有的批评历史文化中坏的一面；但彻底反对历史文化的只有共产主义、虚无主义和达达主义，彻底实行此一政策的便是苏联集团；这是不要用大脑去想即可以承认的最显著的经验事实。你们如何能扭转来说研究历史文化，是专制极权的帮凶呢？中国文化中所以特别强调"古"，强调"历史"，乃至"与古为徒"，正如庄子在《人间世》中所说"其言虽教谪之实也（按此当作一句读，意谓对统治者虽然是教训他，讽责他），古之有也，非吾有也。若然者，虽直而不病，是之谓与古为徒"。这是专制政治下对于统治者不得已的苦心，二千多年来，无不是以"古"，即是以历史文化来修正或缓和统治者的专制，这只要稍稍有点历史常识的人，也不能不承认此一显著的无数的经验事实。法西斯好像不和共产党一样地反历史文化，但稍稍研究一下，法西斯是因为要利用国家民族的招牌，但除了历史文化，便无所谓国家民族。因此，法西斯所以不能反对历史。但法西斯只强调历史中的某种野蛮主义，决不提倡历史中的文化。例如"法西斯"一词的语源乃是古罗马统治者权威的象征，而纳粹所强调的则是雅里安人的纯血统，日本的军阀则强调武士道。平情地说，关于自己的历史文化，既不应作狂热的夸张，因为作狂热的夸张，从文化自身说，势必抹煞文化的世界性及世界的其他文化，结果会流于自欺，会使自己的文化失掉了营养，因之归于萎缩。但更不应作狂热的诬蔑，因为失掉了自己记忆力的人一定是白痴，失掉了历史记忆力的民族一定是生命力枯竭而必归于消灭的民族。所以最残暴的殖民主义，必须消灭篡改其殖民地的历史。你们常常把研究历史文化者当作专制极权者的帮凶，这不仅说明你们对历史文化的太无常识，也是说明你们对一切文化都没有常识。固然有若干读中国书的人，在现实政治上常有许多可耻的行为；但你们要知道，在现实政治中占重要地位，做大坏事，发大政治洋财的，十之八九多是洋学生出身，而心里和你们一样，十分讨厌中国历史文化的人物。难道我们便因此而断定研究西洋文化者是极权专制的帮凶吗？并且在中国文化中，最低限度，还告诉人哪些行为是可耻的。但在你们所标榜的否定一切人文价值的观念中，连善恶两个观念都不能成立，一切只是生物的激刺反应，强者为王，还有什么政治的好坏可说呢？

凡是用大脑的人，应当有相当的分析能力。我们对于现实政权，有许多不满意，但我们不能对现实政权不分青红皂白地加以反对。现实政权提倡历史文化，同时也提倡科学，并且在许多政治性的训练班里也提倡逻辑（理则学）。他们提倡科学、逻辑，是出于实用的观点，他们认为讲了还应实行。而提倡历史文化，主要是出于对共产党的政策；因为共产党反历史文化，所以这边便提倡历史文化。他们对于历史文化，只是口头上讲讲，决没有存心要把历史文化中的好的东西拿来实行。而中国的历史文化精神，在现实上是要见之于行，见之于事的。所以现实政权对于历史文化的提倡，比之对于提倡科学，更为虚伪而无真实内容。假定现实政权不能令人满意，则科学不能负责，真正的科学者不能负责，历史文化及真正的历史文化研究者又如何能负责？少数的历史文化研究者，除非有其他背景，其所受的冷遇和压迫，这不是有目共睹的事实吗？并且一般以为科学与民主不可分，这只是就我们的需要而论。若各就其本身说，则民主可以保障科学，而科学不一定能保障民主。每一极权国家都需要科学，都有其卓越的科学者。极权者对于人民，尤其是对于知识分子的肃清工作，都应用了高度的心理学、精神分析学。美国因为自然科学者对民主自由观念的日趋淡薄，乃不得不实施通材教育。钱学森之毅然返回大陆，也说明科学的本身并直接推不出民主的要求。因此，纵使有科学，并不能一定保障民主。但我们在意愿上一定要把它和民主结合起来。由科学与民主之无必然关系，但我们还要把他连在一起，则纵有少数人讲历史文化而不了解自由民主，也不能由此而证明历史文化与自由民主不能相容，更不能证明在自由民主之下不能讲历史文化。再就担负现实政治的国民党而论，中山先生及其中少数一二人和今总统蒋公，是对历史文化相当尊重的。我们过去曾根据中国的历史文化对蒋公有所献替，这里不谈其他问题；但仅就他提倡中国文化这一事而论，我觉得只应要求他名实相符；对于此事之本身说，没有多大理由加以反对。并且蒋公同时也是虔诚的基督教徒。祭孔时，蒋公常派代表，而祷告则无间于朝夕。则蒋公个人的是非得失，何以能偏由中国的历史文化来负责？至就国民党一般党员来说，因为所谓革命，都是青年的热情和群众运动的结合品。这都不能从中国的文化中得到他们所需要的激刺，因为中国文化的性格是"布帛之言，菽粟之味"，可以供人经常的营养，而不能作一时激刺之用；所以绝大多数以革命自命的国民党员，都不了解中国的历史文化，都是反对中国的历史文化。所以如实地说，国民党并没有对中国历史文化负责，中国的历史文化也难对国民党负责。在政治上压迫学术思想，和用政治去裁诬学术思想，这都是为自由民主所不许。在这一点上，不仅历史文化的研究工作者，从来未诬蔑乃至轻视任何学术部门及任何学术工作者，即国民党也比你们高出一筹；因为在不妨碍他们直接的政治利益的范围以内，尚不至干涉诬蔑到他人的学术研究工作。

你们以政治来诬夺历史文化的研究者，据你们自己说是"依据向量解析（vector analysis）"。Vector analysis 是指计算除了大小多少以外，有一定的方向的量而言，如速度、力等，这是与物理学最有密切关系的数学中的一个很专的部门。你们是如何下手去解析？是经过如何操作的过程，而能得出你们专以骂人为业的结论？从你们这种乱用名词看，可知你们完全是望文生义，对于每一名词所界定的严格内容，毫无了解；而只是把它当作一种符箓，拿来唬吓你们所卑视的中国人。你们心里想"我摆出的是洋字呀，是新名词呀，大家还不佩服我的学问吗？"用欺骗来达到骂他人以捧自己的目的，这不是有品格的人所干的勾当！记得你们为了一个逻辑的名词，和人打笔墨官司，你们说，用显微镜在罗素的《数学原理》一书中也找不出那个名词；但结果，人家指出那个名词不仅见于罗素书中的某句，而且是那书中的一章。写这篇社论的先生，禀尼采的气质，而又太无尼采的天才；响罗素的风规，却又太缺乏罗素明净的头脑。假定不做点中国历史文化中的变化气质的工作，恐怕什么书也是读不进去的。

自由民主的可贵，因为它可以涵容各种的生活兴趣，可以涵容各种的学术思想。因此，通向自由民主的不是一种生活兴趣，不是一种学术思想；而是凡可以通，凡愿意通的，都有通的权利和义务。这就是我们讲历史文化者的人文精神的态度。假定在反自由民主者的口中讲历史文化是一种不幸，则在除了一点肤浅的逻辑套套以外，无所不反（实际你们不仅反中国的历史文化）的低级极权者的口中讲自由民主，一样是中国当前的不幸。中天下而立的人们，当然要把这种死结打开，一面讲我们的历史文化，一面讲我们的科学民主；科学民主，是我们历史文化自身向前伸展的要求，而历史文化则是培养科学民主的土壤。

## 四

写这篇社论的人，是借五四为题目来发挥的。他说大家不应批评五四，以致"这样重要的节日几乎被人忘记了"，不错，年来对五四运动有不少的批评，讲历史文化的朋友作得更为深刻。所以最后我针对这一点说几句话。我的态度简括地说，五四应当尊重，也应当批评。尊重五四，并非把它当作一个偶像以为树立门户之资，批评它也并非等于否定科学民主。科学民主，不是任何人的专利品，也不是五四的专利品。中国对科学民主的要求，并非始于五四，戊戌变法，便是追求科学民主的实际行动。但五四的可贵，在其对社会发生了远超过戊戌变法的启蒙运动的作用，而白话文学的成功，更有不朽的价值。这是值得尊重的。但值得尊重的东西，并非即是不可批评的东西。五四运动的本身也可以说是一个大的批评运动。批评运动的本身，却禁止旁人的批评，那才真是笑话。至于"现实权力"对五四批评的动机及其得失如何，自有"现实权力"负责；批评有其具体内容，不能因为某一部分人的批评不对而即认为凡是批评的都不对。

任何传统文化，为了适应新的环境，接受新的事物，其本身必须经过批评而发生新的反省，以打破解脱它已经僵化了的部分，使其原始精神发生新的创造活力；所以五四运动的反传统文化，也不是没有道理。问题是在当时的领导者们，认为传统文化与科学民主不能并立，必先打倒传统文化，才能建立科学民主，于是他们所作的打倒传统文化的工作，远多于正面建立科学民主的工作。在世界历史中，只发现批评传统文化的科学民主，却发现不出打倒传统文化的科学民主；世界上除共产国家外，没有一个打倒了自己传统文化的国家，而我们却偏要在短时期内去加以打倒，此在民主世界中找不出这种根据。只有共产主义的阶级理论，认为封建社会的文化必为资本主义社会的文化所代替，资本主义的文化又必为社会主义的文化所代替；中国不论是什么社会，但对现代而言，总有其落后性，则其文化必为另一前进的文化所代替，乃是历史发展的铁则。这便提供了要彻底打倒中国文化的人以理论的根据。而社会主义更新于资本主义，这又合于越新越好的心理需求。并且人必有所信，才能发出有力的行为。数十年来中国是动乱的时代，许多问题急待解决，热情的青年，面对此一时代，要求为解决问题而有一种强力的行为，因而必要求能有所信。怀疑主义，满足了此一时代消极要求的一面，但不能满足此一时代积极要求的一面，共产主义恰可满足此一方面。在此一时代而希望传统文化发生领导的作用，那是不可能的。但传统文化可以在此种时代中发生自然的制衡作用，以免其走向极端。现在连孔家店也在一句口号之下打倒了，大家以满怀愤恨之心来看传统文化，一切只有与传统文化相反的，才是真理，这便完全失掉了文化自身的制衡作用，于是动乱时代的青年，只有向着可以支持他们积极行动的那一方面，往而不反。所以五四运动中以陈独秀为首的最有力的一部分，很快地便直接转为共产主义运动，而且这一部分人，始终在文化活动中占有极大的优势。说共产党的成功是完全要由五四运动负责，这是冤枉的，因为主要的责任者还是国民党在大陆上的政治。但说共产党与五四运动的打倒中国文化没有关系，这也太昧于事实。五四运动的另一部分，少数人埋头于旧文献的考订，说要以此来打倒中国文化，并以此带进科学方法；他们在这方面的成就，我不愿多说。此一部分的多数人则加入了国民党，成了国民党的主要人物。国民党对民主的贡献，也就是这些人的贡献。因此，五四运动对于科学民主的流产，主要是来自五四运动的自身，而其关键则在于他们要首先打倒中国文化；在这种不可能的任务之前，一部分人横决，一部分人逃避，乃必然之势。中国这几年的历史文化工作者，主要在指出五四运动打倒中国文化的企图，不仅站在中国人的立场为不能接受，即站在科学民主的立场也是不合理，尤其是无此必要。中国文化打倒以后，中国成为一个野蛮民族，如何能实现科学民主。所以我们是以对中国文化的批评来代替五四时代的打倒，要通过中国文化自身的反省，使科学民主在中国文化自己身上生根。基于此立场所作的对于五四运动的批评，乃是五四运动向前的发展，文化运动向前的发展。自然科学中的定律尚且可以批评，尚且可以推翻；"五四"是一个社会性的文化运动，领导当时运动的不过是二三十岁的青年；假定经过了三十八年的岁月，而尚不能批评，乃至不许批评，那才是此一时代文化的破产。凡矫枉者每每不免过正，这在五四当时喊出打倒中国文化的口号，是可以理解，是可以原谅的。经过了三十八年，而依然由对中国文化一无所知的人来变本加厉地喊打倒，甚至于还要剿灭中国文化的口号，这是无法理解，难以原谅的。至于中国文化之何以只应批评，不应打倒，我这里只把原系《自由中国》社主干之一，现在已归道山一年多的罗鸿韶先生的一段文章，抄录一小段在下面，以作此文的结束，并作对这位朋友的纪念。

我们知道，文化是生命的，则斩断历史便是杀掉其生命，使复归于野蛮社会罢了。有一批人想把中国的旧东西完全抛掉，从一方面说，这是不可能的，设想我们今天把中国话完全不讲，谁敢说有此可能。如果还要说中国话，则中国文化的生命便不会完全死掉。假定这事果然实现，则其时的中国也只是一个野蛮社会，还有甚么理想可说。所以我们希望中国文化发展，非积极做批评工作不可。……批评工作是很艰苦的………打倒却很容易。儒家的思想延续二千余年，要懂得它的概要也非有十年以上的工夫不可，要做批评的工作更须煞费心力。但要打倒它，则只说一声"封建思想"，它的价值便一落千丈了。中国从前的人好尚"遵古"，似乎凡是属古的都有价值的；最近几十年来则有维新的风气，似乎凡属新的都是有价值的。故说这是复古，便觉得必然落伍无疑。……难道时间与价值有必然的关系吗？（《批评与打倒》,《民主评论》四卷九期）

一九五七年五月十六日《民主评论》第八卷十期

# 考据与义理之争的插曲

## 一、文字因缘

去年东海大学要同人分别研究各系教学的方针及课程，我平生是有话便说，所以对中文系提出了一点意见，用油印发给同事的先生们作参考。大意是觉得几十年来大学中的中文系，多只注重语文训练，而忽视思想上的培养，以致今日一般中文系毕业的学生，对于中国文化是什么的问题，缺少基本概念；于是一谈到中国文化，不论是赞成或反对，常常得不到要领。假定中国人对于自己传统的文化还负有一种传承、发展的责任，而这种责任主要只能期望之于大学的中文系，则中文系教学的方针，似乎应当放宽一步，走着姚姬传们所提出的义理、考据、词章并重的老路，使中文系的学生对于中国文化遗产，能在大学中作多方面的了解。如以后继续用功，则随着各人性之所近，选择的基础和范围也能较宽。此外，还有两个小小的动机，促成我提出此种意见。第一，我在南京办《学原》时曾向一位在考据上很有成就的先生找稿子，那位先生说一时拿不出来。我问："考据方面的东西你不是很现成的吗？"那位先生叹息地说："太平的时候不妨讲讲考据，乱世应当讲思想。面对这样的时代，要我继续那种饾饤之业，实在鼓不起兴趣。要回头来讲思想，又觉得自己的基础不够，一下子转不过来，所以我的精神很苦闷。"他并劝我不要把辛辛苦苦办出的《学原》也带进考据的窟洞中去。这位先生讲话时诚恳的态度使我当时很受感动。第二，这几年来蛰处台中，因平日震于"乾嘉诸大师"之名，对《四部丛刊》中所收录的清代学者的著作，也曾不断地翻阅。大体上说，除了明末清初的顾、黄、颜、李诸人的文集外，看完后总不免使人失望，连未收在《丛刊》中的《章氏丛书》也在内。我觉得他们实在很少接触到作为一个民族生命动力的文化精神，而他们和不与他们站在同一观点的人谈到学问时，其态度的颟顸、习气的浮嚣、党同伐异的坚决，使我感到在这种闭锁的心灵状态下，恐怕对于这一时代在文化上的要求，实无所裨补。因为当前应当是诸子百家平流竞进的时代。所以觉得为他们所反对的义理之学，在今日大学的中文系中也应分站一个地位。

过了不久，同事中有位先生问我："《中央日报》第十期《学人》副刊毛子水先生有一篇谈考据义理的文章，你看到吗？"我说："没有看到，我也不想看。"那位先生很不高兴地说："毛先生那篇文章所指责的是非常的明显。"说完后拂袖而去。我才明白毛先生《论考据和义理》的文章是针对着我对于大学中文系教学的意见而发。许多朋友告诉我，毛先生是台湾大学文学院的祭酒，所以对于他所作的批评不能不特加注意。但读后未免相当地失望，便写《两篇难懂的文章》一文加以答复。我之所以用"李实"的笔名，只是表示对于毛先生的一种礼貌。这篇文章发表后，台大有位教授来信说，这篇文章应当一样地在《中央日报》的《学人》上发表，以便多人可以读到。但经验告诉我，凡是毛先生这一派人的势力所及之地，很难容许与他们相反的意见，所以我对《学

　　　　　　　　　　　　　　　　　　　学术与政治之间

人》是否肯发表我的文章有点怀疑。后来果然从毛先生《再论》的文章中，知道把一位韦政通先生和他讨论的文章退掉了。

　　毛先生大文的主意是针对着"近今治国学的人……有考据是末是粗而义理是本是精"的意思（假定毛先生这话是对我而发，则对于我在东大所提出的意见，并没有看清楚），认为这会贻害青年，而主张"考据精则打基础在考据上的义理亦愈精，考据粗则打基础在考据上的义理亦愈粗"，因而强调"考据为本而义理是末"。前者是认为必通过考据而后能治义理，这是乾嘉诸人的老话，而后者则是毛先生的新意见。因为乾嘉诸人在表面上也认为考据的目的是在求义理（虽然他们并没有求到义理），因而，考据是手段，义理是目的。习惯上不会说手段是本而目的是末的。我的文章大体分为三点，第一，是证明考据与义理的必然的因果关系不能成立。同时指明站在现代学术上为知识而知识的立场，则凡是知识皆有其本身自足的价值，所以考据与义理无本末可言；但若站在中国传统的观念，则当然义理是本而考据是末。第二，我同意毛先生考据与义理分途不可偏废的说法，但指出他这一说法与其基本的看法及结论不能相容，以致在其全文中形成许多矛盾。第三，指出毛先生摆出许多装门面的话，都是似是而非，只有增加文意上混乱。此外，我写《两难》一文的更大动机，是感到这几年来我国学人太缺乏对社会的责任感。文章发表出来是希望社会的人们去阅读，因而对他们有点裨补的，谈任何问题总要把自己说话的根据和条理弄清楚。可是近年来许多先生们的文章，不仅不负责把他们所要反对的弄一个起码的清楚，并且连自己所赞成的也不弄一个起码的清楚。至于各报刊看文章者的尺度，则更是难说。这类文章，假借负点时誉的招牌发表出来，实在是对不起无暇多做研究工作的一般读者。要谈问题，总得以负责的精神多费点气力。

　　毛先生看到我的《两难》一文后，随又在《学人》上发表了《再论》一文，这种重视讨论的精神实在值得钦佩。但我读了毛先生的《再论》后更为失望。因为他不仅未能答复我所提出的问题，或顺着原来的方向重新提出问题，而只是更增加文字上的混乱。所以我的答复只是"顺着毛先生的文章稍加清理"。如实地说，这只是作语意的清理。我之所以不打出语意学的招牌，是因为我不愿意拿未曾下力研究过的东西来装潢自己的工作，以免受到自欺欺人的良心上的谴责。我在清理中扣紧毛先生原来所下的定义及其推演，而提出了三个前提条件及十个问题，说得相当的清楚而具体，这里不再重述。

　　上文发表后不久，《民主评论》台北负责的先生来一封限时到达的信说，接到《中央日报》一位朋友的电话，告诉他《学人》副刊又有人送来参加考据和义理之争的一篇文章，是台大研究所毕业后而又出国过一趟的一位先生写的。《学人》副刊不愿继续发表这种文章，劝他送到《民主评论》发表。但他说曾经寄给《民主评论》，可是被《民主评论》退回了，所以只有找《学人》。《中央日报》的那位朋友的意见，还是希望由《民主评论》采用。《民主评论》台北负责的先生深以《中央日报》那位朋友的意见为然，问我是否看到过那篇文章。我当即回信说，那篇文章绝不曾寄到《民主评论》而给《民主评论》退稿。并说可以请那位先生把文章送来，只要够水准，便可发表，《民主评论》一向是高兴发表意见不同的言论的。《民主评论》台北负责的先生把我的意见转告《中央日报》的那位朋友后，再没有消息。八月八日《中央日报》的

《学人》所刊出的张春树先生《论考据与义理之争》一文，大概就是故意说曾经《民主评论》退回去的那篇文章（以后知道是由罗家伦氏交下去的，而张君此时也并未出国）。我在答复毛先生《再论》一文时，曾向毛先生提出如下的请求："若要继续讨论，则首须将对方和自己的文章，弄得清清楚楚，以免浪费笔墨。其次，把讨论的问题加以限定，说完了这，再说到那；要提具体底论证，而不要空喊口号。"我想，这是讨论问题时，任何人可以承认的邀请，我即以此一邀请来看张先生这篇文章。

## 二、语意、逻辑

张先生的文章分成五段。第一段是前言，说明"双方的文章中显著充满了语义与逻辑上的错误，而双方却又都把对方建筑在这些错误上的论断，视作正常的论断加以辩驳"，于是他"就两先生在语文的形式上所犯的语义与逻辑方面的错误加以批评，而不涉及他们主张的本质"。所以第二段便是"语意学上的错误"。那么，首先便看语意学上是如何错误的吧。

张先生说："语意学家告诉我们，当我们用一个名词的时候，一定要先弄清楚这个名词的定义。不然，你便是玩弄词语的魔术。……一个名词可以有或广或狭数种程度的定义。我们在应用时，切不可临时改变它的涵义，暗中在这些定义的层次上滑动。"张先生又说："毛先生对于考据、义理两名词，已经下了极令人满意的广狭两方面的定义。"由此，可知毛先生所下的定义，是我和毛先生讨论问题时的标准。照张先生上述的语意学家的话，则在毛先生定义上的"滑动"与否，即成为语意学上错误与否的准绳。

为易明了起见，先把毛先生所下的满意的定义（以后简称"原义"）照张先生的方式转抄于下：

考据 $\begin{cases} 国学上的定义——草木鸟兽和典章制度的探讨（A_1）。\\ 一般的定义——史传记载的征实和辨证（B_1）。 \end{cases}$

义理 $\begin{cases} 国学上的定义——圣贤修己治人方法的阐明（A_2）。\\ 一般的定义——人生哲学的研讨（B_2）。 \end{cases}$

我对毛先生的文章发生争辩原因之一，就是因为他不守他自己所下的定义，而"暗中滑动"得太大。例如他对考据和义理已下了如上的广和狭的定义，但他又说"生理学与心理学应当为完全的考据学问"，又说"一切人文科学和自然科学，亦是正路的义理"。并且把生理学和心理学等由他《原论》中的考据学而跳进《再论》中的"义理"。所以我便说"毛先生这种把考据和义理作无岸无边的推广（并且还有转换），则下定义有何必要"。这似乎和张先生所引的语意学家的话相符合。因此，犯了语意学上错误的似乎不是我而只是毛先生。并且我细读张先生这段文章，也没有指出我有哪一句话是"暗中滑动"，因而犯了语意学上的错误。他只说我仅仅针对毛先生的"原义"而加以"争辩"，而没有看出毛先生在"原义"之外还有不曾明定出来的"潜义"；假定我猜出了毛先生的"潜义"，则我对毛先生的争辩便不能成立，因为此时毛先生在文章中所讲的话，便可由已定出的"原义"而滑入尚未定出的"潜义"，在这种情形之下，大概毛先生便可不负随意滑动之责。所以张先生便把毛先生的"潜义"补成 $C_1$ 及 $C_2$ 两条定义（以后简称"补义"）。关于张先生的"补义"，后面另作讨论。此处我仅说明两点：第一，我只根据毛先生的原义和毛先生"争辩"，而没有猜出毛先生"潜义"（其实只是"歧义"）来，这只能说明我在定义上太不肯滑动，何以能构成语意学上的错误呢？假定我在语意学上犯有什么错误，张先生何以只在前言及本段的标题上空洞地提出，而在内容上却一字不提呢？第二，张先生已经说过，毛先生对于考据、义理两名词已经下了"极令人满意的广狭两方面的定义"，则张先生为什么还要为他"补义"呢？这补义是属于"广"方面的呢？还是属于"狭"方面的呢？"补义"若与毛先生的"原义"，在广度和深度上完全相同，则张先生既无法根据毛先生的"原义"以解救我对毛先生的争辩，又如何能根据完全相同的"补义"以解救毛先生所犯的矛盾混乱呢？如张先生认为能用"补义"解救毛先生所犯的混乱矛盾，则"原义"与"补义"之间必定在内容、范围、层次三者之中有某种不同，所以它才能达成"原义"所不能达成的任务。张先生正好自己说"定义 B₂（关于义理的"原义"）实际上为定义 C₂（关于义理的"补义"）的较低层次"，这分明是自己承认他的"补义"与毛先生的"原义"有层次上的不同，则张先生的"补义"分明即是张先生自己所说的"临时滑动"，而增加了语意的混乱。这由我后面对张先生"补义"的分析而更加明显。张先生不能把我对毛先生的争辩，为毛先生作半条半句的正面解答，而只是把毛先生文章中的"暗中"的"滑动"，改为"补义"的"公开"的"滑动"。张先生是讲的什么语意学？并且在常识上说，一篇文章的内容，皆能为其定义所涵摄，这才能算得圆满的定义。张先生也没有方法把毛先生文章的内容约化到毛先生自己所下的定义里面去，以致不能不公开违反自己所抬出的语意学家的话而为毛先生来一个"补义"，则张先生从什么地方可以认定毛先生的"原义"是"极令人满意的"呢？这真是两先生的自我陶醉。我以相当的期待来读张先生这段文章，而惋惜张先生只是以自己"语意学的错误"来证明，并增加毛先生的错误。张先生似乎完全不知道语意学。

张先生大文的第三节是指出我的"逻辑上的错误"。他说："逻辑家告诉我们，在辩论的时候，双方对基本前提一定要有一个共同的认识。……这次争论，显然也是违犯了这条规律。"又说："考据与义理的地位关系，本来是这次争论的中心问题。……毛先生对义理之学本身的看法，是要求与以现代的批评。因此他说：'不是用现代科学方法得来的义理，是没有价值的。'这纯粹是站在现代哲学的立场上讲话。但李先生却是站在另一个角度上来讨论这个问题……他的观点是出于'中国文化的'、'中国义理之学的'，也可以说他是在讲义理之学的内容与特色是如何如何，这与毛先生批判的态度，大不相同。因此，他们是走的两条路。这样的争论是没有结论的。"

我在答毛先生《再论》一文中，一开首便说"一篇文章中对于主题所下的定义，同时即是讨论问题所应涉及的范围与界定，大家应当加以遵守"。毛先生对考据与义理已经下了极令张先生满意的定义，我便顺着他自己所下的定义来和他谈问题；而对于他那些东扯西拉，自己破坏自己定义的"临时滑动"的"野马脱缰"的话，认为"没有加以讨论的必要"，采取存而不论的态度。这在我的文章中，说得清清楚楚。定义即是"基本前提"，我以他的定义为讨论的根据，即是以他的前提为我的前提，亦即是把他所表现于定义的认识作为一个共同的认识，以作为批评他的矛盾混乱的标准。这在我的一方面，违犯了哪一条逻辑的规律？问题之所以发生，是在乎毛先生并不了解他自己所下的定义，所以不能根据自己的定义以立论，以致把自己陷于矛盾混乱之中，我便告诉他，什么是在他的定义之下所应有，我把它说了出来；什么是与他的定义不相干，乃至是矛盾冲突的，即与以澄清裁汰。这无非是想把毛先生从矛盾混乱中拯救出来，这一切，我那两篇文章中都说得清清楚楚。张先生能从逻辑上、事实上提得出一条正面的反驳吗？最低限度，在张先生这篇大文中尚找不出来。

张先生说"考据与义理的地位关系，本是这次的中心问题"，又说"毛先生对义理之学本身的看法，是要求与以现代的批评"，而说我只"是在讲义理之学的内容与特色是如何如何，这与毛先生批评的态度大不相同，因此，他们是走的两条路。这样的争论是没有结论的"。张先生根本不了解他在这一段话中包含了"事实"及"对事实的评价"的两个问题，要分作两方面来说，于是他把问题弄得更糊涂了。现在稍加分疏如下：

张先生说此次争论的中心问题，是考据与义理的地位关系，这话是对的。毛先生对此有两种意见，一是考据与义理各为学问的一途，不可偏废，这是说两者的地位是并行的关系。二是考据是本，而义理是末，这是说两者的地位是上下轻重的关系。他对第二种地位关系的论据是"考据精，则打基础在考据上的义理亦精"，这可以说是要以考据来决定义理，这是毛先生文章的主要结论。我站在现代为知识而知识的立场及治学的实际方法、途径上，赞成毛先生前一种并行的说法，而反驳他与此一说法许多自相矛盾的论证，并反对他的后一说法。毛先生的后一说法之是否能成立，完全要看他"考据精，则打基础在考据上的义理亦精"的前提能否成立。我根据"事实"，认为它不能成立。张先生在这段文章中也说"要看他的话（即毛先生'考据精……'的话）的真伪，便须先看一切义理中是否均有考据的对象。而事实上正如李先生所说，这个不能成立"，则由毛先生的前提的伪，即可证明由此一前提所得出的考据与义理的地位关系的结论也是伪。这即是说，毛先生在讨论的中心问题上已吃了决定性的败仗，怎么说这种争论没有结果呢？毛先生之所以吃下败仗，是因为他虽然站在"治国学的立场"来下了义理的定义，但他并不了解义理在中国文化学术史中具体底内容是什么。中国的义理之学，是由中国两千多年的文化历史的具体"事实"所规定，而不可由我和毛先生信口开河地乱说；否则只是我的义理或毛先生的义理，而不是"治国学者"所治的"中国的"义理。

我说中国的义理的内容、特性是什么，这是为了解决考据与义理地位关系而提供"事实的"根据，即是我在这里只"说明事实"，并没有涉及对此一事实的评价。此一论题既系由毛先生所提出，而我对毛先生乃是作针锋相对的讨论，则并不曾如张先生所说，我们"是在走两条路"。至于张先生说"毛先生义理之学本身的看法，是要求与以现代的批评"，并引毛先生"不是用现代科学方法得来的义理，是没有价值"的话以作证，这是"对于事实的评价"。张先生所认为考据与义理之关系地位的中心问题，系决定于二者的事实是什么，而不决定于义理之价值为如何。二者的关系地位，已由我所陈述的事实，即义理中并非一定有可作为考据的对象而得到解决了，则讨论之中心问题已得到解决，而我陈述事实之目的亦已达到；是否应进一步去作对此事实之评价，我认为这是另一问题。为避免混乱起见，我宁愿撇开不谈。这在我答毛先生《再论》文章中，一开始便说"并没有涉及义理之学自身的是非得失等问题"，这已经表示得够清楚了。由此可以证明我是顺着毛先生自己所提出的"正道"（即所谓中心问题）来讨论问题，而避开使他自己陷于混乱矛盾的"歧途"，这可以说是"走的两条路"，因而我犯了什么逻辑的错误吗？

假定因为毛先生有"不用现代科学方法得来的义理，是没有价值的"一句话，而认为他是在对义理之学加以"现代的批评"，并认为"这纯粹是站在现代哲学的立场来讲话"，那也未免过于为他撑支场面。一句空洞的口号，毛先生便批评了义理之学，而可立刻使毛先生获得现代哲学的立场吗？何况毛先生那句话，由于他根本不了解义理及"现代哲学"是什么，因而是根本不通的一句话。

"不是用现代科学方法得来的义理，是没有价值的"的话，这是关涉到义理所得以成立的根据，即是伦理道德所得以成立的根据问题。对于这个问题，我在《两难》一文中只引一段爱因斯坦在科学中找不出宗教道德根源的话，给毛先生以暗示。现在因为张先生拿毛先生这句话来故作张皇，所以在这里稍稍多讲两句。宋明儒所说的义理，当然"不是用现代科学方法得来的"。毛先生虽然认为有一部分"不足信"，但毛先生又承认"有许多仍是世间的嘉言"，这岂不是还有一部分价值吗？在毛先生《再论》的大文中，对于孔子所讲的"恕"大为恭维，"恕"应该是属于义理的范围，毛先生能说孔子的恕是用现代科学方法得来的吗？西方的道德根源主要是来自《新旧约》，《新旧约》是用现代科学方法得来的吗？再从另一角度看，今日纵然有少数人不承认道德价值，但大多数人（包括许多大科学家在内）总承认有某些道德价值。但有哪一样可称为道德价值的东西，即是可称为义理的东西，是"用现代科学的方法"得来的？毛先生不妨举出一二。谈问题要面对经验事实。毛先生的好处是年老而尚爱新奇，可惜"读书不求甚解"，不能真正实事求是，所以总是落得似是而非。至于"站在现代哲学的立场"来评判中国义理之学，更妥当地说，"在世界文化中重新估定中国义理之学的价值"，这工作是应当做的，我们也多少做了一点，而现在也正在做。但毛先生恐怕是与此无缘了。

## 三、胡猜乱想

张先生文章的第四段的标题是"可以免除的争论"，大意是说毛先生写第一篇文章的本意和看法和我并无不合，所以不必争论。这一段好像是一种调和的意思，对此我不另费笔墨。现在看看张先生大文第五段"论中国义理学的研究"，因为这是他"个人的意见"。

张先生个人对此问题的意见，首先见于他的"补义"，而他的"补义"，又认为就是毛先生"原义"的以另一种词句的复述。所以他说："为清晰起见，首先把他（毛先生）的看法，重述一遍。"

（一）考据与义理的定义

> 考据：用科学方法去研究问题 $C_1$。
>
> 义理：一切事象存在与活动的法则 $C_2$。

（二）结论：凡是一种学问，真正不愧义理的名字的，都应当以最精审的考据为基础。

我先从考据的"补义"说起。张先生的"补义"既是放在"论中国义理的研究"标题下，则张先生所说的考据和义理，当然应该是"中国的"；而如前所述，当然要由中国文化学术史中形成此两名词的具体事实，加以归纳、约化而成。在这种地方，变不出什么花头。"考据"有时作动词用，而毛先生将其与"义理"对举，这是作名词用。它的全称应当是"考据之学"，简称为"考据学"，再简称为"考据"；等于一般人常常把生物学简称为生物，物理学简称为物理一样。考据是关连到某种研究对象以形成其内容，犹之乎其他学科必关连到某种研究对象以形成其内容一样。考据所研究的对象好像很多，但大体上脱离不了书本上的东西，亦即是文献上的考证。所以毛先生对考据所下的两条定义，都不脱离文献的范围；他所说的鸟兽草木，都是书本上的鸟兽草木。考据之学，虽盛于清代，但其源远流长，也不下于义理之学。"考据"和"科学方法"连在一起，是五四运动以来有人以为清人治考据的方法，有合于西方的科学方法。科学方法可以研究许多对象，但不固定于某一对象，充其量可以说考据所用的是科学方法，等于说生物学所用的是科学方法一样。不能因为用科学方法去研究考据而即把考据定义为科学方法，也等于不能因为用科学方法去研究生物学而即把生物学定义为科学方法一样。因此，当毛先生说"考据精，则打基础在考据上的义理亦精"，不能转换为"科学方法精，则打基础在科学方法上的义理亦精"；而毛先生"不是用现代科学方法得来的义理，是没有价值的"的话，不能转换为"不是用考据得来的义理，是没有价值的"的话。至于"用科学方法去研究问题"的这句话，上面略去了作为主词的"人"字。不想定有能"用"之"人"，便安不上"用……去……"。把这句话说完全，应当是"人用科学方法去研究问题"。"人"可以是张三、李四，问题可以是这个、那个。如果把专称的名词代到全称的名词中去，则这句话即成为"考据是张三用科学的方法去研究考据"。不仅在此定义中丝毫没有关涉到考据所研究的对象，因"问题"可随意改换，变成为毫无界限而不成为"定义"。并且"考据"是客观的一门学问，"张三"是研究考据的人。张先生对于考据的定义，实际是等于说："生物学是什么，是人用科学方法去研究生物。"拿研究学问的"人"去作被研究的学问的定义，这和毛先生原来对考据所下的两条定义，相去何止十万八千里。所以张先生连毛先生的话也未能看懂。张先生引毛先生"现在科学方法中的观测和实验，亦是正当的考据工夫"的话，来证明他对考据的补义，即是毛先生的潜义的显化，因而觉得他的补义即等于毛先生的原义，所以他径直把自己的补义说成"他（毛先生）的看法"。首先应了解毛先生这句话，是没有受过严格思想训练的人所说的随意比附的话，不能作为立论的根据。因为考据是以文献为对象的文字工作，在毛先生自己所下的定义中已表现得很清楚。凡对文献所作的考察工作，根本不能称之为"观测"，而对文献的考证，更不可能有实验；这是研究历史和研究自然科学的最大不同之点，为稍有常识的人所能承认的。科学里的名词，都有其严格的指谓。随意比附，即是张先生所说的随时滑动。并且即使把上述那种比附的性质摆在一边，则毛先生这句话的意思只能解释为"科学方法"，即是"考据工夫"。张先生拿毛先生这句话来作考据补义的根据，因此，便认为补义即等于原义，于是便变成了如下的关系：

科学方法（观测、实验）＝考据工夫＝考据

第一个等号，在实质和形式上都等不下去，暂且不说。第二个等号妥当不妥当？套进某种内容去看便容易明白了。比如说："写字等于写字工夫"，"读书等于读书工夫"，这等得下去吗？张先生说我"没有详查这点（按即指他根据毛先生上面那句话而对考据所作的补义），而认为考据一词是仍指定义 B（按系毛先生的原义）而言，因此便引起了争辩"，我有什么方法不依照毛先生自己所下的定义去与毛先生讨论，而能猜想出一个荒谬绝伦的补义来作为讨论的根据呢？

　　这里还有一点我想借此机会一提，年来许多人说清人考据的方法是科学方法，这在口头上随便说说也未尝不可。但若为了撑持门户的原故，而强调到考据的方法就等于成就近代自然科学的科学方法，因而可由提倡考据之学来促进中国的科学化，那真是误尽苍生的说法。所谓科学方法，本是指自然科学所用的方法而言，它有其具体内容，与考据所用的方法有其本质上的分别。只有自然科学的方法才能成就自然科学，而中国所需要的乃是此种科学方法。后来把它的应用推广到其他各方面去，这已是第二义的。说清人文献上的考据工夫有合于科学方法，这最多只能是第三义以下的。否则中国早已出现了科学。清人缺少对于方法本身的自觉，而考据的活动只是零星的认知活动，其中没有追求系统的知识、法则的要求；而追求系统的知识、法则，乃知识之成为科学的必备条件。更重要的是，研究的对象不同，所采用的方法也自然不同。 Karl Vorlander 的《西洋哲学思想史》，对于近代自然科学方法成立的过程，在第二卷二章中有简要的叙述。从他自 Leonardo da Vinci 到牛顿的叙述中，大体上可以了解学问上从中世转向近代的线索，乃是由书本的世界转向感觉的世界，由文献的引证转向经验材料的实证实验；而作为操作过程中最重要的工具、导引乃至目标的，则是数学。数学与经验世界的结合，这才是近代科学方法的生命。只有在这种方法之下，才能产生近代科学；而其最大关键，则在于求知对象的大转换。由此，可以了解把考据所用的方法认为就是西方近代的科学方法，因而以为提倡考据便是提倡科学方法，便是提倡科学，甚至把考据与科学方法之间画上等号，这是如何的可怜可笑。

再看张先生对"中国的"义理所下的定义吧。在过去，学问没有认真的分类，所以在一个学术名词中可以包含许多内容。但在许多内容里面，总可以看出一个贯穿全部的大脉络，和趋向一个共同的目标，以形成某一学问的特色；否则只是百科全书性的东西，而不能成为一门学问。中国义理之学，或简称为"理学"，或简称为"义理"。当它只称一个"理"字时，有时是把物理、伦理都包括在内，但归结总是在于伦理。有时也谈到宇宙原理，但宇宙原理也是由人生原理推扩出去，或是以之作为人生原理的根据。因此，"理"字的实在意义总是落在人的本身；尤其是把"义"字和"理"字连在一起而称为"理义"或"义理"时，则更是专指人自身的伦理道德而言。所以毛先生对义理所下的两条定义都是落在人的身上，这是大致不差的。现在张先生对"中国的"义理所下的定义是"一切事象存在与活动的法则"，这是可以包含一切学问的定义，是上天下地，茫无界划、茫无特性的定义。此不仅为中国义理之学所愧不敢当，不仅是从毛先生的原义"滑动"到九天云外，并且像这种无界划、无特性（凡下定义，都是表示在定义以内的与在定义以外的不同，所以一定有界划、有特性）的笼统话，怎样可以称为定义？似乎一切学问都可以应用此一定义，但结果又没有任何学问能够用得上这种定义。义理之学，不管它有无价值，但它是在中国历史中所形成的一门学问。对一门学问而加上根本不能成为定义的定义，这未免太滑稽了。张先生之所以补上这样的定义，只是为了要把毛先生文章中所包含的矛盾混乱加以合法化。试问台湾大学这么多院系课程所包括不了的定义，而要根据它来作学术的讨论，这真使人有"上穷碧落下黄泉"之感了。

张先生为毛先生补上那样高明的定义后，他才算清楚了毛先生的意思，而认定毛先生指出了研究"中国义理"的道路。

> 由此我们可以知道毛先生是主张一切事象存在与活动的法则，都是应当建筑在科学方法研究的基础上的，是要能验证的。这正是逻辑实证论及相对论派哲学家的观点……（以下便是一堆外国人名）……我相信这是比较健全的思想方式……

我虽然知道毛、张两先生不知道什么是逻辑实证论、相对论，因而他们所说的这套话，只不过是一套撑持门面的话。但我倒很希望有人这样去做。不过我得提出两点来请两位先生注意：第一，把义理之学当作思想史来研究，是要从文献上的考证以进到思想、精神上的证验的，这不必抬出逻辑实证论等招牌即可以去做。若就义理之学的本身来说，则它是一贯底要在人的身心上得到证验（在过去的所谓身，多指生活而言）。譬如说，"不诚无物"，若有人假做学问（不诚）而即能成就学问（有物），则此一命题是伪，否则是真。又如说"人皆有不忍人之心"，当人遇着孺子将入井的情况而自然有怵惕恻隐之心时，则此一命题是真，否则是假。深一层，当然还有许多问题要加以分疏。但即此亦可以知道"证验"是中国义理之学自身的一贯要求；所以凡是以为中国义理之学是不讲证验而属于玄天玄地之说的人，是对中国学问最无知识的人。第二，我应当指出，日人西田几多郎在《现代理想主义的哲学》一书中开始便说："哲学上的问题，大概可分为理论的问题（theoretical problem）与价值的问题（axiological problem）。"而中国义理之学，是属于价值问题这一系列的。哲学的相对论，是比附科学相对论而产生，此一比附，常为科学家所冷笑，所以没有说它的必要。科学相对论的建立者爱因斯坦，很清楚地说在科学知识的系列中找不出人类行为价值的根源，也等于是说在科学相对论中找不出价值的根源。所以，"在现在"，没有人能拿相对论去研究"中国的义理"。

其次，逻辑实证论的自身，现在似乎还关涉不到宗教伦理道德这一价值系列的问题。所以这一派的学者对属于价值系列的问题，大体可分为三种态度：一是干脆不承认这一系列，认为这一系列没有哲学上的权利。二是认为"将来"有某种逻辑出现，可以厘清解决这一系列的问题。三是愿意把这一系列的问题保留在他们的研究范围之外。因此，至少在"现在"，没有人能用逻辑实证论来研究中国义理之学。台湾的逻辑实证论者应当推殷海光先生。殷先生在表达自己研究范围以内的意见时，文字很谨严清晰，我非常钦佩。但一拿他的逻辑实证论来谈中国文化时，其结论便很难令人首肯。试引一例在下面：

　　　　三、只问目的，不择手段……认为只要是行仁义，克尔文式的（Calvinian）手段是可以采用的！（《胡适思想与中国前途》,《中央研究院历史语言研究所集刊》第二十八本,《祖国》十九卷三期转载）

关于目的与手段的问题，殷先生常常是把儒家思想与极权政治相提并论。这里是说极权者为目的不择手段，儒家也是主张为目的不择手段。《孟子》上有一个故事，孟子的学生陈代劝孟子"枉尺而直寻，宜若可为也"，意思是说在手段上稍为打点折扣（枉尺）而能达到大的目的（直寻），应当是可以干的。孟子除了引用孔子"志士不忘在沟壑，勇士不忘丧其元"的话，以表示宁可饿饭杀头，也不可在手段上打折扣外，并说"未有枉尺而能直寻者也"，这是坚决主张手段与目的之不可分，坏的手段绝不能达到好的目的。因此，在政治上便主张"行一不义，杀一不辜，而得天下，不为也"。世界上还有比这更重视手段必须合理化的文化思想吗？至于说"认为只要是行仁义，克尔文式的手段是可以采用的"，所谓克尔文式，大概是指宗教改革者克尔文在瑞士等处曾经以强迫的手段去推行自己的教义而言；殷先生的意思是说，儒家为了要达到行仁义的目的，而不惜对人民采取强迫不合理的手段；殊不知儒家在政治上的所谓行仁义，乃是"民之所好好之，民之所恶恶之"；孟子说"得天下有道，得其民，斯得天下矣。得其民有道，得其心，斯得民矣。得其心有道，所欲与之聚之，所恶勿施尔也"。儒家政治上的所谓行仁义，即是实现人民自己的好恶，用现在的话说即是实现"民意"；而并非如许多西方的思想家，把自己的理想变成固定的概念，要想由政治去加以实现，克尔文就是属于这一型的。这怎能扯到以儒家为中心的中国文化上去呢？以殷先生在实证论上的成就，而谈到中国文化方面，便闹出这种极显明的笑话，这岂不足以证明逻辑实证论现在还是关涉不到文化中的价值问题吗？有一位研究罗素思想的人，认为罗素在思想上是有两套，他的哲学思想是一套，而他的社会思想又是一套；他并非从他的哲学思想上去建立他的社会思想，因为二者之间尚发现不出一条必然的通路。这是值得好学深思之士去想想的。

上面我只指出毛先生所说的"研究中国义理的道路"在目前是任何人也走不通的道路。

张先生最后更说出了他个人的意见，是要以现代各种新兴科学来做"整理"、"批评"中国义理之学的工作。他更具体地说：

> 譬如说，性到底是善是恶，或本无善恶之分，我们就可利用华真（J. B. Watson）等人有关行为心理学实验的结果，把孟子、荀子、告子等人的学说加以批判。经过了这样的批判，在一个纯研究者来说，才算是完成了他的工作。

实际来说，这还是祖述毛先生的说法。我现在把毛先生的话，稍加清理。

华真（似乎应当译为"瓦特逊"）所创倡的行为心理学是现代五大心理学派之一。在它的内部也有许多不同的意见。他最大的特色在于彻底排除"内省底"方法。但正如现代最大哲学家之一的卡西拉（Cassirer）在其《原人》（*An Essay on Man*）的第一章所说：

> 现代心理学者中，仅仅承认内省法而加以推奖的很少。

一般地说，他们以内省的方法为很不确实。他们相信除了严格的客观底行为主义底态度以外，没有通向科学心理学的道路。但是，首尾一贯的极端行为主义者（按即指华真一派）不能达到这个目的。这可以使我们注意到留心防止陷于方法论底错误，但不能解决人的心理学的一切问题。我们可以批判、怀疑纯粹的内省的见解，但不能将其加以消灭除去。没有内省，即是不直接意识到感情、情绪、知觉、思考，便连心理学自身的分野也不能决定。

这便明快地指出了行为心理学的根本缺点。因而，一上到思考的层次，华真便认为思考完全是由肌肉作用（为主是舌头肌肉作用）所促成的。这是他的最主要的结论。但是，一般心理学者大体上都不承认他的说法，由实验的研究也不能证明思考与发声肌肉的运动有何相关的关系。例如 Woodworth（1869—1962）便指摘他说，语言有时可以不表示心里很清楚的某种意味。他又说，思考中有所谓关系的理解的某种新的东西。关系的理解，不能仅由肌肉活动加以说明（以上请参阅一九四九年 Stansfeld Sargent 著 *The Basic Teachings of the Great Psychologists*，日译本，页七五、七九）。并且由 T. Agnes 所作的实验，也推翻了华真的舌头运动与思想是密切相关之说（矢田部达郎著《思维心理学》卷一，页三四〇至三四一）。剑桥大学的 F. C. Bortlees 和 E. M. Smith 也认为华真是把语言的习性与思想当作同一的东西，但是表现出与被表出的东西并不能同一视（同上，页三三四）。华真作了许多有关动物心理、幼儿心理的实验，最重要的是他所作的"本能"的实验。他曾每天在儿童病院中观察数百婴儿，得出仅有恐怖、愤怒、爱慕三个生而即有的情绪类型。但芝加哥大学的 Sherman 对于华真的结论也已加以论驳（上 Sargent 著，页八八、八九、九七）。尤其是，特别关涉到思想价值的问题，从行为主义者的立场说，价值是不能成为问题的。他们认为人在行为时若问是以何种意味（价值）而行为，这便是世界最愚蠢的人（《思维心理学》卷一，页三二六至三三七）。所以他们把价值问题摒弃于心理学之外。从他们的方法说，对于行为的价值问题也不能不加以摒弃。因此，矢田部达郎对于这一派的总结说："关于思考作用的客观的研究……由于从运动体制移向言语体制等的幼儿期的研究，得到了许多见解；但因为现在还不曾找出真正有效的实验手段，所以，关于这方面心理学的知识，是非常有限的。"（同上，页三三八）

孟、荀们的性论，是以解答人类行为的价值根源而提出来的。虽然这中间也包有关于生理活动的观察，但他们的观察是以一般成人的社会活动为起点，而不是以动物或幼儿为起点；动物与幼儿的生理活动，和一般成人的社会活动有很大一个距离，行为心理学者到目前为止还没有接上这一距离，因之，他们的结论还没有达到足以解释孟、荀所说的，即是我们日常生活现象的程度。尤其重要的，孟、荀们是从价值的立场去看生理活动的，并且是把生理活动纳入于价值范围中，以发现理性良心对生理活动的主宰性。他们说法的能否成立，是要在外而社会生活、内而良心的内省上去取证。心理学的行为主义者，是站在纯生理的立场来看生理活动，以生理来解释生活中的一切现象，如说思考是由舌头等肌肉活动而来，根本不承认有所谓良心理性及行为中的价值问题、道德问题，即是不承认有所谓应当不应当的问题。这与孟、荀的性论完全层次不同，便根本无法关涉到孟、荀们所提出的问题上去。并且行为心理学者所提出的有关动物心理、幼儿心理极有限的实验成绩，不仅在各心理学派之间有许多争论，即在同一行为心理学派之间也有许多争论。他们的目的是要用自然科学的方法，把心理学建立成一门自然科学。自然科学是"真"的结论，便不会发生争论的；而他们的每一结论几乎都有争论，这便是说明他们尚未能把心理学完全建立成一门自然科学。将来我不知道，现在是如此。然则这种结论，如何能成为整理批判中国义理之学的尺度？假定毛、张两先生对于义理与行为心理学两者稍稍清楚一点，如何能大言不惭地说出"就可以利用行为心理学实验的结果！"的话？他们是些什么结果？你们如何利用？可不可以说点给我们听听？科学精神的最低要求便是每一句话必须有着落。

张先生把他自己那一套高明的见解说出后，便对我来开教训！

> 对一个信仰者来说，是把他的眼瞎复明……因为盲目信
> 奉祖训的时代业已过去。……只知以"国学的"如何如何，
> 而沾沾自喜，那就像一个破落户的败家子的述先代以自喜、
> 自甘堕落一样了。

毛先生所谈的是"国学的"，下的定义也是"国学的"，不过他对于国学的东西，只是道听途说，胡猜乱想，而这些胡猜乱想，又是以文化绅士的资格对我而发，则我不告诉他"国学的"是如何如何，应当告诉他些什么呢？我面对一位平生所敬佩的台大中文系的老教授说出这种起码的问题，内心由幻灭感而来的悲哀，非言可喻，有什么沾沾自喜？张先生抬出语意学、逻辑来为毛先生撑腰，而语无伦次，比毛先生更甚。我在答复毛先生的文章里，

只指出义理之学是什么！"并没有涉及义理之学自身的是非得失等问题"，又说"甚至可以说中国义理之学不算学问……但毛先生的大文……是'站在治国学的立场'（这是毛先生的原话）来谈义理之学，而居然以道德、实践、做人等与毛先生的论题无关，天下最超常识的事，孰过于此"；又说"传统的治学态度……一说到义理之学，常常是把对于古人思想的了解和自己行为的修持混为一事……这在今日大学课程中只以能做到前者为满足"。我分明只是在说明"事实"，想人了解"事实"，而没有涉及对此一事实的价值判断，张先生难道连几句话也看不懂？信仰是由对事实的价值判断而来，张先生就我这两篇文章看，何以见得我是"信仰"？是"盲目的信奉祖训"？你在这种起码的地方何必还要打胡说？至于我整个的态度，确是对自己的历史文化，尤其是对义理之学，抱有无限的敬意。但这对我个人来说，乃是从千辛万苦中得出的一点结论。我在二十岁以前读了相当的线装书，但对宋明理学虽不公开反对，可是对于这类的书，怎样也看不下去。当时湖北的几位老先生，说我的古文写得不错，我倒真的以此沾沾自喜；可是，现在回忆起来，当时对于中国文化到底是什么，可以说完全莫名其妙。并且当时连自己的莫名其妙也不知道。二十岁以后，以国民革命军到达武汉为一机缘，心理上发生重大的转变，见了线装书便深恶痛绝，见了之乎者也的文章便觉得肉麻；假定当时有人同我谈义理之学，以我的性格来说，我会同他打起架来的。幸而二百年来中国的知识分子很少有人能谈这一套，尤其是革命的知识分子。四十岁以后，在生活饥困之中，年轻时所想的种种，一切落空，于是偶然拿起线装书来看看，又进一步拿起所谓义理之学的东西来看看，在个人和国家所受的教训体验中，渐渐知道中国文化是什么，义理之学是什么。它并非完全是糟粕，在许多地方仍然可以重新燃发此一苦难时代的智慧。这才慢慢建立了我对人类文化、祖国文化的信心。凡是现代流行的思想，只要我能看得到、看得懂，我无不用我仅有的精力去追求。我对于每一句重要的话，都经过我自己所能有的判断能力，不断地加以钳锤锻炼。我不说我所不懂的话，我不说没有根据的话。我的信心，也勉强可以说是永远在自己的良心理性批判之中；但所得到的真如沧海之一粟，心里所待解决的问题真是层出不穷，有时感到我没有负担这些问题的精力和能力，而深以为苦。至于说到作为中国文化生命的躬行实践，那更是惶恐无地了。张先生提到"信仰"两字，便骂是"瞎"，便认为是加在他人身上的大罪名，但我简单告诉你吧，人实际必定是生活在各层次的价值判断之中，而不能生活于完全无颜色的非价值世界之中。在道德的最高境界，在知识活动的最高境界，常要求一种无颜色的精神状态，此即《中庸》所说的中和的"中"，佛家所说的寂照的"寂"，或粗浅的所谓"无记"状态；但这是为了显露更大的价值，所以其本身即是一种价值。人可以作"非价值"性的活动，有如平日照例的吃饭睡觉，乃至纯粹科学性的工作。但"非价值"不是"反价值"。并且"非价值"运动的后面，实在是依恃于某种有力价值观念，也将归结于某种更大的价值观念。这在逻辑中不能肯定，在行为心理学中不能肯定，但是在现实生活中一念的自觉，每一人即可以当下肯定的。所以人乃是在各种不同层次、不同方面的信仰中生活。信仰的合理与不合理，关系于一个人的心灵状态的闭锁或洞达；而一个人心灵状态的闭锁或洞达，关系于人面对问题时能否发生反省；人是在反省中批判其信仰或充实其信仰。达达主义者也以"什么都不信"为其信仰。在学术中一无所信的人势必为了满足其官能的享受要求而信仰现实的权力；极权主义者的所谓信仰主义，实际是信仰权力；所以，他们的主义是不准由反省而作批判的。不可因此而视信仰的本身是罪过。在学术中能有所信，才能有所成。对学术一无所信的人，结果一定是行尸走肉的混子。初期的幼稚的逻辑实证论者，可以说是些狂热分子；所以他们对于他们那些套套以外的一切文化问题，常是采一种"怒从心上起，恶向胆边生"的态度；他们常常使用是强烈的颜色，以责望他人无颜色地即是无条件地接受他们的说教。你们一说到自己的文化，便怒火中烧；一听说谁对自己的文化有所肯定，便破口大骂。黑人的爵士音乐可以在世界上流行，而殷海光先生深以有人欲把中国文化向世界"输出"为可耻（见《论胡适思想与中国前途》）。而张先生在这里又骂什么破落分子等等。说穿了很简单，这完全是张先生的心理上由卑贱感而来的自虐狂的发泄。你们的精神是爬在地上，所以看见他人堂堂正正地站在祖国的园地，便觉得非我族类，非把他也扑倒不可。今年西德发行新金币，上面镌有三句话，其一是"从欧洲坟墓上产生新生命"，一是"联合图强"，一是"祖宗道义永不能灭"（见一九五七年六月四日香港《华侨日报》的《每日画刊》）。张先生假定还稍有点良知，应当对自己的心理状态知所愧耻。我平心静气地读完了毛、张两先生的大文以后，更相信在大学的中文系中讲点义理之学，这为了唤醒下一代的灵魂，是非常必要的。

最后我除了把答毛先生《再论》的文章收尾处向毛先生所提出的要求，再向张先生提出外，我更愿借此机会劝告现代的青年，不要以做一个中国人为可耻，不要以研究中国文化为可耻。文化是历史的积累，一个人的精神状态，能接受自己祖先文化的遗产，一定也能接受世界文化的遗产。对于祖先文化遗产的变态心理，不会面对世界文化而能立即恢复正常。人有东西，理无南北。人在自己的习性上划界线，文化的自身并没有界线。我们因为两百年的挫折，一般聪明人，感受性特强，下结论特快，于是聪明的青年常常即是反中国文化的青年。此一类型的青年如因努力对西方文化深造自得，则必会改变他对祖国文化的态度。否则只有徘徊在百货商店门前，一生毫无所得。大家在这种地方应当收敛自己的浮嚣之气，发生一点真正的反省。要知道，在祖国里没有我们的立足地，便在世界任何地方也没有我们的立足地。有许多人以为一跑到北美、南美便是上了天堂，但在这种天堂住久的人内心总会有多少寂寞空虚之感吧。同时，当读书时，应虚心坦怀，实事求是，一样一样地弄通，一句一句地落实。弄通后才可以说哪好哪不好。有位朋友告诉我："某大学的一位教授，教《论语》，便骂《论语》；教《孟子》，便骂《孟子》；教《史记》，便骂《史记》；他无所不教，亦无所不骂；却不教他所不骂的功课，岂不奇怪？"其实这固然是反映一个时代文化的悲剧，何尝又不是反映出那位先生个人的悲剧。患有十分厉害的胃病的人，吃任何东西都乏味，于是一心一意想吃他所吃不到的东西。但是，万一他所想吃的东西到了口，他也会一样地觉得乏味，一样地消化不良的。所以一个人应常常保持自己精神上的新鲜感觉，不要使精神也患上了胃溃疡症。努力向前追求，对每一名词都要追查它的究竟，万不可因为一个新名词下面附有外文便被它吓倒，更不可学这种手法去唬吓他人。

讨论各有根据的不同意见是有意味的。讨论有条理的错误意见乃至十句中有四五句是对的意见，也是有办法的。讨论语意上混乱一团的意见，不仅浪费笔墨，而且精神感到非常痛苦。所以今后对于此一问题，若还不能因此文而收点澄清之效，则于继续出现的此类文章，只有敬谢不敏，不再奉答了。

一九五七年九月一日、十六日《民主评论》第八卷十七、十八期

# 我所了解的蒋总统的一面

一

我同意《自由中国》编者的意见，当总统蒋公要大家讲话而大家不诚恳底讲几句，则我们平日所说的千言万语的用意，好像都是在与当局为难而不是想对他们有所帮助。我现在是响应蒋公所提出的第六点的号召，而对蒋公本身陈述点意见。

到现在为止，国家是整个底失败了。失败的原因，有的是来自历史，有的是来自社会，有的是来自国际，尤其更多的是来自我们知识分子的本身。若说一切责任都应由蒋公个人来负，这和说一切责任都不与蒋公相干一样地不是事实。我的假定是：蒋公所应负的一部分责任是来自他领导上的错误，而形成这种错误，同样有很复杂的原因，甚至蒋公本身也受有许多的委屈，但一部分错误的来源不妨说是来自蒋公个人的性格。我在这里所要说的，正想接触到这一面。

知人，是一件非常困难的事，尤其是对于蒋公这样伟大人物的了解。同时一个人的性格，站在私底立场和站在公底政治底立场，所作的评价应当是两回事。譬如说，一个人性情孤僻，这在政治上常会引起许多不良后果，但站在个人来讲，并不关系到他人格的好坏，因此我对蒋公所作的观察，不仅把世人说得太多的成功的一面略而不提，并且可能在我所提的一面，也犯了很大底错误。但在我诚恳底动机中，及站在一个国民来检讨国家兴亡成败的立场上，对蒋公的伟大人格，决没包含有丝毫贬损的意义在里面。

## 二

蒋公也和其他伟人一样，具有一副坚强的意志。但是，他的成功是靠着这种坚强的意志，他的失败也是因为这种坚强的意志，他几多次赖有此一坚强意志而渡过难关，但接着便又因此一坚强意志而陷入窘境，我们如何来了解这一事象呢？

意志坚强是力量集中的表现，任何事情都靠力量，尤其是在过渡的混乱的时代，意志是属于人的主观的一面，它常要求客观的东西从属于自己，使客观的东西主观化，以听主观的安排，接受主观的驱遣，此即普通所说的"贯彻意志"，谈政治必定要有政策，我们不能想象完全没有政策的政治。政策是白纸写黑字的东西，要把白纸写黑字的东西赋与以血肉灵魂，使其在实现中解决问题，这就要靠执行政策者的意志，亦即是要靠政治家主观上的努力。但是，意志虽然是个人的主观，并不是说凡属主观的东西便有价值；主观之有无价值，是要看一个人构成主观的过程而定。从政治上说，一个主观意志价值之大小，和他在构成意志的过程中所了解的客观情况及接受客观不同意见之多少成一正比例。换言之，意志的主观是要通过一条客观的道路来形成，因此，这是以客观为基底的主观，是许多客观的东西，经过吸收消化，凝结而为主观的形式，这种主观的意志才有价值。由直感及私人欲望而来的主观，缺乏广大的客观作基底的主观不能作高的评价。可是，一个人对客观事物之接触和了解，常与其环境有密切的关系。政治地位太高、权力太大，而又保持得太久的人，常常妨碍他与客观事物作平等底接触（在平等接触中，始能了解客观事物），于是常常仅根据自己的直感欲望来形成自己的意志，常常把由权力自身所发生的直接刺激反应，误会为自己意志在客观事物中所得到的效果。这样一来，意志不复是由不断向客观事物吸收消化而来的结晶，而只成为更无开阖伸缩性的僵化物。于是顽固代替了坚强，经常陷入于与客观事物相对立不下的状态，而成为解决问题的一大障碍。在这种环境中的假定不是有强的外底制约，和深的内底反省，便很难逃过此一难关。历史上许多英明之主，为什么晚年不如早年，在这里多少可以得到一点说明，而蒋公自身似乎也不曾跳出这种格局。

更重要的是，政治上为了实现主观的意志，必须形成一种客观的设施，有如典章法制，及贯穿于典章法制中的各种原理原则。没有这些东西，则意志将成为散兵游勇，或者只是不可捉摸的诗人的感情，对事实一无用处。但是典章法制、原理原则，虽然是产生自人的主观意志，可是产生以后，则系离开人的主观意志，而成为客观的存在，反转身来要与人的主观意志以约束，使人的意志，必须在它所约束的轨道内作合于轨道的前进，即是此时人的意志必甘心从属于这种客观的东西，受这种客观东西的支配。正因为如此，一方面，人的意志才能脱离其转变不常的混沌状态，向一个条理分明的方向发展，不至陷于前后自相矛盾。另一方面，原理原则、典章法制，因为它不属于某一个人的特定主观范围，而系一客观的存在，便可能成为多数人所共同承认的标准。一个人的意志，顺着这些共同的标准表达出去，这即是主观的客观化，个性的共同化，使国家的各种意志，能向一共同的方向凝结，不至陷于彼此间的矛盾。还有，典章法制、原理原则，当然不是代表不变底绝对性的真理，但它比之一个人的意志，则有其更大的安定性与持久性。这些东西，通过人的意志的努力而赋有血肉灵魂，而人的意志，则通过这些东西而可建立一条具体底、安定而持久底共同轨道，于是一个国家，不再是某一特殊意志在直接发生支配作用，而是这些为多数人所承认的客观东西在直接支配作用，国家才能建立起精神上的基础。在安定而持久的精神基础上，才能建立起物质的基础。因此，一个处于开创时代的伟大政治家，他的坚强意志，必表现于建立这些客观的典章法制和有关的原理原则之上，并率先信守而贯彻之，他的努力才有结果。蒋公一生也曾不断底作了这样的努力。就国民党内部说，他非常重视组织，也不止一次地通过政党政纲，要大家共同遵守。就一般说，他也提倡科学管理、分层负责、权责分明等等，尤其是作为我们国家根本的宪法，当时假定不是他尽量运用个人的影响力量，可能归于流产。这都是他伟大的地方。但是，凡是客观性的东西建立起来以后，人反而好像是从属于这些客观性的东西，致使不能自由发挥自己的意志，而失掉了对客观的主宰性。在这个时候，必须有一更高的意志，以消解自己的意志为意志，即是中国过去所说的"无为而无不为"的意志，来消纳此一矛盾，但是蒋公似乎没有升进到这一步，于是他似乎常陷于主观与客观相对立之中，形成他精神和行为上的困惑，加以政治上客观性的东西建立起来以后，有些地方常常会和个人的脾气不合，这便有赖于自己的克制工夫；有的地方并不能有利无弊，这便有赖于高瞻远瞩的衡断；有的时候在实行上会发生许多困难，这便有赖于坚强贯彻的努力。蒋公似乎因为做不到第一点，便也做不到第二点和第三点（他的才力是可以做到的），于是他对于国家的政治问题，似乎有点像精力过分充沛的工程师，一个工程图案刚刚开始打桩划线，工程师又变了主意，重新再来；或者在一件工程的进行中，因工程师随时举棋不定的修改而不能不陷于停顿。加以有机会和蒋公亲近的干部，常要利用此一弱点，便以各种方法助长此一弱点。因为只有在此一弱点之下，可以不顾客观的拘束性而得到政治上的暴利，于是使社会感到不是国家的典章法制在治理我们，我们不是在典章法制上得到政治生活的规范，而只是根源于蒋公及蒋公所信赖的少数人的主观意志，国家的典章法制，似乎是在可有可无之中。这便使蒋公一世辛勤，但站在国家客观基础上说，几乎是所成有限。蒋公的机会和才能，本可以当中国的华盛顿或林肯，但他到现在为止，还不能说是成功的华盛顿或林肯，这是什么缘故？因为华盛顿和林肯，心里不满意国会，但非常忠实于国会；心里不满意宪法，但非常忠实于宪法；心里非常讨厌那些异己的人，尤其是华盛顿，但对于异己的人在公务的接触上，是非常诚恳而亲切有礼（背后还是骂的）；遇到两方有争执的时候，总是克制自己的感情，抛弃自己的成见，站在超然的立场，作诚恳底（不是伪装底）折衷调处。他们的部下，不断以军事为理由，要求他两人实行军事专制，总是严加拒绝（以上参阅正中书局出版之《美国国家基本问题对话》第四、第五两章）。蒋公有许多地方与他两人相同，只在这种地方和他们多少有点不同。不甘心于客观化的坚强意志，不甘心受客观制约的坚强意志，是古今中外悲剧英雄所走的道路，而我们的蒋公，似乎也是走的这一条道路。因为主观的意志有时好像能压服客观的要求，但这只是暂时的、表面的，客观的要求，最后必然会否定没有广大底客观作基底的主观意志。今日国家的根基便是一部宪法，我恳切希望蒋公自今以后把毕生克服各种困难的毅力，贯彻于宪法之中，把学校中教授三民主义的时间，分一半出来教授宪法。根据宪法来重新训诫自己的干部，重新安排政治的设施，使每一人都在这一常轨上运行，相扶相安而不相悖，使国家在风雨飘摇之中，奠定精神和法理的基础，这将是蒋公旋乾转坤的一大转机，也是我们国家旋乾转坤的一个起点。

## 三

政治上客观的活底反映便是舆论，便是由背景不同而来的各种不同的意见。政治的任务，便是要听取这些背景不同、客观各异的不同意见，加以折衷调和，使其归于大体的一致。这中间有的关系于政治的本质，有的是关系于政治的艺术。应劭的《风俗通义》，记有这样一段故事，大意是说汉文帝的治绩，并不如传说的那样好，他之所以得到过分的恭维，主要是因为他对于向他陈述意见的人，不论意见的好坏，他总是笑脸相迎，使人满意以去。这即是所谓政治的艺术。受言纳谏，是中国专制政治中的一贯要求，是现代民主政治中的起码条件。此一条件与政治本质上的关联，我相信蒋公会知道得很清楚，但蒋公因为他主观与客观不断互相克制的性格，因而对于这种艺术修养的拙劣，这是大家有目共睹的。尤其到了台湾以后，蒋公的闻见，更是经常在滤过器的保障之下，决没有一点不纯的空气成分渗了进去，这使蒋公比在大陆时更容易感到精神上的宁静。这里，也有蒋公自己本身所受的委屈，例如说话者常怀有私人企图，或不明了实际情况等等。但是由此发生的影响却是很明显的。第一，蒋公所愿听的话和各种实际情况，中间不断发生距离。蒋公左右最伟大的幕僚，只能以很辛苦的方法，在此种距离中作点弥缝工作，有如陈布雷和王雪艇两位先生之所为，但谁也不能作彻底而有系统的贡献。至于一般聪明才智之士，则只能竭尽其聪明才智，作"台词"的准备，以便必要时在蒋公面前背诵舞台上的台词。而台词的最大要点，便在防止不致因刺激感情而碰上钉子。所以这种台词，只对蒋公的感情负责，而不敢对客观问题负责，并常常增加与客观问题的距离。于是有机会得到亲近蒋公的人，既不敢伸张自己的个性，也不敢面对客观的问题，只是经过若干岁月后把自己磨炼得像圆光光的弹子，出去负国家各种重要责任；内有奥援，外无顾忌，花头百出，实绩毫无，便是此一新官僚系统及新官僚风气的特色。第二，因蒋公对于受言讷谏的艺术的拙劣，遂使一般作官的人发生一种变态心理，认为凡是有批评性的舆论，都是存心不良，对政府捣乱，于是有权力的辄出之以横蛮，无权力的即应之以顽钝，使社会与政府无法可以通气，把社会逼得与政府愈隔愈远。其中也有特别聪明而会做八股的人，经常用"总裁说"来作自己行为的根据；因为引一句总裁的话，比在客观问题中找根据要来得单纯有力，既可以表示自己忠诚，巩固自己的地位，万一遇到反对的意见，便可运用一条极简单的逻辑：我所作的是总裁说的，你要反对便是反对总裁，反对总裁便是背叛党国——将任何不同的意见吓退。作得好，自己可以报功；作得不好，有总裁代我负责。

我可以总结地说一句，一切政治的弊端，社会的离心离德，主要是来自不能培养舆论、接受舆论，这是自国民政府成立以来最大的致命伤。现在蒋公已经有一彻底的转变，政府的官吏，也好像在迎接此转变，这真正是政治的一大生机，过去的不幸可以由此结束，将来的光明都由此而开启。我希望政治中的要人们，千万不要把这一生机挡了回去。

蒋公主客不能统一的性格，表现在用人方面，则对于情意上的要求，在不知不觉之间，常重于在事实上的察考。一个干部，若作了一件合乎蒋公情意的事，则不论因此而受到多大损失，蒋公内心还是欢喜。本来在现在一般政治人物中只有蒋公求才之心最切，而且也是最有气魄提拔人才的，但"好而知其恶，恶而知其义"，蒋公似乎没有完全作到。于是在培养人才之中，不免有时糟蹋人才，甚至酿成不幸的后果。我曾留心观察蒋公所特别提拔的人才，他们实在都有长处。但蒋公常常对他们的责任加得太重，以致压垮了他们的负荷能力；又喜欢运用非常的手段以加强他们的权力，以致破坏了他们精神上的均衡；并无形中鼓励他们蔑视国家法轨的观念，于是常常因为一人的"暗恶叱咤"，而使政府内的"千人皆废"。加以在此一背景之下，此种人物为了急于作英雄的表现，便常常以"放烟火"式的工作，代替了经常性的工作。但政治的力量，一定是要从经常性的工作中蓄积起来的。更有一种最坏的风气，即是每一个有特殊权力的人，都想培养一批"自己的学生"作干部，觉得只有自己的学生才可靠，只有通过自己的学生去控制旁人才有办法。于是国家费了这么多的钱所培养出来的各种大专学生，在这些特殊学生之前，都不配与政治发生直接关系；他们所学的学问知识，对政治一无用处，有用处的只有通过这些学生去建立特殊的政治关系。斲丧国家的元气，离散社会的向心，侮辱青年的人格，莫此为甚。其实，站在私人的立场来讲，这些人，多半是我很尊敬的人。但现实的政治情势是，一二人的成败，即系一个政权的兴亡。我不仅没有力量，也决没有动机去打倒什么人。一介书生，只有成就他人的志愿，决没有因仇视而想打倒什么人的志愿。我之所以说这些话，只是要求在蒋公伟大号召之下，大家有一个切实的反省。

以我这样渺小的人，提起笔来叙述一个伟大的人格，并想因此而希望对此一伟大的人格有所贡献，内心的惶恐是无法掩饰的。同时，古今的圣贤豪杰，谁也不能具备一种万能万善的性格，我如何敢以此来苛责我平生所最推戴的人？但我的千言万语，只归结到一句，即是希望蒋公把个人主观底意志，解消于政治的客观法式之中，使国家政治的运行，一循此客观法式前进，既可减轻蒋公个人的宵旰忧勤，亦可培养国家千百年的基础，这才是一条简易可行之路。并且就个人来说，使自己主观的意志服从客观的法则，正是孔子所说的"克己复礼"，与蒋公所提倡的中国文化精神是十分吻合的。

一九五六年十一月一日《自由中国》半月刊十五卷九期